MÉMOIRES

POUR MES FILS

PAR

le Marquis d'EYRAGUES

Ancien Ministre plénipotentiaire.

FALAISE

Typographie E. TROLONGE

Place Guillaume-le-Conquérant, 13.

1875

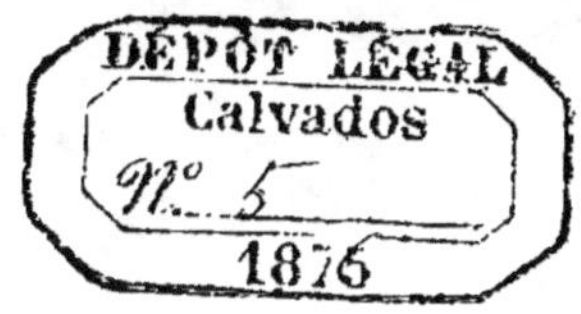

MÉMOIRES

POUR MES FILS

PAR

le Marquis d'EYRAGUES

Ancien Ministre plénipotentiaire.

FALAISE

Typographie E. TROLONGE

Place Guillaume-le-Conquérant, 13.

1875

Nous offrons ce livre aux amis de notre père; à ceux qui l'ont connu; à ceux qui ont apprécié l'éminente distinction de son esprit, les vertus et la dignité de sa vie privée. Ces Mémoires qui semblent n'avoir été écrits que pour nous, notre respect filial les dépose entre les mains de ceux qui ont compris la grandeur de notre perte, en raison de l'estime qu'ils portaient à celui que nous avons perdu.

Nous prions Mr de Meneval de recevoir ici l'expression de notre gratitude. Un pareil hommage, venant d'un pareil ami, est un honneur dont nous sommes justement fiers et profondément émus.

Mis D'EYRAGUES.

Charles d'EYRAGUES.

INTRODUCTION

Les Mémoires de M. le Marquis d'Eyragues, dont une longue
et respectueuse affection de 35 ans nous a mérité la confidence,
n'ont pas été écrits pour le public : ils sont adressés à ses deux
fils, et destinés, dans la pensée de leur auteur, à transmettre
aux héritiers de sa personne et de son nom le souvenir des traditions qui témoignent de l'illustration de sa famille, et celui
des événements auxquels il a lui-même pris part dans le cours
de sa longue et belle carrière.

Son œuvre est donc surtout et avant tout une œuvre intime :
c'est un récit simple, facile, sans prétention, et comme une promenade qu'il fait faire à ses enfants à travers les hommes et les
choses qu'il a vus, qu'il a connus; qu'il décrit et qu'il juge avec
une simplicité pleine de richesses, une bonté affable et indul-
gente, une haute raison sans amertume.

« Quand je trouve dans un ouvrage, écrivait il y a deux siècles le Marquis de Vauvenargues, une grande imagination avec
une grande sagesse, un jugement net et profond, des passions
hautes mais vraies, nul effort pour paraître grand, une extrême

sincérité et point d'art que celui qui vient de l'esprit et du cœur, je respecte l'auteur, je l'estime, et je m'attache à lui par les côtés les plus généreux de ma conscience et de mon âme. »

Ces sentiments s'imposeront invinciblement à tous ceux qui auront, comme je l'ai eue moi-même, l'heureuse fortune de lire les Mémoires de M. le Marquis d'Eyragues; car il s'y peint au naturel, et il y reparaît tel qu'il a été, tel que nous l'avons connu, aimé et honoré, c'est-à-dire un homme vraiment supérieur, un esprit d'une forte trempe, une âme d'une grande élévation et un grand cœur.

Ce fut en 1805, à la Nouvelle-Orléans, le 1ᵉʳ Janvier, que naquit M. d'Eyragues. Sa famille, l'une des plus considérées de la Provence, avait été ruinée et dispersée par la révolution.

Son grand-père, mort en 1818, maréchal de camp des armées du Roi, avait suivi dans l'émigration les officiers du régiment de Durfort-Dragons, dans lequel, après avoir fait sous Louis XV toute la guerre de Sept Ans, il servait en 1790 en qualité de major. Forcé d'abandonner sa famille et son pays devant les menaces et les forfaits de la révolution, qui avait éclaté en Provence avec plus de violence encore que dans le reste de la France, il avait emmené son fils, âgé seulement de 14 ans.

Le père de M. d'Eyragues était, à cette époque, un beau jeune homme, d'une tournure élégante, très-développé et très-grand pour son âge, et d'un caractère ardent et généreux ; il fut placé, comme cadet-gentilhomme, dans un régiment de l'armée de Condé, et commença, sous les ordres de son père, cette rude carrière d'épée, qui avait été celle de ses ancêtres, et dans laquelle il devait lui-même, trente ans plus tard, trouver une mort glorieuse devant l'ennemi.

La grand'mère de M. d'Eyragues demeurée seule en Provence avec sa fille, mariée quelques années plus tard au marquis de Graveson, y traversa courageusement les épreuves et les souffrances de ces années terribles, et conserva jusqu'à l'âge de 87 ans, la sérénité, le courage et la constance dont son petit-fils a recueilli certainement le précieux héritage.

Madame la Marquise d'Eyragues, née Moreau des Iles, appartenait à une famille qui possédait à Saint-Domingue une fortune considérable que la révolution devait bientôt anéantir ; et ce fut précisément le soin de cette fortune et l'espérance d'en reprendre possession, qui conduisirent en 1804, à Saint-Domingue, le père de M. d'Eyragues, tout récemment marié à une jeune personne pour laquelle il avait conçu la passion la plus vive, et qui s'en montra digne à tous égards, par la fermeté d'âme dont elle fit preuve dans les circonstances vraiment épouvantables qui les contraignirent tous deux à se réfugier en Amérique.

Les péripéties et les détails de leur évasion de Saint-Domingue, ne se peuvent lire sans émotion. Arrachés violemment d'une habitation somptueuse, passant presque sans transition du luxe raffiné des colonies aux privations et aux contraintes de la pauvreté la plus dure, ils subirent gaîment, grâce à l'énergie de leur jeunesse et grâce à la tendre intimité de leur union, des dangers et des souffrances, dont M. le Marquis d'Eyragues a recueilli de sa mère et consigné dans ses Mémoires le touchant et dramatique récit.

C'est ainsi, dit-il, que je suis né le 1er Janvier 1805 à la Nouvelle-Orléans, sous le drapeau des États-Unis, en terre étrangère, bien loin de la patrie. — Il y fut, du reste, ramené par ses parents l'année suivante, et pieusement élevé sous les yeux de sa mère et par ses soins ; car le père de M. d'Eyragues, cédant aux instincts militaires de sa race, s'était à son retour en France, engagé comme volontaire sous les ordres de son oncle le général comte d'Agoult. Devenu bientôt officier, décoré par l'Empereur en 1809, à la suite d'un brillant fait d'armes dans lequel il fut blessé, le père de M. le Marquis d'Eyragues prit part à toutes les grandes batailles de cette époque mémorable. Il était officier d'ordonnance du Prince de Neuchatel à

la bataille de la Moscowa, et il avait échappé à l'incendie de
Moscou, aux fatigues et aux dangers de la retraite; il avait
même passé la Bérézina sain et sauf, lorsqu'aux portes de
Thorn, où il venait de porter des dépêches du major-général, il
tomba fortuitement dans un parti de cosaques et fut emmené
prisonnier au fond de la Russie.

Lorsqu'en 1814, après une longue et douloureuse captivité,
M. d'Eyragues revint en France, son fils avait dix ans. Placé
par son père au collége de Versailles, il y fit de brillantes
études, et se prépara courageusement, en dépit de sa constitution délicate, à entrer à Saint-Cyr, où l'appelaient les traditions de sa famille et les désirs de son grand-père et de son
père. Six ans plus tard, au mois d'août 1821, il en passait les
examens avec un grand succès, car il y était admis le 24e sur
une liste de deux cents.

La carrière de M. d'Eyragues semblait dès lors fixée; il devait
être soldat comme son père et son grand-père; et il était prêt à
s'y dévouer avec la résolution et la constance qui faisaient le
fond de sa nature, quand il tomba malade d'une fièvre typhoïde
qui le conduisit en quelques jours aux portes du tombeau. Il en
revint cependant grâce aux soins de sa mère; mais la gravité de
cette maladie terrible et la longueur de sa convalescence
durent changer nécessairement à son égard les projets de son
père. M. d'Eyragues ne devait pas être soldat. Dieu l'appelait
à une vocation, je ne dis pas plus haute, mais plus conforme à
ses aptitudes et à ses goûts, ainsi qu'aux rares qualités d'esprit
dont l'avait doté la Providence.

Au moment de la rentrée des cours, M. d'Eyragues était
encore si dangereusement malade qu'il ne put naturellement
songer à se rendre à Saint-Cyr; aussitôt qu'il fut en état de
voyager, les médecins l'envoyèrent en Provence pour tâcher
d'y rétablir sa santé profondément atteinte. Il y passa toute
une année auprès de sa grand'mère dont il nous a laissé dans

ses Mémoires un portrait charmant et achevé. C'était, nous dit-
il, une petite femme d'un esprit mâle, un peu haut et peu tendre, mais aimable et généreux. Vrai type des grandes Dames
d'autrefois, elle connaissait très-bien le monde et s'y plaisait
beaucoup. M. d'Eyragues gagna promptement son cœur par ses
bonnes manières, ses goûts élégants et distingués, sa précoce
intelligence, et ce qui est le signe caractéristique d'un jeune
homme bien né et bien élevé, par sa déférence et son respect
pour les personnes âgées. — Son père alors aide-de-camp du
général Maurice de Caraman, vint le rejoindre au château
d'Eyragues avec sa mère : ils y passèrent ensemble l'automne
de 1822 qui fut pour M. d'Eyragues un temps de joie, d'intimité, de calme et de bonheur, dont l'impression douce et profonde ne s'est jamais effacée de sa mémoire.

—

Cependant, il fallait nécessairement songer à l'avenir ; et, la
carrière militaire décidément abandonnée, il s'agissait d'en
adopter une autre ; car l'inoccupation et l'inaction répugnaient
aux instincts élevés de sa nature et aux justes ambitions de son
esprit.

Ce fut le comte Maurice de Caraman, dont le frère était
ambassadeur à Vienne, qui suggéra le premier l'idée de la
diplomatie. — Mais la carrière diplomatique, précisément parce
qu'elle réclame des conditions, des aptitudes, des qualités
multiples, est d'un accès incertain et difficile ; et si influentes
que fussent à cet égard les relations et les alliances de sa
famille, si puissant que pût être en sa faveur le patronage de
M. le duc de Caraman, M. d'Eyragues attendait sans impatience, mais avec quelqu'anxiété, la réalisation de ses désirs,
lorsqu'une catastrophe aussi imprévue que douloureuse vint
brusquement décider de son sort, en brisant hélas ! et pour toujours les premières et les plus chères affections de sa jeunesse.

Lorsqu'au printemps de l'année suivante, en effet, le gouvernement du Roi Louis XVIII se décida à intervenir à main armée dans les affaires d'Espagne, son père fut attaché, sur sa demande, à l'état-major du général Baron de Damas, qui commandait lui-même, sous les ordres du maréchal Moncey, une division destinée à opérer en Catalogne. La campagne durait depuis sept mois : le commandant d'Eyragues, très-souffrant de la dyssenterie, venait d'obtenir une permission d'un mois pour aller se reposer et se guérir à Perpignan, pendant que la division de Damas restait inoccupée devant Figuières, lorsque, la veille même de son départ, le Baron de Damas reçut du maréchal Moncey l'avis qu'une colonne ennemie, trompant la surveillance du général en chef, se dirigeait sur lui pour le surprendre. Consulté par M. de Damas qui avait une juste confiance dans l'expérience militaire de M. d'Eyragues, celui-ci proposa de réunir immédiatement le peu de soldats disponibles qu'il avait auprès de lui, de se mettre lui-même à leur tête, et de marcher résolument à l'encontre de la colonne ennemie.

Hélas ! il y trouva la mort, la plus glorieuse sans doute et la plus belle qu'un soldat puisse envier ; mais qui empruntait pour ses amis et sa famille un caractère plus douloureux et plus amer encore de cette circonstance que quelques heures plus tard il devait se retrouver en France, et qu'il tombait frappé d'une balle au cœur au moment où sa femme et ses enfants l'espéraient et l'attendaient dans la confiance et la sécurité.

Ce fut une dure et lamentable épreuve pour le cœur de son fils qu'il laissait orphelin, alors que ses conseils et son appui lui étaient si nécessaires ; et cependant, ce fut ce coup si imprévu et si terrible qui fut précisément l'aurore de sa fortune, et le moyen dont se servit la Providence pour placer définitivement M. d'Eyragues dans sa vocation et dans sa voie.

Le Baron de Damas, devenu ministre de la guerre à son retour d'Espagne, l'attacha tout d'abord à sa personne en qua-

lité de secrétaire ; puis il l'emmena naturellement aux affaires
étrangères, quand, quelques mois plus tard, il y remplaça
comme secrétaire d'État M. de Chateaubriand.

M. d'Eyragues voyait enfin s'ouvrir pour lui l'entrée du
corps diplomatique, et on peut dire en vérité qu'il y était chez
lui. Il avait, en effet, tout ce qu'il faut pour se distinguer dans
une carrière, qui demande une réunion de qualités et d'aptitudes qui se rencontrent difficilement ensemble. Car la carrière
diplomatique n'appartient pas à tout le monde; et si instruit, si
si dévoué, si résolu qu'il soit ou qu'il puisse être, le premier
venu n'y suffit pas. « Tant qu'on n'a qu'à ordonner, disait de
» M. de Narbonne l'Empereur Napoléon Ier, l'énergie, le
» dévouement et la fidélité suffisent ; mais quand il s'agit de
» négocier, c'est autre chose. C'est un art difficile qui réclame
» des qualités, des affinités et des instincts que l'expérience
» éclaire, mais que l'étude ne donne jamais. » Il faut, en
effet, pour réussir, et sans parler des avantages personnels que
la naissance et la bonne éducation procurent, la sagacité qui
devine, la prudence qui attend, l'habileté qui profite, le dévouement qui ose. Ce qu'il faut, c'est la loyauté qui attire, la
mesure qui réserve, la dignité qui impose, et par dessus tout,
le culte de la vérité. Car la loyauté, la sincérité, la droiture,
n'en déplaise aux esprits superficiels qui vont étudier la
science diplomatique dans les vaudevilles de M. Scribe, sont
les qualités indispensables d'un diplomate qui veut faire cons-
ciencieusement les affaires de son pays. Il n'y a rien de plus
habile en politique que la droiture : « En s'écartant volontairement de la vérité, écrit M. le Baron de Hübner dans son histoire de Sixte-Quint, le diplomate manquerait non seulement
au premier de ses devoirs, mais il s'exposerait encore immédiatement à la découverte de sa faute et par là à une ruine certaine : car il sait que son gouvernement est constamment renseigné sur la marche des négociations dont il est chargé lui-

même, par les communications du représentant de la Cour avec laquelle il négocie. Il n'ignore pas non plus que les autres membres du corps diplomatique mettent le plus grand prix à suivre de loin les négociations auxquelles ils ne prennent pas part eux-mêmes ; qu'ils en pénètrent souvent le secret, et s'empressent d'en donner connaissance à leurs gouvernements. De là le double contrôle de sa correspondance diplomatique qui le maintiendrait dans les limites de la vérité, s'il n'y était maintenu par le devoir et par l'honneur. »

L'honneur et le devoir ! voilà bien les règles invariables qui ont, pendant tout le cours de sa carrière, inspiré les pensées et les actions, illustré les services de M. le Marquis d'Eyragues : ils étaient, si je puis le dire, l'essence même de son cœur ; et, à ces qualités précieuses et rares, il joignait une intelligence précoce, un esprit observateur et clairvoyant, une grande assiduité au travail, une discrétion et une réserve qui lui valurent d'emblée la bienveillance et la confiance des hommes qui inspiraient et dirigeaient à cette époque la politique extérieure de la Cour des Tuileries.

Admis dans la plus affectueuse familiarité de M. le Baron de Damas ; devenu le favori de M. Bourgeot, chef de la division politique et, après le ministre, le personnage le plus important du ministère, M. d'Eyragues, dans la bienheureuse aurore de ses 19 printemps, se vit chargé d'ouvrir et d'analyser les dépêches que le courrier apportait chaque jour de tous les coins du monde, et d'en placer le résumé sous les yeux du ministre. C'était une tâche difficile et délicate, qui réclamait, de la part de celui qui en était chargé, beaucoup d'application et beaucoup d'exactitude, une grande intelligence et une grande discrétion, mais qui avait pour lui le précieux avantage de l'initier aux questions les plus intéressantes et les plus graves de la diplomatie.

Cette vie si occupée, si douce et si brillante, fut momentanément interrompue par des magnifiques voyages, dont M. le Marquis d'Eyragues a laissé dans ses Mémoires le plus intéressant récit. Le premier fut à Lisbonne, où il alla porter le collier de l'ordre du Saint-Esprit, destiné au roi Jean VI, ainsi que diverses autres décorations accordées par le roi Louis XVIII à tous les principaux personnages qui avaient pris part à la contre-révolution qui venait de s'accomplir en Portugal. La physionomie de cette petite Cour, les intrigues dont elle était le centre, les rivalités qui se disputaient l'influence et le pouvoir, et particulièrement les portraits du Roi, de la Reine, de l'Infant don Miguel, du Marquis de Chaves, du Vicomte de Silvina, du Marquis de Palmella, etc., sont racontés et tracés avec une précision qui les fait en quelque sorte revivre sous nos yeux. Le récit de l'audience accordée par la Reine à M. d'Eyragues au château de Caylus, est particulièrement curieux à lire par les détails qu'il renferme sur la toilette extravagante, la conversation animée, les gestes désordonnés de cette princesse. Cette auguste famille n'était rien moins qu'intéressante à voir; et M. d'Eyragues, qui la contemplait avec ses yeux de vingt ans, eût pu la prendre, en vérité, pour une collection de magots, s'il n'avait aperçu, en sortant de chez la Reine, à travers les carreaux d'une fenêtre sans rideaux, un charmant visage de jeune fille qui le regardait en souriant : c'était la plus jeune des Infantes, celle qui épousa plus tard le Marquis de Loulé, et dont la Société de Paris a longtemps admiré la grâce et l'élégance.

Le second voyage diplomatique de M. d'Eyragues fut plus attrayant et plus intéressant encore que le premier; car il le mit à même de traverser l'Europe entière pour aller saisir et étudier, dans toute la splendeur et la férocité de ses mœurs asiatiques, cet empire ottoman, tel qu'il existait encore à cette époque, avec ses Janissaires indisciplinés et turbulents, ses procédés violents et sanguinaires, son mépris pour les Francs, mais aussi avec les splendides costumes de ses pachas, de ses officiers, de ses fonctionnaires et de toutes les classes de sa population.

Chargé de porter à M. le Général Guilleminot, notre ambassadeur près le Sultan, des instructions relatives à la question grecque qui absorbait, en 1825, l'attention des cabinets européens, M. d'Eyragues dut se rendre d'abord à Vienne ; puis de Vienne à Giurgewo, où montant bravement à cheval, il y resta sept jours et six nuits, presque sans débrider, avant de faire dans la ville de Stamboul, comme les Turcs appellent Constantinople, une entrée que la férocité des chiens, d'une part, et le fanatisme de la population turque, de l'autre, ne firent rien moins que triomphale.

Ce long et fatigant voyage est raconté avec l'entrain, le charme et la gaîté de la jeunesse : mais on y rencontre de la part de son auteur, une observation profonde, intelligente et fine, qui donne aux moindres de ses paroles, une valeur attachante à la fois et saisissante. C'est le propre, en effet, d'un esprit pénétrant de ne rien observer d'inutile, et de ne relever que les choses, les incidents et les détails qui peignent d'un mot le caractère et la physionomie des hommes qu'il met en scène. On sent que ce jeune attaché de vingt ans, porte en lui l'étoffe d'un Diplomate, et que dans les grandes affaires dont il aura plus tard le soin et la conduite, il saura se maintenir toujours dans les lignes de la mesure et de la vérité. Le vieux Prince de Metternich qui se connaissait en hommes, l'avait ainsi jugé du premier coup. Ayant appris, lors du passage de M. d'Eyragues à Vienne, l'arrivée d'un attaché au cabinet du Baron de Damas, porteur de dépêches pour l'ambassadeur de France à Constantinople, le Prince voulut le voir : il le garda plus d'une heure dans son cabinet, et fut si favorablement touché de la rectitude de son langage et de la justesse de son esprit, que traversant Paris quelques semaines plus tard, pour se rendre à Milan, il fit, non seulement à M. de Damas, mais au Roi Charles X lui-même, le plus obligeant éloge de ce jeune attaché, dont la conversation et la personne l'avaient particulièrement frappé.

Après deux mois de séjour à Constantinople, M. d'Eyragues se remit en route pour revenir en France, parcourant en seize jours un trajet de 800 lieues. M. de Damas, son premier protecteur, était toujours ministre; mais d'après son conseil et sur la demande de M. Bourgeot, M. d'Eyragues quitta le cabinet pour passer à la direction politique, où il commença son véritable apprentissage diplomatique à l'école de cet homme aimable et distingué qui fut au ministère le prédécesseur de M. Desages. Il y travailla pendant près de deux ans, en compagnie de M. de Pontois, devenu plus tard ambassadeur à Berne, de M. de Blanriez, de M. de Vaubicourt et de M. Cintrat, ce Nestor de la diplomatie française, ce fidèle représentant des grandes traditions de notre politique, et que nous avons encore la consolation de voir, en dépit de ses 85 ans, dans la pleine possession de la vigueur et de la lucidité de son vaillant esprit.

On aime à retrouver dans les récits de M. le Marquis d'Eyragues les noms et le souvenir des hommes au milieu desquels s'est écoulée sa jeunesse diplomatique, et qui sont devenus, comme lui-même, nos prédécesseurs et nos maîtres, dans la noble et difficile mission de représenter la France à l'étranger.

Il en est un particulièrement dont M. d'Eyragues a conservé, dans la plus intime partie de son cœur, la chère et vénérée mémoire. C'est M. le Comte de la Ferronays. — M. de la Ferronays était ambassadeur de France à Saint-Pétersbourg, lorsqu'en 1826, M. de Damas y envoya M. d'Eyragues en qualité de troisième secrétaire. M. de la Ferronays jouissait auprès de l'Empereur Nicolas, monté récemment sur le trône de Pierre le Grand, dans les conjonctures les plus dramatiques et les plus graves, de toute la considération et de toute la confiance dont un ambassadeur peut jouir auprès du Prince à la cour duquel il est accrédité. On ne pouvait souhaiter un chef plus complétement digne d'attachement et de respect ; et la providence semblait, en vérité, conduire par la main M. d'Eyragues, en l'envoyant servir sous les ordres d'un homme qui est demeuré et qui demeurera toujours dans le souvenir de ceux qui l'ont connu, le type achevé de la loyauté, de l'honneur et de la bonté. Qui n'a lu le *Récit d'une Sœur* (1), et qui ne voit par conséquent ce que durent être pour un jeune homme du caractère et de l'esprit de M. d'Eyragues, le privilége et le bonheur de vivre sous les exemples et sous les yeux d'un tel chef, et dans un intérieur aussi charmant et aussi distingué que le sien ? — Nous pouvons en parler par expérience, car nous avons retrouvé quinze ans plus tard auprès de M. le Marquis d'Eyragues lui-même, le rare privilége et le bonheur inappréciable de commencer comme lui notre carrière, sous le patronage d'un chef, dont la bienveillance et les exemples ont été pour nous, ce que les exemples et la bienveillance de M. de la Ferronays avaient été pour lui.

Des circonstances exceptionnelles vinrent bientôt ajouter un intérêt puissant à toutes les conditions de satisfaction et de bien-être que M. d'Eyragues rencontrait à Pétersbourg. L'époque du couronnement de l'Empereur approchait en effet, et cette grande capitale, déjà par elle-même si brillante et si belle, allait devenir le rendez-vous de tout ce que l'Europe comptait en hommes d'Etat de plus considérable et de plus grand. Ce fut, pendant quelques semaines, comme un défilé de Princes, de Maréchaux, de diplomates, accourus à Pétersbourg et à Moscou pour jouir des splendeurs de ce spectacle, et pour

(1) *Récit d'une Sœur*, par Mᵐᵉ Augustus Craven, née de la Ferronays.

y représenter leurs souverains en qualité d'ambasadeurs extraordinaires, spécialement accrédités à cet effet. Le maréchal Marmont y représentait le Roi Charles X ; le Duc de Devonshire, le Roi d'Angleterre ; le Prince de Hesse-Hombourg, l'Empereur d'Autriche ; le vieux maréchal de Stedingk, qui avait assisté au couronnement de l'Empereur Paul, représentait la Suède ; le Roi de Prusse avait envoyé son propre fils, le Prince Charles, frère cadet de la nouvelle Impératrice. Chacun de ces ambassadeurs avait amené une suite nombreuse ; celle de M. le Duc de Raguse ne comptait pas moins de vingt personnes, choisies parmi tout ce que l'armée et la noblesse françaises avait de plus illustre et de plus élégant. — Tout ce monde se transporta à Moscou, au mois d'août 1826, et ce fut au Kremlin, dans la magnifique Eglise de l'Assomption, que s'accomplit avec une pompe toute orientale, le couronnement de l'Empereur Nicolas. Cette cérémonie, déjà si imposante par elle-même, fut encore rehaussée par un incident aussi imprévu que dramatique. Le Grand-Duc Constantin en effet, frère aîné de l'Empereur, était inopinément arrivé de Varsovie, pour démentir par sa présence tous les doutes qui pourraient subsister encore à l'endroit de sa volontaire renonciation au trône. Ce fut donc avec une émotion profonde qu'on vit ce Prince s'agenouiller devant son frère pour lui prêter foi et hommage, et qu'on vit l'Empereur, à son tour, le relever immédiatement pour le serrer entre ses bras. Cette scène émouvante et dramatique est admirablement racontée dans les mémoires de M. d'Eyragues ; et il faut reconnaître avec lui-même qu'un pareil désintéressement est unique dans l'histoire et vraiment digne de l'admiration des hommes.

Les fêtes finissaient, et M. d'Eyragues s'apprêtait à retourner à Pétersbourg avec le personnel de l'ambassade, lorsqu'il reçut

la nouvelle imprévue de sa nomination au poste de secrétaire
de légation à Copenhague. C'était sans doute un événement
heureux pour sa carrière ; car c'était, au point de vue de son
avancement hiérarchique, un pas nouveau qu'il y faisait. Mais
si avantageux qu'il fût sous ce rapport, ce déplacement ne
pouvait s'accomplir pour lui sans déplaisir et sans regret. — Il
devait se séparer, en effet, d'un chef qu'il vénérait et qu'il
aimait ; qui l'honorait lui-même d'une amitié pleine de confiance ;
il lui fallait enfin quitter une situation à laquelle les grandes
négociations dont il était témoin, et les grandes affaires dont il
avait sa part, prêtaient un intérêt puissant et attachant. Tomber des hauteurs et des splendeurs de la Cour de Russie, dans
la modeste insignifiance de la Cour de Copenhague, n'était rien
moins que réjouissant pour un esprit laborieux et distingué, qui
avait le goût des grandes affaires, et la juste ambition de les
traiter un jour. Mais c'est le propre d'un esprit sage d'accepter
sans défaillance et sans révolte, les accidents et les surprises
qui se rencontrent nécessairement en toutes carrières, et qui
sont plus nombreux et plus fréquents qu'ailleurs dans la carrière diplomatique. En dépit des regrets bien naturels que lui
causait un déplacement qu'il n'avait rien moins que désiré,
M. d'Eyragues se résigna promptement, et il en fut récompensé
par deux circonstances relativement heureuses, dont la première
particulièrement lui a laissé des impressions et des souvenirs
qu'il n'aurait jamais eu sans elle, la bonne fortune de recueillir.
— M. le maréchal Marmont, en effet, qui se trouvait au
moment de retourner en France, lui proposa obligeamment de
voyager avec lui jusqu'à Varsovie. Cette proposition était pour
M. d'Eyragues une faveur d'autant plus grande, que les relais
du Maréchal devaient être, d'une part, régulièrement et
soigneusement préparés sur toute la route, et qu'il devait, de
l'autre, visiter en passant, les principaux champs de bataille de
la campagne de Russie. — C'est ainsi, qu'emmenant dans sa

voiture le Comte Victor de Caraman, qui avait fait lui-même cette campagne comme capitaine d'artillerie, M. d'Eyragues parcourut avec un intérêt et une émotion dont ses Mémoires ont conservé l'empreinte, ces tristes et sauvages contrées, qu'avaient autrefois parcourues son père, où s'était accomplie la plus terrible catastrophe qu'ait peut-être jamais enregistrée l'histoire.

Il se sépara du maréchal à Varsovie, et continua solitairement son long voyage, traversant successivement la triste capitale de ce vilain pays qui s'appelle la Prusse, où les grandes routes n'existaient pas encore ; puis la belle et opulente ville de Hambourg, siége d'un vaste commerce avec le monde entier ; puis enfin le Holstein, le Shlesvig et le Jutland, pour arriver à Copenhague par une triste journée du mois d'octobre 1826. — Il y trouva la seconde compensation des regrets que lui avait causés son départ de Pétersbourg ; car M. le Marquis de Saint-Simon, ministre de France à Copenhague, attendait impatiemment M. d'Eyragues pour l'accréditer auprès du gouvernement Danois, en qualité de chargé d'affaires, et pour se rendre lui-même en congé à Paris. — C'était une chance on ne peut plus heureuse que de devenir chef de mission à vingt-deux ans ; cette chance cependant ne laissait pas d'être redoutable ; car la mission d'un chargé d'affaires, si peu considérable que soit d'ailleurs l'importance politique du gouvernement auprès duquel il est accrédité, réclame un tact, une mesure, une circonspection et une prudence qui ne sont pas dans les moyens de tout le monde, et qui répugnent pour l'ordinaire aux entraînements et aux instincts de la jeunesse. Mais dans un cœur bien né, la valeur n'attend pas le nombre des années ; et pendant les nombreux intérims que lui valut à Copenhague l'humeur voyageuse de M. de Saint-Simon, M. d'Eyragues s'en tira avec honneur, suppléant par une réserve judicieuse, par un grand et naturel bon sens, à ce que sa grande jeunesse manquait encore en expérience des hommes et des affaires. Il sut montrer dans un pays qui avait depuis 1815 perdu son ancienne importance, qu'à l'occasion et sur un terrain moins pauvre et moins ingrat, il était capable de bien voir, de bien juger et de bien faire.

—

M. le Marquis d'Eyragues se trouvait accidentellement en France en vertu d'un congé, lorsque la révolution de 1830 vint renverser en quelques jours le trône, et jeter dans l'exil la branche aînée de la maison de France. Sa douleur et ses regrets furent profonds et sincères; mais il était trop jeune pour briser à jamais une carrière dans laquelle il débutait à peine et qu'il affectionnait profondément. M. le Comte Molé, ministre des affaires étrangères du nouveau gouvernement le reçut à merveille, sollicita la continuation de ses services et l'engagea à reprendre sans retard possession de son poste. M. d'Eyragues retourna donc à Copenhague, où il demeura encore deux ans. Mais une violente épidémie de fièvre typhoïde, dont il fut gravement atteint, l'ayant obligé de quitter le Danemark pour aller se rétablir en France, il y revenait souffrant, découragé, inquiet de son avenir, ne sachant s'il pourrait obtenir un changement de résidence, lorsqu'en arrivant à Bruxelles, il y apprit, sans préparation, sa nomination au poste de secrétaire de la légation de France à La Haye. Cette nouvelle inespérée lui rendit incontinent ses forces et son courage, car La Haye, à cette époque, était un poste d'importance où s'agitait et se traitait la question la plus grosse et la plus redoutable du moment. Il y devint presqu'aussitôt chargé d'affaires, et justifia, dans les circonstances difficiles et délicates au milieu desquelles il se trouva placé, la bonne opinion que le département des affaires étrangères avait conçue de son mérite.

On se rappelle, en effet, que le triomphe de la révolution Belge venait de porter une grave atteinte aux droits des souverains légitimes ; et que l'admission de cette nationalité nouvelle, dans le concert européen, ouvrait une large brèche dans les actes du Congrès de Vienne, que l'Europe avait, en 1815, directement et systématiquement constitués contre nous. Les raisons qui portaient la France à soutenir les Belges contre les Hollandais, poussaient tout au contraire les cours du Nord à aider le roi de Hollande contre ses sujets rebelles. Le Roi de Prusse particulièrement, beau-frère de ce monarque, et dont les successeurs et les prédécesseurs se sont toujours placés au premier rang de nos ennemis, était tout prêt à appuyer par les armes la tentative que le Roi de Hollande méditait contre Bruxelles. La fermeté du nouveau gouvernement arrêta brusquement les velléités agressives qu'on nourrissait complaisamment à Berlin. Dès la fin de septembre 1830, en effet, M. le comte Molé signifiait poliment mais résolument au Baron de Werther, ministre de Prusse à Paris, que si les prussiens mettaient le pied en Hollande, ils y rencontreraient l'armée française, y entrant elle-même par la frontière de la Belgique. La Prusse se récria, protesta contre les prétentions de la France de lui lier ainsi les mains ; mais l'armée prussienne qui commençait à se mettre en marche s'arrêta court, et la Belgique fut préservée.

Ce sont les longues et épineuses négociations ouvertes à Londres au sujet de la reconnaissance du nouvel état Belge, que M. le Marquis d'Eyragues était chargé de suivre à La Haye. Il se mit aisément à la hauteur de cette mission importante et difficile, et sa correspondance témoigne de la hauteur et de la prévoyance de ses jugements. Ses dépêches attendues avec impatience, étaient lues avec empressement et intérêt, non seulement à Paris, mais encore à Londres, où le prince de Talleyrand qui y représentait la France, lui avait demandé de correspondre directement avec lui. — Cette intéressante campagne diplomatique, vaillamment et prudemment conduite dans un pays et près d'une cour dont les forces militaires étaient aux prises avec les nôtres, plaça décidément M. d'Eyragues au premier rang de nos agents. Aussi, à son retour à Paris, reçut-il du Roi et de M. le Duc de Broglie qui tenait le portefeuille des affaires étrangères, l'accueil le plus flatteur et le plus empressé. M. de Broglie voulait même le nommer de suite chef de mission, déclarant que ses services exceptionnels le plaçaient au-dessus des exigences hiérarchiques. Mais le jugement et le bon sens de M. d'Eyragues lui firent bien vite prévoir que l'accomplissement de ces obligeantes promesses, souffrirait nécessairement de grandes incertitudes et des lenteurs inévitables. Aussi ne voulant pas lâcher la proie pour l'ombre, il demanda lui-même, et obtint immédiatement le poste de premier secrétaire d'ambassade à Constantinople qui se trouvait en ce moment vacant.

L'ambassade de France à Constantinople est, sans contredit, un des postes les plus importants de la carrière diplomatique ; et cette importance, au moment où s'y rendait M. d'Eyragues, (novembre 1837), était devenue plus grande encore, par suite de l'hostilité flagrante qui venait d'éclater entre le Pacha d'Égypte et le Sultan.

Le traité de Kutaya, signé l'année précédente entre le Sultan Mahmoud et Méhémet-Ali, n'avait fait qu'irriter la haine et les rancunes que le Sultan portait à son puissant vassal ; et l'Europe, divisée mais attentive, s'appliquait à exploiter, au profit de ses intérêts, mais surtout au profit de ses passions particulières, les redoutables incidents qui devaient nécessairement surgir d'un pareil état de choses. L'Angleterre représentée à Constantinople par lord Ponsonby, poussait la Porte à recommencer ses

ses hostilités contre l'Égypte. Flattant habilement la passion du Sultan, il le pressait, en lui promettant l'appui de l'Angleterre, de revenir sur les concessions que lui avait arrachées le désastre de Koniah. La France au contraire, très-engouée de Méhémet-Ali, partageant et subissant les illusions de toutes les fantaisies que la presse et la tribune françaises accréditaient bruyamment en sa faveur, se refusait contre son protégé à toutes mesures coércitives, et prétendait lui assurer amiablement à titre héréditaire, la possession des territoires qu'il ne gouvernait que viagèrement.

Au milieu de ces conflits et de ces luttes d'influence, dont la malveillance avouée de l'empereur Nicolas et la jalousie secrète de lord Palmerston firent, deux ans plus tard, sortir le traité du 15 septembre, M. d'Eyragues devint chargé d'affaires à la suite du départ de notre ambassadeur, M. l'amiral Roussin, qui se rendit en France au mois d'octobre, en vertu d'un congé. Il se montra, sur ce théâtre élevé ce qu'il avait été à Copenhague et à La Haye, fin, pénétrant et droit. Les considérations et les récits que renferment ses Mémoires sur les intérêts de la politique française en Orient, sur les mœurs des populations, les magnificences de la nature, les richesses et les ressources de ce splendide pays, la vénalité, la corruption et la férocité de la cour de Constantinople, sont frappants et attachants. C'est avec le coup d'œil d'un homme d'Etat qu'il voit les choses et juge les hommes : on saisit à l'origine, en le lisant, une nature généreuse, mais réservée ; un cœur haut, mais sans orgueil ; un esprit riche, impartial, clairvoyant et facile, toujours maître de lui.

Après trois années de séjour à Constantinople, M. d'Eyragues reçut l'autorisation de revenir en France. Il venait de montrer une fois de plus, qu'il était apte à gérer les grandes affaires, et à représenter dignement la France dans tous les postes qui lui seraient confiés.

Débarqué à Marseille au mois de septembre 1837, il dut y subir, à cause de la peste qui ravageait Constantinople au moment de son départ, une longue quarantaine de 22 jours, avant de pouvoir rejoindre et embrasser sa mère qui était venue l'attendre à Eyragues; il y passa près d'elle quelques semaines, heureux de retrouver les joyeux souvenirs de sa jeunesse et le charme si grand des affections de la famille, dont la privation est la plus dure épreuve de la carrière diplomatique.

Sa première visite à Paris fut pour le Comte Molé qui était redevenu Président du Conseil et secrétaire d'État des affaires étrangères. M. Molé le reçut comme il méritait de l'être; et le roi Louis-Philippe voulut bien le complimenter avec chaleur sur la manière dont il avait géré les affaires de l'ambassade. Il reçut également du ministre et du Roi la formelle assurance que le premier poste diplomatique vacant lui serait réservé.

Mis en disponibilité sur sa demande, et certain désormais de l'avenir de sa carrière, M. le Marquis d'Eyragues passa tout l'hiver de 1837 à 1838 à Paris; jouissant avec un entrain et un plaisir, que peuvent seuls apprécier ceux que la carrière diplomatique oblige à vivre à l'étranger, de ce mouvement intellectuel, de ces relations faciles, variées, intéressantes, qui font bien certainement de Paris la ville par excellence, le centre des plaisirs et des affaires, et la capitale du monde européen. Introduit par ses affinités et ses alliances dans les salons les plus recherchés de Paris; mis en relation par l'éclat de ses services et la distinction de sa personne avec les hommes les plus marquants de cette époque, il y devint presqu'à la mode, nous dit-il gaîment lui même, grâce à la belle décoration que le Sultan lui avait remise à son départ de Constantinople, et dont les magnifiques diamants produisaient le plus superbe effet. Mais il rencontra, dans cet hiver de 1838, quelque chose de plus charmant encore que tous les agréments de la vie la plus brillante, et de mille fois plus précieux que tous les diamants de son Nichan. Il rencontra, en effet, celle qui devait être la noble et chère compagne de toute sa vie, l'amie fidèle et tendre et comme la seconde moitié de son âme; celle enfin qui pendant trente-cinq ans d'une union sans traverse et sans nuage, a partagé les joies et les douleurs, les succès et les mécomptes dont tout homme ici-bas, si heureux qu'il puisse être, doit nécessairement subir le contact et l'épreuve.

Mlle de Morell, alliée par sa mère aux plus grandes maisons de France, appartenait par son père à une noble et ancienne famille normande, dont l'illustration remonte à Guillaume le Conquérant. En dehors des avantages de sa naissance et des charmes de sa personne, elle avait ce qui vaut plus encore, toutes les vertus simples et modestes qui inspirent encore à ceux qui ont l'honneur de la connaître, la sympathie, le dévouement et le respect. Aimable, pieuse et gaie, vertueuse sans élan comme sans effort, la bonté de Mme d'Eyragues est, en effet, si douce et si constante, qu'il semble que c'est pour elle que sont écrites les paroles suivantes adressées il y a deux siècles à cette charmante Lady Russel, dont M. Guizot, dans le plus attachant récit, (1) a tracé la douce et héroïque figure : « Il n'y a dans le monde, lui écrivait en 1665, un ami de son » mari, point de charme comparable à celui de la bonté, et » vous en êtes la meilleure preuve : tous ceux qui vous con- » naissent se sentent forcés de vous honorer, et vous ne leur » devez aucune reconnaissance, car ils ne peuvent faire autre- » ment. » Et puisque j'ai eu l'heureuse et précieuse fortune de servir pendant sept ans sous les ordres de M. le Marquis d'Eyragues, et de jouir auprès de lui du spectacle le plus charmant et le plus rare, celui d'une union profonde et tendre, il me sera bien permis de dire que je n'en ai jamais vu de plus heureuse et qu'elle a eu pour moi l'attrait et la puissance d'un

(1) *L'Amour dans le mariage.*

véritable apostolat. J'ai rencontré dix ans plus tard, en effet, la même union, le même bonheur dans le mariage ; j'ai vu se réaliser à mon tour, hélas ! pour l'espace d'un instant, le charme, l'enivrement, la paix et la sécurité d'une affection heureuse et pure ; et j'ai toujours remercié Dieu de m'avoir préparé au coup de grâce que sa paternelle Providence a daigné opérer plus tard en ma faveur, en m'apprenant à comprendre par le spectacle dont j'étais le témoin, qu'une pieuse et fidèle compagne est le don le plus précieux que le Seigneur nous puisse accorder sur la terre ; et que de toutes les influences humaines, celle d'une femme bonne, intelligente, chrétienne et tendrement aimée, est la plus puissante, la plus féconde et la plus douce.

Marié le 29 mars 1838, à la chapelle de la Chambre des Pairs, par Mgr Gallard, alors évêque de Meaux, M. d'Eyragues fut appelé l'année suivante à remplir les fonctions importantes de chef du cabinet du maréchal Soult, devenu après l'émeute du 12 mai, ministre des affaires étrangères et Président du conseil. Il avait eu, quelques mois auparavant, la bonne fortune de l'accompagner en Angleterre, et d'assister, non seulement à toutes les pompes du couronnement de la reine Victoria, mais encore aux ovations enthousiastes dont le maréchal y avait été l'objet. Ce voyage en Angleterre est un des épisodes les plus intéressants des Mémoires de M. d'Eyragues. La politique d'ailleurs n'y est pas oubliée ; après 18 mois de loisir, en effet, il rentrait dans les circonstances les plus sérieuses, en pleine politique intérieure et extérieure. Car c'était devant l'émeute, d'une part, que le ministère s'était formé ; et ce fut, de l'autre, quelques jours après sa formation, qu'arrivèrent à Paris, coup sur coup, les nouvelles de la reprise des hostilités entre Mahmoud et Méhémet-Ali : celle de la défection de la flotte ottomane et de la mort du Sultan.

Les Mémoires de M. d'Eyragues retracent à grands traits

et avec toute la connaissance qu'il possédait des affaires d'Orient, les complications qui surgirent, pour l'Europe et pour la France, de ces événements considérables. On y retrouve la politique haineuse et tracassière de lord Palmerston, le mauvais vouloir de l'empereur Nicolas, contre la France, et surtout l'engouement du Roi Louis-Philippe pour le pacha d'Egypte, que M. d'Eyragues ne partageait nullement. Il essaya plusieurs fois de ramener le maréchal et le Roi lui-même à une plus juste appréciation de la valeur de Méhémet-Ali, et de leur faire envisager les mécomptes que devait entraîner pour la France la partialité que le gouvernement et l'opinion publique nourrissaient en sa faveur. Le traité du 15 juillet 1840, vint confirmer malheureusement ses judicieuses prévisions; mais à cette époque le maréchal n'était plus aux affaires, et ce fut de Carlsruhe que M. d'Eyragues vit tomber comme un château de cartes, ce fameux établissement égyptien, sur lequel le Roi Louis-Philippe se faisait l'illusion de compter, en cas de conflit avec l'Angleterre, comme sur un allié puissant et assuré.

Le maréchal, en effet, avant de quitter le ministère, avait fait signer par le Roi la nomination de M. le Marquis d'Eyragues au poste de ministre plénipotentiaire de France près la cour de Carlsruhe; c'est à cette époque que commencèrent les relations que ma reconnaissance et mon respect, d'une part, sa bienveillance et son amitié, de l'autre, ont rendues les plus précieuses et les plus chères de toute ma vie.

Au moment où M. le Duc de Dalmatie prenait possession, en 1839, du département des affaires étrangères, j'étais attaché depuis quatre ans à la direction politique de ce département; et comme il avait, sous le premier Empire, beaucoup connu mon père, et qu'il voulait bien, ainsi que Mme la maréchale, m'honorer de ses bontés, le maréchal pensa tout d'abord à m'attacher à son cabinet. Mais cette combinaison très-avantageuse à une époque où les attachés au cabinet du ministre ne se comptaient pas par douzaines, ne pût malheureusement se réaliser en ma faveur, par suite de l'opposition de M. d'Eyragues lui-même. Ce fut lui qui décida la juste préférence du maréchal en faveur de mon cher ami et bien regretté collègue, le Comte de Marescalchi, qui venait d'épouser Mlle de Pange et de se faire naturaliser français. M. le maréchal, à titre de compensation, voulut bien décider, de concert avec M. Desages, que je suivrais à Carlsruhe M. d'Eyragues, aussitôt qu'Ernest Bresson, qui y remplissait depuis longtemps les fonctions de secrétaire de légation, aurait reçu la nouvelle destination qu'il attendait.

C'est ainsi que, sans l'avoir souhaité, je me trouvai placé sous les ordres de M. le Marquis d'Eyragues. Je le connaissais à peine à cette époque, ne l'ayant rencontré qu'une fois ou deux dans le cabinet du maréchal ; et je dois avouer que la réserve de son premier accueil n'avait pas laissé de m'intimider un peu et de me préoccuper beaucoup. Mais sa réserve et sa froideur n'étaient dieu merci, qu'à la surface ; car à toutes les qualités de l'intelligence et de l'esprit, M. d'Eyragues joignait le cœur le plus bienveillant et le meilleur. Aussi, dès les premiers jours de mon arrivée à Carlsruhe, elles avaient complètement disparu devant l'exactitude et la discrétion de mes services, que M. d'Eyrages voulut bien agréer avec l'indulgence et la bonté qui étaient le fond de sa nature. Admis dans l'honneur de sa confiance et dans l'intimité de sa maison, je devins le témoin de sa vie, le confident et le très-humble collaborateur de ses travaux, comme il devint lui-même le maître et le modèle dont les exemples et les conseils m'ont appris à l'imiter et à le suivre dans cette belle et difficile carrière diplomatique que nous devions tous deux quitter avant le temps.

Le poste de Carlsruhe était à cette époque, car il a été supprimé depuis la guerre de 1870, un des moins désobligeants et des moins ennuyeux de toute la Confédération Germanique.

La proximité de la France, la saison des eaux de Bade, où le corps diplomatique se rendait pendant l'été, lui donnait, à défaut des ressources sociales dont les petites capitales allemandes sont absolument dépourvues, un charme et un agrément exceptionnels. Il était encore pour un homme de la valeur de M. d'Eyragues, qui sait tirer parti de tout, un poste d'observation intéressant et utile.

Très-dédaigneuse des mesquines intrigues qui agitaient et divisaient entre eux les petits Etats allemands, la France n'en suivait pas moins, avec l'attention qu'elles méritaient, les rivalités et les compétitions qui étaient à la fois le frein de leurs mauvaises passions, et la sauvegarde de leur indépendance ; chacune de ces petites cours allemandes était un observatoire précieux et comme un écho fidèle des passions sourdes, mais ardentes, dont la guerre de 1866 nous a donné le dernier mot. Etendant sur le reste de l'Allemagne une vue perçante et ferme, M. d'Eyragues sut transmettre de Carlsruhe des informations intéressantes, des avis aussi judicieux que prévoyants. Dans la crise notamment qui suivit le traité du 15 septembre, et alors que M. Thiers, pour se venger du dépit qu'il éprouvait, tenait contre l'Allemagne le plus imprudent langage, M. d'Eyragues n'eut pas de peine à découvrir que l'Allemagne de 1840 n'était plus l'Allemagne de 1806, et que le sentiment de l'unité, devenu depuis 1813, la passion la plus violente et comme le dernier mot du patriotisme Germanique, ne permettrait à aucun souverain allemand de s'allier avec la France, ni même de rester neutre, dans le cas où la France commettrait la faute immense de provoquer et d'attaquer l'Allemagne. Hélas ! nous n'avons que trop appris à nos dépens, la clairvoyance et la sureté de ces avis.

Après six années de séjour à Carlsruhe, M. d'Eyragues fut envoyé à Dresde, en remplacement de M. de Bussière, nommé lui-même ambassadeur à Naples ; et grâce à l'affectueuse persévérance de ses instances et en dépit du mauvais vouloir de M. Guizot, j'eus le bonheur de l'y rejoindre l'année suivante en qualité de premier secrétaire de légation. Dans ce poste plus élevé, et qui était (car il n'existe plus aujourd'hui) le poste avancé de la France sur la Vistule et sur la Sprée, la correspondance de M. d'Eyragues s'éleva et s'agrandit avec son horizon. Il se trouva très-heureusement en position d'éclairer et de renseigner le gouvernement du roi sur les origines et les atrocités des luttes épouvantables dont la Gallicie, en 1846, venait d'être le théâtre, et il le fit d'autant plus exactement que Dresde était le rendez-vous de nombreuses familles polonaises, venues de Lemberg et de Posen, et que parmi les hommes qu'il avait l'occasion d'y rencontrer, il s'en trouvait quelques-uns d'un caractère et d'un esprit sensés et distingués. Sans partager les engouements irréfléchis que les malheurs de la Pologne ont excités en sa faveur, M. d'Eyragues jugeait et appréciait les Polonais sans prévention comme sans partialité. Il rendait justice à leur courage, à la générosité un peu superficielle de leur esprit ; il admirait leur nationalité opiniâtre qui survivait à trois partages ; mais il appréciait, en les déplorant, les divisions de cette nation tumultueuse, qui, sans accord, sans gouvernement et sans armée, s'était livrée pour ainsi dire elle-même et se livre encore périodiquement, sans direction et sans défense, à l'insatiable avidité de ses voisins.

L'incorporation de la République de Cracovie à l'empire d'Autriche, fut encore pour M. le Marquis d'Eyragues l'occasion de témoigner de la droiture et de la clairvoyance de ses jugements. Cette incorporation elle-même était fort peu de chose ; mais elle attestait, de la part des trois Cours qui venaient de l'accomplir, un audacieux dédain des traités dont elles avaient cependant largement bénéficié contre la France ; en même temps qu'elle indiquait l'orgueilleuse prépotence dont l'empereur Nicolas, qui l'a chèrement expiée dix ans plus tard devant Sébastopol, aimait alors à faire parade à l'endroit de ses voisins. — La correspondance de M. d'Eyragues, dont j'avais l'heureuse fortune de copier les dépêches, renferme sur ce fait en lui-même et sur les causes qui l'ont déterminé, les renseignements les plus précis et les plus intéressants. Ses Mémoires ne font qu'en reproduire sommairement la substance, mais ils suffisent à nous montrer combien il voyait juste dans la politique des trois Cours, momentanément unies contre la France, et combien il appréciait sainement les grossières convoitises et les passions vulgaires de cette nation allemande qui, sauf de très-rares exceptions individuelles, ne reconnaît d'autre droit que la force, et dont la conscience se borne exclusivement à réclamer, quand elle est la plus forte, la satisfaction brutale de ses plus bas instincts.

—

Mais un mérite comme celui de M. le Marquis d'Eyragues ne pouvait rester enseveli dans l'insignifiance relative des petits États allemands. Le Roi Louis-Philippe qui l'estimait et le goûtait, le destinait aux grandes affaires. Il venait de le nommer en attendant Grand-Officier de la Légion-d'Honneur, et devait lui conférer la pairie, dès qu'il ferait de nouveaux Pairs, lorsque M. d'Eyragues, sur le conseil et sur l'invitation de M. Guizot, quitta Dresde au mois de novembre 1847, pour aller, avec Mme d'Eyragues et ses enfants passer tout l'hiver à Paris. Hélas! trois mois plus tard, ces brillantes espérances étaient détruites; ce fut sous ses yeux que l'émeute de février 1848, renversant un trône dont 18 années de prospérités semblaient avoir consolidé les assises, vint briser sa carrière au moment où elle lui promettait de nouveaux et de plus grands succès.

Si imprévu et si cruel que fût le coup qui atteignait en même temps ses sentiments et sa fortune, M. d'Eyragues le subit sans amertume et sans faiblesse ; il avait d'ailleurs auprès de lui, dans la personne de sa chère compagne, dans les affections et les respects dont il était environné, des compensations supérieures encore à tout ce qu'il perdait. Il avait traversé vaillamment l'agitation des affaires et les soucis de la politique; il se reposa doucement et noblement dans les pures affections de la famille et les plaisirs sans trouble de l'étude.

Après la catastrophe de février, M. d'Eyragues avait sans la moindre hésitation, résigné son poste d'ambassadeur à .Dresde; mais au milieu de l'anarchie brutale, à laquelle était livré Paris, il lui fallait trouver un établissement et un refuge, pour y mettre en sécurité sa femme et ses enfants. Il en possédait un précisément à Falaise, patrie de Guillaume le Conquérant et berceau de la famille de Morell d'Aubigny. M. d'Eyragues se décida à y conduire toute sa famille, et quitta Paris le 16 mars pour aller prendre possession de l'hôtel héréditaire, que Mme d'Eyragues y possédait.

Falaise, en dépit de ses 9,000 habitants, est une ville exceptionnelle et véritablement charmante par sa situation heureuse et pittoresque, par la beauté de ses environs, par ses souvenirs historiques, et surtout par les rares ressources sociales qu'elle renferme dans son sein. Elle est peuplée de beaux hôtels, habités pendant l'hiver par d'anciennes et riches familles qui ont eu, jusqu'à présent, le bon esprit et le bon goût de demeurer chez elles, et de rester indifférentes aux splendeurs attractives de la ville de Paris. La société, l'hiver, y est nombreuse et élégante, et, à tous les avantages de bien-être et de sécurité que son séjour offrait à cette époque odieuse et redoutable, elle avait encore pour Mme la Marquise d'Eyragues celui de lui rappeler les souvenirs de son enfance et les illustrations de sa famille. Les Morell d'Aubigny, en effet, ont été pendant plusieurs générations. consécutives, et jusqu'en 1789, gouverneurs de la ville de Falaise; et quelquefois j'ai

visité avec M. d'Eyragues, à peu de distance de la forteresse de
Guillaume le Conquérant, ce qui reste encore de l'ancien château
de la Courbonet où Henri IV devenu l'hôte et l'ami de Jean de
Morell, établit son quartier général, lorsqu'en 1589 il fit le
siége de la ville de Falaise, occupée par le maréchal de Brissac.

C'est dans cette ville modeste, élégante et tranquille, que
M. d'Eyragues a passé les 26 dernières années de sa vie. Il y
était l'objet de la considération et de l'estime universels; sa
maison hospitalière était le centre d'une société polie, joyeuse,
intelligente, dont Mme la Marquise d'Eyragues était l'âme, et
dont ses charmantes filles étaient la joie et la parure. C'est là
qu'il vit naître son second fils, don précieux, nous dit-il,
que la miséricordieuse Providence accordait à son âge mur, et
qui me rappelle son père par les traits, l'intelligence et le cœur.

Dix ans plus tôt, son fils aîné Henri d'Eyragues était venu
au monde à Carlsruhe, et je ne prévoyais guère, à cette époque,
que je devais un jour marier ses sœurs ; à défaut du sacrement
de baptême que je n'étais pas alors en mesure de lui administrer, j'ai eu du moins, en ma qualité de secrétaire de légation
faisant les fonctions d'officier de l'état civil, l'heureuse fortune
de dresser et d'enregistrer son acte de naissance.

Henri d'Eyragues, officier dans le 4e régiment de hussards,
a repris dans l'armée la place qu'y ont occupée son aïeul et son
grand-père. Dans les terribles et sanglantes catastrophes de la
journée à jamais néfaste de Sedan, il a su montrer que le
courage et la valeur sont toujours les traditions de sa famille
et de sa race.

C'est dans cette heureuse et douce retraite de Falaise,
que M. le Marquis d'Eyragues quittait tous les étés,
pour venir habiter le château de Lisy-sur-Ourcq, dans
le département de Seine-et-Marne, que nous l'avons nous-même
revu et visité souvent. Je me suis affligé quelque fois de
l'inaction à laquelle il condamnait sa vie, et ma vieille amitié
ne lui a jamais caché les regrets qu'elle éprouvait alors de le

voir ainsi priver la France de ses services. Mais les affections et les regrets ne se commandent pas : M. d'Eyragues avait vu s'écrouler tour à tour deux dynasties et deux gouvernements qu'il avait loyalement et fidèlement servis. Il leur sacrifia généreusement les intérêts de sa fortune, refusant sans éclat et sans effort, les propositions brillantes que l'empereur Napoléon III, qui connaissait par sa tante, Mme la Grande-Duchesse de Bade, la valeur et la distinction de sa personne, lui fit adresser à deux reprises. — C'est hélas ! le grand malheur de nos révolutions fréquentes et périodiques, de faire dans les générations élevées, de vastes coupes réglées, qui renouvellent en un moment la face de la France gouvernante; mais c'est aussi l'honneur d'un cœur bien né, de se sentir touché de satiété et de dégoût à la vue de ces catastrophes qui jettent de côté, à l'instant, ce que la veille encore, la France aimait et respectait le plus. L'ambition, d'ailleurs, a-t-il écrit lui-même, n'avait jamais mordu son cœur; et bien qu'il lui fût dur de perdre à tout jamais les fruits d'une belle carrière qu'il avait mis 24 ans à parcourir, il s'est toujours félicité de lui avoir courageusement préféré le calme et la dignité de sa vie, et d'en avoir renfermé tout le bonheur dans les affections de la famille et les joies de la vie privée.

C'est enfin dans cette ville de Falaise où le souvenir de ses exemples et la mémoire de ses bienfaits vivront et se perpétueront longtemps, que la mort est venue le saisir, sans le surprendre, car il la voyait approcher et s'y préparait depuis longtemps. Les douleurs névralgiques dont il avait souffert dans les premières années de sa jeunesse avaient pris depuis cinq ans surtout un caractère aigu et menaçant. Le mal envahissant de plus en plus les organes de la vie, en tarissait lentement la source et devait finir par l'épuiser..... C'est à l'âge de 69 ans, qu'après de longs jours de souffrances, pendant lesquels sa noble et courageuse compagne ne le quitta pas un seul instant, qu'entouré de ses enfants et de ses petits-enfants, élevés dans l'imitation de ses exemples, M. d'Eyragues, en sa pleine connaissance, remit pieusement son âme à Dieu !! Il est mort avec le courage d'un martyr, la résignation d'un chrétien, et la sérénité d'un honnête homme qui a rempli dignement et noblement la durée de la vie que Dieu lui avait assignée sur la terre. C'est en invoquant la miséricorde de son divin Sauveur, c'est en lui demandant pour sa pauvre et chère compagne, priant et sanglotant près de son lit, la force de se soumettre aux souveraines dispensations de sa Providence, qu'il est entré, nous en avons le ferme espoir, dans les joies et les splendeurs de sa bienheureuse éternité. — Dieu qu'il a toujours aimé et fidèlement servi, exaucera la dernière prière et le dernier vœu de son cœur. Il lui fera miséricorde parce qu'il a été lui-même bon, charitable et miséricordieux. Dieu donnera encore à celle qui l'a tant aimé sur la terre, et dont le cœur demeure à tout jamais brisé, le soulagement que la foi seule peut apporter aux âmes accablées et éprouvées, celui de pleurer dans la soumission et l'espérance, en lui faisant comprendre qu'il n'y a pas à disputer avec le Tout-Puissant, et que la mort, quand elle aura fini sa tâche, nous rendra dans le ciel, si nous savons le mériter, les âmes bien aimées qui nous aiment, nous espèrent et nous attendent là-haut.

Pour nous qui avons aimé et honoré M. d'Eyragues d'une affection profonde et respectueuse, c'est dans le souvenir de sa bienveillance, de sa loyauté, de la fidélité de son cœur et de la supériorité de son esprit, que nous aimons à rechercher le soulagement de son absence. Ses Mémoires, sous ce rapport, nous ont été précieux à lire, car il s'y est peint au naturel, et nous l'y avons retrouvé tout entier. Ils seront également précieux à lire par tous ceux qui n'ont pas eu le bonheur de le connaître, parce qu'ils sont l'œuvre d'un esprit fin, judicieux, ferme, profondément honnête, et qu'ils sont on ne peut plus intéressants par les récits et les jugements qu'ils renferment sur les hommes et sur les choses de son époque et de son temps.

Nous citions aux débuts de ce pauvre et imparfait travail, une parole de Vauvenargues, sur laquelle nous nous plaisons à revenir en finissant : « Quand je trouve dans un ouvrage un jugement net et profond, une grande imagination, avec une grande sagesse, nul effort pour paraître grand, une extrême sincérité et point d'art que celui qui vient de l'esprit et du cœur, je respecte l'auteur et je m'attache à lui par les côtés les plus généreux de ma conscience et de mon âme. » — Ces paroles résument exactement les impressions qui s'imposeront aux lecteurs de ces Mémoires. Car pour tous ceux qui veulent se faire une juste idée de la droiture et de l'honneur, alliés en une même personne à l'esprit, à l'élégance, à la profondeur et au bons sens, M. le Marquis d'Eyragues, dans ses Mémoires, apparaît comme une figure vivante qui explique le plus clairement cet assemblage et le commente le mieux.

Paris, le 6 mai 1875.

E. de MENEVAL,

Prélat de la Maison du Saint-Père,
ancien Ministre plénipotentiaire de France.

Mon grand-père, Etienne-Joachim de Bionneau, Marquis
d'Eyragues, mort en 1818, maréchal de camp et inspecteur
général des Gardes nationales du département de Vaucluse,
était major du régiment de Durfort-Dragons, au commencement
de la révolution en 1789, et chevalier de St-Louis. Il avait fait
avec distinction la guerre de Sept-Ans sous Louis XV, et, arrivé
de bonne heure au grade d'officier supérieur, il avait devant lui
une belle carrière militaire. Seigneur d'Eyragues où il possédait environ vingt mille livres de rente, en biens fonds et en
dehors des droits féodaux, il avait épousé à Paris, en 176....
haute et puissante dame Marie-Magdelaine Moreau des Isles,
dont les parents avaient une fortune considérable à Saint-
Domingue et qui devait posséder un jour soixante mille livres
de rente, chiffre qui fut en effet celui de son revenu en 1790,
année qui précéda la révolte de Saint-Domingue. Elle y était
née; mais elle avait été élevée au couvent de l'Assomption à
Paris, où ses parents étaient venus se fixer et où ils habitaient
un très-bel hôtel au Marais. Ma grand'mère avait deux
frères et quatre sœurs : Messieurs Moreau des Isles et Moreau
de Rocheplatte. M. Moreau des Isles épousa la fille d'un des
derniers gouverneurs de Saint-Domingue, Mlle de Coignes,
et a laissé postérité à Bordeaux où il s'était retiré après les
désastres qui avaient amené sa ruine. M. de Rocheplatte
mourut avant la Révolution, sans être marié. De leur côté les

quatre sœurs de Mme d'Eyragues, en épousant le Vicomte de Gauville, le Marquis de Cromières, le Marquis de Saporta et le comte Annibal d'Agoult, avaient aussi contracté de belles alliances. Le premier était un gentilhomme de Normandie qui est mort en 1827, maréchal de camp et grand-croix de Saint-Louis. Les Cromières sont du Périgord, les Saporta, comme nous, de Provence, et la famille d'Agoult est une des plus anciennes et des plus illustres du Dauphiné. Le Comte Annibal d'Agoult, était, ainsi que son frère aîné le Marquis d'Agoult, officier supérieur des gardes du corps, avant la Révolution. Ayant repris du service sous l'Empire, le Comte d'Agoult est mort en 1810, lieutenant général et gouverneur de Pampelune.

Lorsque mon grand-père n'était pas à son régiment, il habitait Eyragues avec sa femme, et l'hiver Avignon, où il possédait un bel hôtel. Avignon, qui appartenait alors au Pape, était le lieu de réunion non-seulement de la noblesse du Comtat-Vénaissin, mais d'un grand nombre de gentilshommes de la Provence et du Languedoc, comme les Forbin, les Crillon, les Caderousse-Gramont, etc. etc... Il y avait donc en hiver, à Avignon, très-haute et très-bonne compagnie ; c'était une ville de luxe et de plaisir, où beaucoup d'étrangers, particulièrement des Anglais, étaient attirés et par la douceur du climat et par la liberté dont on y jouissait sous le gouvernement paternel et libéral d'un vice-légat.

La révolution survint ; elle éclata en Provence et surtout à Avignon avec plus de fureur que partout ailleurs. Mon grand-père émigra avec une partie des officiers de son régiment, impuissants comme lui à y maintenir la discipline. Il avait deux enfants : une fille, qui a épousé depuis le Marquis de Graveson, d'une des plus anciennes familles de Provence, nom maintenant éteint, et Charles-Apollon-Théophile de Bionneau, Marquis d'Eyragues, mon père, né en 1778, et unique représentant du nom et des armes. Bien que mon père ne fût âgé que de 14 ans, au moment de l'émigration, il était si grand, si développé, et en outre d'un caractère si ardent, que mon grand-père l'emmena avec lui, et le fit entrer comme cadet-gentilhomme dans un des régiments de l'armée de Condé où lui-même prenait place. A quatorze ans, mon père était donc déjà soldat, et combattait vaillamment sous les ordres de son père à l'attaque des lignes de Wissembourg, où il vit le feu pour la première fois, préludant ainsi, longtemps avant l'âge, à cette série de glorieuses campagnes, de terribles batailles, où il devait répandre plusieurs fois son sang et mourir enfin glorieusement, frappé d'une balle en pleine poitrine, en Espagne, au combat de Llado, le 15 septembre 1823.

Cependant mon grand-père s'aperçut bientôt des misères et des dangers de la vie des camps pour un jeune homme de l'âge de mon père, et après quelques mois de ce rude apprentissage il le conduisit en Suisse pour y continuer ses études, le confiant aux soins d'un de ses amis, le Marquis de Vérac, dernier ambassadeur de Louis XVI près des Cantons. De la Suisse, où la guerre ne tarda pas à pénétrer, mon père se rendit à Londres près de son oncle le comte d'Agoult, qui, ne sachant que faire de ce grand jeune homme chez qui les passions s'étaient précocement développées, le plaça comme aspirant de marine sur un bâtiment de guerre anglais. Pendant que mon grand-père continuait à servir à l'armée de Condé, et que mon père entrait dans la marine anglaise, ma grand'mère était jetée en prison avec sa fille à Avignon, et n'échappait à l'échafaud que par la protection d'un commissaire de la Convention, nommé Moreau, qui en se servant de la conformité du nom obtenait, sous prétexte de parenté, des remises successives au jugement de ces pauvres femmes, obligées pour vivre de vendre pièces à pièces leur mobilier et plus tard leurs propres vêtements; car l'hôtel d'Avignon avait été mis sous le séquestre; tous les biens à Eyragues avaient été révolutionnairement vendus, tandis que l'insurrection de Saint-Domingue privait ma grand'mère de toute sa fortune personnelle. Il était impossible de subir une ruine plus complète et plus radicale.

Sous le Directoire, et dans un moment où la justice et l'humanité semblèrent reprendre quelque droit en France, une loi fut promulguée, autorisant la rentrée dans leur patrie, pour y jouir de leurs droits de citoyens, de toutes les personnes qui avaient émigré avant l'âge de 16 ans. Mon père profita du bénéfice de cette loi, et vint retrouver à Avignon sa mère qui avait recouvré sa liberté et à qui on avait rendu la jouissance de son hôtel. Ce fut l'époque de cette réaction royaliste qui se termina par le coup d'Etat du 18 fructidor, et qui avait donné naisssance dans le Midi à des associations dites *Compagnies de Jéhu*, qui firent pendant quelque temps une justice très-sommaire des Jacobins les plus compromis dans les crimes de la Terreur. Mon père y fut nécessairement affilié. Plusieurs acquéreurs des biens de mon grand-père à Eyragues les avaient achetés à vil prix. Aussi, sous l'influence de cette courte réaction et dans la crainte qu'on annullât un jour ces ventes, proposèrent-ils à ma grand'mère de lui céder leurs acquisitions au prix coûtant, et, à défaut d'argent, en leur faisant des baux prolongés, à des prix comparativement modiques. Ma grand'mère accepta avec empressement ces propositions, et c'est ainsi que nous sommes rentrés en possession, à Eyragues, du château, des moulins, de la Garde, et de terres détachées, dont je suis devenu plus tard possesseur par héritage.

Après le 18 fructidor, mon père compromis dans les Compagnies de Jéhu et par son nom et par sa qualité de fils d'émigré, fut de nouveau obligé de sortir de France et se réfugia en Italie où, moyennant certaines protections, il obtint un emploi dans je ne sais quelle partie d'administration de l'armée française. Les hasards de cette vie nouvelle le conduisirent à Gênes, où il se trouva renfermé avec Masséna pendant le célèbre siége de cette ville et où son humeur guerrière lui fit bientôt offrir ses services comme volontaire. Quels temps ! que d'aventures extraordinaires pour les générations de cette époque, que de misères aussi ! Réduite à la famine la plus cruelle, la garnison de Gênes vivait particulièrement de cacao et d'un peu de biscuit ; mon père m'a souvent raconté que, dépourvu d'argent et n'ayant pour subsister que sa ration de soldat, il avait cruellement souffert de la faim pendant plusieurs semaines. Mais il était jeune, ardent, plein de cette sève, de cette riche imagination méridionale qu'aucunes difficultés n'abattent, et qui sait tirer parti de toutes les situations.

Mon père rentra en France une seconde fois. Poussé par le besoin d'agir et de s'ouvrir une carrière qui pût servir d'aliment à son activité et lui donner des moyens d'existence, il vint à Paris, où il retrouva son oncle M. d'Agoult, rentré d'émigration sous le Consulat. Mon grand-père revint aussi à cette époque, ayant fait partie jusqu'au dernier moment de l'armée de Condé, et se retira à Avignon, où il partagea les faibles ressources de fortune que sa femme était parvenue à réunir.

Dans ce mouvement de rénovation sociale, auquel le premier Consul donnait une impulsion si puissante et si efficace, il aurait dû être facile à mon père de s'ouvrir une carrière avantageuse; mais sa jeunesse faisait tant de bruit, comme dit Mme de Sévigné, ses passions surexcitées par la liberté dont il avait joui de trop bonne heure et par les événements si divers auxquels il avait pris part, étaient si vives, le séjour de Paris, à cette époque surtout, si dangereux, qu'il s'occupa plus de ses plaisirs que de ses devoirs, et qu'il ne sut pas profiter de plusieurs circonstances qui s'offrirent à lui. Une passion très-vive qu'il conçut alors pour une jeune personne d'une grande beauté, d'un caractère charmant, caractère qui s'est montré plus tard si élevé, mais qui n'avait aucune fortune, vint encore détourner mon père du but pour lequel il avait été envoyé à Paris, et le rendit sourd aux conseils et aux remontrances de sa famille. Sans souci de l'avenir, sans prudence, mais avec une confiance dans l'objet de son amour que le temps a justifiée, il épousa Marie-Victoire Guyon de Montigny, fille de Guyon de Montigny, gentilhomme des environs de Fontainebleau, mort avant la Révolution, capitaine d'infanterie, commandant le fort de la Petite-Pierre, en Alsace, chevalier de St-Louis.

Sur ces entrefaites, une expédition conduite par le général Rochambeau avait repris possession de Saint-Domingue, et il devenait urgent d'y renvoyer un représentant de la famille pour rentrer en possession des diverses habitations qu'elle y possédait, et des nombreux esclaves qui y étaient attachés. Mon père s'offrit pour partir et fut agréé. Au milieu de l'hiver de 1803 à 1804, il quitta Nantes pour Saint-Domingue, accompagné de sa jeune femme. Ils débarquèrent au Port-au-Prince, après une traversée longue et pénible, faite sur un mauvais bâtiment marchand, encombré de passagers. Mais aussitôt leur arrivée, ils se virent dédommagés des privations et des fatigues du voyage, car ils furent installés dans une des plus somptueuses habitations de la famille, au milieu du luxe et de l'abondance de toutes choses. Ma mère avait pour la servir plus de négresses qu'elle ne pouvait en occuper, et passait ainsi sans transition des rudes privations d'une véritable pauvreté à toutes les recherches du luxe le plus raffiné, tel qu'on le pratiquait alors et qu'on le pratique encore aux colonies. Cet heureux temps fut court et passa comme un songe. La guerre avec l'Angleterre avait recommencé; l'insurrection de Saint-Domingue, un moment comprimée, reprit avec plus de violence que jamais; les maladies décimaient l'armée française, et bientôt, de toute l'île, de nouveau insurgée, nous ne possédâmes plus que Port-au-Prince, où mes parents s'étaient établis. Enfin, une nuit, la ville est attaquée par les nègres, incendiée, pillée; et mes parents sont trop heureux de pouvoir se réfugier en toute hâte, sans vêtements, sans argent, à bord d'un des bâtiments marchands retenus en rade par le blocus que les Anglais avaient mis devant le port. Ils échappent ainsi au massacre dont tant de colons furent alors les victimes.

Encombrés de réfugiés de tout âge et de toute condition, manquant de vivres, craignant d'être pris par les nègres, les bâtiments marchands français se décidèrent à appareiller malgré le blocus, et presque tous, au sortir du port, furent capturés par les Anglais. Tel fut le sort du bâtiment sur lequel se trouvaient mes parents, et qui se dirigea vers la Jamaïque. Pendant toute la traversée, heureusement peu longue, ma mère est obligée, malgré un commencement de grossesse, de rester sur le pont le jour et la nuit, les cabines et l'entre-pont étant encombrés de malheureux passagers atteints de la fièvre jaune.

Arrivés à la Jamaïque, les passagers furent débarqués à terre, et les hommes considérés comme prisonniers de guerre. Il leur fallut songer à trouver les moyens de vivre. Quelques personnes avaient un peu d'argent, elles le partagèrent généreusement avec celles qui n'en avaient pas. On vivait en commun, par groupes que la conformité d'âge, de goût et d'éducation formait tout naturellement. L'autorité anglaise accordait des secours à chaque prisonnier, hommes ou femmes, mais ils étaient bien insuffisants dans une colonie où les objets de première nécessité sont à un prix très-élevé. Ma mère dont la jeunesse et les grâces intéressaient, avait obtenu double secours à cause de son état de grossesse. Seule femme du groupe dont mon père faisait partie, elle se mit à la tête d'un ménage commun, et, par son entente et son économie, fit des miracles avec les fonds d'ailleurs si modiques dont elle pouvait disposer. Bientôt même, réunissant quelques négresses autour d'elle et mettant à profit son bon goût et ses connaissances en couture, elle confectionna toutes sortes d'ouvrages pour les belles dames de la ville, et ajouta ainsi aux ressources de la société, tout en faisant pour elle-même quelques petites épargnes. J'ai vu, depuis, bien souvent dans ma jeunesse, un monsieur de Saint-Aubin qui, à la Jamaïque, avait fait partie du groupe présidé par ma mère, et qui parlait sans cesse des services qu'elle avait rendus.

Cependant la Jamaïque fut bientôt tellement encombrée de prisonniers, réfugiés de Saint-Domingue, que les autorités anglaises se décidèrent à mettre en liberté ceux qui en témoigneraient le désir. Mon père et ma mère profitèrent de cette facilité, et, à l'automne de 1804, ils s'embarquèrent pour la Nouvelle-Orléans qui venait ainsi que toute la Louisiane d'être cédée par la France aux Etats-Unis d'Amérique. C'était le port le plus voisin de la Jamaïque ; de là, ils espéraient pouvoir trouver les moyens de retourner en France, et d'y donner, en attendant, de leurs nouvelles.

Ce fut au mois d'octobre ou peut-être de novembre 1804, que mes parents arrivèrent à la Nouvelle-Orléans, mon père ayant pour toutes ressources six dollars, soit trente francs, dans sa poche, et ma mère étant sur le point d'accoucher. Mais leur jeunesse, leurs malheurs plaidèrent en leur faveur près d'une population encore toute française. On s'émut, on fit une souscription pour la pauvre jeune femme ; toutes les mères travaillèrent à la layette, et rien d'essentiel ne manquait à l'exilée, lorsqu'elle me mit au monde le 1er janvier 1805.

Je suis donc né à la Nouvelle-Orléans, sous le drapeau des Etats-Unis, le 1er janvier 1805, à 2 heures du matin, au-delà des mers, en terre étrangère, bien loin de la patrie, et mes parents étant dans un état voisin de l'indigence. Ils furent encore obligés de rester à la Nouvelle-Orléans près de dix-huit mois, avant de pouvoir retourner en France où ils arrivèrent sur un bâtiment marchand américain, au commencement d'août 1806. C'est à Bordeaux qu'ils débarquèrent. Ma mère accoucha d'une fille quelques jours après son arrivée. Elle fut accueillie et soignée par l'oncle et la tante de mon père, M. et Mme Moreau des Isles, qui, ruinés aussi par les désastres de Saint-Domingue, habitaient Bordeaux. Peu après les couches de ma mère, mon père fut à Avignon faire une visite à ses parents, revint ensuite chercher sa femme et ses deux enfants, et se rendit à Paris pour y solliciter un emploi qui pût faire vivre sa famille. On comptait pour cela sur l'appui du comte d'Agoult qui venait de reprendre du service sous l'Empire. Il fut d'abord question de demander un emploi civil, mais les instincts belliqueux de mon père prirent le dessus ; il était d'une race de soldats, l'état militaire seul lui plaisait et lui ouvrait d'ailleurs de larges horizons. Il rejoignit donc son oncle en Espagne, et s'engagea comme simple volontaire. Bientôt après, il fut fait lieutenant, l'Empereur ne demandant pas mieux que de faciliter l'entrée de la carrière des armes aux jeunes gens qui faisaient partie de l'ancienne noblesse.

Dans l'hiver de 1809 à 1810, mon père devenu officier d'ordonnance de son oncle M. d'Agoult, gouverneur de Pampelune, fut grièvement blessé d'un coup de feu au bras gauche, en portant des dépêches à l'Empereur à Bayonne. Attaqué par des *Guerilleros* espagnols, presque au moment d'atteindre la frontière française, il parvint à sauver ses dépêches malgré sa blessure. L'Empereur charmé de son courage et de son zèle lui donna la croix d'honneur, distinction alors fort rare, surtout pour un officier si nouvellement entré au service et dans un grade subalterne. La blessure de mon père était très-grave; il fut plusieurs fois question de l'amputer et on ne dut la conservation de son bras qu'aux soins éclairés d'un chirurgien de ses amis, le docteur Chamerlot, qui devait encore le soigner six ans plus tard, après la bataille de Waterloo.

Pour se guérir entièrement de sa blessure, mon père fut envoyé dans l'été 1810 aux eaux de Barèges. Ma mère partit avec moi de Paris pour aller le rejoindre et le soigner, laissant ma sœur près de notre tante, Mme d'Agoult. Mes premiers souvenirs remontent à cette époque; j'avais cinq ans et demi. Je me rappelle la lourde diligence qui au départ de Paris nous emporta. Elle était à peu près pleine d'officiers allant chercher aux eaux des Pyrénées la guérison de leurs blessures. Parmi eux se trouvait M. Maziau, alors capitaine dans les chasseurs à cheval de la Garde, et qui plus tard, ayant trempé dans une conspiration militaire sous la Restauration, fut condamné à un certain nombre d'années de prison. Il me souvient d'être allé avec mon père le voir à la Conciergerie, où il était enfermé en 1819.

On voyageait bien lentement à cette époque, et la diligence s'arrêtait quelques heures chaque nuit. On arrivait au gîte assez tard et on en partait de grand matin, sans faire pour cela beaucoup de chemin dans la journée. Ma mère me levait, m'habillait sans que je me réveillasse entièrement, et j'achevais sur ses genoux, en voiture, mon somme interrompu. Élevé à Paris, d'où je n'étais guère sorti, je n'avais encore aucune idée de la campagne ni de la vie des champs, et je me souviens très-bien de la sensation que me faisait éprouver la vue des grands blés, des vertes prairies, des bois que nous traversions; et aussi du chant du coq, lorsque nous quittions nos auberges à la pointe du jour. Des villes de cette contrée, je me rappelle un peu celle de Pau, où nous nous arrêtâmes. Son château et surtout le berceau et le couvert d'Henri IV dont le nom frappa alors mes oreilles pour la première fois, ont également laissé quelques traces dans ma mémoire.

J'ai un souvenir plus distinct de Barèges, où nous séjournâmes assez longtemps, de ses maisons en bois, de ses hautes montagnes que je gravissais et où je cherchais des fraises; des cascades, des grosses fourmis qui me piquèrent un jour affreusement, des deux beaux chevaux de mon père; enfin de son chien de chasse nommé Sapie qui manqua se noyer dans le Gave, en voulant rapporter un oiseau que son maître avait tué. Chaque jour mes parents montaient à cheval; j'allais assez ordinairement au-devant d'eux à leur retour avec un bon dragon que j'aimais beaucoup et qui était l'ordonnance de mon père. Celui-ci me prenait chaque fois sur le devant de sa selle, et je rentrais avec lui triomphalement dans Barèges.

Sa cure faite, mon père rentra en Espagne, et je revins avec ma mère à Paris en passant par Bayonne et par Bordeaux où nous fîmes une visite à notre tante Mme Moreau. De Bayonne, je me souviens seulement d'une place avec des arcades, où nous demeurions; mais j'ai gardé une vive mémoire des bords de la mer à Biarritz, et de la grotte des Amants dont l'histoire, racontée devant moi, me frappa beaucoup. Il s'agit de deux infortunés qui s'oubliant dans un doux entretien, avaient été surpris par la marée montante et noyés. Je n'ai aucun souvenir de la ville de Bordeaux, mais j'en ai quelque peu de ma tante et de ses deux filles.

En 1811, mon père fut nommé capitaine et envoyé à Dantzick près du général Rapp. Son oncle, M. d'Agoult, etait mort à la fin de l'année 1810, et l'Empereur avait donné une pension de trois mille francs à Mme d'Agoult, dont c'était à peu près l'unique ressource. Elle avait avec elle son oncle, le vieux M. Moreau des Isles, frère de son père, et qui avait joui longtemps d'une fortune immense à Saint-Domingue, étant à lui seul aussi riche que tous ses neveux et nièces réunis; il ne possédait plus alors, pour exister, que quelques rentes viagères sur la ville de Paris. Fort avancé en âge, puisqu'il était né en 1715, l'année même de la mort de Louis XIV, il portait admirablement encore sa verte vieillesse. C'était un vieillard charmant, frais, dispos, propre, aimable, sans infirmités. Protecteur et actionnaire de l'Opéra, au temps de sa prospérité, il y avait conservé ses entrées gratuites, et il y allait quelques heures, presque chaque jour de représentation. Il m'y conduisit quelquefois, et je me rappelle qu'en passant devant le contrôle où on lui témoignait beaucoup d'égards, il disait : « Voulez-vous permettre à un arrière-petit-neveu de passer avec moi? » Il mourut au mois de décembre 1813, presque âgé de cent ans. Comme on était en train de l'ensevelir, je pénétrai dans l'appartement, à la suite de la femme de chambre de Mme d'Agoult, et j'eus là, pour la première fois, l'image et l'idée de la mort.

A l'ouverture de la campagne de Russie, mon père fut attaché au quartier-général, en qualité d'officier d'ordonnance du major-général, le prince de Neufchâtel. Ce service était si actif que mon père était obligé d'avoir cinq chevaux de selle, et il n'était que capitaine. On peut juger, par ces détails, de ce que devait être le quartier-général de l'Empereur.

Mon père prit part à toutes les grandes batailles de cette mémorable campagne de Russie, et fatigua ses cinq chevaux à celle de la Moscowa en portant les ordres du major-général sur tous les points du champ de bataille. Il échappa à l'incendie de Moscou, aux fatigues et aux dangers de la retraite, passa la Bérézina, et se trouvait enfin en Prusse, lorsqu'il fut fait prisonnier par un parti de cosaques aux portes de Thorn, où il avait été porter des dépêches. Conduit au quartier-général de l'empereur Alexandre, il y fut traité avec courtoisie, reçut un secours de cent louis que le prince de Neufchâtel lui fit tenir; et, sur sa demande d'être envoyé comme prisonnier dans le Sud de la Russie, il fut dirigé sur la ville de Koursk.

Ma mère apprit le malheur qui venait de la frapper, par une lettre du Prince de Neufchâtel qui lui témoignait en même temps un vif intérêt et lui faisait offre de ses services. Elle saisit l'occasion; et pensant qu'avant tout il fallait assurer à ses enfants une éducation libérale, elle demanda une bourse pour moi dans un Lycée et l'admission de ma sœur à Saint-Denis ou à Ecouen. Cette double faveur lui fut immédiatement accordée, et quelque jeune que fût ma sœur, elle fut conduite à Ecouen, dont Mme Campan était surintendante. Ancienne femme de chambre de la reine Marie-Antoinette, Mme Campan était très-connue de Mme d'Agoult qui lui recommanda tout particulièrement sa petite-nièce.

Ma mère se décida à me garder encore quelque temps auprès d'elle à cause de ma santé délicate, et pour ne pas se priver à la fois et si promptement de ses deux enfants. Elle s'apprêta d'ailleurs à faire face courageusement à la gêne excessive à laquelle la captivité de mon père allait la réduire pour un temps dont il était impossible de prévoir la durée, le gouvernement n'accordant aux femmes des officiers prisonniers qu'une très-faible partie de la solde de leurs maris, à titre de secours. Nous demeurions alors, rue du Mail, dans un modeste mais confortable appartement. Ma mère en loua, toute meublée, une partie qui se trouvait indépendante des autres. Dévorée d'inquiétudes sur le sort de son mari, ayant rompu toutes ses relations avec le monde, à l'exception de Mme d'Agoult, chez laquelle nous allions passer toutes nos soirées, elle supporta sa nouvelle situation avec le plus admirable courage. Nous ne nous quittions pas d'un instant ; nous parlions sans cesse de mon père ; et, mûr de bonne heure par la souffrance, d'un caractère d'ailleurs doux et réfléchi et moins insoucieux qu'on ne l'est ordinairement dans l'enfance, je m'associais aux angoisses de ma mère, je l'aidais de mes soins, et chaque jour je sentais grandir mon amour pour elle dans cette si douce intimité. Ah ! l'adversité a ses joies et ses compensations ; elle développe de nobles sentiments et préserve le cœur des enfants du penchant à l'égoïsme. J'en ai senti de bonne heure les salutaires effets. C'est ainsi que se passa pour nous l'année 1813.

Au commencement de 1814, la France était envahie par les étrangers. C'est de cette époque que datent mes premiers souvenirs politiques. Le 29 mars, l'ennemi se trouvait aux portes de Paris. Effrayée de son isolement, ma mère demanda, ce jour-là, l'hospitalité à l'une de ses amies qui demeurait sur le boulevard, près de la porte Saint-Denis. Toute la nuit nous entendîmes passer des troupes et rouler l'artillerie, qui se rendaient aux barrières menacées ; et, à la pointe du jour, le 30, nous fûmes réveillés par le bruit imposant du canon. Journée pleine de trouble et d'anxiété ; les rumeurs les plus diverses circulaient dans la foule qui encombrait les boulevards. Par moments, on annonçait l'arrivée de l'Empereur, et cette nouvelle accueillie par des cris de joie et d'enthousiasme, ramenait la confiance dans tous les cœurs. Puis, des bruits tout différents se répandaient ; on parlait de trahison ; on annonçait que les barrières étaient forcées, et de folles terreurs s'emparaient de la foule qui fuyait de toutes parts. Dans une de ces paniques, ma mère regrettant d'être hors de chez elle, me prit par la main, et courant tous les deux à perdre haleine, nous regagnâmes notre logis à travers des flots de fuyards.

Paris capitula le 30 au soir, et les alliés y entrèrent triomphalement le lendemain. Je vis cette entrée, de la maison de l'amie de ma mère sur le boulevard. Rassurés par les proclamations de l'Empereur Alexandre, les Parisiens assistaient en aussi grand nombre à cette triste cérémonie qu'à tout autre spectacle dont leur curiosité est toujours si avide. Il devait y avoir cependant bien des cœurs émus, car tout jeune que j'étais alors, le mien, je me le rappelle, était profondément froissé. Je vis, quelques semaines plus tard, l'entrée à Paris de M. le Comte d'Artois. L'enthousiasme fut général, immense. Il était beaucoup moins grand à l'entrée du Roi Louis XVIII. La vue de ce vieux Roi, impotent, habillé à la mode d'un autre temps, assis au fond d'une calèche, et la toilette tout anglaise de Mme la Duchesse d'Angoulême, n'étaient pas un spectacle propre à plaire au peuple de Paris. La garde impériale formait la haie sur une partie du parcours du cortége, et l'attitude froide et humiliée de ces vieux soldats n'était pas de nature non plus à exciter l'enthousiasme de la foule.

Depuis que mon père avait été fait prisonnier, ma mère n'avait jamais eu ni directement ni indirectement de ses nouvelles. La paix, heureusement rétablie, devait nous le ramener, s'il était encore vivant. Doute cruel! qui plongeait ma mère dans les plus vives angoisses. Nous faisions sans cesse de nouveaux calculs, pour supputer l'époque où nous pouvions espérer le voir revenir. Nous eûmes d'abord la visite de mon grand-père d'Eyragues que je ne connaissais pas, et que le retour des Bourbons et l'espoir de revoir plus tôt son fils, amenèrent à Paris. Il venait saluer ces Princes pour lesquels il avait combattu et tant souffert, et que des événements miraculeux ramenaient enfin dans leur patrie. Mais, plus sage que beaucoup d'autres émigrés, il refusa, à cause de son âge, de reprendre du service actif, quoique son ancien colonel, le duc de Durfort, lui offrît la lieutenance d'une des compagnies rouges qu'on organisait, et dont il avait obtenu le commandement. Il se contenta du grade de maréchal de camp accordé à ses anciens services avant la Révolution et pendant l'émigration, et d'une pension de retraite. Il fut nommé un peu plus tard inspecteur général des gardes nationales du département de Vaucluse. Mon grand-père était petit, d'une physionomie agréable, spirituelle et douce. Homme d'infiniment d'esprit et d'instruction, il avait été un militaire tout à fait distingué. Lorsqu'il vint à Paris, il demeura avec nous et fut tendre et excellent pour ma mère et pour moi.

Enfin mon père arriva, précédant la lettre qui annonçait son retour, tant il avait fait diligence, après avoir trouvé quelque argent à emprunter pour faire une partie de la route en poste avec un autre officier de ses amis. Nous découvrir dans Paris était assez difficile; et ce fut Mme d'Agoult qui, n'ayant pas changé de logement, lui donna notre adresse. Il eut le bonheur d'embrasser son père en même temps que sa femme et ses enfants. J'éprouvai une joie profonde à le revoir, et je le reconnus parfaitement, quoique les fatigues de la guerre et de sa captivité l'eussent beaucoup changé, et que ses cheveux fussent devenus presque tous blancs. Quant à son père, qui ne l'avait pas vu depuis tant d'années, c'est à peine s'il put le reconnaître à autre chose qu'au son de sa voix. Mon père avait été remarquablement beau dans sa jeunesse. Il était grand, élancé et d'une tournure extrêmement distinguée. Il avait un profil grec, d'une grande pureté, des yeux noirs expressifs, une bouche d'une forme irréprochable. Sa chevelure, dans sa jeunesse, était abondante, d'un noir de jais et tombait en boucles naturelles sur son front et ses épaules. On l'avait surnommé, en Provence, le bel Antinoüs. Son activité, son énergie et sa bravoure, étaient sans pareils; ses passions ardentes, mais il était bon, généreux, sensible, expansif, gai, et du caractère le plus aimable et le plus facile. Il était aimé de tous ceux qui le connaissaient.

Le retour des Bourbons, pour lesquels sa famille avait tant souffert, aurait dû être une circonstance favorable pour sa carrière militaire, mais il ne sut pas solliciter. Son père lui-même se contenta de vaines promesses, et, excepté la croix de Saint-Louis, il n'obtint ni grade, ni position avantageuse, tandis qu'il voyait les plus grandes faveurs accordées à d'autres personnes qui n'avaient jamais servi et qui avaient moins de titres que lui à la bienveillance du Roi.

Au mois d'octobre, j'entrai au collége de Versailles. Ce fut un cruel moment que celui où je quittai la maison paternelle ; et cette première douleur de ma vie ne s'est point effacée de mon souvenir, tant elle fut vive et durable. Jamais je ne me suis entièrement accoutumé à la vie de collége, et elle a été toujours pour moi un véritable sacrifice. Henri, mon fils aîné, a été heureusement plus courageux, mais je crains que Charles ne tienne de moi sous ce rapport, et qu'il ne s'en accommode pas aussi facilement que son frère.

Mes premières vacances eurent lieu le 1er janvier 1815. J'avais dix ans. Un des amis de mon père, qui servait dans une des compagnies rouges et qui était en garnison à Versailles, (j'ai oublié son nom, ce qui est mal à moi), vint me chercher de bonne heure le 31 décembre et me conduisit à Paris. Quelle joie ! lorsque je me retrouvai dans le nid paternel après une absence de trois mois. Je rencontrai ma sœur à la maison ; elle était venue aussi en vacances de Saint-Denis où elle avait été transférée, lorsqu'on rendit le château d'Ecouen au prince de Condé, à qui il avait appartenu autrefois. Le nom de Condé me rappelle, comme souvenir précieux, qu'un jour, en 1814, me promenant avec mon grand-père dans le jardin du palais Bourbon, nous rencontrâmes un vieillard courbé par l'âge, qui, s'approchant de mon grand-père, lui serra cordialement la main. C'était le prince de Condé, le dernier qui devait porter cet illustre nom, (car son fils ne le prit jamais), l'aïeul de l'infortuné duc d'Enghien, le chef sous lequel mon grand-père avait servi tant d'années pendant l'émigration. Mon grand-père me présenta à lui comme son petit-fils, et le Prince, me frappant amicalement sur la joue : « Vous serez sans doute un jour aussi un soldat, me dit-il. » Je ne devais pas avoir cet honneur-là. Mes vacances furent courtes, et j'étais rentré depuis longtemps au collége, lorsqu'y pénétra la nouvelle du débarquement de Napoléon à Fréjus, suivi bientôt après de son entrée à Paris. On était bonapartiste au collége, surtout parce que, à la rentrée des Bourbons, on avait substitué le chapeau rond au chapeau à trois cornes et la cloche au tambour. Nous accueillions donc avec joie la nouvelle du retour de l'Empereur, et au premier dimanche, à la grand'messe, nous entonnâmes sans ordre, et malgré notre pauvre aumônier, le *Domine salvum fac imperatorem*. Ensuite la cloche, l'humiliante cloche fut arrachée, brisée ; la révolution complète, la satisfaction universelle, lorsque le lendemain matin, nous fûmes réveillés à 5 heures par les roulements du tambour..

Mon père n'hésita pas dans cette crise politique où la France était jetée. Fidèle au nouveau serment qu'il avait prêté, il suivit le Roi, à son départ de Paris. Mais au moment de franchir la frontière, le Roi ne se souciant pas d'être accompagné par un trop grand nombre d'officiers, aux besoins desquels il eût été fort difficile de pourvoir, les remercia pour la plupart de leur zèle et les engagea à retourner dans leurs foyers. Mon père revint tristement à Paris, ayant crevé un de ses chevaux dans les longues et fatigantes étapes qu'il avait fallu faire pour suivre Louis XVIII dans sa fuite. Son projet était d'abord de rester à l'écart et de ne pas prendre de service sous le nouvel empire ; mais lorsque la guerre devint imminente et certaine, sollicité par ses anciens camarades, entraîné par ses goûts belliqueux, il accepta de suivre à l'armée le lieutenant général Bachelu, un de ses anciens amis, en qualité d'aide-de-camp. Il assista au combat des Quatre-Bras et à la bataille de Waterloo. Vers la fin de la matinée, lorsque la bataille était perdue, il fut grièvement blessé à la jambe d'une balle entrée un peu au-dessous de la cheville. Durant le combat, le général Bachelu avait été blessé, un de ses aides-de-camp tué, le troisième atteint d'une balle qui lui avait traversé la main. Mon père restait donc seul de l'Etat-major du général Bachelu, lorsque à son tour il fut lui-même blessé. Il eut encore la force de rester à cheval et de quitter lentement le champ de bataille à travers une nuée de fuyards, et arriva la nuit dans une petite ville de Belgique, dont j'ai oublié le nom, où, épuisé par la fatigue et la douleur, il fut obligé de s'arrêter. Un chirurgien appelé eut le bonheur, dans son audacieuse ignorance, de pouvoir, sans l'estropier, lui extraire du milieu des nerfs et des muscles où elle s'était logée, la balle qu'il avait reçue. Cette opération faite, mon père, dans sa frayeur de tomber aux mains de l'ennemi, et malgré ses douleurs et la fièvre qui l'avait saisi, loua une voiture, traversa la frontière, et se jetant dans la première diligence qu'il rencontra, arriva à Paris, presque mourant, trois jours après la bataille.

Il fallut quatre hommes pour le monter dans sa chambre, où ayant perdu connaissance, il tomba dans un délire affreux et ne dut la vie qu'aux soins de sa femme et à l'habileté du docteur Chamerlot, ce chirurgien qui déjà lui avait conservé son bras, lorsque six ans auparavant, mon père avait été blessé en Espagne. Bientôt, Paris fut investi par les armées prussiennes et anglaises. Du fond de son lit de douleur, mon père pensa à moi et envoya un de ses amis à Versailles pour me chercher. Comme il y arrivait, les Prussiens entraient d'un autre côté de la ville, et au moment où nous prenions à pied la route de de Paris, nous rencontrâmes un escadron de cavalerie prussienne, formant avant-garde et se dirigeant comme nous sur Sèvres. Je connaissais déjà assez bien les environs de Versailles ; aussi, dans l'espoir d'arriver à Sèvres avant l'ennemi, je me jetai en courant à travers les bois, mon guide étant jeune et presque aussi alerte que moi. Mais à mesure que nous approchâmes de Sèvres, nous entendîmes distinctement le bruit du canon, et arrivés aux premières maisons, nous tombâmes au milieu des soldats allemands qui occupaient le village. Français et Prussiens se canonnaient d'un bord de la Seine à l'autre, et toute communication entre les deux rives était interrompue. Notre position devenait assez critique, entourés que nous étions de tous les côtés. Le seul parti à prendre était de retourner à Versailles, d'autant plus que la journée s'avançait. A la sortie de Sèvres, en face d'un cabaret où des traînards prussiens se faisaient servir à boire, mon guide fut arrêté, et après qu'on eut vainement cherché sa montre qu'il avait eu la prudence de laisser à Paris, un soldat voulut absolument changer de bottes avec lui. Après quelques résistances, il allait céder à cette désobligeante proposition qui l'aurait forcé d'aller nu-pieds, lorsque, de nouveaux soldats étant survenus, mon guide réclama la protection de l'officier qui les commandait et qui parlait fort bien français. Grâce à son intervention, il put garder ses bottes. Nous reprîmes notre course sur Versailles, mais comme nous allions rentrer dans les bois, nous nous trouvâmes en face de deux cavaliers, marchant le pistolet au poing, et qui, en voyant mon compagnon, le sommèrent de les conduire à Meudon où ils étaient chargés de porter un ordre écrit que l'un d'eux tenait à la main. Nous fûmes consternés, car il y a une lieue environ de Sèvres à Meudon ; nous en ignorions le chemin ; la nuit allait venir et nous serions retombés sans aucun doute au milieu de l'armée prussienne. Heureusement pour nous, un paysan survint, et nos cavaliers ayant paru comprendre que nous ne connaissions pas le pays, s'adressèrent au nouveau venu qui fut obligé de leur servir de guide. Nous étions de retour au collége à la nuit tombante ; on y donna l'hospitalité à mon compagnon qui dut y séjourner plusieurs jours avant de pouvoir retourner à Paris. Quant à moi, j'y fus conduit, après l'armistice, par Mme de Girardin, femme du préfet de Seine-et-Oise, qui était liée avec ma tante Mme d'Agoult.

Pendant un des jours que je fus contraint de passer au collége, nous eûmes la visite du général Blücher. Il était vieux, cassé, d'un aspect sévère, mais d'une figure très-expressive. Celà me rappelle qu'à la première invasion j'avais vu de très-près l'hetman Platoff, qui commandait en chef tous les cosaques irréguliers de l'armée russe. Ces deux figures sont encore présentes à ma mémoire.

Lorsque j'arrivai à Paris, mon cher père allait mieux, et à l'époque des vacances il pouvait sortir en s'appuyant sur des béquilles ; aussi allions-nous presque tous les jours nous asseoir sur le boulevard Montmartre, voisin de la rue du Mail. Il était fort inquiet de son avenir, et craignait, non sans motifs, d'être licencié avec l'armée de la Loire, et d'avoir bien de la peine à rentrer au service. Il fut sauvé de ce désastre par l'amitié du général Comte Maurice de Caraman, qui le demanda pour aide-de-camp, et malgré Waterloo obtint sa nomination. Tout d'abord M. de Caraman fut employé au licenciement de l'armée de la Loire, auquel il travailla avec le concours d'un aide-de-camp pouvant à peine encore marcher des suites d'une blessure reçue à Waterloo. Bientôt il est appelé au commandement du département du Pas-de-Calais, et mon père et ma mère s'établissent avec lui à Arras. J'allai les y rejoindre pendant les vacances de la triste année 1816, année de cruelle disette pour la France après les désastres de deux invasions. J'y passai aussi les vacances de 1817. En 1818, M. de Caraman quitta Arras et fut nommé général inspecteur de cavalerie ; mon père continuant près de lui ses fonctions d'aide-de-camp, reprit un établissement à Paris.

Je grandissais ; mais venu au monde avec une constitution très-délicate, je fus presque constamment malade de 1818 à 1820, et très-souvent obligé de demeurer chez mes parents. Mes études en souffraient, mais mon jugement et mes manières gagnaient à cette fréquentation précoce du monde ; et, sous certains points de vue, j'étais fort avancé pour un garçon de mon âge. Curieux, attentif à la conversation des gens âgés, je me montrais déjà fort préoccupé de mon avenir. Je fus plus particulièrement languissant pendant tout l'hiver de 1819 à 1820 ; et, au printemps de cette année, sur le conseil des médecins, mon père se décida à me conduire à Avignon, près de ma grand'mère que je ne connaissais pas, pour passer quelques mois dans un climat chaud.

Nous partîmes au mois de mai ; ce voyage m'enchantait. Nous allâmes en diligence jusqu'à Châlons et de Châlons, où nous couchâmes, à Lyon par le *coche*. C'était un grand bateau, traîné par des chevaux ; on dînait à Mâcon et le trajet durait au moins douze heures. Un peu avant Mâcon, le bateau fut pris d'assaut par trois ou quatre jeunes mâconnaises, fort jolies, portant le charmant costume du pays, et prônant : celle-ci l'hôtel du Grand-Turc, celle-là le Grand-Cerf ; une troisième l'hôtel du Sauvage, etc, etc...... Cette scène était fort amusante. Nous restâmes une journée entière à Lyon pour visiter la ville. Que de fois j'y ai passé depuis cette première visite. A cette époque, on descendait le Rhône ou par le *coche*, ou dans de petits bateaux, appelés bateaux-poste, pouvant contenir de douze à vingt voyageurs, et conduits par deux patrons. Construits en planches très-minces, recouverts d'une simple toile, ces bateaux ne remontaient jamais le Rhône et étaient dépecés à leur arrivée à Avignon. Il n'y avait point de roues et on se laissait aller au courant du fleuve, abordant de temps en temps sur divers points pour prendre ou laisser des voyageurs. On partait d'aussi grand matin que possible de Lyon, et si le vent n'était pas contraire ou le brouillard trop intense, on allait coucher, le premier jour, à Valence, le second jour, à Avignon. Autrement, quand la nuit arrivait, on abordait sur une des deux rives au plus prochain village où les voyageurs couraient le risque à peu près certain de ne trouver ni vivres pour manger, ni lit pour se coucher. Mais en revanche, quel charmant voyage sur ce beau fleuve ! quels magnifiques aspects, quels paysages dans ce parcours de quatre-vingt lieues ! Ce n'est pas tout que d'aller vite en voyageant, il faut voir ; non pas que je veuille médire des chemins de fer dont j'apprécie parfaitement au contraire tous les bienfaits et la commodité.

Nous partîmes de Lyon à 4 heures du matin, par un temps délicieux. Notre bateau était petit et ne portait qu'une douzaine de voyageurs, parmi lesquels une famille Irlandaise, composée d'un oncle déjà vieux, M. Barclay, de son neveu, M. Guiness, et de trois Miss Guiness, dont la plus jeune, âgée de 16 ans, Miss Henriette, fit promptement ma conquête. Nous

fûmes bientôt liés avec cette excellente famille, dont le chef ne
parlait pas du tout français, et pour lequel mon père, qui
parlait très-bien anglais, fut une véritable providence. Le
voyage fut charmant et ne dura que deux jours. En arrivant à
Avignon, nous nous aimions tous si tendrement, qu'on voulait
absolument m'emmener en Italie où la famille devait passer
tout l'été.

Ma grand'mère me reçut fort bien et me trouva à son gré.
C'était une petite femme, d'infiniment d'esprit,. très-instruite,
aimable, distinguée, connaissant bien le monde et l'aimant
beaucoup. Elle causait à merveille, faisait des frais pour plaire
et recevait des visites du matin au soir. Elle jouissait d'un
grand crédit dans la société d'Avignon qu'elle avait constamment habité depuis son mariage. Ayant connu pendant bien
des années toutes les jouissances du luxe, elle avait supporté
avec une grande dignité ses revers de fortune, ne se plaignant
jamais et ne regrettant parfois son ancienne opulence que pour
mon père et pour moi. Ses opinions en politique étaient
modérées, exemptes d'amertume et singulièrement éclairées. Sa
mémoire était prodigieuse et elle racontait mieux que personne.
Jamais elle n'oubliait une date ni un nom propre et savait une
foule d'anecdotes curieuses et amusantes. C'était véritablement
un type d'autrefois. Elle n'était pas très-tendre, et cependant
elle me témoigna promptement une grande amitié. Mon jugement sain, ma raison précoce, mes bonnes manières, ma réserve,
et le goût que je témoignais pour la société des gens plus âgés
que moi, lui plurent infiniment. Nous avions presque tous les
matins de longues conversations ensemble, dans lesquelles
j'acquérais des notions justes et saines sur toutes les choses de
ce monde, et j'aime à lui reporter beaucoup de mes succès. J'en
eus de très-grands à Avignon, malgré mes quinze ans, et ma
chère grand'mère en fut très-fière. Il faut, me répétait-elle sans
cesse, relever la fortune de notre maison par votre bonne
conduite, votre application et vos talents.

Nous étions arrrivés à Avignon à la veille de la Fête-Dieu,

et nous eûmes avec nos bons Irlandais, le spectacle des belles processions qui se font avec tant de pompe dans le Midi. Je fis aussi avec eux le pèlerinage de la fontaine de Vaucluse, et, lorsqu'ils partirent, nous nous promîmes de nous revoir à leur passage par Paris, l'automne suivante. Mon père me quitta pour faire ses inspections annuelles avec M. de Caraman, et je passai tout mon été en tête-à-tête avec ma grand'mère, devisant du passé et faisant des projets pour l'avenir. Je prenais des leçons de mathématiques et d'histoire, étant décidé, en rentrant au collége, à me préparer aux examens de Saint-Cyr où je voulais être admis l'année suivante. Avant le départ de mon père, nous avions été passer quelques jours à Eyragues, où il n'était pas revenu depuis l'époque du Directoire, c'est-à-dire, depuis près de vingt-cinq ans. On lui fit une réception tout-à-fait seigneuriale : discours, aubade, farandole aux flambeaux, enthousiasme indescriptible, rien n'y manqua. Mon père fut touché de cette réception à laquelle il ne s'attendait pas, et Eyragues me plut beaucoup. Je rêvai pour plus tard, si la fortune secondait mes efforts, la restauration du château paternel pour renouer la chaîne des temps. Mon grand-père, dans les dernières années de sa vie, s'était repris d'un vif goût pour Eyragues où il avait fait arranger quelques chambres. Il y venait souvent. Ma grand'mère n'y avait pas mis le pied depuis que l'émeute l'en avait chassée, au commencement de la Révolution. A cette époque, mon grand-père avait commencé la construction d'un nouveau château en dehors du village, dans les prés, lequel devait être plus vaste et plus commode que celui que ses pères avaient habité et qui est attenant au village. Des bassins et un pavillon avaient été déjà construits lorsque la Révolution éclata. Eyragues est un gros bourg qui contient près de 3,000 habitants, il est entouré de murs épais. L'église est ancienne, surmontée d'une plate-forme crénelée, et possède une chapelle où mes ancêtres ont été enterrés. Elle a été bâtie par les Templiers, et l'on voit à la voûte tous les attributs de l'Ordre ciselés dans la pierre. Eyragues a été d'abord une commanderie de l'ordre des Templiers. Il a appartenu ensuite aux évêques d'Avignon, puis au Comte de Villeneuve-Trans, duquel un chevalier de Bionneau, gentilhomme du Poitou, venu en Provence avec le commandant-général des Galères au commencement du XVIᵉ siècle, l'acheta. A partir de cette époque notre généalogie se trouve dans tous les almánachs de la noblesse de France. Le territoire d'Eyragues est charmant et arrosé, en partie, par un canal nommé le Réal, et plus récemment par le canal des Alpines ; d'ailleurs le sol y est très-fertile. La vue des Alpines dont la chaîne n'est qu'à une lieue, celle du Mont-Ventoux, du château d'Avignon, et de Château-Renard, notre chef-lieu de canton, donnent au pays l'aspect le plus pittoresque. Outre les prés les plus verts et les terres arables où l'on cultive le blé, la garance, le chardon, la luzerne, etc., etc., nous avons sur les côteaux des vignes, des oliviers, des figuiers, et des amandiers. Dans les terres, à l'arrosage, on cultive aussi toute espèce de légumes qui s'expédient par Avignon, sur Lyon et Marseille.

Je quittai la Provence, pour revenir à Paris, dans le courant du mois de septembre, riche, il m'en souvient, de trois louis épargnés, en partie, sur l'argent que ma grand'mère m'avait donné pour mon voyage. A cet effet, j'avais été en patache d'Avignon à Lyon, au lieu de prendre la diligence, faisant ainsi soixante-dix lieues, et passant deux nuits dans une voiture non suspendue. Mais à quinze ans, où ne dort-on pas ? Je retrouvai à Paris les Guiness, et pendant le séjour qu'ils y firent, nous nous vîmes très-souvent. Je n'ai jamais revu depuis aucuns membres de cette famille de laquelle, cependant, j'ai toujours conservé le meilleur souvenir, me demandant souvent ce qu'ils étaient devenus, particulièrement Miss Henriette. Rentré au collége de Versailles, au mois d'octobre, je me mis au travail avec ardeur, espérant être reçu à Saint-Cyr, l'année suivante. A cette époque, on pouvait être admis à l'école, dès l'âge de 16 ans. Le succès couronna mes efforts ; je passai mes examens au mois d'août 1821, et je fus admis à l'école le vingt-quatrième sur une liste de deux cents. Après mes examens, j'allai rejoindre ma mère à la campagne, à Morlaincourt, près de Noyon, chez un de nos amis, M. de Gratier, qui avait une fille et un fils de mon âge. Mon père faisait ses inspections avec M. de Caraman. Quelques jours après mon arrivée, je tombai dangereusement malade d'une fièvre typhoïde, et je fus bientôt à toute extrémité. L'ardeur avec laquelle j'avais travaillé depuis dix mois, la tension d'esprit qui en était résultée, les agitations de mon examen et l'âge souvent critique de 16 ans furent, suivant l'avis des médecins, la cause de cette terrible maladie. Je souffris horriblement, surtout d'hallucinations si cruelles, si suivies, que lors même que je n'y étais plus en proie, j'avais bien de la peine à ne pas croire à la réalité des scènes affreuses qu'elles m'avaient représentées. Vingt-huit ans plus tard, lorsque j'ai eu en 1849, à Falaise, la petite vérole, je fus tourmenté de semblables hallucinations dont la souffrance ne peut s'imaginer, lorsqu'on ne les a pas éprouvées. Etranges mystères du cerveau humain exalté par la fièvre, et dont il est impossible de se rendre compte ; rêves malsains qui vous donnent souvent la faculté d'assister à des événements ou d'éprouver en quelques minutes une suite de sensations qui, dans la vie réelle, demanderaient des années pour se dérouler.

Ma mère éperdue, me voyant mourant, appela mon père qui accourut à franc étrier. La veille de son arrivée, une crise salutaire s'était déclarée, et j'avais été transporté près de la fenêtre sur un lit de sangles, pour qu'on pût faire le mien, lorsque j'aperçus un postillon d'abord, puis un cavalier derrière accourant à toute bride : c'était mon père. J'en éprouvai une telle joie, que poussant un faible cri, je m'évanouis. J'étais sauvé ; mais la maladie avait été si longue, si grave, la convalescence devait durer si longtemps, qu'il n'y avait pas moyen de songer à entrer cette année à l'école de Saint-Cyr. Mon père pensa aussi que mon tempérament était décidément trop faible pour supporter les fatigues et les privations de l'état militaire, et il fut décidé que je devais y renoncer. J'en eus, alors, un vif regret. Je dus cependant depuis me féliciter de ce concours de circonstances qui en m'empêchant d'entrer à l'école de Saint-Cyr, m'a jeté dans une autre carrière qui a été bien plus avantageuse et plus brillante pour moi que celle à laquelle j'avais dû renoncer.

Je quittai Morlaincourt encore si faible que je fus obligé de voyager dans une voiture particulière, couché sur un matelas. J'étais si maigre, si pâle, si changé, que je faisais peur, le long de la route, à tous ceux qui me voyaient. Ma convalescence fut longue et dura une partie de l'hiver. Astreint à un régime sévère, je souffris affreusement de la faim pendant plusieurs semaines. Peu à peu les forces revinrent, je pus enfin sortir et jouir un peu de la société de quelques amis. Nous changeâmes de logement, et allâmes nous établir dans celui qu'avait occupé notre tante, Mme d'Agoult, morte au printemps de cette année 1821, dans l'hôtel du Comte Alexandre de Girardin, premier veneur du Roi, rue Neuve du Luxembourg. Puisque je ne pouvais être soldat, il fallait songer à une autre carrière et le choix en était fort difficile. Il fut alors pour la première fois question de la diplomatie, dans la pensée que M. le Marquis de Caraman, frère aîné du Comte Maurice, ambassadeur à Vienne, pourrait peut-être m'en faciliter l'entrée. Dans mon inexpérience j'ignorais toutes les difficultés que présentait cette carrière; et j'ignorais surtout de quel prix je devais payer la possibilité d'y entrer.

Au printemps de 1822, il fut décidé en famille que nous quitterions Paris pour un temps, et que nous irions, avec l'agrément de ma grand'mère nous établir tous à Eyragues. Je devais y rester une année pour achever d'y fortifier ma santé qui semblait devenir beaucoup meilleure depuis ma fièvre typhoïde. Le départ eu lieu, au mois de mai, sans mon père à la veille de faire ses inspections annuelles avec M. de Caraman. Après quelques jours passés avec ma grand'mère à Avignon, nous nous installâmes tant bien que mal dans le château d'Eyragues. J'y passai près d'une année, belle et heureuse année, dont le souvenir me reste cher et précieux. J'avais dix-sept ans ; heureux du présent, confiant dans l'avenir, la vie m'apparaissait pleine d'enchantements ; mon âme ouverte à toutes les impressions, ignorait cependant encore les sentiments passionnés qui amènent tant de troubles et de souffrances. J'aimais tendrement tous les miens, et lorsqu'à l'automne mon père vint nous rejoindre, rien ne manqua plus à mon bonheur. Nous chassions ensemble, nous faisions de longues promenades dans les environs ; je lui ouvrais mon cœur, il me racontait les aventures de sa jeunesse, ses campagnes ; je lui faisais part de mes espérances et je rapportais tout à lui, idées d'ambition, de richesse ou de gloire.

L'été de 1822 fut très-chaud, même pour la Provence, et pendant cinq mois il ne tomba pas une goutte d'eau. Nous allâmes, à l'époque de la foire de Beaucaire, passer quelque temps au Castelet, château des Graveson ; et quand vint l'hiver, je faisais de fréquentes excursions chez ma grand'mère à Avignon.

Mes dix-huit ans sonnèrent le 1er janvier de l'année 1823. Je ne pouvais continuer à rester indéfiniment à Eyragues, et il fut de nouveau question du choix d'une carrière. Mon père décida que je partirais pour Paris au mois de mars, que j'y apprendrais l'Allemand, l'Anglais, et qu'on ferait de nouvelles instances près du Marquis de Caraman et de son fils, le comte Georges, récemment nommé ministre à Stuttgard, pour que l'un ou l'autre m'acceptât en qualité d'attaché.

Sur ces entrefaites, les bruits d'une prochaine intervention de la France en Espagne prirent de la consistance. Bientôt cette intervention ne fut plus douteuse, et au mois de mars, au moment où je me disposais à partir pour Paris, mon père reçut l'avis qu'il était attaché à l'état-major du lieutenant général Baron de Damas à qui l'on venait de confier, sous les ordres du maréchal Moncey, le commandement d'une division destinée à opérer en Catalogne. Nous partîmes donc d'Eyragues presque ensemble, mon père pour l'armée d'Espagne, moi pour Paris. Quand nous nous séparâmes à Avignon, j'étais heureusement bien éloigné de penser que je l'embrassais pour la dernière fois. Ah ! qu'il est heureux que l'avenir nous soit si bien caché !

J'arrivai donc à Paris au mois de mars 1823, riche de ma jennesse, de mes illusions et d'une pension de 150 francs par mois qui devait suffire à tous mes besoins. J'avais pour me défendre contre les séductions de la grande ville, un cœur droit, un jugement sain et précoce, un grand amour pour mes parents, par conséquent la crainte de les affliger, le goût de la bonne compagnie et quelques amis âgés qui avaient pour moi de la bienveillance. Je citerai particulièrement Monseigneur Fallot de Beaumont, ancien évêque de Plaisance, déjà très-vieux, car il avait été le condisciple de mon grand'père ; le Comte Maurice de Caraman, ses sœurs, la Vicomtesse de Vaudreuil et la Comtesse de Sourches, etc., etc...

En arrivant à Paris, je pris un maître d'allemand et je fréquentai la bibliothèque royale. Cependant, au fond, n'ayant pas d'occupations positives et obligées, et, par contre, beaucoup d'occasions de distraction, je ne faisais pas grand'chose. J'avais loué une petite chambre dans un petit hôtel garni, l'hôtel de la Louisiane. Je déjeunais chez moi et dînais chez Yvon, au Palais-Royal. Mes dépenses principales ainsi réglées et grâce à de nombreuses invitations, il me restait assez d'argent pour faire une honorable figure dans le monde, où j'allais presque tous les soirs. J'étais donc fort heureux.

J'entretenais une correspondance suivie avec Eyragues et surtout avec l'Espagne, confiant à mon père toutes mes actions, mes désirs, mes espérances et mes pensées. Dans le courant de l'été, je fus passer plusieurs semaines au château de la Ronce, près de Dreux, chez Mme la Comtesse de Sourches ; je fis le voyage dans la voiture de la Vicomtesse de Vaudreuil, dame de Mme la Dauphine. On pourrait croire que pour un jeune homme de 18 ans, la société de deux femmes déjà âgées me paraissait un peu sérieuse ; mais elles étaient si bonnes et si aimables,

Mme de Sourches notamment si spirituelle et si originale, qu'au contraire je me plaisais beaucoup dans leur compagnie. Pendant mon séjour à la Ronce, elles eurent la visite de l'abbé de Latil, alors évêque de Chartres, qui devint plus tard cardinal et archevêque de Reims, et de Mg^r Frayssinous, évêque d'Hermopolis, aumônier du Roi, nommé en 1828 , ministre de l'instruction publique. L'abbé de Latil n'était ni très-aimable, ni très-spirituel, mais l'évêque d'Hermopolis était charmant surtout pour la jeunesse qu'il aimait et dont il savait acquérir la confiance. Ses conférences à Notre-Dame, sous l'Empire, spécialement consacrées aux jeunes gens avaient eu un grand succès et lui avaient valu une juste réputation comme prédicateur et comme apôtre. Le soir, je faisais bravement la partie de wisth des deux évêques, au grand contentement et à l'admiration de mes aimables hôtesses. C'est ainsi que je gagnai le mois de septembre, heureux, insouciant, ou plutôt confiant dans l'avenir, et je touchais cependant à une terrible catastrophe.

Au commencement de ce mois de septembre, mon père très-souffrant de la dyssenterie m'écrivit que n'ayant presque rien à faire en Catalogne, où la division de M. de Damas se trouvait occupée à faire le blocus de diverses petites places fortes, il demanderait un congé de quelques jours, pour aller faire une visite à M. de Caraman que ses inspections amenaient précisément cette année sur les frontières d'Espagne. Il avait rendez-vous avec lui à Perpignan vers le 15. Déja le porte-manteau de mon père était fait; et il comptait partir le lendemain 15, à la pointe du jour, lorsque, dans la nuit, M. de Damas reçut du maréchal Moncey qui commandait en chef l'armée de Catalogne et faisait le siége de Barcelone, l'avis qu'une colonne de deux mille hommes environ, trompant sa surveillance, était sortie de la ville et qu'on lui supposait le projet de surprendre et d'enlever les divers détachements de sa division occupée au blocus de Figuières, Ostabrich, Girone, etc., etc. Il le prévenait en même temps qu'un bataillon composé de révolutionnaires français réfugiés faisait partie de cette colonne.

Mon père consulté par M. de Damas qui avait une juste confiance dans son expérience militaire, lui proposa de se mettre à la tête du peu de soldats disponibles qu'il avait près de lui, de marcher au-devant de la colonne espagnole, de la combattre, de l'arrêter aussi longtemps qu'il serait possible, pendant que lui, M. de Damas, réunirait le reste de sa division et accourrait au secours de son avant-garde. Ce plan fut adopté; et mon père, au lieu de partir pour la France, se mit à la tête d'une colonne de 400 hommes, le 15, à la pointe du jour, marchant au-devant des Espagnols. Il les rencontra bientôt, et, comme il l'avait promis à M. de Damas, il n'hésita pas à les attaquer, malgré l'extrême infériorité de ses forces. Dès le commencement de l'action, frappé d'une balle en pleine poitrine, il expira sans prononcer une parole. Ainsi mourut le 15 septembre 1823, au combat de Llado, mon noble père, à l'âge de 45 ans. Quelques jours auparavant, il avait été nommé chef de bataillon d'état-major, grade qu'on lui avait fait attendre si longtemps. Le deuil fut général dans la division, et M. de Damas accorda à son compagnon d'armes les plus sincères regrets.

Prévenu que mon père avait rencontré l'ennemi et qu'il l'attaquait, M. de Damas était accouru à son secours avec ce qu'il avait pu réunir de troupes, douze à quinze cents hommes environ, et ce ne fut qu'au prix des plus grands efforts et des pertes les plus sensibles qu'il put arrêter l'ennemi. Le lendemain, 16, au moment où le combat allait recommencer, combat dont l'issue paraissait fort douteuse, après les pertes de la veille, la colonne espagnole, manquant de munitions et prévenue qu'une partie de la division du maréchal Moncey était sur ses derrières, proposa heureusement de capituler.

Pendant que ce drame si terrible pour moi se passait en Catalogne, exempt d'inquiétudes, puisque je croyais mon père en France près de M. de Caraman, j'avais été passer quelques jours à Fontainebleau avec Mme Demantort, une des amies de ma mère, que je voyais très-intimement. Le jour même de notre retour à Paris, le *Moniteur* publiait le récit du glorieux combat de Llado, et annonçait la mort de mon père. M. Demantort en ayant eu connaissance dès le matin, m'annonça, avec tous les ménagements possibles, cette affreuse nouvelle, au moment où je venais dîner chez lui. Dans la sécurité si complète que me laissait le voyage projeté en France, il eut, bien de la peine à me faire comprendre la triste vérité. Quel coup ! Il retentit encore si douloureusement dans mon cœur, après tant d'années écoulées, qu'il me semble que c'est hier que j'ai été frappé ! Quelle immense douleur j'éprouvais ! Quelle chûte ! Comme la vie m'apparut sous un jour triste et nouveau ! Que de chères illusions perdues en un instant ! Mon cher père, je vous aimais si tendrement, je vous aime tant encore, puis-je dire, que depuis tant d'années il n'est presque pas de jour où je n'aie pensé à vous. Je fus si malheureux qu'il me semblait que je devais mourir aussi du coup qui me frappait. A la mort de ma mère, dix-sept ans plus tard, j'ai passé par les mêmes émotions ; mais mon cœur n'était plus vierge de toute douleur, puis, j'étais marié alors et ma femme avait pris la première place dans mes affections. .

Je restai quelques jours chez mes amis où je fus entouré des plus tendres soins. Les Caraman, l'évêque de Plaisance, accoururent à mon secours. Je reçus aussi des marques très-vives d'intérêt de la comtesse Charles de Damas dont le petit-fils, le marquis de Vogué, servait comme sous-lieutenant à l'état-major de M. de Damas, et pour lequel mon père avait eu beaucoup de bonté depuis le commencement de la campagne. De cette époque date l'amitié qu'elle voulut bien m'accorder et dont elle m'a donné dans la suite tant de précieux témoignages. Cependant je n'avais qu'une pensée, c'était de me réunir à ma mère pour pleurer avec elle, dans la solitude, l'être si bon et si aimé que nous avions perdu.

Je partis donc de Paris dans les premiers jours d'octobre et je vis d'abord ma grand'mère, en passant par Avignon. Je la trouvai profondément affligée ; elle aimait son fils autant qu'il lui était donné d'aimer, et elle fut très-affectée de sa mort. Elle me tint un langage touchant et digne, me traçant mes devoirs comme chef de famille, et témoignant de sa confiance que je saurais les remplir malgré mon extrême jeunesse. J'en avais déjà pris par devers moi la ferme résolution et j'ai l'espoir de n'y avoir point failli. Quel retour à Eyragues ! La vue de ma mère en habit de deuil, de cette maison où j'avais, pendant un an, passé des jours si heureux, fut un nouvel aliment à ma douleur. Je sentais mon pauvre cœur se briser, et cependant il fallut bientôt s'occuper de mon avenir, car j'étais sans carrière et mes amis m'écrivaient tous qu'il fallait profiter de l'intérêt que la mort glorieuse de mon père devait nécessairement faire naître en ma faveur, pour me créer une position.

Heureusement pour moi M. de Damas fut nommé sur ces entrefaites Ministre de la guerre, et m'étant adressé à lui, il m'écrivit de venir à Paris où il me donnerait un emploi dans son cabinet particulier. Mon père lui avait souvent parlé de moi, lui avait même montré de mes lettres. Aussi sa bienveillance s'était-elle éveillée avant de me connaître et avant le malheur affreux qui venait de me frapper. A la fin de novembre je me mis donc en route pour Paris, laissant ma mère et ma sœur à Eyragues, où il fut convenu qu'elles resteraient jusqu'à ce que je visse un peu plus clair dans mon avenir. Arrivé à Paris je fus reçu avec bonté par M. de Damas et employé à son cabinet sous les ordres du colonel Marquis de Lafare, qui avait été son chef d'état-major en Catalogne. M. de Damas m'avait accordé 1800 francs de traitement ; ce chiffre ajouté à mes ressources personnelles me faisait un budget très-suffisant. J'appris plus tard que ces dix-huit cents francs étaient payés sur les fonds particuliers de M. de Damas, et non pas sur ceux du ministère, M. de Damas se faisant scrupule de donner des appointements pris sur le budget de son ministère à un homme aussi jeune que moi. Depuis, nous sommes bien revenus de pareille délicatesse.

On me traitait très-bien au cabinet du ministre où j'étais entre autres choses chargé de l'analyse des dépêches des généraux commandant notre armée d'occupation en Espagne. M. de Lafare m'employait aussi à sa correspondance, ce qui me plaisait moins parce qu'il était peu indulgent, et parfois d'assez mauvaise humeur. Ma vie était donc assez douce ; mais je m'inquiétais de l'avenir, car je sentais que la position que m'avait faite M. de Damas ne pouvait être que provisoire et ne m'ouvrait aucune carrière sérieuse. Je pensais toujours à la carrière diplomatique, quelque difficile qu'en fût l'accès, et j'entretenais souvent mes amis de ce désir, particulièrement la comtesse Charles de Damas qui me montrait chaque jour plus de bienveillance et d'intérêt. Son petit-fils, le marquis de Vogué, revenu d'Espagne, lui avait parlé de toutes les bontés de mon père à son égard et avait raconté comment il lui avait probablement sauvé la vie en l'envoyant au moment même où la lutte s'engageait, prévenir M. de Damas qu'on venait de rencontrer l'ennemi et qu'il allait l'attaquer. En effet, ce combat avait été si rude que tous les officiers de la colonne commandée par mon père avaient été ou tués ou blessés, comme on peut le voir dans le bulletin du combat de Llado. Il n'est pas probable que M. de Vogué, qui était auprès de mon père auquel, dans cette circonstance, il servait d'aide-de-camp, eût été plus heureux que les autres.

C'était donc sur l'intérêt de Mme de Damas et de son crédit que je fondais mes plus grandes espérances pour me frayer un chemin dans la carrière diplomatique. Nous étions parents éloignés de M. le duc de Blacas, premier gentilhomme de la chambre, alors ambassadeur du Roi à Naples, et ma grand'mère avait été très-liée avec la sienne avant la Révolution. Il fut décidé que je demanderais à lui être présenté et qu'on tâcherait de l'intéresser à mon avenir. Ce fut Mme de Vaudreuil qui se chargea de lui parler de moi et de lui demander de me recevoir,

Il y consentit d'assez bonne grâce, me reconnut comme parent, me détourna de la carrière diplomatique à cause de mon peu de fortune et m'engagea à venir le voir quelquefois. M. de Blacas, favori du roi Louis XVIII, et tout-puissant, lors de la première Restauration, avait le plus grand air et tout à fait les manières d'un grand Seigneur. Il était froid, hautain, dédaigneux même, mais généreux, fier et profondément dévoué à ses convictions, comme il en a donné des preuves éclatantes après la Révolution de juillet.

J'accomplis mes dix-neuf ans, le 1er janvier 1824. A la fin de ce mois, je reçus à mon bureau un petit billet de la comtesse Charles de Damas qui m'invitait à passer immédiatement chez elle. J'y courus, et, à peine entré, elle me dit d'un air tout joyeux : « Voulez-vous, mon cher Marquis, aller à Lisbonne porter au roi de Portugal et à son fils l'infant Don Miguel les colliers de l'Ordre du Saint-Esprit, je puis vous obtenir cette agréable mission ? M. Hyde de Neuville, notre ambassadeur à Lisbonne est mon ami intime, et si vous le désirez, je le prierai de vous garder comme attaché, ce qu'il ne me refusera certainement pas. Vous aurez ainsi le pied à l'étrier dans la carrière diplomatique. » On peut juger avec quelle joie j'acceptai la mission qui m'était offerte, laissant aux circonstances à décider si je resterais à Lisbonne ou si je reviendrais à Paris auprès de M. de Damas. Ma chère Comtesse fit atteler immédiatement, me conduisit chez M. de Chateaubriand, ministre des affaires étrangères, et, ne le trouvant pas, demanda M. le duc de Rauzan, son cousin, qui était alors directeur des travaux politiques au ministère. Elle me présenta à lui, me fit agréer, et M. le duc de Rauzan m'engagea à me tenir prêt à partir au premier jour pour Lisbonne. Quelle charmante surprise ! Quelle journée ! Je ne pouvais croire à mon bonheur et n'en dormis point toute la nuit suivante.

Il avait été d'abord décidé que j'irais m'embarquer à Brest, sur un brick de guerre, qui, en se rendant à Cadix, me jetterait à Lisbonne, moi, les colliers et les manteaux de l'Ordre du Saint-Esprit ; mais, par suite d'un malentendu, le brick leva l'ancre sans m'attendre et on m'enjoignit de me rendre à Falmouth d'où partait chaque semaine un paquebot anglais pour Lisbonne. Ce nouvel itinéraire me plaisait bien davantage, puisque je devais passer par Londres et traverser une partie de l'Angleterre. Je partis donc pour Calais, traversai le détroit, couchai à Douvres, et le lendemain matin, à neuf heures, je me dirigeai sur Londres en *stage-coach, outside,* par une charmante journée, quoique nous fussions dans les premiers jours de février. Entraîné par quatre excellents chevaux, admirablement attelés et qui faisaient environ quatre lieues à l'heure, parcourant un pays délicieux, semé de villes et de villages charmants, et tout fier de mon titre de courrier chargé de dépêches, j'arrivai enchanté à Londres. Je descendis à Leicester-Square, Brunet's-hôtel, que M. de Flavigny m'avait recommandé, parce qu'on y parlait français, ce qui était d'autant plus indispensable pour moi que je ne savais pas alors un mot d'anglais. Le lendemain, je fus à l'ambassade de France, faire une visite à notre ambassadeur le prince de Polignac, pour lequel j'avais une lettre de recommandation de Mme de Vaudreuil. Il me fit un très-agréable accueil, ainsi que le comte de Vaudreuil, second secrétaire de l'ambassade, neveu de la Vicomtesse, et qui est mort, en 1834 ou 1835, ministre à Munich. M. de Polignac m'invita à dîner pour le jour même, et je fus très-frappé de ce grand état de maison d'un ambassadeur, état de maison que je voyais pour la première fois.

Je passai quatre jours à Londres, courant les rues et les boutiques du matin au soir. Je visitai la Tour, l'Eglise Saint-Paul, l'abbaye de Westminster ; mais je trouvai la ville triste comparativement à Paris. A l'Opéra où je me rendis un soir, je fus frappé de l'éclat éblouissant des femmes qui garnissaient toutes les loges. Ces belles et jeunes femmes, au teint éclatant, encadrées dans de magnifiques cheveux blonds, offraient en eﬀet un spectacle des plus attrayants. Je quittai Londres par la malle-poste un mercredi soir, afin d'arriver à Falmouth le vendredi matin, jour fixé chaque semaine pour le départ du paquebot de Lisbonne. Je traversai plusieurs villes importantes, entr'autres Exeter, où nous dînâmes le jeudi, et je fus très-frappé du mouvement considérable des villes de province en Angleterre, si différentes des nôtres qui, à quelques exceptions près, étaient à cette époque dénuées de vie et d'activité.

Arrivé à Falmouth, à 2 heures, je m'embarquai immédiatement sur le paquebot qui s'appelait le *John Bull*, et à quatre heures nous étions sous voiles, par un vent de nord, froid, assez violent, mais tout à fait favorable. J'avais eu déjà le mal de mer dans ma traversée de Calais à Douvres ; mais je croyais que c'était un court tribut à payer au début de toute navigation, et qu'après quelques heures de souffrances, je me porterais à merveille. Ce fut donc avec assez de philosophie que, malade avant même d'être sorti du port, je descendis me coucher dans ma cabine, persuadé que, la nuit passée, je me réveillerais frais et dispos. Mais quel fut mon désappointement, lorsqu'après une nuit fort laborieuse, la mer étant beaucoup plus grosse que la veille, je me trouvai, le lendemain matin, bien plus souffrant encore, hors d'état de me tenir sur mes jambes et de quitter mon étroite et incommode couchette. On vint un peu à mon secours ; je bus du thé, sans pouvoir prendre aucune espèce de nourriture, et le mal de cœur et ses suites ne cessèrent pas. Il n'y avait sur le paquebot qu'un seul passager avec moi, un jeune négociant portugais qui retournait dans sa patrie, après avoir passé plusieurs années en Angleterre, et qui heureusement parlait très-bien français. Avec lui seul, je pouvais échanger quelques idées, car ni le capitaine, ni aucun des officiers du bord ne savait un mot de notre langue. Cependant le vent, quoique toujours favorable, devint si violent, lorsque nous eûmes atteint la haute mer, que c'est à peine si je pouvais me tenir dans mon lit, et que je devenais chaque jour plus malade. Tout remuait et tout craquait à bord avec un bruit lamentable ; la mer couvrait sans cesse le pont où les hommes d'équipage avaient bien de la peine à rester ; et une nuit, une lame tomba de si haut et avec tant de violence sur les panneaux de la grande chambre, qu'elle en enfonça les vitres, et que nous eûmes en un instant un pied d'eau dans ce compartiment d'honneur. En présence de cette catastrophe, au bruit qui se faisait sur le pont, je crus que nous allions couler bas, mais j'étais si exténué, si profondément démoralisé, que je ne bougeais pas de mon lit, et que l'instinct de la conservation me fit, en cette occasion, complètement défaut. Tout ce désordre fut promptement réparé ; le mal de mer seul continua et je fus réduit à un état véritablement affreux, ne pouvant ni manger ni me lever, et souffrant horriblement de cette position horizontale, sur un lit où je pouvais à peine me retourner. A bout de force, j'en étais venu à déplorer cette mission qui m'avait rendu naguère si fier et si heureux. J'étais à ma sixième nuit de tortures et je venais de goûter pendant quelques heures un sommeil comparativement plus tranquille, lorsque je fus tout-à-coup réveillé par les rayons d'un soleil brillant qui éclairait la chambre et jusqu'à mon étroite couchette. Je m'aperçus en même temps que le bâtiment glissait doucement et sans secousse sur une onde parfaitement calme, et à travers le panneau tout grand ouvert, un air doux et chaud vint me caresser agréablement le visage. Je me frottai les yeux et crus que je rêvais ; puis, je sautai prestement à bas de mon lit et d'un seul bond je me trouvai sur le pont. Quel spectacle enchanteur ! Nous étions sur le Tage, que notre paquebot remontait lentement et majestueusement. Les deux rives, assez éloignées encore, se dessinaient cependant très-nettement et nous envoyaient toutes sortes de senteurs parfumées. Le ciel était sans nuages, un soleil chaud et radieux inondait tout le paysage de flots de lumière, et, devant nous, Lisbonne montrait dans le lointain ses maisons et ses monuments étagés en amphithéâtre sur la rive droite du fleuve. Six jours auparavant, j'avais quitté les côtes d'Angleterre couvertes de neige ; ces jours, je les avais passés au milieu des flots en courroux, des vents déchaînés, en proie à toutes les misères du mal de mer; et puis, après un dernier sommeil, je me réveille voguant sur un fleuve admirable, aux doux rayons d'un soleil radieux, en face d'une ville pittoresquement située. Quel contraste ! Quelles impressions douces et vives à la fois pour un cœur de 19 ans !

Cependant notre paquebot remontait doucement le Tage; les rives se rapprochaient, le fleuve s'animait, une foule d'embarcations se croisaient, et la ville devenait à chaque instant plus distincte. Enfin, vers le milieu du jour, nous jetâmes l'ancre près de la Douane, en face du quartier appelé Buénos-Ayres, habité plus particulièrement par la noblesse et le corps diplomatique. Mis promptement à terre et guidé par un des employés de la douane, je fus conduit à l'ambassade de France, en suivant une rue parallèle au fleuve, étroite, sale, encombrée d'ânes chargés de fardeaux, puis d'horribles chiens errants, de lourdes charrettes attelées de bœufs, dont les roues pleines et les essieux en bois faisaient un bruit épouvantable. La population était déguenillée, turbulente; une foule de mendiants, étalant des plaies hideuses, remplissait l'air de cris et de sollicitations importunes. Quel contraste entre l'intérieur de Lisbonne et son aspect, vu du Tage ! Plusieurs rues, excessivement escarpées, tombent perpendiculairement sur cette longue voie parallèle au fleuve. Les palais de la noblesse portugaise y sont bâtis, et c'était dans une de ces rues que se trouvait située l'embassade de France. Tous ces hôtels sont d'un accès si difficile, les rues qui y conduisent sont tellement escarpées, qu'on n'y circule en voiture que dans des cabriolets attelés de deux mules et conduits par un postillon. En débarquant j'avais été frappé de ce mode de locomotion.

M. Hyde de Neuville et sa femme me firent l'accueil le plus aimable, et m'offrirent l'hospitalité à l'ambassade. Cette ambassade était nombreuse. Outre trois secrétaires, M. Roth,

M. de Flavigny, alors à Paris, et M. Boitel, il y avait plusieurs attachés : d'abord deux neveux de l'ambassadeur, MM. de S\ :sup:`t`-Léger, capitaine de cavalerie, et de Larue de Villeret, tous deux frères, quoique portant des noms différents; puis le marquis de Bellune, fils aîné du Duc, le baron Gros et le marquis de Bourbel. Le baron Gros s'est fait connaître par différentes missions très-honorablement remplies, notamment par son ambassade en Chine. Il a même été quelques mois ambassadeur à Londres. M. de Flavigny a quitté la carrière diplomatique en 1830, mais il a été Pair de France sous le gouvernement du roi Louis-Philippe, et membre de l'Assemblée constituante et de l'Assemblée législative après la Révolution de 1848; M. de S\ :sup:`t`-Léger, ayant eu des revers de fortune pendant que son oncle était ministre de la marine, est entré au service du Portugal, a pris le titre de Comte de Bemposta que son oncle lui a cédé, et après avoir vaillamment combattu pour les droits de la fille de Don Pedro, s'est marié en Portugal, où il a occupé des emplois importants dans l'armée.

M. Hyde de Neuville à cette époque faisait de grands efforts pour diminuer l'influence anglaise en Portugal et y substituer autant que possible celle de la France. Cette tâche était difficile et demandait un négociateur des plus habiles. Cependant le succès de la guerre d'Espagne, la révolution du Portugal qui en avait été la suite et avait remis le pouvoir entre les mains de Jean VI, offraient des circonstances favorables à nos intérêts. Le ministère portugais était divisé en deux partis, dévoués, l'un à la France, l'autre à l'Angleterre. Ce dernier avait pour chef, le marquis de Palmela, ministre des affaires étrangères; et le comte de Subserra, président du conseil, était à la tête du parti français, parti certainement le plus faible sous tous les rapports. M. de Subserra, impopulaire à cause de sa conduite politique du temps de Napoléon, avait moins de talent que M. de Palmela et moins de crédit auprès du Roi. Aussi M. de Neuville ne put-il pas s'opposer au renouvellement du traité de commerce entre le Portugal et l'Angleterre, traité qui donnait à cette dernière puissance le monopole du commerce portugais. Dans le fait, ce traité était peut-être impossible à empêcher, car dans l'état de détresse où se trouvait le gouvernement portugais, il ne vivait que de l'argent apporté par l'Angleterre, et toutes les fois que M. de Neuville voulait persuader au Roi de ne point accorder aux Anglais des priviléges à l'exclusion de la France, mais d'adopter un mode d'égalité parfaite, le Prince lui répondait avec raison : « Tous les ans l'Angleterre me prend pour soixante millions de vin, et la France pour quinze cent mille francs d'oranges. Comment voulez-vous que je me hasarde à blesser cette puissance en votre faveur? » A celà il n'y avait pas grand'chose à répondre.

J'avais trouvé, arrivés à Lisbonne, les colliers du Saint-Esprit et diverses autres décorations de l'Ordre de Saint-Louis et de la Légion-d'Honneur que j'avais été chargé d'apporter. Ces décorations étaient destinées au marquis de Chaves, au comte d'Amarante, au marquis de Palmela et au comte de Subserra, pour la part qu'ils avaient prise à la contre-révolution qui avait eu lieu en Portugal à la suite de nos succès d'Espagne, et qui, ayant renversé la Constitution imposée au roi Jean, lui avait rendu une autorité absolue. Les deux colliers de l'Ordre du Saint-Esprit étaient pour le Roi et son fils Don Miguel. L'audience pour la remise des colliers eut lieu quelques jours après mon arrivée, le soir, au château de Bemposta, situé dans Lisbonne même. Ce château, qui, je crois, n'existe plus ou du moins ne sert plus de résidence royale, était petit, mesquin et fort délabré. Nous traversâmes d'abord une galerie peu étendue, sans meubles, à peine éclairée par de gros cierges, sous verre, pour que le vent ne les éteignit pas. Là se trouvait un grand nombre de courtisans d'un aspect assez misérable, parmi lesquels il y avait plusieurs moines et ecclésiastiques. Nous entrâmes ensuite dans la salle du trône, qui n'était guère plus ornée que la galerie. Le Roi nous reçut, ayant à côté de lui son ministre des affaires étrangères et trois ou quatre chambellans. Rien ne pouvait être plus simple que cette cérémonie. Le roi Jean, dans cette audience, se montra plein de bonhommie et répondit quelques mots assez embarrassés au discours que lui fit M. Hyde de Neuville, en lui remettant le collier et le manteau de l'Ordre du Saint-Esprit. C'était moi qui portais le collier et je fus présenté au Roi.

La cérémonie terminée, une conversation familière s'établit entre le Roi et l'ambassadeur. Le Roi parlait difficilement français; il suppléait aux expressions qui lui faisaient défaut par des gestes très multipliés et qui manquaient de dignité. Il était petit, gros et se dandinait beaucoup. Ses yeux étaient ternes. Il avait la lèvre inférieure très-forte et pendante sur le menton, ce qui donnait à sa physionomie un aspect peu intelligent. Son caractère était si faible que cela ôtait du prix à la bonté et à la modération dont il avait fait preuve, malgré les conseils contraires qui lui avaient été donnés. Dans la conversation, le Roi se trouva amené à parler de l'époque si troublée où le général Lannes était ambassadeur de France à Lisbonne. Il fit un grand éloge de sa loyauté et de son désintéressement, qu'il opposait à la violence du général Junot. A cette époque le roi Jean était régent du royaume. Il répéta plusieurs fois : « Lannes s'est montré mon ami, mais Junot était un méchant homme. »

En quittant le Roi, nous montâmes dans les appartements de l'Infant Don Miguel, pour lui remettre le collier qui lui était destiné; mais nous ne trouvâmes que le grand-maître de sa maison qui, d'un air fort embarrassé, nous annonça que le Prince n'était pas encore rentré. M. de Neuville se conduisit avec esprit dans cette occasion, et sans faire un vain éclat qui aurait beaucoup chagriné le Roi, il nous ordonna de déposer tout simplement par terre nos manteaux, colliers, etc...; puis nous nous retirâmes. Ce trait suffira pour prouver l'ordre qui régnait à cette époque à la cour du Portugal.

Depuis quelque temps, la Reine était au château de Caylus, à une certaine distance de Lisbonne, dans une sorte d'exil, pour sa participation à je ne sais quelles intrigues, auxquelles

la cour de Lisbonne était sans cesse livrée. M. Hyde de
Neuville voulut bien me proposer de me présenter à elle, et
peu de jours après notre audience du Roi, il me conduisit au
château de Caylus. Prise à l'improviste, car l'ambassadeur
n'avait pas demandé audience, la Reine nous fit attendre une
demi-heure pour faire sa toilette. En France, à propos de la
contre-révolution du Portugal, la presse royaliste avait fait
jouer un rôle important à la Reine, et on avait beaucoup vanté
sa présence d'esprit, sa fermeté et son courage. On ne parlait
d'elle qu'avec enthousiasme à Paris, et on la faisait beaucoup
valoir aux dépens du pauvre roi Jean, accusé de faiblesse et de
pusillanimité. J'étais donc curieux de voir l'héroïne; et parfaitement ignorant de l'état réel des choses et des antécédents de
la Reine, je m'étais fait de cette princesse un portrait qui ne
manquait ni d'imagination, ni d'un certain caractère. Entré
dans le cabinet de sa Majesté, je fus présenté à une femme
petite, très-forte, laide, vêtue d'un accoutrement ridicule, avec
une voix affreuse, des gestes désordonnés, et une façon de
parler français inénarrable. Elle portait par dessus sa robe
deux poches dans lesquelles elle fourrait sans cesse les mains
pour en tirer des mouchoirs, des tabatières, des ciseaux, des
chapelets et des sucreries. Ces poches auraient pu contenir toute
sa garde-robe, tant elles étaient grosses et gonflées. La Reine
malgré son embonpoint s'agitait et gesticulait beaucoup, autant
des pieds que des mains; et les poches dansaient, et tout ce
qu'elles contenaient s'entrechoquait à grand bruit. Sa parole
était brève, vive, saccadée, sa physionomie expressive. Elle se
plaignit amèrement de la manière dont elle était traitée. Très-
peu maitresse de ses expressions en français, et voulant faire
comprendre que le Roi était trop indulgent et trop faible envers le
parti révolutionnaire qui venait d'être vaincu, elle disait : « Le Roi
est bête, il s'en repentira. » Un seul chambellan était auprès
d'elle, et lorsque les expressions lui manquaient, elle lui parlait
en portugais et semblait réclamer son secours et son approbation. Mais le chambellan, raide, droit, sérieux, n'ouvrait pas

la bouche et ne répondait que par de profondes révérences. L'audience dura environ une demi-heure, et la Reine me fit beaucoup de politesses en apprenant que je venais de Paris. Comme nous remontions en voiture, je vis à travers les carreaux d'une fenêtre sans rideaux un charmant visage de jeune fille de quatorze ou quinze ans, qui nous regardait en souriant. C'était la plus jeune des Infantes, celle qui épousa plus tard le marquis de Loulé, et dont la société de Paris a longtemps admiré la beauté.

J'étais aussi chargé de remettre au marquis de Chaves le grand cordon de Saint-Louis avec la plaque, distinction grande et honorable que peu d'étrangers obtiennent. Le Roi lui envoyait cette décoration comme témoignage de sa satisfaction pour la belle conduite qu'il avait tenue. Pour celui-là, me disais-je, je ne serai pas trompé dans mon attente, et si ce sont les salons et les journaux de Paris qui ont transformé la Reine du Portugal en une héroïne, c'est bien le marquis de Chaves qui a fait la contre-révolution du Portugal ; on n'arrive pas à bout de pareille entreprise sans être un homme supérieur. Vain raisonnement ! Il était écrit que mes conjectures les plus fondées se trouveraient trompées en Portugal, et que tout dans ce pays serait pour moi un sujet d'étonnement.

Quand je vis le marquis de Chaves, il relevait d'une maladie grave, d'un transport au cerveau. Il était d'une taille moyenne, avait environ 50 ans, et paraissait d'un faible tempérament. Plein de bravoure personnelle et de loyauté, il était ignorant, mauvais général, d'un caractère faible, incapable de concevoir et d'exécuter une grande entreprise, et, (ce qui était le pis de tout), sujet à de grandes absences d'esprit. Voilà l'homme qui avait fait une révolution, c'est-à-dire, voilà l'homme à qui on l'attribuait ; car c'étaient ses oncles, et entr'autres le vicomte de Silvina, qui en avaient dirigé le mouvement. On avait dû cependant le choisir comme chef. Possesseur en effet d'un beau nom et de grandes terres où il était aimé, où son influence lui permit de recruter les premières troupes qui se déclarèrent contre les

Cortez, il était plus qu'un autre propre à attirer la confiance de la nation. D'ailleurs cette révolution, conséquence naturelle de la guerre d'Espagne, s'était faite toute seule dans un pays où, à l'exception de quelques négociants de Lisbonne et d'Oporto, pas un homme n'avait pris part à l'établissement de la Constitution qui fut renversée d'une manière aussi prompte et aussi facile qu'elle avait été établie. Ces deux événements eurent l'air d'un changement de décoration, et ne furent en effet que cela pour les dix-neuf-vingtièmes des Portugais.

Mon temps se passait fort agréablement à Lisbonne. Je visitais chaque jour la ville et ses environs, allant le soir, soit à l'ambassade, soit dans deux ou trois maisons portugaises, ouvertes aux étrangers. Ces maisons étaient rares ; les révolutions, les guerres, qui, depuis le commencement du siècle, n'avaient cessé de troubler le Portugal, avaient ruiné presque toutes les grandes familles du pays qui vivaient fort retirées. Une de mes plus agréables excursions fut à Cintra, où j'allai passer deux jours avec quelques-uns des attachés de l'ambassade et un M. Goldsmith, fils d'un des plus opulents banquiers israëlites de Londres, qui venait de souscrire un emprunt du gouvernement portugais. Cintra est resté dans mon souvenir comme un des endroits les plus charmants qu'il soit possible d'habiter dans ce monde. C'est un lieu de plaisance pour le corps diplomatique, pour les négociants étrangers ou les riches portugais à qui leurs fonctions ne permettent pas de s'éloigner de Lisbonne. Il y a là les plus frais ombrages, des eaux abondantes, des bois d'orangers, de citronniers et de grenadiers, et une montagne couverte de ruines, d'où l'on jouit en plein de la vue de la mer. C'est ravissant.

M. Hyde de Neuville proposait de me garder comme attaché à son ambassade, mais je compris bien vite que cette position ne me conduirait que bien lentement à un poste rétribué. Je préférai donc retourner en France reprendre mes fonctions auprès du Baron de Damas, et attendre une occasion plus favorable pour entrer définitivement dans la carrière diplomatique. Donc, après un mois de séjour à Lisbonne, M. Hyde de Neuville me donna des dépêches et je pris passage sur une belle frégate française de soixante canons, l'*Aréthuse*, qui avait touché à Lisbonne en revenant de Cadix et qui allait à Brest. Je partis très-reconnaissant des bontés de notre ambassadeur.

M. Hyde de Neuville était un homme excellent, loyal, courageux, dévoué au Roi et d'un grand désintéressement; il s'est acquis une réelle popularité pendant qu'il était ministre de la marine. Peut-être avait-il plus d'ambition que de talent, se faisant illusion sur le rôle politique qu'il avait été appelé à jouer depuis la Restauration. C'était de bonne foi qu'il croyait avoir eu une part très-considérable au retour de la maison de Bourbon en France et à tous les actes politiques importants qui avaient eu lieu depuis cette époque. M. de Villèle qui n'avait pas de la capacité de M. Hyde de Neuville l'opinion que ce dernier avait de lui-même, ne consentit jamais à ce qu'il entrât dans son ministère, ce qui les brouilla et fit même perdre à M. de Neuville son ambassade. Ce n'est qu'à la chute du ministère de M. de Villèle qu'il fut appelé à la Marine, alors que M. de Martignac l'était à l'Intérieur. M. Hyde de Neuville était fils d'un négociant de Nevers. Entraîné par des opinions royalistes très-exaltées, il avait fréquemment conspiré sous le Directoire, sous le Consulat et aussi sous l'Empire; ce qui lui avait valu d'être incarcéré plusieurs fois. Dans une de ces conspirations, il s'était mis en rapport avec la comtesse Charles de Damas qui, elle aussi, avait comploté contre la République. La Comtesse aimait volontiers à revenir sur ces temps de son héroïque jeunesse, et racontait fort spirituellement comment, au bras de M. Hyde de Neuville, elle avait une fois erré toute une nuit dans Paris ; comment aussi, en cette aventure, elle portait dans sa poche un grand poignard qui — disait-elle, — en attendant qu'elle dût s'en servir pour sa défense, lui faisait une peur horrible.

L'*Aréthuse* quitta Lisbonne et descendit majestueusement

le Tage, toutes voiles dehors ; c'était un beau spectacle et dont un bateau à vapeur ne donne pas l'idée. Notre frégate était commandée par le capitaine de vaisseau Lecoupé ; à peine eûmes-nous franchi la barre, que je fus pris du mal de mer, le vent étant contraire et la lame grosse. Ce vent contraire persista et la traversée dura quinze jours. Chaque matin, je me traînais sur le pont où je restais couché, souffrant ainsi un peu moins que debout, et prenant toujours un vif intérêt aux manœuvres d'autant plus multipliées que nous allions au plus près du vent et que nous virions de bord à peu près toutes les deux ou trois heures. Je fus malade dix jours de suite; mais les cinq derniers jours, ayant enfin vaincu l'ennemi, je me portais à merveille et pus jouir de la vie de bord. Tant que nous fûmes en pleine mer, le commandant de la frégate ne semblait prendre aucune part à la conduite du navire; mais en approchant de Brest, il ne quitta plus le pont et se chargea lui-même de la direction.

Le port de Brest est en effet d'un accès difficile ; et, en général, c'est le voisinage de la terre qui appelle le plus la sollicitude du commandant d'un navire. Je ne restai à Brest qu'un jour, ayant hâte d'apporter à Paris mes dépêches, déjà en retard, grâce à la longueur de notre traversée. J'aime à consigner ici ma reconnaissance pour toutes les bontés que le commandant Lecoupé avait eues à mon égard. C'était le marin le plus doux, le plus aimable qu'il fût possible de rencontrer. Il est mort contre-amiral.

J'arrivai à Paris le dix-huit avril, autant que je puis me rappeler, et je remis mes dépêches à M. de Chateaubriand. Je ne l'avais jamais vu ; aussi j'examinai curieusement cet homme célèbre. — Dès le lendemain, je repris mes fonctions au cabinet de M. de Damas, fort heureux du charmant voyage que je venais de faire, mais ne voyant pas clairement s'il servirait à mon entrée définitive dans cette carrière diplomatique que quelques mois plus tard un concours inespéré de circonstances devait m'ouvrir.

J'avais rapporté de Lisbonne un petit bout de ruban bleu, l'ordre de Notre-Dame de la Conception de Villa-Viciosa, que le roi Jean m'avait accordé en souvenir de la mission que je venais de remplir près de lui, ce qui me donnait déjà un certain vernis diplomatique qui me plaisait assez. D'un autre côté, à peine étais-je de retour à Paris, qu'on y connut la révolte de Don Miguel pour détrôner son père, tentative qui n'échoua que par la fermeté du corps diplomatique, particulièrement de M. Hyde de Neuville, accouru un des premiers près du roi Jean pour lui donner confiance et résolution. C'est à la suite de cet événement qu'il fut créé comte de Bemposta. Or, j'arrivais de Lisbonne, je venais de voir tous les personnages importants de ce drame, et je devenais ainsi curieux à interroger et à entendre. Seulement, j'appris dès lors que, suivant les temps, il y a des impressions en politique qu'il faut savoir garder pour soi, et que toutes les vérités ne sont pas bonnes à dire. Mes amies les douairières du faubourg Saint-Germain auraient très-mal accueilli, par exemple, mes impressions sur la reine du Portugal, si je leur en avais fait part avec toute sincérité.

On connait les circonstances qui, au mois d'août 1824, amenèrent une rupture entre M. de Villèle, président du Conseil, et M. de Chateaubriand, et la brutale destitution de ce dernier. M. de Villèle qui était cependant un homme sage et habile, commit dans cette circonstance une faute qui fut bien funeste au gouvernement de la branche aînée des Bourbons. Mais cet événement fut pour moi un coup de fortune; car M. de Villèle, embarrassé de trouver un remplaçant à M. de Chateaubriand, voulant d'ailleurs se ménager à l'avenir une influence prépondérante dans la direction de la politique étrangère, obtint de M. de Damas qu'il échangeât le portefeuille de la guerre contre celui des affaires étrangères. M. de Damas m'appela tout naturellement auprès de lui et m'attacha à son cabinet particulier. Ainsi donc se trouvait ouverte devant moi, par une faveur inespérée de la fortune, à l'âge de dix-neuf ans, une carrière qui, sans des circonstances tout à fait exceptionnelles, m'eût été probablement toujours fermée. A distance et lorsque plus tard l'expérience est venue, j'ai compris à quel point j'avais été alors favorisé par la Providence. C'est à vous, mon cher père, à votre glorieuse mort, une année auparavant, que votre fils dut cette faveur. Vous l'aviez payée d'avance de votre sang. Les succès qui ont suivi, je vous les dois, et j'aime à vous en reporter l'honneur. Que n'en avez-vous été témoin ! Ils eussent tant réjoui votre cœur si aimant ! Vous m'aviez dit souvent : « Je n'ai plus d'ambition pour moi ; je la concentre tout entière sur ta tête. » Et vous mourez comme pour me faciliter ma tâche. Hélas ! ces succès, lorsqu'ils sont venus, ont perdu leur plus grand prix à mes yeux, parceque vous n'en étiez point témoin. Mais le souvenir de vos bontés est présent à ma pensée, comme au jour néfaste de votre mort. Les années ont passé : je suis devenu père à mon tour, et votre mémoire m'est restée chère. Je vous aime encore aussi tendrement qu'aux jours si éloignés de ma jeunesse, et quelquefois dans mes rêves je vous revois tel que vous étiez lorsque nous nous sommes quittés pour la dernière fois.......

J'étais seul au cabinet du ministre avec un monsieur Morel, secrétaire particulier de M. de Damas ; le baron d'Ekstein, célèbre publiscite catholique, y venait passer seulement quelques heures pour faire au ministre l'analyse des journaux français et étrangers. Le baron d'Eckstein était Holsteinois, très-savant et s'était converti au catholicisme quelques années auparavant. Mes appointements ne furent point augmentés, mais je déjeunai et dinai chaque jour avec M. de Damas. Ma besogne principale et quotidienne consistait dans l'analyse en marge des dépêches arrivées, besogne fort intéressante, puisqu'elle m'initia promptement aux diverses questions politiques traitées dans le moment. Mes rapports fréquents avec le ministre, soit à l'heure des repas, soit dans la journée, le cabinet où je travaillais étant tout à côté du sien, me valurent bientôt son amitié. Mme de Damas me traita aussi avec une bonté toute maternelle, et je fus admis promptement dans la familiarité de toute la famille. Je rencontrai d'ailleurs dans le salon de M. de Damas beaucoup d'hommes en renom et je fis connaissance de personnages importants, parmi lesquels plusieurs anciens émigrés qui, ayant connu mon grand-père à l'armée de Condé, me firent un accueil amical et distingué.

Quelques semaines après l'entrée de M. de Damas au ministère des affaires étrangères, le roi Louis XVIII mourut. Son agonie fut longue et nous tînmes prêts au ministère pendant plusieurs jours les courriers chargés d'annoncer à nos agents à l'étranger la mort du Roi et l'avénement de son successeur, seule occasion où depuis 80 ans on ait vu la couronne de France passer au légitime héritier du trône. Le nouveau Roi fut sincèrement acclamé par la foule et réellement populaire pendant quelques mois. Les commencements de ce règne, qui devait finir si promptement par une immense catastrophe, se montrèrent faciles et pleins d'espérance.

M. Bourgeot, chef de la direction politique au ministère, et le personnage le plus important après le ministre, faisait souvent d'assez longues stations dans son cabinet. Il me prit en amitié et voulant être utile à ma carrière, il proposa à M. de Damas, au mois de janvier 1825, de m'envoyer avec des dépêches à Constantinople. La question grecque était alors à l'ordre du jour, et l'occasion de négociations multipliées entre la Russie, l'Angleterre, l'Autriche et la France, dans le but d'assurer une certaine indépendance à la Grèce sous la suzeraineté de la Porte. Le gouvernement français, entraîné par l'opinion publique, se montrait depuis quelque temps assez favorable aux Grecs et je devais être porteur d'un des nombreux projets de transaction entre la Porte et les Grecs révoltés, projets que les circonstances faisaient naître et qui échouaient tous successivement, non-seulement devant les répugnances bien légitimes du gouvernement ottoman, mais à cause des sentiments et des intérêts si divers des cabinets qui formaient la conférence.

Je partis de Paris dans la nuit du 1er au 2 février 1825 avec des dépêches pour Constantinople et pour le marquis de Caraman, notre ambassadeur à Vienne. Comme le voyage était long et difficile, la saison rigoureuse, mon expérience nulle, on me donna pour me conduire un courrier du cabinet, nommé Gazon, connu par son activité et la rapidité de ses courses. Je remis, en passant et en courant, des dépêches à M. de Montlezun à Carlsruhe, au comte Georges de Caraman, à Stuttgard, à M. de Ségur d'Aguesseau, notre chargé d'affaires à Munich, et j'arrivai à Vienne le 7 au matin, en six jours et sept nuits, sans m'être arrêté nulle part et cependant sans trop de fatigue, malgré un froid intense que j'avais trouvé en Allemagne, particulièrement sur le haut plateau de Munich.

M. de Caraman dont toute la famille avait tant de bontés pour moi, me fit un excellent accueil, me donna chez lui l'hospitalité, et comme la substance des dépêches dont j'étais porteur pour Constantinople devait être communiquée par lui au prince de Metternich, il me garda quelques heures. J'eus donc le temps de me reposer à Vienne.

Des quatres puissances entrées en négociation, l'Autriche était la moins favorable aux Grecs, que M. de Metternich considérait comme des sujets révoltés et révolutionnaires. Il craignait aussi, non sans raison, qu'une Grèce plus où moins indépendante n'accrût considérablement et aux dépens des autres puissances l'influence de la Russie en Orient. Aussi traînait-il autant que possible les négociations en longueur dans l'espérance que, malgré son ineptie, la Porte finirait par triompher de la rébellion des Grecs. M. de Caraman, de son côté, partageait l'opinion et les sentiments du prince, lequel avait une grande influence sur son esprit. D'ailleurs, outre l'insurrection grecque, la question d'Orient se compliquait alors de difficultés très-sérieuses qui s'étaient élevées entre la Russie et la Porte, à propos de l'occupation, par cette dernière puissance, de la Valachie et de la Moldavie, difficultés qui avaient amené l'interruption des rapports diplomatiques entre les deux Etats. M. de Metternich, en effet, voulait que, laissant de côté l'insurrection grecque, les puisances s'occupassent exclusivement de la querelle de la Russie et de la Porte, et prévinssent à tout prix une rupture, dont les suites pouvaient amener les plus désastreuses conséquences pour la paix de l'Europe.

Instruit par M. de Caraman, que les dépêches qui lui étaient communiquées étaient portées à Constantinople par un attaché au cabinet du ministre, M. de Metternich voulut me voir, et j'eus ainsi l'honneur, avec mes vingt ans, d'être présenté au Nestor de la diplomatie européenne, et d'avoir avec lui une conversation qui dura plus d'une demi-heure. Dès le lendemain je m'empressai d'en rendre compte à M. de Damas, qui fit lire ma lettre au Roi. — Ce fut à huit heures du soir, le mardi gras, le jour même de mon arrivée, que M. de Caraman me conduisit dans le cabinet du prince, cabinet que j'examinai avec respect et curiosité. M. de Metternich se montra très-affable envers moi; sa physionomie était douce, spirituelle, encore charmante; sa parole facile, insinuante, son maintien noble et cependant très-gracieux. Il vanta beaucoup la sagesse du cabinet français, mais il me chargea expressément, et c'était le but de l'audience qu'il avait bien voulu m'accorder, de recommander de sa part au général Guilleminot, notre ambassadeur à Constantinople, dont il fit un grand éloge, avec la pensée que je le lui reporterais, de ne pas perdre de vue dans ses négociations avec la Porte que la bonne politique voulait qu'on s'occupât avant tout d'applanir les différends existant entre la Turquie et la Russie.

Il ajouta avec un charmant sourire : « Vous, Monsieur, qui quittez à peine les bancs de l'école, et qui êtes plein encore d'admiration pour les hauts faits des Grecs de l'antiquité, vous trouvez sans doute ma politique envers les Grecs modernes bien indifférente ; mais voyez-les de près, et vous me direz ce que vous en pensez à votre retour de Constantinople. Du reste, je sais que le général Guilleminot, avec son excellent esprit, partage mes vues et mes idées ; tout ce que je désire, c'est que le Gouvernement français accorde à son opinion le crédit qui lui est dû. »

Cette audience est le premier événement de ma carrière diplomatique ; les journaux allemands en parlèrent, et, ce qui flatta singulièrement ma vanité, ce fut d'apprendre à mon retour à Paris que le prince ayant traversé cette ville quelques semaines plus tard, en se rendant à Milan, pour assister au couronnement de l'Empereur, voulut bien parler avec éloges du jeune attaché qu'il avait vu à Vienne, non-seulement à M. de Damas, mais au Roi lui-même.

Le 8 février au soir, (car M. de Metternich me fit attendre toute la journée les dépêches pour l'Internonce autrichien à Constantinople) après une bonne nuit et deux jours de repos à Vienne, je repris ma course par un froid rigoureux et j'arrivai à Bude, le 9 au soir assez tard. Le pont de bateaux qui relie cette ville à celle de Pesth ayant été replié à cause des glaces, il me fut impossible de traverser, la nuit, le Danube, et je dus attendre jusqu'au lendemain matin. J'arrivai à Pesth un jour de marché, ce qui donnait beaucoup d'animation à la ville qui est grande, bien bâtie, avec de larges rues bordées de beaux hôtels où les Madgyars hongrois déploient, en hiver, le plus grand luxe. Je remarquai le costume pittoresque des paysannes et leurs bonnets brodés d'or. En sortant de cette belle ville de Pesth qui a tous les caractères d'une capitale, on tombe brusquement dans les plaines sablonneuses et monotones de la Hongrie dont les routes mal entretenues et défoncées par l'hiver étaient à cette époque à peu près impraticables. Aussi, avec quatre chevaux, attelés de front sur ma calèche, étions-nous presque constamment obligés de marcher au pas. M. de Metternich m'avait prévenu de cet état affreux des chemins en Hongrie et s'était donné le malin plaisir de me faire remarquer que l'administration autrichienne n'ayant pas le droit d'intervenir dans cette province qui se gouvernait constitutionnellement par ses propres lois, il me priait de ne pas la rendre responsable des inconvénients de tout genre que j'aurais à y subir.

Nous en eûmes en effet de toutes sortes : chemins détestables, postillons indolents et grossiers, maîtres de poste arrogants, mais portant avec grâce le charmant costume hongrois, parlant latin et s'écriant fièrement, lorsque la dispute s'échauffait : « *Ego, sum nobilis.* » — Nous franchîmes enfin avec bien de la peine et une grande perte de temps ces interminables plaines de Hongrie, interrompues toutes les quatre ou cinq lieues, par de grands villages aussi peuplés que de petites villes, n'ayant qu'une seule rue, très-longue, très-large, avec des maisons en bois peu élevées et espacées à droite et à gauche à distance égale. Le milieu de la rue est en hiver un véritable marais fangeux, bordé des deux côtés d'un trottoir en planches, au moyen duquel les maisons peuvent communiquer les unes avec les autres. Quant à traverser la rue à pied, il ne faut pas y songer. — La cavalerie autrichienne presque tout entière est placée par détachements en garnison dans ces grands et tristes villages, où les officiers se trouvent emprisonnés en hiver et dénués de toutes ressources sociales.

Nous traversâmes le Banat en passant par Temesvar, sa capitale, ville fortifiée, qui a servi longtemps de rempart contre les Turcs ; et trois jours après notre départ de Vienne, nous arrivâmes à Hermannstadt ville située sur une hauteur et capitale de la Transilvanie. J'avais une lettre de recommandation de M. de Metternich, pour le baron Schusteck, gouverneur de la province, qui me reçut poliment et m'engagea beaucoup à coucher à Hermannstadt, en me faisant observer que je ne pourrais franchir de nuit les frontières de la Valachie, parce que arrivé aux limites autrichiennes, il faudrait prévenir l'autorité turque, afin d'avoir les chevaux et l'escorte nécessaires pour traverser les difficiles défilés des Carpathes. Mais mon courrier m'engagea à pousser jusqu'au dernier poste autrichien, à la Tour-Rouge, pour nous mettre le plus tôt possible en communication avec les autorités valaques et entrer dans les défilés dès la pointe du jour. Nous arrivâmes à la Tour-Rouge vers huit heures du soir ; le poste était commandé par un major parlant bien français et qui avait fait contre nous la dernière campagne de France. Il me donna à souper et voulait que je couchasse chez lui, puisqu'à une une lieue plus loin j'arriverais à la frontière valaque que je ne pourrais franchir, et où je ne trouverais aucun gîte. C'était en effet la seule chose raisonnable à faire, mais mon courrier me persuada de gagner l'extrême frontière où nous fûmes arrêtés, comme le major m'en avait prévenu, et où nous fûmes obligés de passer la nuit très-froidement dans notre voiture.

Le lendemain, à la pointe du jour, par un temps très-brumeux et une atmosphère toute chargée de neige, ma voiture attelée de huit petits chevaux valaques conduits par deux postillons vêtus d'un caleçon de toile et d'une peau de mouton, têtes et jambes nues, s'engagea lentement dans les étroits défilés qui séparent la Transylvanie de la Valachie. J'avais avec moi une quinzaine de Valaques, commandés par un Turc à cheval, chargés d'aider la voiture à franchir les plus mauvais passages, à déblayer la neige ou à casser la glace en cas de nécessité. Ces précautions n'étaient certes pas inutiles, surtout dans la saison où nous étions. Nous avions dû laisser notre voiture à Hermannstadt, et continuer notre route jusqu'à Bucharest et Routschouck dans les voitures du pays, qui sont de petits chariots découverts, à quatre roues, sans siéges, et construits complétement en bois. Chacun de ces chariots ne contient qu'une personne qui s'y arrange tant bien que mal, en s'accroupissant sur une botte de paille, et est traîné par quatre chevaux qui vont au grand galop, non sans verser de temps en temps contre une pierre ou une souche d'arbre le malheureux voyageur cahoté sur ces routes abominables.

En partant de la station, nous roulâmes d'abord quelque temps, au fond d'un étroit vallon côtoyant un torrent écumant que nous fûmes obligés de passer à gué plusieurs fois. Bientôt nous nous élevâmes sur les flancs de la montagne, en suivant toutes les sinuosités de la vallée et par un chemin tellement étroit que souvent, pour qu'il eût la largeur strictement nécessaire au passage d'une voiture, comme on n'avait pas voulu se donner la peine de creuser dans le rocher, on l'avait élargi en enfonçant horizontalement quelques pieux de bois qui tremblaient sous le poids de la voiture. Nous passions ainsi sur des abimes de plusieurs centaines de pieds de profondeur. C'est alors que nos Valaques soutenaient, au moyen de cordes, la voiture, et la faisaient incliner autant que possible du côté opposé au précipice.

Au premier de ces passages dangereux, nous mîmes pied à terre; mais ils se renouvelèrent si souvent, la marche était si pénible dans la neige, que nous finîmes par rester dans la voiture, même dans les occasions les plus périlleuses, abandonnant notre sort à la Providence et à l'adresse de nos guides. Ces hommes étaient pleins de zèle, actifs, adroits, mais bruyants, bavards, et nous étourdissaient de leurs cris. Leur turbulance contrastait singulièrement avec le sang-froid et la contenance calme du turc qui les commandait, lequel, lorsque le tumulte devenait trop grand, ramenait la tranquillité et le silence par quelques coups de fouet impartialement distribués sur les épaules de nos Valaques. Nous cheminâmes ainsi toute la journée, relayant de temps en temps dans des maisons de poste isolées, et sans apercevoir un seul village. Au milieu du jour, nous fûmes assaillis par une tempête de neige qui nous plongea subitement dans une obscurité presque complète et fit pleuvoir sur notre chemin quantité de pierres plus ou moins grosses, dont la chute pouvait nous faire courir un véritable danger. Un moment, cette avalanche fut si considérable, qu'abandonnant la voiture, nous fûmes obligés, à l'exemple de notre escorte, de nous refugier sous un rocher dont la saillie nous offrait fort à propos un abri. Ce chasse-neige ne dura heureusement qu'une demi-heure environ. Ils sont quelquefois tellement violents qu'ils font courir les plus grands dangers au voyageur. Trois ans avant mon passage, un courrier anglais, qui s'était imprudemment engagé comme nous dans la montagne avec sa voiture, fut précipité avec une partie de son escorte au fond de l'un de ces abimes que nous avions si longtemps côtoyés.

Dans l'après-midi, les défilés les plus difficiles étant franchis, notre escorte nous quitta. Nous continuâmes notre route et lorsque le sol le permettait, nos huit petits chevaux nous menaient comme le vent. Il est vrai que, lorsqu'il fallait monter, ils avaient bien de la peine à traîner notre voiture, car si ces petits chevaux courent vite, ils ne savent et ne peuvent tirer.

Le lendemain matin, la chaîne de montagne était enfin complètement franchie ; nous courions au triple galop de nos huit chevaux dans les plaines de la Valachie, et à la nuit nous entrions à Bucharest. Je descendis chez notre consul, M. Hugo, et fis honneur à son diner, n'ayant mangé que du pain depuis notre repas chez le commandant de la Tour-Rouge, deux jours auparavant. A cette époque, la Valachie était dans un état de misère dont on ne peut se faire une idée. Du pied des montagnes à Bucharest, nous avions traversé une plaine d'environ 30 lieues, ne rencontrant de loin en loin que quelques misérables villages, presque déserts, ou habités par une population en guenilles, qui nous demandait l'aumône à grands cris, lorsque nous nous arrétions pour changer de chevaux.

Malgré le froid intense qu'il faisait, souvent nos postillons n'avaient ni peau de mouton ni même de caleçon de toile ; une simple chemise leur couvrait le corps et ils montaient à nu sur leurs chevaux sans selle. Tel était, sous la souveraineté de la Turquie, le résultat du gouvernement des Hospodars, nommés tous les cinq ans. Du reste, à part son incurie habituelle, c'était systématiquement que la Porte faisait ainsi un désert des deux provinces, naturellement si fertiles, de la Valachie et de la Moldavie, afin d'empêcher que les Russes, forcés de les traverser lorsqu'ils se portaient sur le Danube, y trouvassent les ressources nécessaires pour y faire vivre leurs armées. Cette tactique, quelque barbare qu'elle fût, était efficace; et, en 1827, deux ans plus tard, les Russes en firent de nouveau l'épreuve dans une première campagne, pendant laquelle ils ne purent franchir les Balkans, surtout à cause de la difficulté de procurer à l'armée les subsistances nécessaires. Bientôt après, en 1828, deuxième année de la campagne, le maréchal Dibitsch, il est vrai, parvint enfin à passer les Balkans par une marche hardie. Mais il se trouva avec un corps d'armée très-affaibli dans une position des plus critiques, sous le rapport des munitions et des vivres. Et si la Porte n'avait pas consenti à faire la paix sous l'empire d'une folle terreur, et poussée aussi, il faut bien le dire, par les instances du corps diplomatique à Constantinople ; si elle avait cru devoir simplement temporiser, l'armée de Dibitsch eût été probablement détruite ou du moins les Turcs auraient obtenu des conditions bien différentes de celles que leur accorda la paix d'Andrinople.

Je me reposai à Bucharest une journée et deux nuits, pendant que M. Hugo demandait pour moi à l'autorité turque un firman ou passeport et faisait prendre les dispositions indispensables au Tartare qui devait m'accompagner. Je vis de Bucharest ce qu'en une journée il est possible de voir d'une ville où il n'existe aucun monument. Elle était alors très-sale, assez grande, et presque entièrement construite en bois. Les rues principales étaient elles-mêmes pavées en bois, au moyen de longues planches qui recouvraient de véritables cloaques pendant la mauvaise saison. Les Boyards, tous Grecs, qui formaient l'aristocratie du pays et vivaient de rapines aux dépens des malheureux Valaques, affichaient un luxe qui ne reposait sur aucune fortune réelle, et ils ne s'occupaient que d'intrigues politiques ou galantes. Avides, sans foi, sans probité, sans honneur, ils étaient aussi durs vis-à-vis des pauvres Valaques, qu'obséquieux et rampants devant l'autorité turque. Leurs femmes, généralement assez belles, sont ignorantes, sans mœurs, et aussi cupides et vénales que leurs époux. Elles portaient de riches costumes, mi-partie orientaux et européens, et couraient la ville toute la journée en calèches découvertes, même par les froids les plus vifs. Le costume des Boyards, tout à fait oriental et consistant en une robe flottante, recouverte en cette saison de belles fourrures, avec le calpack sur la tête, était aussi riche que pittoresque. Tout ce monde, courant par la ville, donnait aux principales rues beaucoup d'animation et offrait aux voyageurs un spectacle curieux.

Le surlendemain de mon arrivée à Bucharest, après un repos bien nécessaire, tous les préparatifs de mon voyage jusqu'à Constantinople étant faits, nous partîmes pour Giurgewo, ville valaque, située sur la rive gauche du Danube, en face de Routschouck. C'est à Giurgewo que nous laissâmes notre voiture, qui fut ramenée au consulat de France à Bucharest. Dans cette ville, avant mon départ, j'avais mis mes effets dans deux porte-manteaux, et acheté une selle, de grandes bottes, afin d'être tout prêt à monter à cheval à mon arrivée en terre musulmane. Parvenus à Giurgewo vers le milieu du jour, nous jetons nos bagages dans une barque et traversons le Danube en une demi-heure environ ; nous abordons en Turquie d'Europe, à Routschouck, où il nous fallut perdre deux heures en formalités de toutes sortes, avant de continuer notre voyage.

Enfin, nous montons à cheval vers le soir, et il y avait tant de jours et de nuits que j'étais affreusement cahoté en voiture, que ce fut avec un réel plaisir que je commençai cette nouvelle manière de voyager, dans l'heureuse ignorance où j'étais des cruelles fatigues qui m'attendaient. Notre petite caravane était composée ainsi : cinq chevaux, quatre personnes, savoir : moi, mon courrier Gazon, le Tartare et un Sermdji (postillon) conduisant en main un cheval qui portait notre bagage et les provisions de bouche. Le Sermdji ouvrait la marche, le Tartare suivait, je venais ensuite, et Gazon, assez ennuyeux dans ses réflexions et remarques, était le dernier de tous. Notre Tartare, comme insigne de ses fonctions, portait un bonnet rouge de deux pieds environ de hauteur et terminé en pointe, coiffure plus originale que jolie. À sa ceinture brillaient un beau yatagan et deux paires de pistolets ciselés en argent. Déjà d'un certain âge, il n'avait pas cet air hautain et farouche que comporte ordinairement son emploi. Il était au contraire assez bon homme, et il se montra constamment très-courtois à mon égard. Le consul, il est vrai, lui avait fait comprendre que j'étais un personnage important ; aussi ne m'appelait-il jamais que *Beyzadé*, ce qui veut dire fils de prince. Ce *Beyzadé* revenait sans cesse ; et dans les fréquentes allocutions qu'il m'adressa durant le cours du voyage, mon Tartare s'obstinait à me parler turc, sans se laisser décourager par la certitude qu'il avait dû promptement acquérir que je ne comprenais pas un mot de ce qu'il me disait.

Arrivés dans la campagne, après avoir traversé Routschouck, qui est une ville grande et bien bâtie, nous prîmes le petit trot, et le Sermdji entama une chanson assez mélancolique. On m'avait dit à Bucharest que selon notre énergie, nous mettrions six ou sept jours pour aller, dans cette saison, de Routschouck à Constantinople (il y a 160 lieues environ). Mais je ne savais rien de notre route, rien des lieux par où nous devions passer, de la longueur des relais et de la manière de courir la poste en Turquie ; et, faute de connaître un seul mot de la langue turque, j'étais dans l'impossibilité d'obtenir de mon Tartare le moindre renseignement à cet égard.

La nuit survint presque à notre sortie de Routschouck, le froid était piquant, le chemin étroit et difficile. J'ai la vue basse, et avais quelque peine à conduire mon cheval. Je me rapprochai donc du Tartare et j'abandonnai ma monture à ses propres instincts. Nous allions au pas ou au petit trot ;

seulement, par intervalles et lorsque le terrain plus uni le permettait, nous faisions un temps de galop, après une espèce de hurrah dont mon Tartare donnait le signal. Une heure, deux heures, trois heures se passèrent ainsi, pendant que nous montions d'une manière insensible mais continue. Je m'étonnais que nous ne changeâssions point de chevaux et la fatigue me gagnait. Bientôt je commençai à ressentir des douleurs dans tous les membres. Le froid d'ailleurs me faisait beaucoup souffrir. Dix heures, onze heures sonnèrent à ma montre, et nous avancions toujours traversant de temps en temps des villages, où les chiens aboyaient après nous avec fureur. A chaque bourgade, je me figurais que nous allions nous arrêter; mais vain espoir! Et ce qui ajoutait beaucoup à ma fatigue et à mes souffrances, c'était de ne pas pouvoir demander combien de temps encore nous devions courir avant de prendre quelque repos, du moins pendant que nous changerions de monture.

Enfin, vers une heure du matin, alors que je me sentais à bout de force et de courage, après une course de 8 heures, nous faisons halte dans un gros village, devant une maison d'assez bonne apparence. C'est à peine si je pus descendre de cheval, tant j'étais brisé de fatigue. Je ne pouvais presque plus marcher, et on me porta pour ainsi dire devant une grande cheminée où l'on fit bon feu. Je m'étendis sur une natte et m'endormis presque immédiatement. Réveillé deux heures plus tard par mon Tartare pour manger du pilaw qu'il avait fait préparer, je préférai dormir après en avoir avalé quelques cuillerées.

Cependant, vers les quatre heures du matin, de nouveaux chevaux étant arrivés et notre bagage chargé, il fallut s'arracher à ce bienfaisant sommeil, monter à cheval et repartir. Je regrettais alors ma calèche et même les mauvais chemins de Hongrie où j'avais été si bien cahoté. D'ailleurs le froid devenait plus vif à mesure que nous continuions à marcher vers des plateaux plus élevés. Nouvelle traite de 8 heures! et à midi, nous nous arrêtons une seconde fois pour changer de chevaux et manger. A cette halte, mon Tartare décidément un peu bavard, ce qui est rare chez les Musulmans, voulut absolument faire la conversation avec moi, ne pouvant se persuader sans doute que je ne savais pas au moins un peu de ce turc, qu'il avait soin, je dois lui rendre cette justice, de parler lentement et distinctement. Ces tentatives de conversation, il les renouvela à chaque halte pendant tout le voyage, sans se laisser décourager par mon ignorance si évidente. Enfin, pendant les deux derniers jours de voyage, la fatigue le gagnant lui-même, il devint triste et silencieux. Il me semble encore entendre sa voix trainante et nasillarde, ce *Beysadé* qui commençait toutes ses phrases, et, aujourd'hui encore, j'admire cette persévérance, digne d'un meilleur succès, à me faire des récits interminables.

J'avais bien remarqué que souvent, en le *soulignant,* il prononçait le mot de *Stamboul,* dont je cherchais, à cause de cela, à deviner le sens. Mais mon ignorance de la langue turque était si grande alors, que tous mes efforts demeuraient vains. Cependant, et je le dirai ici, par anticipation, — quand plus tard, à la vue de Constantinople, et lorsque mon Tartare, me montrant de loin cette merveilleuse ville, s'écria « *Stamboul da!* » (Voilà Stamboul!) j'appris enfin que c'est sous ce nom que les Turcs désignent Constantinople.

Dès le soir, nous entrâmes tout à fait dans le Balkan. Nous marchions depuis vingt-quatre heures à travers un pays admirablement pittoresque, mais sauvage et désert : presque point de villages, ou des villages abandonnés, misérables, dont les habitants craintifs, soupçonneux et fuyant à la vue du bonnet rouge de mon Tartare, paraissaient en proie à la plus profonde misère. Un jour, (c'était, je crois, le quatrième depuis notre départ de Bucharest), alors que nous descendions le versant des Balkans du côté de Constantinople, nous fîmes halte, vers onze heures du matin, pour changer de chevaux et prendre un peu de nourriture, après une nuit de grandes fatigues. Le temps s'était fort adouci, et le soleil brillait. Je m'étais couché en plein air, sous une espèce d'auvent, devant une misérable chaumière, et, tout en surveillant un affreux ragoût qu'on préparait pour notre déjeuner. En présence de ce dont se composait notre futur régal, — des oignons, des bribes de mouton du plus dégoûtant aspect, je me pris à rêver de Paris, de ses magnificences et de l'activité qui y règne sans relâche. Puis, je vis la table si bien servie de M. de Damas, à laquelle je m'asseyais chaque jour pour déjeuner, précisément à cette même heure. Je regardais ensuite, en jouissant du contraste, (car j'aimais passionnément les voyages), les cimes des hautes montagnes qui m'entouraient, la chaumière bulgare, à la porte de laquelle j'étais assis, le bonnet rouge de mon Tartare et le triste brouet qu'on apprêtait pour moi. Je me sentais payé de toutes mes fatigues par ce spectacle si nouveau et si curieux. Ah! la jeunesse est une belle chose, et les émotions de la vingtième année, le prisme enchanteur à travers lequel tous les objets nous apparaissent alors, ne se remplacent jamais.

Cependant, le Balkan entièrement franchi, nous descendons dans cette plaine qui s'étend des montagnes jusqu'à la mer de Marmara et jusqu'à Constantinople, pays admirable, et qui pourrait être un des plus fertiles et des plus riches du monde, s'il n'était pas occupé et gouverné par les Turcs. Nous traversons Kirk-Kilissia (quarante églises), grande ville, moins importante cependant qu'Andrinople, lieu de résidence du Pacha d'Anatolie. En passant à travers le bazar, j'avise des galettes sortant du four, et comme je mourais de faim, j'en achète plusieurs, que je m'applique toutes chaudes sur l'estomac, sans descendre de cheval. Il fallait un estomac et un appétit de vingt ans pour les digérer. A mesure que nous approchions du terme de notre voyage, le Tartare, qui n'était plus jeune, paraissait visiblement fatigué, malade même. Devenu taciturne, il était courbé sur son cheval, paraissait sans force et sans énergie, et je me demandais ce que nous deviendrions, s'il ne pouvait plus continuer le voyage dont j'ignorais le terme exact.

Enfin, dans la nuit du cinquième au sixième jour après notre départ de Bucharest, cheminant assez lentement dans une plaine unie, et à moitié endormi sur mon cheval, je sentis tout-à-coup au visage un air frais et vivifiant qui me ranima, et je pensai que c'était l'air de la mer. Bientôt après, en effet, j'entendis dans le lointain le bruit mesuré du flot qui battait le rivage. J'étais donc arrivé au bord de la mer de Marmara, je ne devais plus être loin de Constantinople. Cette pensée ranima mon courage; nos fatigues allaient cesser.

Au jour, nous nous trouvons en effet sur le bord de la mer; les flots viennent baigner les pieds de nos chevaux, et nous courons ainsi sur le sable jusqu'à dix heures du matin environ. Nous gravissons alors une colline assez élevée, et sur le versant opposé, j'aperçois une petite ville et un pont étroit et très-long, qui s'avance sur un bras de mer dans les terres; c'est Ponte-Piccolo. Au loin, à la distance de 5 ou 6 lieues, je découvre une masse confuse d'arbres et de bâtiments surmontés de quelques minarets; et comme je m'arrête surpris pour mieux voir, mon Tartare se tourne vers moi et s'écrie : « *Stamboul da !* » C'était Constantinople. Descendus de la colline, nous ne voyions plus la ville; et elle n'apparut de nouveau à nos yeux que dans l'après-midi, alors que nous touchions aux portes. C'est par mer qu'il faut arriver à Constantinople pour jouir de l'étonnant spectacle que présente cette ville, lorsque après avoir doublé la pointe du Sérail on entre dans la Corne-d'Or.

Ce fut par la porte d'Andrinople que nous pénétrâmes dans Stamboul. A cette époque cependant, jamais les Tartares qui ordinairement accompagnent les Européens ne se seraient hasardés à entrer de ce côté et à traverser ainsi la ville toute entière, pour gagner Péra. On faisait le tour des vieilles et hautes murailles; puis on traversait, aux Eaux-Douces, la pointe de la Corne-d'Or, et l'on arrivait ainsi par un long détour au quartier des Francs, en évitant bien de passer par

7

Stamboul, cet ardent foyer de l'Islamisme, et habitée exclusivement par les Turcs. Mais mon Tartare, exténué de fatigue et
pouvant à peine se tenir à cheval, préféra la ligne la plus
courte et entra bravement en ville par les plus mauvais quartiers où les Européens ne pénétraient dans aucune circontance.
Aussi, à peine notre caravane y fut-elle engagée, qu'obligés,
dans ces rues étroites, de marcher à la file les uns des autres,
Gazon et moi fûmes accablés d'injures malgré la présence du
Tartare. Les femmes se distinguaient par leur acharnement et
leurs injures; les enfants ne tardèrent pas à y joindre des coups
de bâton sur la croupe de nos chevaux, et toutes sortes
d'immondices destinées à nos personnes. J'avoue que cette
réception me mit fort mal à l'aise, connaissant à quel point
l'exaspération contre les Chrétiens était poussée loin, depuis
l'insurrection de la Grèce; et je ne savais vraiment pas si nous
arriverions vivants à l'ambassade.

Enfin, au milieu de toutes ces injures et de toutes ces
angoisses, nous parvenons à la Corne-d'or dont il nous fallait
traverser la partie inférieure pour gagner Péra. Le jour
tombait, et pendant qu'on transportait dans un grand caïque
nos selles et notre bagage, la foule augmentait autour de nous,
au point que nous n'avions point la liberté de nos mouvements.
On me bouscula plusieurs fois assez rudement, et quelques
soldats me demandèrent insolemment un *bacchich,* c'est-à-dire
de l'argent. Pendant ce temps-là, mon malheureux Tartare
épuisé, hébété, comptait au Sermdji *paras* par *paras,* c'est-à-
dire sols à sols, ce qu'il lui devait, sans s'occuper de nous. Je
profitai d'un moment favorable pour sauter avec Gazon dans un
caïque, ce qui nous mit hors de presse ; et nous en défendîmes
l'entrée à ceux qui faisaient mine de nous y suivre. Sur ces
entrefaites, la nuit survint; et, comme le soleil couché, pas un
Turc ne demeure hors de chez lui, la foule s'écoula petit à
petit, et nous traversâmes peu après le port dans le silence
le plus complet.

Une lune radieuse s'était levée dans le ciel et faisait

paraître plus grandiose et plus pittoresque les élégants minarets des mosquées, les mâts des vaisseaux à l'ancre, auprès desquels nous passions, et les sombres masses de cyprès qui, en jour, contrastent çà et là, avec les couleurs éclatantes des maisons et des édifices. Quelques goëlands attardés rasaient la surface des eaux en regagnant leur gîte, et troublaient seuls de leur vol le calme profond qui régnait dans le port. Admirable spectacle que je n'oublierai de ma vie, et qui effaçant toutes les fatigues de mon long et pénible voyage, me causa une profonde émotion.

Nous abordons à Topana, et, comme il n'y avait plus de porte-faix à l'échelle, nos caïdjis prennent nos bagages pour les porter à l'ambassade, à Péra. Quant à nous, il nous reste à gravir la rude montée qui y conduit. Mais bientôt nous sommes assaillis par une nuée de chiens à l'œil féroce, au poil hérissé, aboyant avec fureur, et menaçant de nous dévorer. C'était surtout notre habit européen qui les exaspérait ; et, bien qu'heureusement armés de fouets, nous eûmes beaucoup de peine à les écarter et à éviter leurs morsures. Cette seconde réception, moins dangereuse au fond que la première, ne laissa pas que de nous causer d'abord quelque ennui, et il était vraiment temps d'arriver au toit hospitalier de l'ambassade. Enfin nous y parvînmes, juste au moment où on finissait de diner; et la nouvelle d'un courrier de France mit tout le monde en émoi.

Le général Guilleminot, alors notre ambassadeur à Constantinople, me reçut tout d'abord très-froidement, ne paraissant pas s'expliquer pourquoi on lui avait expédié ses dépêches, à la fois par un attaché au ministère et par un courrier. Il me dit qu'il regrettait, faute de place, de ne pouvoir me loger au palais même de l'ambassade; mais que j'habiterais dans la maison des *Jeunes de langues*, qui était attenante. Puis il m'engagea à aller me reposer, sans s'informer d'ailleurs si je n'avais pas besoin de prendre quelque nourriture. Pendant cette froide et courte conversation, les secrétaires de l'ambassade et les attachés en grand nombre, me regardaient curieusement, sans me faire un accueil plus amical. Une réception aussi glaciale et à laquelle je m'attendais si peu, à huit cents lieues de la patrie, après un voyage long, pénible, accidenté, me consterna. Je ne parlai point à l'ambassadeur de mon audience avec le prince de Metternich, de ce qu'il m'avait chargé de lui dire; et je me retirai immédiatement dans ma chambre, à la maison des *Jeunes de langues,* décidé à demander à partir pour France le plus promptement possible.

Quand je voulus me déshabiller, il fut impossible de tirer mes grosses bottes dont le poids m'avait tant fait souffrir depuis que j'étais monté à cheval, et il fallut les couper. J'éprouvai une vive sensation de plaisir en entrant dans un lit, après être resté sept jours sans quitter mes vêtements. Je dormis bien ; et le lendemain matin les *Jeunes de langues,* qui m'avaient fait une réception plus amicale que les attachés de l'ambassade, me proposèrent, pour me remettre de mes fatigues, de venir avec eux prendre un bain turc. J'acceptai, et je fus si bien nettoyé, massé, trituré, qu'en sortant du bain, je me trouvai aussi frais, dispos et reposé que je l'eusse été de ma vie. Ces bains causent un bien-être tout particulier, et on comprend que les turcs en fassent un si fréquent usage.

Au retour du bain, je trouvai le premier aide-de-camp du général Guilleminot, M. de Lostende, qui m'attendait et venait m'engager à déjeuner de la part du général. Sous l'impression de la réception si froide de la veille, je refusai l'invitation, en disant que j'aurais l'honneur de me présenter chez l'ambassadeur après son déjeuner. M. de Lostende insista ; je tins bon. Cependant au bout de quelques instants, il revint en disant que le général m'attendait pour se mettre à table. Ma dignité mise à couvert, je le suivis ; l'ambassadeur me fit cette fois un bon accueil, s'excusant de celui de la veille, sur la hâte qu'il avait eue de lire les dépêches que je lui apportais, et sur son ignorance, avant d'en avoir pris connaissance, des motifs qui avaient engagé le ministre à me les confier. Je sus depuis par Desages, un des secrétaires de l'ambassade, que le général Guilleminot, compromis alors, fort à tort, en sa qualité de major de l'armée d'Espagne, dans un procès que le gouvernement, sous la pression des Chambres, faisait à M. Ouvrard, munitionnaire général de ladite armée, s'était imaginé au premier abord que M. de Damas lui envoyait un attaché à son cabinet dans un but quelconque et dont il devait se défier. De là la première réception plus que froide qui m'avait été faite. Mais lorsqu'il eut pris connaissance de ses dépêches, de diverses lettres particulières que je lui avais apportées, une entr'autres du colonel Victor de Caraman qui lui expliquait ma situation et me recommandait chaudement à lui, il abdiqua toute méfiance contre le diplomate de 20 ans, et sa bienveillance pour moi, pendant mon séjour à Constantinople, racheta tout à fait la froideur du premier accueil.

Les aides-de-camp, les secrétaires et les attachés suivirent l'exemple du maître, et je comptais bientôt dans l'ambassade plusieurs bons camarades. L'ambassade était fort nombreuse : d'abord, trois secrétaires, le Comte de Beaurepaire-Louvagny, absent, premier ; M. Desages, second ; le baron Burignot de Varennes, troisième. M. Desages, par son habitude des affaires, sa capacité, était la personne importante de l'ambassade, le rédacteur des dépêches du général et, en grande partie, l'inspirateur de sa politique. L'ambassadeur ne pouvait se passer de lui, et il remplaça M. de Beaurepaire, comme premier secrétaire d'ambassade. Enfin, après la Révolution de 1830, il fut nommé au poste important de chef de la direction politique au ministère des affaires étrangères, poste qu'il remplit avec une rare distinction jusqu'à la Révolution de 1848, sans avoir jamais voulu en accepter un autre à l'étranger, sinon plus important, du moins plus brillant. M. de Varennes fit toute sa carrière à Constantinople, et je le remplaçai en 1834, comme premier secrétaire d'ambassade. Il y avait pour attachés : le Marquis de Valmy, M. Euryale de Girardin et M. Mimault, fils de notre Consul général à Alexandrie ; puis comme attachés

militaires, outre les aides-de-camp du général, MM. de Lostende
et Huber, le marquis de Chasseloup-Laubat, le comte Gustave
de Sparre, et le fils unique du général, pauvre jeune homme
assez extravagant qui se tua à la chasse, à Constantinople
même, quelques années plus tard. A cette époque, Mme Guilleminot et ses deux filles, dont l'une a épousé M. Roger
du Nord, et l'autre, M. Humann, le fils du ministre, n'avaient
pas encore rejoint le général à Constantinople. A ce personnel,
il faut ajouter plusieurs drogmans, dont les principaux étaient
MM. Jouanin et Desgranges.

J'ai déjà dit qu'au moment où j'arrivai à Constantinople, les
affaires y étaient très-graves. La Porte désirant faire une
campagne décisive contre les Grecs révoltés du Péloponèse,
et couper court ainsi aux velléités d'intervention qui commençaient à se manifester de la part de quelques-unes des grandes
puissances, sous la pression de l'opinion publique, avait fait
un appel au fanatisme des Turcs des provinces Asiatiques.
Constantinople, se trouvait inondé de farouches soldats sans
discipline et sans frein, accourus des points les plus éloignés
de l'empire, et beaucoup plus affamés de pillage que de combat.
Dans les environs de la capitale, dans la ville même, ils ran-
çonnaient et assassinaient à l'occasion les malheureux rayas,
et allaient jusqu'à se livrer vis-à-vis des francs aux plus
déplorables violences, sans que l'autorité turque osât intervenir. De fréquentes querelles s'élevaient entre les Asiatiques
et les Janissaires, dont la morgue leur déplaisait; de sorte que
les rues de Constantinople, celles même de Péra, n'étaient
sûres pour personne. Quelques jours avant mon arrivée, au
retour d'une revue que le Sultan avait passée près de Péra, un
certain nombre de ces Asiatiques parcourant la grande rue de
ce quartier, s'étaient donné la distraction de tirer des coups de
fusil et de pistolet dans les portes et les fenêtres des maisons
habitées par les francs qui, un instant, avaient pu craindre
un massacre général. Toutes les réclamations des ambassadeurs
étaient impuissantes contre un ordre de choses si déplorable et si

inquiétant. Le Sultan, après avoir excité le fanatisme de ses sujets, ne pouvait plus le contenir et voyait son autorité méprisée à la fois par ses Janissaires et par les Asiatiques qui, se trouvant bien à Constantinople, refusaient péremptoirement de passer en Grèce où il n'y avait que des coups à gagner.

Cet appel, fait au fanatisme musulman, avait aussi pour but d'en imposer à la Russie, avec laquelle la Porte avait des démêlés qui menaçaient d'amener une rupture. Les efforts des cabinets d'Angleterre, d'Autriche et de France tendaient à la prévenir. Ils pressaient donc la Porte de faire aux griefs de la Russie, notamment sur l'occupation de la Valachie et de la Moldavie, les concessions que les traités lui donnaient en réalité le droit d'exiger, et de faire aussi aux Grecs du Peloponèse une situation qui leur permît de déposer les armes et mît fin à une insurrection, où achevaient de s'épuiser les forces de l'Empire. Il est à remarquer que jusqu'à la mort de l'Empereur Alexandre, M. le prince de Metternich eut l'habileté d'empêcher la Russie, qui cependant avait pour elle le droit, d'en venir à une rupture ouverte avec la Porte.

A cette date, 1825, la politique d'Orient nous paraissait donc fort menaçante ; mais l'aspect de Constantinople offrait à l'étranger quelque chose de très-intéressant, de très-curieux. Je puis dire que j'ai vu les derniers jours de l'ancienne Turquie, telle qu'elle existait avant la réforme, avec ses Janissaires fiers, turbulents, indisciplinés ; ses mœurs rudes et sanguinaires, son mépris pour les Francs ; mais aussi avec les beaux et étranges costumes des divers fonctionnaires et de toutes les classes de la population. J'ai vu sur les murs du sérail, rangées à côté les unes des autres, des têtes de grecs révoltés, des sacs d'oreilles, dont on avait de la peine à écarter les chiens affamés ; j'ai rencontré souvent les *ortas* de Janissaires escortant leurs marmites qui leur servaient, comme on le sait, de drapeaux, et je me suis rangé respectueusement pour leur faire place. J'ai vu aussi, le vendredi, le Sultan se rendant en grande pompe à la mosquée, avec sa nombreuse et

brillante suite de Janissaires, de Bostandjis, d'Eunuques
blancs et noirs, de Kaloudjis, de Pachas devant lesquels on
portait les trois queues : tous avec leurs antiques et somptueux
costumes, leurs coiffures si diverses et quelquefois si bizarres.
Enfin je me suis promené plusieurs fois avec l'ambassadeur
dans les rues et les bazars de Contantinople, sous l'escorte
d'une troupe de Janissaires, auxquels était confiée alors la
garde des ambassades, et qui, à travers la foule frémissante,
nous ouvraient un passage à coups de bâton, libéralement distribués, sur ceux qui ne se rangeaient pas assez vite.

Lorsque je revins à Constantinople, neuf ans plus tard, tout
était bien changé : les Janissaires avaient disparu, le fez,
l'horrible fez, remplaçait sur presque toutes les têtes le
gracieux turban. L'uniforme étriqué de l'Europe avait succédé
aux larges et riches vêtements de soie et aux châles de
cachemire en ceinture. Les Ulémas presque seuls avaient
conservé le costume oriental. Il est vrai que le séjour pour les
Francs, s'il y était moins curieux, y était beaucoup moins
pénible et beaucoup plus sûr.

Je passai deux mois à Constantinople que j'employai de mon
mieux, pour voir tout ce que cette ville incomparable présente
d'intéressant. Je profitai de toutes les occasions pour parcourir
Stamboul et les environs, aussi souvent que les circonstances
et le soin de ma sûreté le permettaient. J'accompagnai quelquefois nos drogmans dans leurs visites chez les personnages
importants de l'Empire. Je visitai les bureaux de la Porte,
ceux du grand vizir, du directeur des douanes. Par l'intermédiaire de M. Desgranges, premier drogman, je fis la connaissance de plusieurs Turcs bien élevés qui me firent bon accueil,
et je dînai même chez l'un d'eux, jeune seigneur de bonne mine et
fort poli. Ce dîner fut servi sur une petite table, qui n'avait
pas plus d'un pied de hauteur; point d'assiettes, ni de couteaux
ni de fourchettes ; seulement quelques petites cuillères en bois
pour manger un pilaw, placé dans une écuelle d'étain. Nous
nous assîmes sur des coussins et nous puisâmes l'un après

l'autre dans l'écuelle de pilaw, autour de laquelle se trouvaient un certain nombre de pots de confitures de toutes les espèces. On apporta ensuite du mouton rôti, coupé en très-petits morceaux et enfilés dans de petites baguettes, puis du gibier, puis de la volaille, en entremêlant toujours un plat de viande avec un plat de douceurs. Quand un convive n'a plus faim, il se lève et va tout simplement se mettre à l'autre bout de l'appartement, où, bien vite, on lui présente une pipe. Le dîner ne doit finir que lorsqu'il n'y a plus de convives autour de la table. Tant qu'il en reste un seul, on continue à apporter des plats. Quand on a soif, il y a une grande tasse, pleine d'eau fraîche, à laquelle chacun vient se désaltérer à son tour ; somme toute, le dîner, quoique composé d'un grand nombre de mets, me parut fort mauvais, et l'obligation de manger avec mes doigts, fort désagréable. On place sur l'épaule de chaque convive une petite serviette, avec laquelle il essuie ses mains chaque fois qu'il reprend d'un plat. Ce qui me plut cependant, c'est la liberté laissée aux assistants de quitter la table quand ils ont assez mangé, au lieu d'être l'esclave patient d'appétits que rien ne peut assouvir.

Je parcourus les bazars, le marché aux esclaves ; je marchandai des châles persans, j'admirai les incomparables fontaines, mais ne vis que l'extérieur des mosquées, les circonstances ne permettant pas de solliciter un firman pour en visiter l'intérieur. J'assistai plusieurs fois à Topana, sur le bord de la mer, aux exercices du Djérid, entre les pages du Sultan, exercice fort curieux, très-gracieux et bien souvent décrit. Je fus voir également les exercices des Derviches tourneurs et des Derviches hurleurs, et le fis d'autant plus facilement, qu'ils sont fiers de la présence des étrangers, persuadés qu'on les admire beaucoup. Les premiers étaient au nombre de vingt, habillés avec de longues et larges robes brunes, arrêtées à la taille par une ceinture assez serrée; des bonnets ronds et pointus, tels que les portaient les astrologues, leur couvraient la tête. La cérémonie étant commencée, ils s'agenouillèrent avec un grand recueillement, et psalmodièrent au son d'une fort laide musique des versets du Coran. Le chef en lisait un et les disciples, tous ensemble et à haute voix, lui donnaient la réplique. Cette musique, dont je viens de parler et qui les accompagnait, se composait d'un tambour, de deux triangles et d'un ou deux autres instruments aussi harmonieux, jouant toujours dans le même ton et sur les mêmes notes. Au bout d'une demi-heure, ils se relevèrent simultanément, et l'un d'eux partit en tournant sur lui-même, la tête haute, les yeux levés vers le ciel et les bras étendus en croix. Un second le suivit, à peu d'intervalle, puis un troisième, et ainsi de suite jusqu'au dernier. La seule variante était dans la position des bras : les uns, comme le premier, les ayant étendus horizontalement en croix, d'autres plus obliquement, quelques-uns un seul bras élevé, enfin dans toutes les positions qu'on peut imaginer. Ainsi partis, ils conservaient leur distance; et l'air qui s'engouffrait sous leurs robes par le mouvement de rotation, donnait à ce spectacle l'aspect le plus comique et le plus extraordinaire. Cette immobilité si parfaite dans toutes les parties du corps, et ce tournoiement régulier et précipité, faisait un contraste si bizarre, qu'on ne pouvait au premier abord s'empêcher d'en rire. Puis, lorsqu'on venait à rechercher les motifs ridicules de cette cérémonie, qu'on pensait aux souffrances que ces malheureux avaient dû éprouver, avant de pouvoir s'habituer à un si cruel exercice, de tristes réflexions vous venaient à l'esprit, sur les conséquences que le fanatisme et les fausses idées en matière de religion amènent nécessairement. Ces hommes croyaient fermement en se torturant, faire une chose agréable à la divinité, dénaturant ainsi ce principe si consolant du reste, que Dieu aime les sacrifices que nous lui faisons; et lorsqu'un d'eux, épuisé de fatigue, tombe à terre presque sans vie, ou livré à d'affreuses convulsions, ses collègues et les spectateurs musulmans envient son sort, persuadés que l'Esprit-Saint est venu le visiter. Toutefois, les Derviches tourneurs ne sont que comiques à côté des Derviches hurleurs. Ceux-ci, dont l'habillement est beaucoup moins ample, n'ont point sur la tête un grand bonnet de magicien, mais bien une petite calotte. Leur cérémonie commence également par des prières, mais au lieu de tourner, ils se mettent tous à la fois à hurler au son d'une musique sauvage qui les anime par degrés. Les vêtements en désordre, la tête rejetée en arrière et ballotant sur les épaules, les yeux à demi-fermés, ces misérables, au bout d'un instant, n'ont plus rien d'humain. Les sons qui s'échappent de leur gosier desséché ressemblent véritablement aux hurlements des bêtes féroces, et je crus assister à quelque fête de l'enfer. De temps en temps, un d'entre eux épuisé de fatigue, roule à terre en proie aux plus affreuses convulsions. On le laisse se débattre et les autres continuent sans s'en inquiéter davantage. La sueur finit par leur ruisseler le long du visage. Bientôt, s'animant de plus en plus et hors d'eux-mêmes, quelques-uns saisirent des couteaux et se firent des blessures à la poitrine et sur les bras. Enfin le spectacle devint si hideux que, saisi d'horreur et sentant le cœur me manquer, je sortis précipitamment de cet antre abominable. Jamais de ma vie je n'oublierai cette scène affreuse, qui me causa autant d'indignation que de dégoût.

Je visitai le palais de Thérapia, résidence d'été de l'ambassade. Je parcourus les bords enchantés du Bosphore jusqu'à Buyukdéré, résidence d'été des légations étrangères et de plusieurs négociants francs, arméniens ou grecs. Je me promenai aux Eaux-Douces d'Europe, aux Eaux-Douces d'Asie, où le vendredi une foule de femmes turques, femmes de grands seigneurs, ou femmes du peuple, vont, non pas se promener, (la promenade pour les Asiatiques, femmes ou hommes, est toujours une fatigue), mais se reposer dans un site charmant sur le bord de la mer, fumer, manger, boire du café ou du thé, ou bavarder. Assises par groupes et gardées par des eunuques, les grandes dames, avec leurs longues robes flottantes et de toutes couleurs, la figure couverte de leur yachemack blanc qui ne laisse apercevoir que deux yeux noirs et brillants, présentent le spectacle le plus curieux et le plus intéressant. On ne s'en approche d'ailleurs qu'à une distance très-respectueuse, et si on enfreint la consigne, on est généralement accueilli par les plus affreuses injures. Les grands arabas de couleurs voyantes, attelés de bœufs magnifiquement enharnachés, et dans lesquels les femmes sont venues, forment cercle, dispersés çà et là autour des groupes, et ajoutent sigulièrement au pittoresque de la scène.

Un passage de bécasses ayant été signalé, je me rendis chez un négociant français, près de la forêt de Bellegrade, à quatre lieues de Constantinople; et la chasse fut fructueuse. En fait d'aventures galantes, je rencontrai un jour, au petit Champ des morts, une femme turque, jeune, qu'à sa démarche fière et à sa suite nombreuse, il était facile de reconnaître pour une grande dame. Je me rangeai respectueusement pour la laisser passer, non sans quelque espoir que ma jeunesse et ma bonne mine me vaudraient de sa part quelques signes d'intérêt, au moins un regard curieux si ce n'est bienveillant. Lorsqu'elle fut près de moi, elle jeta en effet un coup d'œil sur ma personne, m'apostrophant du nom de *giaour* qui veut dire à la fois chien et infidèle; puis, elle fit mine de me cracher au visage, à la grande joie de deux négresses qui l'accompagnaient.

Le soir, je ne sortais guère de l'ambassade, le corps diplomatique offrant à cette époque peu de ressources. Lord Strangford, ambassadeur d'Angleterre, était absent. La Russie était représentée par un simple chargé d'affaires, et il n'y avait que la légation autrichienne qui reçût de temps en temps. Quant aux familles franques de Péra, je n'en fréquentai aucune, tant elles offraient peu de ressources et d'intérêt. D'ailleurs la jeunesse était nombreuse à l'ambassade, et nous y passions gaîment le temps. On y joua même la comédie : le *Mariage de Figaro*. Le duc de Valmy faisait Almaviva, et le jeune Mimault joua Rosine à merveille.

Le général Guilleminot m'avait pris décidément en amitié;

et après le déjeûner, il faisait de longues conversations avec moi en se promenant sur la terrasse du palais de France, d'où, (vue admirable !) l'on aperçoit à la fois la Corne-d'or, la mer de Marmara, les Iles des Princes, la ville de Scutari en Asie, et la pointe de Chalcédoine. Il me parlait de la question grecque, et surtout de la question russe à laquelle il apportait une attention plus particulière. Comme le prince de Metternich, il pensait qu'il fallait prévenir entre la Russie et la Porte une rupture qui pouvait être le signal de la chute de l'empire ottoman. Cette chute, imminente depuis près d'un siècle et sans cesse ajournée soit par des circonstances imprévues, soit par la politique des cabinets européens d'accord pour l'éloigner, pouvait, nous semblait-il, amener une catastrophe dont les conséquences redoutables menaçaient l'Europe d'une conflagration générale et changeraient peut-être la face du monde.

Je restai à Constantinople un peu plus de deux mois ; et, la réponse à mes dépêches se trouvant prête, je montai à cheval le 1er mai, à 5 heures du matin, pour retourner à Paris. Cette fois, le temps était charmant, la saison favorable, et mes précautions en fait de voiture et autre confort, mieux prises. Je m'étais d'ailleurs rompu à la fatigue du cheval par mes excursions quotidiennes dans les environs de Constantinople. Le Tartare qui m'accompagnait était jeune et vigoureux, et j'étais sûr de faire le trajet de Stamboul à Bucharest, en moins de temps et avec moins de fatigues qu'en venant de Paris. Une partie de la jeunesse de l'ambassade m'accompagna jusqu'à deux lieues de Péra, car je fis le tour de Constantinople, que je me gardai bien de traverser. Je marque ici mes étapes, c'est-à-dire les endroits où nous changeâmes de chevaux, étapes que M. Jouannin m'avait indiquées : Kutchuch-Tchekmédjeli, 3 heures : Buiuk-Tchekmédjeli, 3 heures ; Bados, 3 heures ; Silivri, 3 heures ; Kinikli, 4 heures ; Bourgaz, 11 heures ; Kirk-Kilissia, 8 heures ; Faki, 12 heures ; Karlaval, 12 heures ; Schumla, 14 heures ; Lasgrad, 8 heures ; Routschouk, 12 heures ; Bucharest,

16 heures. En tout, 110 heures, ou environ 130 lieues de France. On voit qu'au retour je passai par Kirk-Kilissia (40 églises) et non par Andrinople, que je laissai à ma gauche.

Trois heures après notre départ, nous essuyâmes malheureusement une grosse pluie qui dura deux bonnes heures et qui me traversa de part en part. C'était un fâcheux début. Je me séchai au soleil qui reparut ; mais le soir, non-seulement je me trouvai fatigué, mais je me sentis pris d'un accès de fièvre assez violent. Aussi, à 10 heures, pendant que nous changions de chevaux sur le bord de la mer, je me décidai à me reposer et à dormir quelques heures. A cet effet, j'entrai dans un café, où il y avait déjà beaucoup de Turcs endormis, et où, enveloppé dans mon manteau, je me jetai sur un divan. Brisé par la fatigue et la fièvre, je m'endormis immédiatement. Mais bientôt réveillé par les morsures d'un essaim de puces, je fus obligé de quitter précipitamment cet affreux gîte, et, à minuit, je remontai à cheval. La lune brillait dans un ciel serein, la mer était calme, le flot battait doucement et régulièrement le rivage ; l'air était doux et vivifiant, et bientôt ma tête se dégagea, la fièvre disparut, les forces revinrent, et je me sentis mieux portant et plus dispos que jamais pour poursuivre mon voyage. Il m'était seulement resté de mon accès de fièvre une soif ardente que rien ne pouvait faire disparaître, quoique je m'arrêtasse à chaque fontaine et à chaque ruisseau pour boire à longs traits. Cette soif insupportable dura toute la journée, et ce ne fut que le soir que je parvins à l'étancher en pressant quelques citrons dans de l'eau que je bus avec délices. Quel tourment que la soif !

Nous traversâmes Kirk-Kilissia, qui est une grande ville, sans nous y arrêter que pour y changer de chevaux ; et, peu à près, nous pénétrâmes dans le Balkan. Le paysage était bien changé et bien embelli depuis deux mois : arbres, gazons, tout était vert ; les vallées que nous traversions étaient pleines d'ombre et de fraîcheur. Comme sur l'autre versant du Balkan, on arrive aux cimes les plus élevées par des pentes d'abord douces

et entrecoupées de plaines assez étendues, et il faut environ
douze heures pour les franchir. Au centre du Balkan, les
défilés sont d'un aspect très-sauvage et d'un accès difficile. Il
faut, non sans un véritable danger, franchir à gué de nombreux
torrents grossis au printemps par la fonte des neiges. Dans un
de ces passages, nous faillîmes nous noyer. Nos chevaux
perdirent pied au milieu d'un torrent des plus rapides, et nous
fûmes tous entraînés par le courant. Au moment où mon cheval
se mit à la nage, la rive qu'il s'efforçait d'atteindre parut
s'enfuir avec une telle rapidité, que je fus obligé de fermer les
yeux pour n'être pas pris de vertige et précipité à bas de mon
cheval. Grâce à sa vigueur, j'arrivai au bord sans savoir
comment, mais bien loin du lieu où nous étions entrés dans le
torrent. Gazon, le Tartare, le Sermdji, parvinrent également,
qui, plus près, qui, plus loin, heureusement à la rive ; mais le
cheval portant mes bagages étant tombé dans un trou n'avait
pu aborder. La tête seule du pauvre animal paraissait hors de
l'eau, et nous craignions à chaque instant de le voir disparaître
entraîné par le courant. Or, il portait tous nos bagages ; et, nous,
encore plongés dans l'eau glacée du torrent jusqu'au milieu du
corps, qu'allions-nous devenir, si nous ne pouvions rattraper nos
effets et changer de vêtements ? En outre, un de mes porte-
manteaux contenait trois châles de cachemire, d'une valeur de
quatre mille francs, que je rapportais en France. La situation
était fort critique, et j'eus un moment de grande angoisse. Il
nous fallait absolument de l'aide pour tirer notre pauvre cheval
de sa situation périlleuse, et nous étions au fond d'une gorge
profonde, loin de toute habitation. Pour appeler du secours,
mon Tartare déchargea ses deux pistolets en l'air, et, après un
court intervalle, m'engagea à en faire autant des miens. Le
bruit de ces armes à feu, répercuté dans les montagnes, devait
parvenir très-loin. Nous en attendions avec anxiété le résultat,
lorsque, sur le sommet de l'une des montagnes dont nous étions
environnés, je vis poindre la tête d'un pâtre bulgare, puis
deux, puis trois sur divers points, et regardant curieusement

le spectacle de notre détresse. C'était véritablement une scène d'opéra. Le bonnet rouge de notre Tartare, s'il eût été seul, les aurait certainement fait fuir, mais la vue de mon costume européen, les appels et les gestes suppliants de notre Sermdji, les décidèrent à descendre dans la vallée et à nous prêter secours. Ils se mirent bravement à l'eau et parvinrent à ramener notre cheval de bât au rivage. Fort heureusement, en prévision de la pluie, j'avais fait envelopper à Constantinople mes porte-manteaux d'une excellente toile cirée, de sorte que, malgré le séjour prolongé qu'ils venaient de faire dans l'eau, je trouvai mes châles et mes effets intacts, et je pus changer de vêtements avant de remonter à cheval. Je perdis seulement mon manteau, qui, négligemment attaché le matin sur le cheval de bât, avait été emporté par le courant. Il aura fait la joie et la fortune de quelque pauvre Bulgare. Nos pâtres remerciés et récompensés rejoignirent leurs troupeaux sur la crête des montagnes, et nous continuâmes notre voyage, heureux d'en être quittes à si bon compte. Il eût été vraiment triste d'être noyé à 20 ans, au milieu du Balkan et dans un torrent sans nom.

Nous fîmes une telle diligence, que nous arrivâmes à Bucharest en trois jours et trois nuits, et je ne me sentais point fatigué. Notre Tartare, nommé Fazy, dont j'eus d'ailleurs beaucoup à me louer, l'était davantage. C'était l'époque du Ramadan, temps de jeûne pour les Musulmans aussi longtemps que le soleil est sur l'horizon ; et Fazy avait observé ce jeûne dans toute sa rigueur, bien que les jours soient déjà longs au mois de mai. Aussi, au moment où le soleil disparaissait, et dans quelque lieu que nous nous trouvassions, Fazy arrêtait subitement notre caravane, et avant tout buvait de l'eau à longs traits, puis fumait sa pipe. Le besoin de manger ne se faisait sentir qu'ensuite, et il lui fallait souvent attendre longtemps encore avant de le satisfaire. Il avait soin de faire un second repas, avant le lever du soleil, ce qui n'était pas facile dans notre course si rapide. Ce carême musulman qui dure quarante jours, comme le nôtre, est véritablement bien dur, (surtout lorsqu'il tombe dans les longs jours), pour ceux qui vivent de leur travail quotidien et qui l'observent sans exception dans toute sa rigueur. Le mérite est grand et fait honneur à l'esprit religieux des Musulmans.

Nous traversâmes le Danube à Routschouck, comme la première fois ; mais notre voiture étant retournée à Bucharest, nous nous rendîmes de Giurgewo dans cette ville, suivant la manière de courir la poste en Valachie, c'est-à-dire dans de petits chariots en bois, à quatre roues, ne contenant chacun qu'une personne, très-bas, sans siège, et attelés de quatre chevaux, guère plus gros que des chiens, il est vrai. Comme il fallait un chariot pour porter nos bagages, c'était à la fois quatre voitures et seize chevaux à chaque relai, et quatre postillons, pour traîner trois personnes. Il faut dire que ce grand luxe ne coûte pas plus cher que deux chevaux et un postillon en France ou en Allemagne. Partis de Giurgewo, le soir, nous étions à Bucharest le lendemain matin, ayant fait la course de Constantinople jusqu'à cette ville, en quatre jours. Nous en avions mis sept en allant. Cette nuit (en chariots valaques) nous fut très-pénible, les chevaux allant comme le vent. Nous étions horriblement cahotés ; et, assis ou plutôt enterrés dans du foin, il fallait nous tenir accrochés des deux mains pour conserver notre équilibre et n'être pas jetés hors de la voiture dans les passages les plus difficiles. Il arrive fréquemment, dans cette course échevelée, qu'une pierre, une racine fait chavirer le chariot, jette le voyageur sur la route, sans que le postillon s'en aperçoive autrement que par les imprécations et les cris désespérés de la victime. L'aventure arriva à Fazy, qui, furieux, roua de coups son infortuné postillon.

Je ne restai à Bucharest que quelques heures, et j'en repartis le jour même après déjeuner, pour arriver le plus tôt possible au lazaret autrichien, près de la Tour-Rouge, où je devais faire une quarantaine dont j'ignorais la durée. La peste ne sévissant pas à Constantinople à mon départ, j'avais patente nette de la nonciature d'Autriche ; et, comme j'avais été recommandé par le prince de Metternich au baron de Schusteck, gouverneur de la Transylvanie, j'espérais que ma quarantaine serait courte. Après avoir traversé assez facilement, dans cette belle saison, les défilés des Carpathes, j'arrivai au lazaret le lendemain au soir de mon départ de Bucharest. Ce lazaret situé au fond d'une gorge profonde, sur le bord d'un torrent et dans une vallée extrêmement étroite, présentait un aspect triste et sauvage. Je n'y restai heureusement que trois jours que j'employai surtout à dormir, quoique, sous la surveillance de l'un des gardiens, je pusse faire quelques petites promenades sur les bords du torrent. A Hermannstadt, je fus remercier le baron de Schusteck d'avoir abrégé ma quarantaine, et sans m'arrêter autrement dans cette ville, je courus, jours et nuits, droit devant moi jusqu'à Vienne. Le prince de Metternich était alors à Milan au couronnement de l'Empereur, aussi bien que notre ambassadeur, le marquis de Caraman. Le Prince, en se rendant à Milan, avait passé par Paris, et· par une exception toute particulière il avait eu l'honneur de dîner avec le roi Charles X. Et c'est, alors que je sus par M. de Damas qu'il avait eu la bonté de parler de moi au Roi avec intérêt. Je déjeunai seulement à Vienne chez M. de Schwebel, notre chargé d'affaires, et je repris ma course vers Paris, où j'arrivai le dix-neuvième jour après mon départ de Constantinople, et en seize jours de route, défalcation faite des trois jours que j'avais passés en quarantaine. Jamais, je crois, courrier n'avait fait cette course aussi rapidement ; huit cents lieues en seize jours, et dans quel pays ! Arrivé à Paris, aux affaires étrangères, à sept heures du soir, je remis mes dépêches à M. de Damas, et j'étais si peu fatigué que je restai à causer avec ma mère jusqu'à minuit.

Mon retour à Paris eut lieu le 19 mai, si j'ai bonne mémoire. Le roi Charles X, très-populaire alors, était au moment de se rendre à Reims pour s'y faire sacrer. J'aurais pu, avec quelque instance auprès de M. de Damas, voir cette belle cérémonie, et avoir assisté ainsi dans ma vie au couronnement de trois souverains et à la dernière célébration d'un sacre pour nos Rois de France. Mais je me laissai arrêter par quelques difficultés de détail, entr'autres la crainte de n'avoir pas de place dans l'église. Je restai donc à Paris. Au retour du couronnement, il y eut un grand nombre de fêtes chez les ambassadeurs étrangers et chez les ministres du Roi, et je fus un des commissaires du grand bal donné par M. de Damas, auquel assista Mme la duchesse de Berry.

En revenant de Constantinople, je n'avais pas repris ma place au cabinet du ministre, d'après le conseil de M. Bourgeot qui m'avait pris décidément en affection. J'étais entré à la direction politique, au grand avantage de mon éducation diplomatique. Souvent M. Bourgeot me dictait des dépêches dont il se réservait la rédaction, et je me trouvai insensiblement initié aux négociations les plus importantes du moment. J'apprenais en même temps sous un si bon maître à apprécier toute la valeur des nuances du style diplomatique, sans préjudice de la précision et de la clarté qu'il exige. Avec moi, dans le même bureau, travaillaient M. Cintrat, depuis directeur des archives au ministère ; M. de Pontois, devenu ambassadeur, pair et comte, et resté mon ami ; M. de Vaubicourt, entré plus tard dans les consulats, et M. Letellier de Blanriez, musicien excellent, diplomate spirituel, mort consul général à Gènes, après avoir été un instant premier secrétaire d'ambassade à Londres, sous le prince de Talleyrand, après la révolution de 1830.

Au mois d'octobre, je demandai un congé pour aller voir ma grand'mère à Avignon. Je voulais aussi réunir les pièces nécessaires pour avoir part aux fonds de réserve de l'indemnité des émigrés, votée cette année par les Chambres. Nous nous étions trouvés dans une si fâcheuse catégorie que, bien qu'avant la révolution, la terre d'Eyragues rapportât vingt mille livres de rente, sans parler des droits féodaux, nous n'avions rien touché sur le fonds commun. C'est pour les émigrés ainsi maltraités qu'un fonds de réserve avait été stipulé, fonds qui ne se trouvant pas encore distribué au moment de la Révolution de 1830, fut confisqué par l'État. Je n'ai donc pas touché un sol de l'indemnité destinée aux émigrés, mesure d'ailleurs excellente à tous les points de vue, comme l'ont reconnu depuis les hommes politiques qui, par esprit de parti, s'y étaient opposés violemment en 1825.

De retour à Paris, après une courte absence, j'y passai l'hiver de 1825 à 1826, utilement et agréablement occupé à la direction politique, mais très-désireux d'obtenir, à l'étranger, un poste de secrétaire d'ambassade. Au mois de mars 1826, M. le comte de La Ferronnays, notre ambassadeur à Saint-Pétersbourg, ayant envoyé en courrier le comte Polydore de la Rochefoucauld, son troisième secrétaire d'ambassade, en demandant confidentiellement qu'on lui donnât un autre poste, cette occasion se présenta, et M. Bourgeot, dans son intérêt pour moi, la saisit en proposant à M. de Damas de m'envoyer à Saint-Pétersbourg, faire ad intérim les fonctions de troisième secrétaire. Je devais avoir le titre définitif, lorsque M. de la Rochefoucauld pourrait obtenir un autre poste. Je reçus donc l'ordre dans les premiers jours de mars de me tenir prêt à partir pour Saint-Pétersbourg. Cette destination était d'autant plus avantageuse que, depuis la mort de l'empereur Alexandre, au mois de décembre précédent, et l'insurrection qui en avait été la suite, l'attention de l'Europe était concentrée sur la cour de Saint-Pétersbourg et sur la politique que le nouvel empereur allait adopter dans les deux importantes questions qui occupaient alors les grandes puissances : l'insurrection des Grecs, et l'état si précaire des relations entre la Porte et la Russie. J'avais, en outre, la perspective d'assister au couronnement du nouvel Empereur, qui devait avoir lieu dans le courant de l'été, et j'étais appelé à servir sous un chef aussi distingué et habile, que bon et aimable pour ceux qui se trouvaient sous ses ordres. Je n'aurais donc pu désirer rien de mieux, et la fortune me conduisait pour ainsi dire par la main.

Je partis de Paris le 15 mars, chargé d'importantes dépêches pour M. de La Ferronnays, et, afin d'en rapporter promptement la réponse, j'étais accompagné d'un courrier de cabinet, nommé Saint-Romain, dont le fils avait été mon condisciple au collège de Versailles.

J'ai déjà dit, à propos de ma mission à Constantinople, l'année précédente, que le cabinet français, entraîné par l'opinion publique, penchait depuis quelque temps déjà pour une intervention des grandes puissances en faveur des Grecs insurgés ; que l'Autriche et l'Angleterre y étaient opposées ; que de son côté l'empereur Alexandre, sous l'influence du prince de Metternich qui lui représentait le danger qu'il y aurait à intervenir en faveur des Grecs, et à favoriser ainsi les idées révolutionnaires, était fort hésitant, et avait même consenti jusque là à s'en remettre aux bons offices des puissances pour obtenir de la Porte le redressement des griefs particuliers de la Russie. Sur ces bases, toute l'année 1825 s'était passée dans des négociations stériles, les Grecs continuant à lutter contre la Porte avec des phases diverses, et lord Strangford, ambassadeur d'Angleterre à Constantinople, trompant l'empereur Alexandre par de prétendues promesses de concessions de la part de la Porte, mais promesses dont il ne ressortait aucun effet. Ce diplomate, avec une audace sans pareille et pour gagner du temps, avait été jusqu'à supposer des notes de la Porte qui ne lui avaient jamais été remises. A l'époque de la mort de l'empereur Alexandre, toutes ces supercheries avaient été dévoilées, et le nouvel Empereur n'attendait que le retour de la belle saison pour demander, les armes à la main, les réparations que les négociations avaient été impuissantes à lui faire obtenir. D'un autre côté, la Porte, malgré de grands efforts, ayant échoué dans sa dernière campagne contre les Grecs, l'opinion publique dans toute l'Europe se montrait si ardente en leur faveur, qu'il devenait à peu près impossible aux grandes puissances de ne pas intervenir. C'est dans ces circonstances qu'un Empereur de 29 ans montait sur le trône de toutes les Russies, jeune, ardent, naturellement avide de gloire. Il était donc évident que sa politique serait toute différente de celle de son prédécesseur. L'Angleterre le comprit, et abandonnant celle qu'elle avait suivie jusque là, désavouant même les tristes manœuvres de lord Strangfort, elle prit promptement et habilement son parti ; et, sous prétexte de féliciter le nouvel Empereur, elle envoya, à Saint-Pétersbourg, le personnage le plus important du royaume, le duc de Wellington lui-même, avec de pleins pouvoirs pour conclure une convention relativement à la question Grecque. En liant ainsi la Russie dans une intervention commune, le cabinet anglais se flattait de l'empêcher de déclarer la guerre à la Porte pour le redressement de ses griefs particuliers. L'Angleterre se proposait aussi, en prenant l'initiative d'un projet d'intervention des puissances, entre la Porte et les Grecs, de rejeter la France au second plan, et d'empêcher un rapprochement plus intime entre les cours de Paris et de Saint-Pétersbourg, que des intérêts communs sollicitaient, et qui eût été fort populaire dans les deux pays. Ce rapprochement pouvait devenir d'autant plus facile, qu'à l'avénement inattendu du nouveau souverain de Russie, M. de La Ferronnays, très-lié depuis quelques années avec le grand-duc Nicolas, s'était trouvé dans des relations personnelles d'amitié et de confiance avec lui, ce qui faisait une position diplomatique toute particulière à la cour de Russie. Aussi, avait-il été tout de suite à même de renseigner son gouvernement d'une manière positive sur le caractère, la politique et les desseins du jeune Empereur.

En conséquence, j'apportais à notre ambassadeur des pleins pouvoirs pour traiter avec la Russie, (de concert avec l'Autriche et l'Angleterre ou sans leur concours), d'une convention en vue d'intervenir entre la Porte et la Grèce. Ordre m'était donné de faire diligence. J'ai dit que j'étais parti de Paris le 15 mars. Cette année 1826, le printemps avait été fort précoce, et, à mon départ, il y avait déjà de gros bourgeons aux maronniers des Tuileries. Mais j'allais vers le Nord, et je ne devais pas tarder à trouver l'hiver. Parti le 15 au soir, j'arrivai le 18 de grand matin à Francfort, où M. Reinhard, le doyen de notre diplomatie et qui avait été ministre des affaires étrangères à l'époque de la République, se trouvait alors ministre près de la Diète Germanique. M. Reinhard était profondément versé dans les affaires allemandes et le droit germanique, et j'avais lu avec beaucoup d'intérêt sa correspondance de 1816, sur les conditions du laborieux établissement de la confédération que les traités de 1815 avaient fondée. Je ne restai près de lui que le temps de lui remettre des dépêches, et je continuai ma course sur Berlin, où j'arrivai le cinquième jour. Je descendis directement chez notre ministre, le vicomte de Saint-Priest, que je connaissais, et dont la femme, fille du marquis de Caraman, avait été très-liée avec mon père et pleine de bonté pour moi à l'époque de sa mort. M. de Saint-Priest, émigré, rentré seulement en 1814, ayant servi jusqu'à cette époque avec deux de ses frères dans l'armée russe, était lieutenant-général, menin de M. le Dauphin, et avait été nommé deux ans auparavant ministre plénipotentiaire à Berlin. Au moment de l'avénement au trône de l'empereur Nicolas, il avait été envoyé à Saint-Pétersbourg, pour féliciter, au nom de la France, le nouveau souverain. On avait pensé que ses anciennes relations avec la Russie rendraient ce choix agréable à l'empereur Nicolas et lui permettraient de voir un peu clair dans les projets du nouveau souverain. Il avait rapporté en effet, à Paris, à son retour de Saint-Pétersbourg, des notions conformes à celles données par M. de La Ferronnays, et il n'était revenu à son poste que depuis quelques jours. M. de Saint-Priest, jeune encore, était d'un abord froid et réservé. Il était très-laborieux, avait pris sa nouvelle carrière fort à cœur, et ne pouvait manquer d'y réussir. Il me fit le meilleur accueil et parut s'intéresser vivement à moi. Mme de Saint-Priest, dont la vivacité contrastait avec le tempérament calme de son mari, me combla de témoignages de bienveillance. Je ne restai cependant à Berlin que vingt-quatre heures : le temps d'attendre les dépêches de M. de Saint-Priest pour M. de La Ferronnays.

Jusqu'à Kœnisberg, j'eus un temps assez doux, mais à partir de cette ville, je trouvai de la neige, et pour arriver à Memel, je traversai le Niémen sur la glace. J'avais franchi le passage, quelquefois si difficile, du Strand, par un beau clair de lune, en une seule nuit, une des roues de ma voiture baignant constamment dans la mer qui était d'un calme parfait. Ce voyage de nuit, sur les bords de la Baltique, m'est resté comme un souvenir doux et mélancolique, — De Riga à Saint-Pétersbourg, la neige couvrait entièrement la terre, et faisait ployer sous son poids les sapins des interminables forêts que nous traversions. Je me trouvais donc bien loin des bourgeons naissants des Tuileries. Le temps n'était pas froid, d'ailleurs, et on sentait que l'hiver était près de finir. Une nuit, celle qui précéda notre arrivée à Saint-Pétersbourg, j'aperçus au milieu de la forêt et au clair de lune, quantité de loups qui, assis au bord de la route, nous regardaient pacifiquement passer. Ils étaient de petite taille, et rentraient dans le bois à notre approche. Nos chevaux dressaient les oreilles, sans témoigner beaucoup d'inquiétude. Je les aurais pris pour des chiens errants, si, à la vue des premiers, notre postillon ne les avait signalés à notre attention. — Le jour de mon arrivée à Saint-Pétersbourg, je dînai, vers les midi, à un relai de poste avec la maîtresse du logis, qui était au moment de se mettre à table. Le repas fut court et peu substantiel. Nous avions aussi pour convives deux sous-officiers en garnison dans le village, je suppose, et hôtes habituels de la maison. Après le repas, les deux sous-officiers s'approchèrent de la maîtresse, et, suivant l'usage russe, après lui avoir fait un compliment, la baisèrent sur la bouche. Cet usage est général en Russie après le repas ; seulement, dans les classes élevées de la société, les convives se contentent de baiser la main de la maîtresse de la maison, qui, elle, se penche en avant et fait le simulacre de baiser le cavalier.

J'arrivai à Saint-Pétersbourg le 28 mars, à huit heures du soir, treize jours après mon départ de Paris, avec un repos de 24 heures à Berlin. J'étais plutôt étourdi que fatigué de cette course longue et rapide. En entrant dans la cour de l'ambassade, j'aperçus plusieurs voitures à quatre chevaux, et je crus que j'arrivais malencontreusement le jour ou l'ambassadeur recevait toute la cour, ignorant qu'à Saint-Pétersbourg, tout le monde va à quatre chevaux, et que ce serait l'attelage de ma voiture à moi, infime troisième secrétaire d'ambassade. Je fis prévenir M. de La Ferronnays de mon arrivée, et on m'introduisit dans son cabinet pour l'attendre. Son accueil fut cordial, sa belle et noble figure, son grand air, sa bonté me charmèrent au delà de toute expression. Petits ou grands, on ne pouvait connaître M. de La Ferronnays sans se sentir attiré vers lui par un attrait indéfinissable et auquel on ne résistait pas. Mme de La Ferronnays, à laquelle j'apportais des lettres de recommandation des Caraman et de Mme de Damas, dont le mari avait été fait Duc l'année précédente, au sacre du Roi, me reçut avec l'affabilité qui lui était naturelle. J'étais ravi d'une réception si bienveillante, je puis même dire si amicale.

M. de La Ferronnays lut avec un vif intérêt les dépêches que je lui apportais, et me dit que, s'il les avait reçues quelques jours plus tôt, elles lui auraient permis de conclure avec la Russie l'arrangement dont le duc de Wellington venait de prendre l'initiative, relativement aux affaires de Grèce. Cet arrangement fut signé, en effet, le deux avril, sous forme d'un protocole, entre l'Angleterre et la Russie, protocole qui admettait nettement le principe d'une intervention des puissances entre la Porte et les Grecs insurgés. L'Angleterre eût voulu que l'intervention se bornât aux deux puissances signataires du protocole, mais, sur les instances de M. de La Ferronnays, l'empereur de Russie ne se prêta pas à cette manœuvre, et le protocole resta ouvert aux puissances qui voudraient y adhérer. La Prusse, n'ayant aucun moyen d'action en Orient, n'avait jamais pensé à se mêler de la question grecque autrement que par des conseils; et, de son côté, l'Autriche, fidèle à la politique de non-intervention qu'elle avait toujours recommandée, refusa son adhésion au protocole, qui devint un peu plus tard un traité formel d'intervention, signé par l'Angleterre, la France et la Russie, et traité dont la célèbre bataille de Navarin, qui amena l'émancipation de la Grèce, fut l'acte le plus décisif.

En même temps que l'Empereur signait avec l'Angleterre un acte d'intervention relativement aux affaires grecques, il se décidait résolument et malgré les instances du duc de Wellington, à exiger de la Porte par un ultimatum la satisfaction des griefs particuliers que la Russie poursuivait en vain depuis plusieurs années, séparant ainsi nettement les deux questions, et refusant de consentir plus longtemps à une intervention étrangère quelconque dans son différend avec la Porte. Par cette énergique et prompte résolution, l'empereur Nicolas montrait qu'il saurait déployer dans les questions politiques étrangères une fermeté égale à celle dont il avait fait preuve, lors de la formidable insurrection qui avait éclaté à son avénement au trône. Cette insurrection, dont les causes furent d'abord racontées et jugées si diversement en Europe, j'en eus, sur place, au lieu même où elle s'était passée, et alors que les traces n'en étaient pas encore effacées, les détails les plus circonstanciés, les plus exacts et les plus authentiques. L'empereur Nicolas y déploya une fermeté, un courage et une énergie qui le montrèrent digne de porter la lourde couronne que des circonstances toutes particulières faisaient tomber inopinément sur son front. Voici les faits :

Lorsque la nouvelle inattendue de la mort de l'Empereur

(30 novembre 1825) arriva à Saint-Pétersbourg, le grand-duc Nicolas, quoique n'ignorant pas la renonciation à l'empire, que son frère aîné, le grand-duc Constantin, avait faite à l'époque de son mariage avec Krudzinska, fille d'un gentilhomme polonais, créée, à cette occasion, Princesse de Lowicz, ne s'en hâta pas moins de faire proclamer par le sénat son frère Empereur, et le fit reconnaître en cette qualité par les troupes en garnison à Saint-Pétersbourg. En même temps il envoyait à Varsovie, près du grand-duc Constantin, un de ses aides-de-camp de confiance, pour expliquer à son frère, que ne voulant point user des droits que lui assurait un acte de renonciation, qui n'avait peut-être pas été tout à fait volontaire, et qu'il pouvait d'ailleurs regretter, il l'avait fait proclamer Empereur par le sénat et l'armée. De son côté, le grand-duc Constantin, à la nouvelle de la mort de son frère Alexandre, s'était empressé de faire partir pour Saint-Pétersbourg un de ses aides-de camp, afin de féliciter Nicolas de son avénement au trône, ne doutant pas qu'en vertu de la renonciation qu'il avait faite, son frère n'eût été reconnu Empereur. L'aide-de-camp du grand-duc Nicolas fut fort mal reçu par le grand-duc Constantin qui se montra irrité qu'on eût pu supposer qu'il reviendrait sur un engagement solennellement et volontairement pris par lui envers l'empereur Alexandre. De son côté, en recevant le message et les félicitations de son frère Constantin; le grand-duc Nicolas se trouva fort embarrassé et il voulut attendre, pour se faire reconnaître Empereur lui-même, que Constantin renouvelât formellement sa renonciation, afin qu'il ne pût rester l'ombre d'un doute sur la sincérité et la liberté de sa détermination. Cette conduite avait ses dangers, comme l'événement l'a prouvé; mais elle était dictée par un rare désintéressement, si rare même, qu'en Russie et dans toute l'Europe, on ne voulut pas d'abord y ajouter foi. Le grand-duc Michel, frère cadet du grand-duc Nicolas, tout à fait désintéressé dans la question fut alors envoyé à Varsovie pour connaître les dernières et décisives résolutions du grand-duc

Constantin. Il en revint apportant une nouvelle et formelle renonciation à l'Empire.

Cependant peu de personnes, à Pétersbourg, connaissaient la généreuse lutte qui avait lieu entre les deux frères. L'opinion publique s'étonnait, s'inquiétait même de ne pas voir, dans cette grave circonstance, le grand-duc Constantin accourir lui-même à la cour impériale. Déjà des bruits de nature différente circulaient dans le peuple et dans l'armée; et une agitation assez générale commençait à se manifester.

En dehors de ces causes connues de tous, cette agitation en avait d'autres à demi-cachées. Profitant en effet et avec habileté de la crise présente due à l'interrègne qui réellement existait dans l'empire russe, plusieurs personnes, dont quelques-unes haut placées, avaient, depuis un certain temps et sur des bases considérables, organisé une conspiration s'étendant de Saint-Pétersbourg jusque dans les provinces.

Le but des conjurés était mal défini; mais ils ne reculaient pas devant l'idée même d'un changement de dynastie, si cela était nécessaire. D'autre part, s'il y avait entr'eux accord parfait pour renverser le gouvernement, les conspirateurs étaient fort divisés sur ce qu'il conviendrait d'édifier à la place. Les uns, c'étaient ceux qui faisaient partie de la noblesse, désiraient un gouvernement aristocratique, concentré entre les mains de quelques familles principales; d'autres rêvaient une république fédérative entre les diverses provinces de ce vaste pays; enfin, le plus grand nombre ne recherchait, dans une révolution, que le pouvoir et la fortune, ce qui est le principal but des révolutionnaires de tous les pays et de tous les temps. Quoi qu'il en soit, les conjurés jugèrent que les circonstances ne pourraient jamais être plus favorables à leurs desseins, et ils se décidèrent à agir et à tenter une révolution.

En conséquence, tirant avantage des sentiments de fidélité du peuple et du soldat russe, s'adressant principalement aux soldats du régiment du grand-duc Constantin, ils répandirent activement le bruit, si même ils n'en furent pas les inventeurs, qu'un complot s'ourdissait dans la famille impériale pour faire monter sur le trône le grand-duc Nicolas, au mépris des droits de son frère. Aussi, après le retour du grand-duc Michel et la renonciation nouvelle et définitive du grand-duc Constantin; au moment même où Nicolas, déjà proclamé Empereur par le Sénat, avait réuni les troupes de la garnison de Saint-Péters-bourg pour les passer en revue et être acclamé par elles, on vint en hâte lui apprendre qu'à peine réunis, une partie des soldats se mutinaient aux cris de : Vive Constantin. Dans ce moment, l'Empereur recevait au palais, ainsi que l'Impératrice, les félicitations et l'hommage de toute la cour. Abrégeant aussitôt la cérémonie, il monta à cheval et se porta devant les troupes pour les détromper de leur erreur et leur imposer par sa présence. Il ignorait, alors, qu'il y eût une conspiration ourdie contre l'État, en dehors de cette manifestation tumul-tueuse, en faveur des droits de son frère Constantin qu'on croyait méconnus. Accompagné du régiment des chevaliers-gardes, de son régiment d'infanterie à lui et de quelques batteries d'artillerie qui se rangèrent derrière les chevaliers-gardes, le grand-duc Nicolas, qui croyait n'avoir affaire qu'à un sentiment erroné mais excusable de fidélité au grand-duc Constantin, se présenta seul devant le front des soldats mutinés et les haran-gua d'une voix forte et mâle, pour les faire rentrer dans le devoir. A sa vue, et touchée de sa noble fermeté, la troupe resta un moment indécise; mais bientôt excitée par les officiers faisant partie de la conjuration, et dont l'un, quelques instants avant l'arrivée de l'Empereur, avait déjà tué d'un coup de pistolet le général Milorawitch, pendant qu'il s'effor-çait d'apaiser le tumulte, la troupe, dis-je, recommença avec plus de force que jamais à crier : Vive Constantin !

En présence de ces clameurs furieuses, les officiers généraux qui avaient accompagné leur nouveau souverain, l'entourèrent et l'emmenèrent au milieu des chevaliers-gardes, rangés en bataille en face des révoltés. L'Empereur, n'ayant pu les convaincre, donna résolûment l'ordre de les attaquer. Alors les chevaliers-gardes ouvrirent leurs rangs, et démasquèrent l'artillerie qui, immédiatement tira plusieurs coups à mitraille sur cette foule pressée et compacte de soldats en révolte. Ceux-ci ripostèrent par une vive fusillade à laquelle l'Empereur resta entièrement exposé ; mais une charge des chevaliers-gardes, faite avec entrain, les mit en déroute, et bientôt les deux rues latérales au Sénat, et la Néva, couverte de glace en cette saison, furent remplies de fuyards que l'on ne poursuivit pas. Quelques officiers conjurés qui s'étaient plus exposés que les autres sont tués dans le combat, et la conspiration elle-même est dévoilée à l'Empereur par un de ses chefs principaux qui, dans la soirée même, pour racheter sa vie, fait connaître le nom de ses complices, lesquels ignorant cette trahison sont arrêtés la nuit suivante.

L'Empereur avait quitté toute la cour réunie au palais, pour marcher contre les rebelles. On peut s'imaginer quelles mortelles alarmes éprouvèrent l'Impératrice-mère, l'impératrice Alexandra et toutes les Princesses réunies et entourées des dames de la cour et du petit nombre des courtisans qui n'étaient pas militaires, lorsque les premiers coups de canon et la fusillade se firent entendre. A l'exemple de l'Impératrice-mère, les Princesses et toutes les femmes en grande toilette, pressées autour d'elle, se jetèrent à genoux d'un mouvement unanime pour implorer la protection de Dieu. L'Impératrice régnante, dans tout l'éclat de sa jeunesse et de sa beauté, pâle d'effroi et de douleur, succombant sous le poids de la magnificence des diamants et de la couronne dont elle était parée pour la première fois, était entourée de ses jeunes enfants qu'elle pressait convulsivement dans ses bras. L'Impératrice-mère, la veuve de l'infortuné Paul, non moins émue, mais plus habituée aux catastrophes politiques, se montrait calme, imposante, et soutenait le courage de sa belle-fille, en cherchant à lui inspirer une confiance qu'elle n'avait peut-être pas elle-même. On ne peut imaginer une scène à la fois plus touchante, plus grande, plus instructive ; elle eût été digne de la plume de Bossuet. Tant de grandeur, tant de puissance, à la merci d'un mousquet de soldat, dont la balle dirigée au hasard eût pu frapper l'empereur Nicolas, et mettre fin à un règne qui ne datait que du jour même ! Les minutes s'écoulent lentement dans de pareilles angoisses.

Mais le bruit du canon et de la fusillade a cessé ; un silence morne et profond lui succède. Bientôt des cris confus, tumultueux, se font entendre au loin et se rapprochent rapidement. Sont-ce les révoltés triomphants qui viennent livrer assaut au palais ? Non, c'est le jeune Empereur, vainqueur, entouré de ses généraux, qui accourt rassurer sa mère et sa femme, et qui se jette tout ému dans leurs bras. Cette terrible journée fit une telle impression sur l'impératrice Alexandra que, depuis, sa santé en est toujours restée altérée, et que, pendant plusieurs années, elle se trouvait subitement mal plusieurs fois par jour.

Le lendemain ou le surlendemain de ces terribles événements, le corps diplomatique fut admis pour la première fois à présenter ses hommages au nouvel Empereur. Le Czar expliqua brièvement comment les choses s'étaient passées entre son frère Constantin et lui, parla de la conspiration qui venait d'être entièrement découverte, et de sa ferme volonté d'en faire rechercher et punir tous les complices. Puis, après l'audience, s'approchant de M. de La Ferronnays, il lui dit : « Restez, mon cher Comte ; je serai bien aise de causer avec vous. » On peut juger de l'effet produit dans le corps diplomatique par ce témoignage de faveur toute particulière accordée à l'ambassadeur de France. Resté seul avec M. de La Ferronnays l'Empereur se jeta en pleurant dans ses bras et lui dit : « J'ai voulu, mon cher Comte, m'épancher dans le sein d'un ami et soulager mon cœur après tant d'événements et d'émotions accumulées en si peu de jours. Ce n'est pas à l'ambassadeur de France que je parle aujourd'hui, c'est à mon ami, le comte de La Ferronnays, à l'homme que j'aime et que j'estime le plus et en qui j'ai toute confiance. » Puis, il entra dans le détail de tout ce qui s'était passé entre lui et le grand-duc Constantin, des motifs qui avaient guidé sa conduite, et de sa ferme résolution, puisque la Providence avait voulu qu'il fût appelé à l'Empire, d'en remplir avec assiduité et courage les pesants devoirs. « Je ne vous parlerai pas aujourd'hui de politique étrangère, mon cher ambassadeur, ajouta-t-il, parce que je ne m'en suis pas occupé jusqu'à présent ; mais je serai modéré, comme mon frère Alexandre, je ne prendrai aucune détermination sans en prévenir loyalement mes alliés ; et, en toutes circonstances, je serai particulièrement heureux de m'entendre avec la France. Pour éviter, d'ailleurs, tout malentendu entre nous, je vous autorise, je vous prie même, de vous adresser directement à moi toutes les fois que vous le jugerez nécessaire. »

M. de La Ferronnays s'empressa de mander à sa Cour la distinction flatteuse dont il avait été l'objet de la part du nouvel Empereur. Elle fut signalée aussi, avec un grand sentiment de jalousie, à toutes les autres Cours par leurs représentants à Saint-Pétersbourg, et ne fut certainement pas étrangère à la mission du duc de Wellington. M. de La Ferronays, malgré les assurances de modération que l'Empereur lui avait données, ne laissa pas ignorer au gouvernement du Roi qu'il ne fallait pas douter que sa politique étrangère ne prît des allures tout autrement décidées que celle de l'empereur Alexandre ; et, en vue du nouvel état de choses, il sollicitait des instructions qui lui permissent d'établir, s'il y avait lieu, un concert entre la France et la Russie pour une politique d'intervention efficace en faveur des Grecs insurgés.

Je lui apportais précisément des instructions conformes à ce désir ; mais le cabinet anglais avait pris les devants, et, comme la Russie sentait bien que, sans l'Angleterre, toute intervention en faveur des Grecs devait être inefficace, elle s'était empressée d'accepter le concert offert par cette puissance, sans attendre que M. de La Ferronnays fût en mesure d'y prendre part. Mais ces instructions permettaient du moins à l'ambassadeur de France d'accéder au protocole signé entre le duc de Wellington et M. de Nesselrode. Ce protocole, sur la demande formelle de l'Empereur, était resté ouvert aux autres puissances comme je l'ai dit plus haut.

J'ai parlé de la bonne réception que m'avait faite M. de La Ferronnays à mon arrivée à Saint-Pétersbourg. Installé dans un confortable appartement qui se composait de plusieurs pièces, j'eus à ma disposition, de moitié avec M. de Pontcarré, second secrétaire de l'ambassade, une voiture à quatre chevaux pour courir la ville et la campagne. Je pris un domestique, que je fis habiller en chasseur, comme les membres du corps diplomatique en ont le privilège, et, certes, la première fois que je sortis dans ma voiture ainsi attelée et équipée, je regrettais de ne pas me voir passer. C'est le gouvernement qui paie le loyer des deux voitures, destinée au service des secrétaires de l'ambassade ; une, pour le premier ; l'autre, pour le second et le troisième réunis. Cette dépense est d'ailleurs justifiée dans un pays où le climat ne permet pas d'aller à pied huit mois de l'année. En me voyant à 21 ans dans une situation si honorable et si agréable, ayant déjà franchi les premiers échelons ordinairement difficiles d'une carrière qui pouvait me mener aux plus hauts et aux plus importants emplois, je pensais presque chaque jour à mon père, à la joie qu'il en éprouverait ; et mon bonheur était bien troublé par la pensée qu'il ne pouvait en être l'heureux témoin. Je me rappelais avec émotion les conversations que nous avions eues si souvent ensemble, à Eyragues, sur mon avenir qui se trouvait incertain, lorsque la maladie m'avait empêché d'entrer à Saint-Cyr ; et je pensais, non sans amertume mais avec un profond attendrissement, que c'était au prix de sa vie que mon père m'avait ouvert la carrière où je faisais de brillants débuts.

On ne pouvait servir sous un chef plus aimable que M. de La Ferronnays, ni vivre dans un intérieur plus charmant que le sien, et je conçus pour lui un attachement tout à fait filial.

D'un port plein de noblesse et de grâce, doué des manières les plus séduisantes, M. de La Ferronnays parlait et écrivait avec abondance et facilité. Spirituel, désintéressé, généreux, magnifique même ; sachant supporter aussi bien la bonne fortune que la mauvaise, il avait dans le cœur et dans l'esprit des sentiments si élevés, si chevaleresques, qu'on se sentait invinciblement attiré vers lui par un attrait, dont il était impossible de se défendre. Ses collègues, par conséquent ses rivaux, subissaient eux-mêmes le charme, et le grand-duc Nicolas, plus qu'aucun autre membre de la famille impériale, en avait éprouvé l'invincible influence. La mémoire de M. de La Ferronnays était prodigieuse, et il pouvait rendre compte avec la dernière exactitude des plus longues conversations qu'il avait avec l'Empereur. Emigré, rentré seulement en France avec M. le duc de Berry, dont, je crois, il était resté l'aide-de-camp jusqu'en 1817, M. de La Ferronnays avait des opinions tout à fait constitutionnelles, et aurait sauvé le gouvernement de la Restauration, si ses conseils, comme ambassadeur et comme ministre, eussent été toujours écoutés. Entré dans la carrière diplomatique sous le patronage du duc de Richelieu, il fut envoyé d'abord à Copenhague, puis bientôt après ambassadeur à Saint-Pétersbourg, où il développa tout aussitôt une capacité et des talents qu'il n'aurait jamais eu l'occasion de montrer, s'il fût resté un simple courtisan. Mme de La Ferronnays, profondément dévouée à son mari qu'elle adorait, était parfaite de bonté et de bonne grâce. Sa fille aînée, Mlle Pauline, était la jeune fille la plus spirituelle, la plus aimable, la plus vive, la plus attachante qu'il fût possible de rencontrer. Elle a tenu tout ce que tant de rares qualités promettaient, et est devenue une des femmes les plus distinguées de notre époque. Mlle Eugénie de La Ferronnays, qui a laissé après une vie bien courte, le souvenir d'une âme angélique n'était alors qu'une charmante enfant. Albert de La Ferronnays, dont une récente publication de sa sœur, Mme Craven, a fait connaître les rares et attachantes qualités, se trouvait alors au collége à Paris ; et Charles, le fils aîné, sorti des Pages et sous-lieutenant de cavalerie, était à son régiment. Les autres enfants de M. de La Ferronnays, car il en avait beaucoup, étaient encore en bas âge.

M. de Fontenay, le premier secrétaire de l'ambassade, était un homme spirituel et gai, mais un peu superficiel. Il est devenu ministre à Stuttgard, où il est resté un grand nombre d'années. Le secrétaire d'ambassade, M. Camus de Pontcarré, d'une famille parlementaire célèbre, après avoir servi dans l'armée, était devenu diplomate. Il n'a point fait de carrière. Dans le corps diplomatique, je ne citerai que le prince Félix de Schwartzemberg, brillant officier de uhlans, alors simple attaché à l'ambassade d'Autriche, parce qu'il a joué un rôle bien important dans son pays et dans les circonstances les plus graves. C'était alors un jeune homme très-aimable, spirituel, joli garçon, avec des manières de fort grand seigneur, sans morgue, et bon camarade. Il fréquentait beaucoup l'ambassade de France, il me prit en amitié et je me liai assez intimement avec lui.

J'eus bientôt fait connaissance avec la société de Saint-Pétersbourg, en grand deuil de l'Empereur Alexandre, et que les tristes événements qui avaient suivi sa mort rendaient pour le moment fort sérieuse. Point de bals, pas même de grandes réunions ni chez les Russes, ni dans le corps diplomatique. Je voyais fréquemment la famille du comte de Modène, du comte Bobrinski, etc..... Le comte de Modène, ancien émigré, entré au service de Russie, et grand-maître de la maison de l'Impératrice était d'Avignon, et avait connu autrefois ma grand'mère. Cette circonstance m'avait valu de sa part un accueil empressé. Les Bobrinski composaient un jeune ménage fort aimable, où nous allions souvent et familièrement passer la soirée et souper ; le mari servait dans les chevaliers-gardes.

A l'époque de mon départ de Paris, il était déjà fort question de nommer un ambassadeur extraordinaire pour assister au couronnement de l'empereur Nicolas. Le choix du Roi se fixa sur le maréchal duc de Raguse, auquel on donna une vingtaine d'attachés, officiers de tous grades et pris dans les familles les plus distinguées de la cour et les plus aristocratiques. On décida en même temps qu'en attendant l'époque du couronnement, le Maréchal viendrait passer quelque temps à Saint-Pétersbourg pour faire sa cour à l'Empereur et y former des liaisons avec les principaux officiers généraux russes, au moyen d'une large et somptueuse hospitalité. Cette généreuse hospitalité ne devait durer que six semaines environ; mais la mort de l'impératrice Elisabeth, la veuve d'Alexandre, ayant forcément retardé l'époque du couronnement, le Maréchal se trouva un peu embarassé pour soutenir le grand état de maison sur lequel il avait établi son ambassade, et dont les frais finirent par s'élever au chiffre de six cent mille francs. L'empereur Napoléon donnait, il est vrai, douze cent mille francs de traitement par an à son ambassadeur à Saint-Pétersbourg, le duc de Vicence.

L'ambassade du Maréchal se composait du général Danrémont, son ancien aide-de-camp, tué depuis sous les murs de Constantine, en 1837; du colonel marquis de Castries; du colonel marquis de Faudoas; du comte Alfred de Damas, frère du ministre, et chef d'escadron aux grenadiers de la garde; du marquis de Vogué, sous-lieutenant, petit fils de la duchesse Charles de Damas; du marquis de Croix; du comte Henri de Biron; du marquis de Maillé; de Charles de La Ferronnays, tous sous-lieutenants; et du marquis de Villefranche, capitaine de cavalerie. Le Maréchal avait en outre trois aides-de-camp, parmi lesquels M. de Larue, qu'il affectionnait beaucoup, et qui est devenu lieutenant-général et sénateur. Presque tous les corps et uniformes de l'armée française se trouvaient ainsi représentés. J'oublie un de nos officiers les plus brillants, le comte Victor de Caraman, fils aîné de notre ambassadeur à Vienne, et colonel du régiment d'artillerie à cheval de la garde, certainement le plus beau régiment de France. Il est mort du choléra sous les murs de

Constantine en 1837. C'était un des officiers les plus distingués de l'armée, un homme doué des qualités les plus rares et les plus attachantes. De tout temps il avait été très-lié avec mon père.

Peu de jours après mon arrivée à Saint-Pétersbourg, eut lieu la fête de Pâques, la plus grande fête de l'Eglise grecque, celle qu'ils célèbrent avec le plus de pompe et de magnificence. A minuit, la forteresse située sur la rive gauche de la Néva, précisément en face des fenêtres de l'ambassade de France, tira cent un coups de canon, pour annoncer le Saint-Jour. Dans ce moment et dans chaque famille réunie, on s'embrasse, on se félicite, on se donne des présents et on fait le réveillon pour se dédommager de l'abstinence très-rigoureuse de la Semaine-Sainte. Au jour, toute la population est dans les rues, grands seigneurs et moujicks, en habits de fête ; les visages rayonnent de joie, on s'accoste, on s'embrasse sans se connaître, en disant : « Le Christ est ressuscité. » C'est à la fois un grand et touchant spectacle.

Le lundi de Pâques, il y eut grande réception à la cour, et j'eus l'honneur d'être présenté à l'Empereur, aux Impératrices et aux autres membres de la famille impériale. La belle et imposante figure de l'Empereur, sa taille élevée, son maintien noble et fier me frappèrent beaucoup. C'était, à vrai dire, l'homme le plus beau de la cour. En rendant compte à la duchesse Charles de Damas de mes impressions, je lui fis part de mon admiration pour le jeune et nouvel Empereur, et, comme toutes les lettres, celles des étrangers surtout, sont lues par la police à Saint-Pétersbourg, on me sut gré de cet enthousiasme, et cela me mit bien en cour, sans que je m'en doutasse. L'Impératrice régnante, à laquelle j'eus l'honneur de baiser la main, ne me charma pas moins par sa beauté, sa grâce, sa taille noble et élégante, et l'air de souffrance et de mélancolie dont les derniers événements avaient laissé l'empreinte sur son charmant visage. La grande-duchesse Hélène, épouse du grand-duc Michel, était plus belle encore que l'Impératrice, mais elle avait moins de distinction et de dignité. Elle faisait beaucoup de frais pour plaire et possédait une instruction aussi variée qu'étendue, dont elle aimait à faire preuve dans l'occasion avec les étrangers. Quant à l'Impératrice-mère, on ne pouvait voir une femme d'un aspect plus imposant et plus grave. Le grand-duc Michel affectait les manières d'un soldat, dont il avait d'ailleurs les qualités et la discipline, au point de donner au maréchal Marmont le titre de Monseigneur, et, lorsqu'il se trouvait en sa présence, de se placer vis-à-vis de lui dans l'attitude d'un subordonné. En somme, il était impossible de voir une famille souveraine plus remarquable et plus distinguée que celle de Russie à cette époque, et dont les mœurs fussent plus pures, l'union plus cordiale et plus complète.

L'Empereur actif, laborieux, instruit, plein de la grandeur du rôle qu'il était appelé à jouer, sans en paraître alors enivré, se montrait disposé à réformer les abus de tout genre de l'administration russe, surtout sa vénalité, cette plaie si ancienne et si profonde, dont il avait pu sonder l'étendue, lorsqu'il n'était que Grand-Duc. Il eut, à ce sujet, plusieurs conversations très-intéressantes avec M. de La Ferronnays ; dans une entr'autres, mesurant la difficulté de sa tâche, il alla jusqu'à lui dire : « Je cherche autour de moi un homme qui m'inspire une confiance absolue, et sur lequel je puisse m'appuyer pour entreprendre avec son concours de régénérer l'administration de mon Empire. » Cette tâche se trouva au-dessus de ses forces, tant le mal était général, profond, invétéré ; et il s'en laissa distraire par les soins de la politique étrangère qui lui promettait des résultats plus prompts, des succès plus faciles et plus éclatants. Aucun pays, pas même la Turquie, ne présentait alors des exemples plus incroyables de malversation, que ceux donnés par les employés russes. Ainsi, plus tard, à Copenhague, j'ai vu les capitaines de navire russes, au retour d'une croisière de quelques semaines dans la mer du Nord, vendre publiquement les mâts et cordages de rechange qui se trouvaient à bord, pendant que les simples matelots vendaient leurs propres vêtements et tous les petits engins qui leur tombaient sous la main. L'Empereur ayant appris que l'arsenal de Cronstadt était particulièrement le théâtre des malversations les plus étendues et les plus audacieuses, avait ordonné, peu de temps après son avénement au trône, une inspection générale du matériel de cet important établissement. Pour échapper au résultat de cette enquête, les autorités n'hésitèrent pas à mettre le feu à l'arsenal et à causer ainsi un immense préjudice à l'Etat. Il fallut se borner, faute de preuves matérielles, à destituer le commandant, quelques employés, et à les remplacer par des hommes qui ne furent pas certainement plus probes que leurs prédécesseurs. Quel remède efficace à apporter à un état de choses, où, de tout temps et dans toutes les branches de l'administration, les employés ne peuvent vivre, même les plus modestes dans leurs désirs et leurs prétentions, que par la corruption et les moyens illicites ?

J'ai dit que le maréchal duc de Raguse était chargé de représenter la France au couronnement de l'empereur Nicolas. L'Angleterre désigna le duc de Devonshire ; la Suède, le vieux maréchal de Steding, qui avait déjà assisté au couronnement de l'empereur Paul ; l'Autriche, le prince régnant de Hesse-Hombourg, général en chef à son service et cousin de l'impératrice Alexandra ; quant à la Prusse, elle envoya pour assister au couronnement le prince Charles, propre frère de l'Impératrice. C'était un jeune homme un peu brusque dans ses manières, gai et plein d'entrain. Il aimait à jouer aux barres, et j'ai eu l'honneur de faire sa partie plusieurs fois à Saint-Pétersbourg et à Moscou. Le duc de San-Carlos, un des plus grands seigneurs de son pays, représentait l'Espagne. Il était absolument constellé de décorations tant espagnoles qu'étrangères. Toutes les petites cours de l'Europe avaient aussi leurs envoyés, mais j'ai oublié leurs noms.

On peut juger de combien de membres se composait le corps

diplomatique, tant en ambassadeurs qu'en ministres extraordinaires et ordinaires, en y comprenant leurs secrétaires et attachés. C'était une véritable légion qu'il devenait très-difficile de placer convenablement dans les cérémonies officielles. A l'exception du duc de Raguse, aucun des ambassadeurs extraordinaires ne tint maison à Saint-Pétersbourg ; et, même à Moscou, où devait avoir lieu le couronnement du Czar, le duc de Devonshire seul eut une grande représentation et donna une belle fête. Par le fait la Prusse ne se trouvait point représentée, et le prince. de Hesse-Hombourg, en sa qualité de prince régnant et de parent de l'Impératrice, ne prit pas le caractère d'ambassadeur. Quant à M. de La Ferronnays, il fut placé avec les Princes de la famille impériale dans les cérémonies publiques. Il devait nécessairement s'effacer et laisser à l'ambassadeur extraordinaire du Roi le soin de représenter avec éclat son souverain dans cette occasion exceptionnelle. Dès le mois de mai, M. de Pontcarré avait été envoyé à Moscou, afin d'y choisir deux hôtels, celui du duc de Raguse, assez vaste pour y donner de grandes fêtes ; un autre plus modeste pour M. de La Ferronnays. Celui-ci était situé à une des extrémités de cette grande cité, et il fallait trois quarts-d'heure en voiture pour se rendre au Kremlin. Le palais du duc de Raguse était au contraire au centre de la ville.

Quand vinrent les longs et beaux jours, la cérémonie du sacre ayant été retardée, l'aristocratie russe quitta Saint-Pétersbourg, comme de coutume pour s'établir aux îles d'Yelagin et de Kamniostroff, dans de charmantes maisons de campagne. Chaque jour, nous allions là passer nos soirées tantôt chez l'un, tantôt chez l'autre. On se promenait en bateau sur la Néva. On dansait, on soupait, on jouait, et, en dépit d'un reste de deuil, la gaieté la plus vive présidait à ces réunions. Les nuits du Nord, sans obscurité, lorsque la saison est belle, comme c'était le cas cette année-là, ont un charme tout particulier. On peut lire en plein air jusqu'à onze heures : et dès une heure du matin le soleil reparaît à l'horizon. Comme je l'ai dit, l'ambassade de France était située sur la Néva, juste en face de la citadelle bâtie sur la rive droite du fleuve, et du milieu de laquelle la flèche aigüe d'une église s'élance dans les airs. A onze heures du soir, le soleil disparaissait à gauche de la flèche, et, avant une heure du matin, il reparaissait radieux du côté droit. Ces deux heures étaient remplies par un crépuscule qui ne laissait aucune place à l'obscurité. C'est surtout au retour des îles, pendant ces nuits si lumineuses, que cette belle et grande ville de Saint-Pétersbourg m'a paru présenter un caractère de grandeur tout à fait particulier.

Enfin le moment, impatiemment attendu, de partir pour Moscou arriva. Je fis le voyage avec Pontcarré dans la même voiture et en compagnie du prince Félix Schwarzenberg. C'était, on le conçoit, une bien grosse besogne que de faire transporter tant de personnages à Moscou et de réunir, à chaque poste, pour le service, un nombre de chevaux assez considérable. Aussi, devait-on partir à jour et à heure fixes, suivant un numéro d'ordre délivré d'avance et portant le nombre de chevaux qu'on avait le droit d'exiger. La plus modeste voiture, en Russie, en comporte quatre. C'est pourquoi l'on avait rassemblé cinquante chevaux à chaque relai avec le nombre de paysans nécessaires pour les conduire, tous, bêtes et gens, bivouaquant en pleine air, et bientôt rendus de fatigue, tant était pénible le service auquel ils furent astreints. A chaque relai, l'ordre était maintenu dans cette cohue par des agents de police, à grands renforts de coups de fouet, sans que cette rude méthode parvînt à lasser la patience et la résignation des moujicks qu'une chaleur réellement tropicale achevait d'exténuer. Jamais, je crois, je n'ai plus souffert de la chaleur que dans le voyage de Saint-Pétersbourg à Moscou, voyage que nous fîmes d'une traite en soixante heures, bien que la distance soit d'environ deux cents lieues. Ce soleil ardent qui restait vingt heures sur l'horizon, le sol sablonneux qui en répercutait les rayons, nous causaient des souffrances intolérables.

Moscou me fit une vive impression. C'est, à mon avis, la ville la plus curieuse à voir en Europe ; car elle ne ressemble à aucune autre. Son étendue immense, ses vastes palais d'une architecture si originale, dispersés çà et là sans ordre, sans symétrie et entrecoupés de vastes jardins ; ses nombreuses églises, écrasées de coupoles de toutes nuances, souvent dorées ; son bazar, le Kremlin avec ses hautes murailles crénelées, renfermant toute une ville d'un autre âge avec des églises, des palais, des casernes, lui donnent un caractère saisissant, et dont on ne peut se faire une idée sans l'avoir vue. C'est une ville bien plus asiatique qu'européenne ; elle est essentiellement *Tartare*. Les mœurs des habitants de toutes les classes, leur luxe, leurs goûts, tout est asiatique.

L'ambassade d'Autriche abandonnée par son chef, le prince de Hesse-Hombourg, et dont lesattachés étaient nombreux et représentaient les premières familles de l'Empire, était logée dans un palais, dont un étage tout entier offrait l'image d'un jardin aux fleurs de toutes couleurs. Au centre, un vaste salon, et, des deux côtés, un grand nombre de chambres sans porte, figurant des buissons de roses, du sein desquels on voyait apparaître de temps à autre le prince Félix Schwarzenberg, son cousin le prince Edmond, capitaine de cuirassiers, le comte Giulay, le prince François Lichteinstein, le comte Stadion et autres, lorsque nous allions leur faire visite, ce qui nous arrivait chaque jour. C'étaient tous de charmants jeunes gens, distingués, bien élevés, sans morgue, et qui pour la plupart sont devenus célèbres, particulièrement Félix Schwarzenberg et Giulay qui commandait en chef l'armée autrichienne dans la campagne de 1859. Le groupe des attachés de l'ambassade d'Angleterre offrait aussi des hommes de haute naissance. C'étaient lord Cavendish, neveu et héritier du duc de Devonshire, lord Morpeth, lord Grosvenor, second fils de l'opulent marquis de Westminster ; mais j'étais beaucoup moins lié avec eux.

J'ai parlé du bazar de Moscou. Situé près des murs du

Kremlin, il est très-vaste et contient des marchandises de toutes les espèces et de toutes provenances. Il n'y a de boutiques nulle part ailleurs. Ce bazar est animé, bruyant, et les marchands y sont aussi bavards et importuns que ceux de Constantinople sont graves et semblent indifférents.

Les fêtes ne devaient commencer qu'après le couronnement ; et, en attendant le jour de la cérémonie, nous résolûmes, un certain nombre d'attachés des ambassades de France et d'Autriche et moi, d'aller visiter la célèbre foire de Nijni-Novogorod qui avait précisément lieu à cette époque, (fin d'août). La distance de Moscou à Nijni-Novogorod est de 120 lieues. Un matin donc, c'était un lundi, à 5 heures, et au sortir d'un petit bal qui avait eu lieu chez M. de La Ferronnays, nous partons. La caravane se composait du baron d'Heeckeren, ministre des Pays-Bas, du prince Félix Schwarzenberg, du comte Giulay, du prince François Lichtenstein, du comte Stadion et du comte Henri de Biron. Nous étions deux par voiture, et je voyageais avec M. de Biron. Un feldjager courait devant nous en téléga pour nous faire préparer des chevaux. Nous fîmes la course d'une seule traite, la route ne présentant rien d'intéressant et le temps que nous pouvions consacrer à cette excursion étant fort limité. Nous étions à Nijni-Novogorod dès le mardi soir, tant on voyage rapidement en Russie. N'ayant pu trouver de place dans aucun hôtel, nous fûmes obligés de louer des chambres dans une maison nouvellement construite, encore inhabitée et sans meubles. Nous couchions sur des matelas par terre, possédant une chaise chacun et une cuvette pour deux ou trois. Les journées du mercredi et du jeudi furent employées à courir la foire, à visiter le kan des Sibériens, des Tartares, des Kirgui, des Persans, des Arméniens, des Circassiens et autres peuples d'Orient qui, tous les ans, se donnent rendez-vous à cette foire, où accourent, de leur côté, des représentants de commerce de toutes les nations de l'Europe. C'est un spectacle unique, des plus singuliers et des plus curieux. Il se fait là, chaque année, pour plus de deux cents millions d'affaires et un échange des marchandises et de l'industrie du monde entier, avec un ordre parfait, chaque nation ayant ses cantonnements particuliers, chaque nature de marchandises, des magasins distincts. — Le mercredi soir, nous nous donnâmes dans notre maison, le spectacle d'une danse de véritables Bohémiens. La troupe se composait de deux vieilles femmes, jouant d'une espèce de guitare, d'un vieillard, frappant sur un tambourin, de deux jeunes gens et de deux jeunes filles, dont une ne devait pas avoir plus de 14 à 15 ans. Les vieilles femmes et le vieillard étaient affreux et vêtus sordidement. Les jeunes gens et les deux jeunes filles portaient des costumes orientaux, riches et élégants. Les hommes portaient de beaux visages, des yeux expressifs, mais l'air dur et faux. Les jeunes filles avaient aussi de la dureté et de l'astuce dans la physionomie, mais elles étaient belles, surtout la plus jeune; et elles déployèrent en dansant une grâce lascive et provoquante, une souplesse, un jeu, une ardeur dont aucune danseuse de nos théâtres ne peut donner l'idée. La danse commença par des mouvements du corps, des bras et des jambes, mouvements très-lents et à peine accentués. Il y avait une grande nonchalance, une sorte de tristesse, mais de la dignité et beaucoup de grâce dans ces mouvements doux et cadencés. La musique était monotone, sourde, à peine rhythmée. Bientôt elle s'anima ainsi que les mouvements des danseurs; peu à peu, et comme sous l'aiguillon d'un démon caché, la danse devint ardente, échevelée et se termina par l'épuisement des acteurs. Ce spectacle est étrange, fascinant et n'est pas sans danger sur de jeunes imaginations. Lorsqu'on en a été témoin, on s'explique l'empire que des Bohémiennes prennent quelquefois sur de jeunes seigneurs Russes, qu'elles dominent et ruinent, sans consentir à abandonner ni leur métier ni leur tribu. D'où vient cette race, si extraordinaire par son langage, ses habitudes, ses mœurs, et que, ni le temps ni les lieux n'ont modifiée? De l'Inde probablement. Mais à quelle époque a-t-elle émigré en Europe? pour quelles causes? C'est ce qui n'a pas encore été éclairci.

Le temps pressait pour revenir à Moscou, le jour de la cérémonie du couronnement étant fixé au dimanche suivant. Calculant sur la rapidité de notre course de Moscou à Nijni, nous partîmes seulement le jeudi soir, afin d'arriver samedi matin, et d'avoir toute une journée pour nous préparer à la grande cérémonie du dimanche. Mais la foire tirait à sa fin, tout le monde partait, les chevaux de poste étaient éreintés et bientôt même ils manquèrent. On juge de notre effroi. La démoralisation s'empara de notre caravane, et chacun tira de son côté dans l'espérance de devancer ses compagnons. J'étais revenu dans la voiture du prince François Lichtenstein, charmant jeune homme de 24 ans, plein d'enthousiasme et d'une imagination à la fois rêveuse et ardente. Nous nous étions particulièrement liés, et quoique je ne l'aie plus jamais revu, je suis persuadé qu'il a conservé, comme moi, un bon souvenir de notre voyage. Enfin, à force d'efforts, de coups de fouet et de pourboires aux postillons, nous arrivâmes à Moscou le samedi à 6 heures du soir; il était temps.

Le lendemain, nous partions de l'ambassade dès 6 heures du matin pour nous rendre au Kremlin, en grand uniforme et dans deux magnifiques voitures. La première, attelée de six chevaux caparaçonnés à la française, avec quatre valets de pied, en grande livrée, à la tête des quatre chevaux de devant, et trois laquais derrière, était précédée d'un piqueur. Elle contenait l'ambassadeur, seul au fond, et sur le devant, M. de Fontenay et M. de Pontcarré, premier et second secrétaires d'ambassade. Mme de La Ferronnays, sa fille, Mlle Pauline et moi suivions dans la seconde voiture attelée de quatre chevaux à la russe. Notre cortége, qui avait le plus grand air, traversa au pas toute la ville de Moscou ; et il fallut une heure et demie pour nous rendre de l'hôtel de l'ambassade au Kremlin. De son côté, le duc de Raguse accompagné de ses nombreux attachés s'était rendu au Kremlin dans deux magnifiques voitures à six chevaux. Nous le trouvâmes déjà arrivé ainsi que le duc de Devonshire, dont les équipages, tous amenés de Londres, étaient splendides.

En attendant l'heure de la cérémonie, le corps diplomatique avait été réuni dans une grande salle voisine de l'église, et on lui servit une collation. L'église de l'Assomption, où les Empereurs sont couronnés est si petite, qu'avec les membres de la famille impériale et de leurs maisons, plus le corps diplomatique bien nombreux, il est vrai, elle ne pouvait donner place, pour assister à la cérémonie, qu'aux grandes charges de la cour et à un très-petit nombre des principaux personnages de l'empire. Mais en dehors de l'église, au pied du grand escalier qui y conduit, escalier célèbre dans l'histoire par le massacre des Strelitz, on avait construit, des deux côtés, de vastes gradins en amphithéâtre, sur lesquels avait pris place toute la noblesse de Saint-Pétersbourg et de Moscou, les femmes en grande toilette au premier rang, les hommes derrière en uniforme. En sortant de l'église ce fut un spectacle magique.

Après la collation, on nous fit prendre nos places dans l'église. Comme M. de la Ferronnays était le plus ancien ambassadeur, et qu'en cette qualité, il prenait la tête du corps diplomatique, je me trouvais admirablement placé derrière lui pour voir la cérémonie, beaucoup mieux certainement que la plupart des ministres, chefs de mission, qui, suivant leur rang, se trouvaient plus ou moins relégués au fond de l'église. Après une certaine attente, la famille impériale apparut, et tous les yeux cherchèrent le grand-duc Constantin qu'on savait arrivé de Varsovie inopinément, l'avant-veille, sans même en avoir prévenu l'Empereur. Cette nouvelle avait fait la plus profonde sensation, et la présence si peu prévue du grand-duc Constantin à la cérémonie du couronnement, devenait évidemment la partie la plus intéressante et la plus dramatique. La veille, M. de La Ferronnays, autrefois lié avec le Grand-Duc qui avait subi comme les autres membres de la famille impériale le charme de son loyal caractère, avait été mandé auprès de lui. A peine entré, le Grand-Duc, après lui avoir serré cordialement la main, s'était écrié : « Eh bien ! vous, non plus, vous ne m'attendiez pas, n'est-il pas vrai ? Je l'avoue qu'il m'en a coûté. Mais, quand j'ai appris que malgré tout ce que j'ai déclaré, tout ce que j'ai fait, non seulement parmi les révolutionnaires de tous les pays, mais ailleurs encore, on persistait à dire, si ce n'est à croire, que j'avais été écarté du trône, et que Nicolas était un usurpateur, j'ai pris la résolution de venir donner par ma présence un démenti définitif à ce bruit calomnieux. Vous même, aussi peut-être, M. l'ambassadeur, vous avez été étonné que j'aie refusé de monter sur un si beau trône, et cependant vous me connaissez bien. Je suis bon diable au fond, mais impatient, emporté, trop franc ; j'aurais fait un mauvais Empereur et de la mauvaise besogne en Russie et à l'étranger. Nicolas s'en tirera mieux que moi. D'ailleurs, j'avais promis à mon bien-aimé frère Alexandre de renoncer à la couronne, et j'ai su mauvais gré à Nicolas d'avoir pu douter que je tiendrais ma parole. Et puis, je suis heureux à Varsovie ; j'aime les Polonais, et mon armée polonaise est la plus belle de l'Europe. Je ne demande donc qu'une seule chose, c'est qu'on me laisse tranquille. »

Cette prédilection du grand-duc Constantin pour la Pologne qu'il prétendait gouverner seul et d'une manière tout à fait indépendante, son enthousiasme pour l'armée polonaise étaient déjà pour le nouvel Empereur une source d'embarras que l'avenir devait augmenter encore. Car il était presque impossible de réduire dans le Grand-Duché, l'autorité d'un Prince auquel on devait une couronne ; et d'autre part il y avait grand danger, sous tous les rapports, à lui en abandonner le gouvernement absolu. Aussi quatre ans plus tard, l'insurrection de la Pologne tranchait une situation qui était devenue intolérable. Malgré son goût pour les Polonais et leur pays, le grand-duc Constantin y était détesté à cause de son carac-

tère violent et fantasque ; mais il avait admirablement organisé son armée, et il était si fier de son ouvrage que chassé
de Varsovie, errant sous les tentes russes, il ne pouvait
s'empêcher de s'intéresser à ses soldats polonais et d'être fier
de leurs faits d'armes.

La cérémonie du couronnement fut extrêmement longue. Au
moment de la communion et avant de s'approcher de la
Sainte-Table, derrière le grand voile qui, suivant le rite
grec, sépare l'autel du reste de l'église, l'Empereur dut se
désarmer. Il se lève de son trône, dressé entre quatre gros
piliers, en face de l'autel. Après avoir promené son regard
sur les assistants, il ôte son épée, et, d'un geste plein de grandeur, il la confie au grand-duc Constantin. L'assemblée fut
profondément émue ; mais l'émotion augmenta encore, lorsque
après toutes les cérémonies du Sacre, après s'être couronné
lui-même, en sa qualité de Grand-Pontife, et avoir posé un
moment la couronne sur la tête de l'Impératrice, le Czar,
assis sur son trône, reçut l'hommage de la famille impériale.
D'abord, l'Impératrice-mère, la veuve de Paul, vint pour s'agenouiller au pied du trône et rendre hommage à son fils.
L'Empereur s'avance au-devant d'elle, ne lui permet pas de
fléchir les genoux, et, la serrant sur son cœur, dans une
étreinte aussi respectueuse que tendre, inonde de ses larmes le
sein maternel. L'Impératrice régnante lui succède ; éblouissante et constellée de diamants, rayonnante de beauté et de
jeunesse, mais si pâle, si émue, qu'elle peut à peine se soutenir. On la porte plutôt qu'elle ne marche vers le trône où
l'Empereur la reçoit dans ses bras. Vient ensuite le Grand-
Duc Constantin, qui s'avançant d'un pas ferme vers le trône,
jette un regard assuré, sur le corps diplomatique, dont il
semblait provoquer l'attention et le témoignage, et s'age-
nouillant aux pieds de son frère, lui prête foi et hommage.
L'Empereur, le releva vivement, le prit entre ses bras et le
serra longtemps sur son cœur. De grosses larmes coulaient des
yeux des deux augustes frères ; et l'émotion de l'assemblée

entière, aussi sincère que profonde en face de cette imposante scène, si unique dans l'histoire et si digne de l'admiration du monde, arriva à son comble.

M. de La Ferronnays n'ayant pas le temps d'écrire, ce fut moi, qui, le jour même et par un courrier que le duc de Devonshire expédiait à Londres, fus chargé de mander à M. de Saint-Priest, notre ambassadeur à Berlin, le récit de la cérémonie du couronnement. Je le fis sous l'empire de l'enthousiasme que le grand spectacle dont j'avais été témoin m'avait causé, et, ma lettre arrivant la première à Berlin, portée immédiatement au roi de Prusse, eut un grand succès. — A la sortie de l'Eglise vers midi environ, et du haut du grand escalier, d'où nous dominions le Kremlin, ses palais et ses nombreuses églises aux coupoles éclatantes, nous jouîmes d'un spectacle admirable. L'Empereur, la famille impériale, le Corps diplomatique, les grandes charges de Cour, les dignitaires de l'Empire, se présentaient échelonnés sur les marches de l'escalier ; puis à droite et à gauche, trois ou quatre mille personnes sur les gradins, acclamant le nouvel Empereur avec frénésie. Au fond, sur la place, et aussi loin que le regard pouvait atteindre les troupes, infanterie, cavalerie, artillerie, rangées en bataille, et parmi lesquelles on distinguait surtout les cosaques de la Garde, dont le costume presque oriental, les tuniques rouges, les grandes lances de même couleur, avec oriflammes ondoyantes au soleil, faisaient l'effet le plus pittoresque.

La cérémonie terminée, les ambassadeurs regagnèrent leurs hôtels avec la même pompe qu'à leur arrivée, à travers des flots de peuples empressés et curieux. Chaque jour eut ensuite ses fêtes. Le duc de Raguse donna un bal magnifique, pour lequel le loyer des fleurs qui ornaient les appartements et les bouquets donnés aux dames, coutèrent cinq mille francs. Puis vinrent la fête du duc de Devonshire et celles données par quelques-uns des plus riches seigneurs de Moscou. Les deux plus magnifiques furent offertes, l'une au grand théâtre, par la noblesse du gouvernement de Moscou, et l'autre par la comtesse Orloff, dans un immense manége, à elle appartenant, et qu'elle avait transformé en salle de bal. La comtesse Orloff, point mariée, riche de plusieurs millions de revenu, dame à portrait de l'Impératrice, avait en effet résolu de donner, coûte que coûte, une fête dont la magnificence devait être sans égale. Elle y réussit complètement, et ce triomphe lui coûta, dit-on, un million. On ne saurait imaginer avec quelle splendeur ce manége avait été métamorphosé. Trois rangées de lustres en bois doré d'une grandeur prodigieuse, et que la comtesse Orloff avait commandés à Vienne, supportaient des milliers de bougies ; des deux côtés, pour diminuer un peu la largeur de l'enceinte, couraient deux rangs d'énormes orangers, aussi beaux que ceux que nous admirons aux Tuileries. Enfin, l'on avait dissimulé les parois du manége, sous des tentures de soie, entrecoupées de glaces immenses. — On soupa sous une tente turque, trophée conquis sous le règne de Catherine, par le célèbre comte Orloff, père de la comtesse. — Au bal donné au grand théâtre par la noblesse de Moscou, les dames étaient en costume national russe, ce qui donna à cette fête un caractère particulier.

A l'occasion du couronnement, le duc de Raguse reçut le cordon de Saint-André, et par une faveur toute particulière, l'Empereur le donna aussi à M. de La Ferronnays. Au milieu de toutes ses fêtes, il y eut aussi de grandes revues militaires, des manœuvres avec petites guerres, qui intéressèrent beaucoup le Maréchal et les officiers de sa suite. A cet effet, l'Empereur avait réuni dans les environs de Moscou une armée de 60,000 hommes, l'élite de ses troupes, comme on peut bien le croire.

Les fêtes finissaient ; nous nous apprêtions à retourner à Saint-Pétersbourg, où je me promettais de passer un hiver charmant, lorsque je reçus la nouvelle que le comte Hippolyte de la Rochefoucauld était nommé troisième secrétaire d'ambassade à la place de son cousin, le comte Polydore, et que j'étais

envoyé à Copenhague pour y faire les fonctions de secrétaire de
légation, en l'absence de M. Elysée Decazes, titulaire du poste.
Pour atténuer tout ce que cet arrangement avait de désagréable
pour moi, M. de Damas me mandait que, vu l'absence prochaine
de M. le marquis de Saint-Simon, notre ministre en Danemark,
je serais accrédité comme chargé d'affaires, peu après mon
arrivée à Copenhague, où j'avais ordre de me rendre immédiatement. Je n'en fus pas moins désolé de quitter si promptement
Saint-Pétersbourg, un chef si parfait, une société si brillante,
quelques amis auxquels je m'étais déjà attaché, et surtout un
théâtre où les affaires présentaient le plus grand intérêt. Il
fallut cependant se résigner, obéir et partir. Le duc de Raguse,
qui était lui-même au moment de son départ, apprenant ma
nouvelle destination, eut la bonté de m'offrir de faire partie de
son cortége jusqu'à Varsovie, où l'appelaient certains intérêts
particuliers. J'acceptai avec reconnaissance une faveur d'autant
plus grande que tout était préparé à chaque relai, pour que le
Maréchal trouvât le nombre de chevaux qui lui était nécessaire
ainsi qu'à sa suite, et qu'il devait visiter, en passant, les principaux champs de bataille de la campagne de 1812. Il en
résultait que ce voyage de Moscou à Varsovie, qui eût été
monotone et pénible, si je l'eusse fait seul, devenait, au
contraire, en compagnie du duc de Raguse, une course des plus
intéressantes.

J'achetai une bonne voiture à Moscou, un briska, dans
laquelle j'offris une place au comte Victor de Caraman, qui
n'avait qu'une calèche à une place. Obligé de retarder son
départ de 12 heures, nous ne rejoignîmes le Maréchal qu'après
Borodino ; ce qui me priva d'y visiter avec lui le célèbre champ
de bataille. Chaque soir, le duc de Raguse s'arrêtait assez tard
pour dîner à une étape désignée d'avance, et où ses gens
le précédaient de quelques heures. Après le dîner, qui était
fort bon, eu égard aux circonstances, on dressait un lit de camp
pour le maréchal où il reposait quelques heures, lorsque ses
rhumatismes le lui permettaient. Quant à nous, nous dormions

sur de la paille, dans les chambres voisines de la sienne, ou, faute de chambres, dans nos voitures. Souvent, au milieu de la nuit, le Maréchal ne pouvant dormir, donnait le signal du départ. C'était une façon de campagne. Entre Moscou et Varsovie, il n'y a que deux villes : Smolensk et Borizoff. Après le dîner, et avant de s'étendre sur son lit de camp, le Maréchal aimait à causer, et c'était un causeur charmant, plein de verve et de feu. La conversation roulait presque toujours sur la campagne de 1812, qu'il n'avait pas faite, puisqu'il était alors en Espagne, mais qu'il avait étudiée avec soin à l'aide de tous les documents publiés en France et à l'étranger. Parmi les officiers de sa suite, le général Damrémont et M. de Caraman avaient fait la campagne, ce dernier en qualité de capitaine d'artillerie. Le Maréchal les interrogeait et s'aidait de leurs souvenirs. En traversant Smolensk, nous visitâmes les fortifications, qui consistent en un mur épais et élevé, précédé d'un large fossé. La ville est presque en ruines et ne s'est pas relevée des désastres de 1812. On sait que l'Empereur ayant voulu brusquer l'attaque de Smolensk, fit devant cette ville des pertes sensibles, qu'un mouvement de flanc, opéré le lendemain avec succès, aurait pu épargner. C'est en sortant de Smolensk, au pied d'une petite colline qu'il reconnut parfaitement, que M. de Caraman me montra la place où il avait été obligé d'abandonner le dernier canon de sa batterie pendant la cruelle retraite. Ses souvenirs étaient navrants, en repassant par tous ces lieux témoins de tant de désastres et de si cruels épisodes dont il avait été ou acteur ou témoin. Le soir, à la veillée, les récits ne tarissaient pas et portaient la douleur dans nos cœurs. Quelle catastrophe ! Y en a-t-il une pareille dans l'histoire ? En entendant ces sombres récits, je pensais à mon cher père qui lui aussi avait fait cette retraite à travers tant de souffrances, pour finir par être fait prisonnier et languir 18 mois au fond d'une petite ville de Russie, sans nouvelles de sa patrie ni de sa famille.

Nous arrivâmes ainsi jusqu'à Borizoff, petite ville, toute

bâtie en bois, sur les bords de la Bérézina, tout près de l'endroit où les Français passèrent cette rivière à jamais célèbre. Le jour baissait lorsque nous entrâmes dans la ville et nous nous hâtâmes de nous rendre dans de légers chars-à-bancs du pays, sur l'emplacement où furent construits les deux ponts de chevalets qui permirent à une petite partie de l'armée française de franchir la rivière. La cabane située sur une légère élévation au bord de la rivière et où l'Empereur demeura pendant qu'on travaillait aux ponts, existait encore, aussi bien que son propriétaire, un juif, qui, attiré par notre présence, offrit ses services au Maréchal et répondit avec intelligence à ses questions. Je ne puis dire de quelle émotion nous fûmes tous saisis, en présence de ces lieux témoins d'une si grande catastrophe. Le paysage est triste, désolé; les bords de la rivière sont plats, marécageux; sa largeur médiocre, le courant peu rapide. Il est certain que, dans une autre saison que celle où s'opérait la retraite et dans des circonstances moins déplorables, le passage de cette rivière eût présenté peu d'obstacles. Nous ne parlions presque pas et à voix basse, chacun était livré à d'amères réflexions. Le duc de Raguse, ordinairement si expansif, se taisait, et son attitude trahissait ses douloureuses pensées. Pour moi, je songeais à mon père qui m'avait fait souvent le sombre récit de ce passage de la Bérézina que, plusieurs fois, me disait-il, il avait franchie, lorsque, les ponts une fois établis, il était chargé de porter les ordres du prince de Neufchâtel, comme officier d'ordonnance. Il me semblait le voir avec sa taille élevée, son beau et mâle visage, son indomptable énergie, passer et repasser la rivière et essayer de la faire franchir, lorsqu'il en était encore temps, à cette foule de soldats débandés qui s'attardaient sur ses bords. Et moi, son fils, quatorze ans après la catastrophe, trois ans après sa mort sur un autre champ de bataille, je visitais curieusement ces lieux témoins de ses misères et aussi de son courage. Malgré la nuit qui approchait, nous ne pouvions nous arracher de ce lieu de désolation. Enfin nous revînmes coucher à Borizoff, où, jusqu'à une heure fort avancée de la nuit, le Maréchal nous entretint du terrible épisode dont nous venions de contempler le théâtre. — Je passai la nuit à Borizoff avec M. de Caraman, dans la maison d'une jeune Juive, assez jolie, qui, âgée de seize ans, avait déjà deux enfants. En Russie, la chaleur des poëles rend les femmes nubiles aussi tôt que dans les climats les plus chauds.

A Varsovie, je pris congé du Maréchal et me séparai de M. de Caraman qui devait faire une visite dans les environs à un gentilhomme polonais, son ami et son ancien compagnon d'armes. Varsovie est une grande ville, sans caractère particulier ni monuments remarquables. Je n'y séjournai que vingt-quatre heures, et je me dirigeai sur Berlin, à travers la Pologne et le grand duché de Posen. Un matin, car je voyageais jour et nuit dans ce triste pays, me trouvant en pleine Pologne, dans une petite ville, dont j'ignore le nom, je changeais de chevaux et donnais à haute voix un ordre à mon domestique, lorsque je vis sortir brusquement de la maison de poste une jeune femme qui se jeta presque à mon cou en s'écriant : « Quel bonheur de voir un français, un compatriote ! » et elle riait et pleurait en même temps. Elle me raconta qu'emmenée dans le pays comme femme de chambre d'une dame polonaise, un maître de poste s'était épris d'elle et l'avait épousée. Bien qu'heureuse en ménage, elle regrettait souvent, me disait-elle, la patrie absente, Paris, l'incomparable Paris, et avait un peu de peine à se faire à sa nouvelle condition. Il me fallut accepter du café préparé par elle et répondre à une foule de questions dont elle attendait à peine les réponses. Le mari qui ne comprenait pas ce que nous disions, avait l'air un peu inquiet de la vivacité des impressions de sa femme. Se sera-t-elle résignée à son sort ? ou le mal du pays aura-t-il triomphé ? Je l'ignore.

Je restai quatre jours à Berlin, n'étant pas pressé d'arriver à ma destination, quoique la saison s'avançât. Je demeurais à la Légation, où M. de Saint-Priest avait bien voulu m'offrir l'hospitalité. La Légation se composait alors de M. de Bourgoing, premier secrétaire; de M. de Billecoq, second; et, comme attaché, de M. de Grouchy. Je fus avec lui visiter Potsdam, Sans-Souci et les reliques du grand Frédéric. Dans la chapelle du château de Potsdam, j'admirai beaucoup la statue en marbre blanc de la belle et infortunée Louise, reine de Prusse. Cette statue, due au ciseau de Rauch, est un chef-d'œuvre. Le paysage de Potsdam et les jardins de Sans-Souci sont une charmante oasis dans les environs de Berlin généralement affreux. La ville grande, spacieuse, régulièrement bâtie, toute moderne, est triste et sans caractère. A la porte de France, il y a un beau bois, qu'on appelle le Parc et qui sert d'unique promenade aux habitants de la ville. Renfermé dans l'intérieur de M. de Saint-Priest, je ne vis personne à Berlin, excepté la belle Mme d'Alopéus, femme du ministre de Russie, et sa charmante fille Alexandrine qui devint depuis Mme Albert de la Ferronnays, et dont le *Récit d'une Sœur* a consacré à jamais la mémoire. Ce n'était alors qu'une douce et ravissante jeune fille, dont la grâce et l'enjouement attiraient tous les cœurs. Je fis aussi pour la première fois à Berlin la connaissance de Mme la baronne de Martens, née Collard, charmante compatriote, dont le roi de Prusse appréciait l'esprit et aimait la société. Je retrouvai plus tard à Constantinople son mari, comme ministre de Prusse.

Cependant, à mon grand regret, il me fallut quitter les Saint-Priest et continuer mon voyage. Je me dirigeai sur Hambourg à travers les tristes et monotones sables du Mecklembourg et du duché d'Oldenbourg. C'était à cette époque un voyage long et pénible, la chaussée cessant très-près de Berlin pour ne se retrouver qu'à la porte de Hambourg. Hambourg est une grande ville, très-curieuse dans sa partie ancienne, fort belle dans tous ses nouveaux quartiers. Siége d'un vaste commerce avec le monde entier, très-populeuse, ses rues ont une animation et un mouvement qui rappelle Paris ou Londres. Située sur les bords de l'Elbe qui, surtout là, est un fleuve magnifique, la ville présente un aspect grandiose. Les anciens remparts ont été démolis, convertis en promenade, ce qui donne à la ville de l'air et de l'espace, et la préservera à l'avenir du dangereux honneur de supporter un siége comme celui de 1814. Les riches négociants de Hambourg possèdent tous, sur les bords charmants de l'Elbe, des maisons de campagne où ils rivalisent de luxe, et où ils donnent de longs et dispendieux dîners. Un usage bizarre, je ne sais s'il existe encore, veut que chaque convive, en sortant de table, donne au premier domestique de la maison un *species*, soit environ six francs de notre monnaie. Il était résulté de cette étrange coutume que les émigrés français, qui s'étaient réfugiés en grand nombre à Hambourg, n'étaient pas assez riches pour accepter à dîner chez MM. les banquiers. J'ai dit que Hambourg fait un commerce considérable. C'est surtout un commerce de commission et de transit, qui donne des bénéfices bornés, mais sûrs. Aussi l'on compte dans la ville, des fortunes extrêmement importantes. M. Roux de Rochelle, que j'avais connu directeur politique aux Affaires étrangères, était à cette époque ministre à Hambourg. Il s'y trouvait assez dépaysé, n'ayant jamais quitté Paris, jusqu'à cette mission qu'il n'avait pas sollicitée.

La saison étant trop avancée pour prendre le paquebot de Kiel à Copenhague, il fallut se résigner à gagner ma destination à travers le Holstein, le Schleswig, le Jutland, et en passant par les deux Belt. C'était un voyage long, ennuyeux, et d'autant plus fatigant que la pluie ne cessa de tomber. Je traversai le Petit-Belt, à la nuit fermée, après une journée très-pluvieuse ; et, la mer étant fort calme, je la trouvai lumineuse et phosphorescente, comme elle aurait pu l'être sous les Tropiques. Ce phénomène présente un beau spectacle, et, dans la Baltique, il est bien rare ; je n'en ai pas vu en effet un autre exemple, pendant les cinq ans que j'ai passés à Copenhague.

Enfin, j'arrivai à mon poste par une triste journée de la fin d'octobre, le cœur très-gros, plein de regrets de ce que j'avais quitté, et fort anxieux de l'accueil que j'allais recevoir de M. le marquis de Saint-Simon. Je descendis dans un triste hôtel, sur une grande place plus triste encore et décorée de la statue de je ne sais quel souverain Danois qui semblait frissonner dans cette atmosphère basse et humide.

Je me présentai chez M. de Saint-Simon qui me reçut poliment mais froidement. Mme de Saint-Simon me fit au dîner un bien meilleur accueil, ainsi que sa fille aînée, Mlle Blanche, à laquelle j'apportais une lettre de Mlle Pauline de La Ferronnays. Le lendemain, M. de Saint-Simon me fit faire des visites au Ministre des affaires étrangères, aux Membres du corps diplomatique, et, quelques jours plus tard, la glace s'étant rompue entre nous, il offrit de me loger à la Légation, ce que j'acceptai avec plaisir. M. de Saint-Simon avait fait les guerres de l'Empire et avait le grade de Maréchal de camp, lorsqu'il fut nommé ministre à Copenhague. C'était un très-brave militaire, un homme de beaucoup d'esprit, très-gai, très-aimable, lorsqu'il le voulait; mais d'un caractère violent et souvent difficile. Comme M. de Damas me l'avait fait prévoir, mon nouveau chef partit pour la France le 16 janvier 1827, après m'avoir accrédité comme chargé d'affaire. Je venais alors d'accomplir mes vingt-deux ans. M. de Saint-Simon, ne voulant pas emmener sa famille avec lui, avait simplement dit qu'il allait faire une course de quelques jours en Holstein, se réservant d'écrire la vérité de Hambourg. Cette position de Mme de Saint-Simon qui pouvait apprendre par un tiers le but réel du voyage de son mari, était si bizarre, que je crus devoir la lui faire connaître. Elle me sut gré de cette démarche.

Me voilà donc à 22 ans chef de mission. C'était une compensation du désappointement que j'avais éprouvé en n'étant point nommé troisième secrétaire d'ambassade à Saint-Pétersbourg. Il m'était évident, en effet, que M. Decazes, dont je faisais l'intérim, ne prendrait jamais son poste de secrétaire de légation en Danemark; et, qu'après avoir été chargé d'affaires, je serais nécessairement nommé à sa place, lorsqu'elle deviendrait définitivement vacante. Je franchissais ainsi les postes de second et de troisième secrétaire d'ambassade que j'aurais dû parcourir pour arriver hiérarchiquement au poste de secrétaire de légation. L'inconvénient était que je sortais des grandes affaires pour vivre dans un horizon extrêmement borné. Je résolus de tirer parti de la situation, afin d'acquérir, par une étude suivie et consciencieuse de l'histoire et de la législation, les connaissances qui me manquaient et auxquelles j'avais tant bien que mal suppléé jusque-là par une grande réserve et un certain bon sens naturel dont la Providence m'avait doué dès ma plus tendre jeunesse.

En ce temps-là, le corps diplomatique à Copenhague se composait du comte de Meuron, ministre de Prusse, du baron de Nicolaï, ministre de Russie, du comte de Quabeck, ministre des Pays-Bas, du ministre d'Angleterre, M. Wynn, et du ministre d'Autriche, le comte de Collerédo qui n'était âgé que de 27 ans, et avec lequel je me liai promptement, à cause de la conformité d'âge, et aussi parcequ'il fréquentait assidûment le salon de Mme de Saint-Simon. Le comte de Collerédo, d'une grande naissance, d'un esprit distingué, avec des manières charmantes, instruit, studieux, parlant toutes les langues, était destiné aux grands emplois diplomatiques et y est promptement parvenu. Il est mort d'une attaque d'apoplexie au Congrès de Zurich en 1860. Pendant cinq ans, nous vécûmes en grande intimité, et nous fûmes assez longtemps en correspondance après notre départ (à tous deux) de Copenhague. M. de Meuron était suisse d'origine. C'était un excellent homme qui me témoigna beaucoup de bienveillance ainsi que sa femme. Il mourut dans l'hiver de 1829 à 1830. M. de Nicolaï, d'origine française, avait épousé à Saint-Pétersbourg où, pendant l'émigration, son père s'était déjà établi, la fille de la princesse de Broglie-Rével. Cette grande alliance lui avait ouvert la carrière diplomatique. Ministre de Russie à Copenhague depuis 1815, il était veuf depuis quatre ou cinq ans, et avait beaucoup d'enfants. Sa belle-mère, la princesse de Rével, était rentrée en France en 1814, et vivait à Paris, où elle est morte à un âge très-avancé. Une des filles du baron de Nicolaï s'est mariée en France et a épousé le général de Vilaine.

La société à Copenhague était peu brillante, les grandes fortunes y étant très-rares. Il n'y avait guère de réunions qu'à la Cour et chez les Princes de la famille royale. Ce ne fut qu'avec beaucoup de temps que je formai quelques liaisons intimes avec des familles du pays. Copenhague est une grande ville fortifiée, d'environ cent mille habitants. Bâtie sur la Baltique, elle possède à la fois un port militaire et un port marchand. La ville est spacieuse, régulièrement construite et presque entièrement neuve, par suite de plusieurs incendies qui l'ont successivement ravagée, par suite aussi du bombardement qu'elle a subi, en 1808, de la part des Anglais. Le château royal, rebâti dans des proportions exagérées n'était pas encore achevé, et le roi Frédéric ne l'habitait pas. Ce palais est tout à fait hors de proportion avec la monarchie danoise, telle que les événements du commencement du siècle l'ont faite. Jusqu'à la fin du siècle dernier, et avant que la politique ne vint à se concentrer exclusivement entre les cinq grandes puissances, le Danemark avait eu une certaine importance dans les affaires générales de l'Europe. Sa situation de puissance gardienne du Sund et le grand développement de sa marine militaire, faisaient rechercher son alliance. Mais l'Angleterre lui a fait payer cher, en 1808, cette importance relative; et bientôt les traités de 1815, en lui arrachant la Norwége pour la donner à la Suède, ce qui lui enlevait les moyens d'entretenir une véritable marine militaire, ont porté à son influence politique un coup dont cette puissance ne se relèvera jamais. Du reste, dans l'Europe telle que l'ont faite les grandes guerres du xviiie siècle et des quinze premières années de celui-ci, il n'y a plus de place, politiquement parlant, pour les petits Etats, dont le nombre ira sans cesse en diminuant. Il en résulte qu'une correspondance diplomatique dans une Cour secondaire est une tâche toujours ingrate, et qu'il est vraiment fort difficile de lui donner quelque intéret. Cependant je fis de mon mieux pour prouver du moins qu'à l'occasion, et sur un terrain moins ingrat, je serais capable de tirer parti de circonstances plus favorables.

Dans l'été, je fis plusieurs excursions soit en Zeeland, soit dans les îles voisines qui offrent les plus beaux aspects et les paysages les plus pittoresques. De grands lacs, de sombres et majestueuses forêts de hêtres, d'imposantes falaises aux bords de la mer qu'on retrouve partout, donnent au pays un aspect grave, imposant, mais un peu triste, parce que le soleil y fait généralement défaut. Sauf certaines années qui sont exceptionnelles, l'hiver, en Danemark, n'est pas très-rigoureux, eu égard à sa latitude ; mais lorsqu'on s'en croit quitte, il a des retours inattendus, et l'été y est très-pluvieux et affreusement variable. Au fond, ce n'est pas un climat très-froid, mais c'est un mauvais climat à cause des brusques et incessantes variations de l'atmosphère. Cependant, la végétation y est belle ; beaucoup de nos fruits y mûrissent et les céréales réussissent bien. — Après ces petites excursions, j'entrepris un véritable voyage, avec la permission du ministre, en partant pour la Norwége. Ce voyage dura trois semaines. J'avais pour compagnons le comte de Bentinck, secrétaire de la légation des Pays-Bas, et M. Pigot, attaché à la légation d'Angleterre. Partis de Copenhague sur un bateau à vapeur, nous nous rendîmes à Christiania, en faisant échelle à Gothembourg. Selon mon habitude, je fus affreusement malade pendant toute la traversée, particulièrement dans le Cattégat, où la mer est dure et la lame courte. Le golfe de Christiania, qui a environ vingt lieues de profondeur, est tout parsemé d'îles couvertes de bois et de verts pâturages. C'est une navigation charmante.

La ville située tout à fait au fond du golfe, entièrement bâtie en bois, et un peu en amphithéâtre, présente, vue de la mer, l'aspect le plus riant et le plus pittoresque. Elle était à l'époque de notre excursion, un peu plus animée que de coutume, grâce à l'assemblée des Etats du pays, le Storthing. La Norwége, bien que réunie à la Suède, a une constitution et une administration distinctes. Cette constitution, appropriée aux mœurs des habitants et à la topographie de ce pays où il existe si peu de villes, est très-démocratique. Elle date de 1814. Nous assistâmes à une séance du Storthing, et je fus frappé du grand nombre de simples paysans qui siégeaient comme députés, chacun dans le costume de sa province. En quittant Christiania, nous fimes d'abord le tour du lac Miosen, un parcours de trente lieues environ, qui présente la partie la plus riante et la plus fertile de la Norwége. Une très-bonne route contourne tout le lac, et nous avons fait le voyage en poste dans un char-à-bancs du pays. Au retour de cette excursion, nous reçûmes l'hospitalité pendant vingt-quatre heures, au château de Bogstadt, près de Christiania, chez le comte de Wédel-Jarsberg, qui est le seul noble avec majorat, qui existe en Norwége. En cette qualité, il avait droit de siéger au Storthing. C'était un homme d'infiniment d'esprit, ayant beaucoup voyagé, et avec fruit. De Bogstadt, nous nous dirigeâmes sur la ville de Kousberg pour visiter ses mines d'argent. Ce voyage se fait encore en voiture. Notre descente dans la mine fut très-pénible et trés-difficile, si ce n'est périlleuse. Cette mine est pauvre, peu productive et exploitée de la manière la plus arriérée. Elle est située au centre d'une montagne de quartz, et l'on arrive au puits par une galerie souterraine, pratiquée vers le milieu de la montagne et n'ayant pas moins de deux kilomètres de longueur. Au bout de cette galerie se trouve l'orifice des puits, où l'on descend au moyen d'échelles ruisselantes d'eau, et à travers d'épaisses ténèbres jusqu'à une profondeur considérable. En parcourant la galerie, on passe sous un torrent qu'on entend mugir au-dessus de sa tête, ce qui ne laisse pas de causer un certain effroi. Kousberg est une petite ville, entièrement bâtie en bois, dans une étroite vallée qu'un torrent partage en deux parties inégales. Son aspect est charmant. Du haut du pont jeté sur le torrent pour faire communiquer les deux parties de la ville, on a une des vues les plus pittoresques que j'aie jamais rencontrées.

Un négociant de la ville, auquel nous avions été recommandés, nous donna à dîner avec les autorités et les notables de l'endroit. La table était propre, mais bien modeste, puisque nous n'avions que des couverts en étain et des assiettes de poterie brune. Le dîner fut à l'avenant. Un potage très-clair, dans lequel nageaient quelques boulettes de viande hachée, d'un aspect peu appétissant. Je remarquai que chaque convive en mange deux fois. On apporta ensuite deux oies rôties de fort bonne mine. Et puis, ce fut tout. Quelques verres de vin, servis discrètement, complétèrent ce festin, qui, franchement, ne satisfit pas du tout un appétit que l'air vif des montagnes aiguisait singulièrement. A en juger par ce dîner, donné avec quelqu'apparat en l'honneur de nobles étrangers, l'ordinaire des habitants de Kousberg doit être d'une grande simplicité.

A Kousberg, nous devions quitter les routes battues, pour entrer dans une province qu'on appelle le Télémarck, et que les étrangers ne visitent jamais. Notre but, en traversant cette province, qu'on nous avait dit être une des plus curieuses de la Norwége, était de gagner Christiansand, petit port sur la mer du Nord, et de revenir à Christiania par le littoral. On nous avait particulièrement recommandé de visiter la vallée de Tind, de faire l'ascension du Gonstafield, la plus haute montagne du Télémarck, et surtout de voir la cascade de Rukenforst qui mesure 600 pieds de chute. Nous nous enfonçons donc dans les montagnes, munis d'une ancienne et médiocre carte, avec quelques provisions en thé, sucre et eau-de-vie. Il nous fallait changer de guide à chaque vallée et nous ne trouvions presque jamais le nombre de chevaux nécessaire pour porter à la fois notre bagage, réduit cependant aux plus stricts besoins, et nos quatre personnes, car nous avions emmené avec nous un domestique. Faute de chevaux en nombre suffisant, nous faisions alternativement la moitié de l'étape à pied, le fusil sur l'épaule, dans l'espoir presque toujours trahi, de tirer en route quelques pièces de gibier pour ajouter à notre ordinaire. Nous partions régulièrement à cinq heures du matin, et nous nous arrêtions, chaque soir, plus ou moins tard, suivant la longueur de l'étape, dans une vallée quelconque où on nous offrait la plus cordiale hospitalité. A dix heures du matin, nous faisions une première halte pour nous reposer et laisser souffler nos chevaux, et nous préparions du thé à un feu de bivouac, dans une cafetière en fer blanc, dont nous avions eu soin de nous munir. Ce repas plus que léger nous conduisait souvent jusqu'à sept ou huit heures du soir, et, malheureusement, nous ne trouvions d'ordinaire à nôtre gîte de nuit que du lait, du beurre, des fraises et, pour pain, un certain biscuit fait d'avoine, sec, dur et d'un goût désagréable ; aussi, pour le manger, le faisions-nous souvent tremper dans notre lait. Point de viande, point de légumes. Il est à croire que cette forte, cette belle race Norwégienne que nous admirons, vit, avant tout, de l'air du temps. Nos estomacs, excités par l'air des montagnes et un exercice violent, eurent beaucoup à se plaindre de ce régime sévère ; et, certains jours, nous souffrîmes réellement de la faim. Nous franchissions de hautes montagnes, d'étroites et profondes vallées ; et, de temps en temps, nous rencontrions des lacs de plusieurs kilomètres de longueur, étroits, profonds, encaissés ; leurs eaux tranquilles et noires, dont aucun animal n'agitait la surface, offraient l'aspect le plus sombre. Ces lacs, qui, à proprement parler sont d'anciennes vallées comblées par les eaux, (car à leur extrémité, on rencontre toujours un cours d'eau qui les alimente), nous les remontions dans de légers bateaux d'une construction tout à fait primitive et conduits par deux rameurs. Il n'est pas sans danger de naviguer ainsi, dans de pareilles embarcations ; car ces lacs, si tranquilles, sont sujets à de violentes tourmentes, dues à des coups de vent subits qui tombent de la montagne et que rien ne saurait faire prévoir. Ce qui ajoute au danger dans ces circonstances, c'est qu'il faut faire souvent plusieurs kilomètres sans pouvoir attérir, les montagnes ou plutôt les rochers qui bordent les lacs offrant un mur à pic infranchissable. Un des jours, où, la veille au soir, ayant fait un de nos plus maigres repas, j'avais l'estomac tout à fait vide, je cheminais de grand matin, seul à cheval, un peu en avant de mes compagnons, lorsqu'en remontant une charmante petite rivière, dans une vallée pleine d'ombre et de fraîcheur, j'aperçus tout à coup une couvée de jeunes canards sauvages, barbotant paisiblement dans l'eau, sous la conduite de madame leur mère. Je sautai à bas de mon cheval avec une joie sauvage, et, saisissant mon fusil, que je portais heureusement en bandoulière, je fis feu de mes deux coups et j'abattis deux canards. Les autres étaient déjà loin. Au bruit de ces deux coups de fusil, mes compagnons accoururent. Nous nous mîmes en chasse; et, en quelques instants, nous fûmes les heureux possesseurs de huit autres jeunes victimes. Le soir, ces huit canards, plumés, vidés par notre domestique, furent rôtis en plein air, devant un bon feu de sapin, et tous, jusqu'au dernier, dévorés à belles dents. Ils étaient fort jeunes, il est vrai, et fort petits. Quel excellent repas nous fîmes ce jour-là !

Cinq ou six jours après notre départ de Kousberg, nous arrivons à Tind qui est un centre de district, possédant une église et un presbytère, et nous recevons le meilleur accueil du prieur, M. Hegerdal, pour lequel nous avions une lettre de recommandation. Grâce à MM. Pigot et de Bentinck, nos rapports avec cet aimable étranger nous furent très-faciles. L'un et l'autre en effet parlaient assez bien le danois ; or, cette langue a la même origine que le norwégien. Aussitôt donc, et de la façon la plus cordiale, la plus évangélique, notre digne hôte nous fit préparer des lits, et, comme nous nous en aperçûmes plus tard, nous céda même le sien, ce qui nous permit de nous déshabiller. Grande jouissance que nous n'avions pas eue depuis notre départ de Kousberg ; car nous couchions chaque nuit à peu près tout habillés sur de la paille fraîche.

Ce prieur était marié, et il avait deux enfants. Dès notre arrivée, son excellente femme nous avait servi du café et quelques biscuits. Mais comme il était tard et qu'au presbytère on avait sans doute dîné depuis fort longtemps, nous craignions d'être ce jour-là obligés de nous passer entièrement de manger. Cette appréhension redoubla, lorsque le prieur, sans nous parler d'autre chose, nous proposa une petite promenade. Nous le suivîmes avec une certaine consternation, mais notre joie fut sans bornes, lorsqu'en rentrant nous vîmes la table mise, et qu'à peine assis, notre adorable hôtesse plaça devant nous un appétissant morceau de mouton rôti au four, puis de belles pommes de terre dorées, du pain (de vrai pain !) et une bouteille de vin. Il faut avoir jeûné plusieurs jours de suite pour se faire l'idée du spectacle agréable que nous présenta ce dîner. Nos hôtes refusèrent d'y prendre part et nous servirent eux-mêmes. Le bon prieur riait de notre appétit auquel, après quelques cérémonies hypocrites, nous nous livrâmes franchement, nous surveillant d'un œil jaloux les uns les autres, pour que les parts fussent égales. Ah ! excellent prieur de Tind, je n'oublierai jamais votre humble presbytère, votre grandiose hospitalité et l'admirable vallée que vous habitez ! Sur les obligeantes instances de notre hôte, nous séjournons dans ce paradis terrestre toute la journée du lendemain, payant de notre mieux sa gracieuse réception en le mettant au courant de ce qui se passait dans le reste du monde. Elevé à l'université de Copenhague, M. Hegerdal était instruit, sérieux, modeste, résigné à son sort, et très-zélé à remplir ses devoirs. Prieur, ce qui, chez nous, revient à peu près à curé de canton, il avait sous sa direction plusieurs prêtres disséminés dans des vallées dont quelques-unes étaient fort éloignées. Le dimanche, il prêchait la parole évangélique, non-seulement aux habitants de la vallée du Tind, mais encore à ceux de diverses vallées voisines dépendant de son prieuré. Dans la semaine, il tenait une école des deux sexes pour les enfants ; et quelques-uns de

11

ces enfants faisaient quatre lieues dans la journée pour assister aux leçons. Jusqu'au plus profond des montagnes, le besoin de l'instruction est si bien compris en Norwége, qu'il n'y a pas d'obstacles que les enfants ne sachent vaincre pour se la procurer. De sorte que, sauf les idiots, quelque soit le lieu reculé où vous pénétriez, vous ne trouvez ni un homme ni une femme qui ne sache lire et écrire correctement. Chaque jour dans notre voyage, en quittant le gîte où nous avions passé la nuit, nous emportions une lettre de notre hôte pour nous recommander à celui qui devait nous donner l'hospitalité la nuit suivante. La teneur en était simple et touchante. On disait qui nous étions, quel était le but de notre voyage ; on recommandait de nous fournir un guide et des chevaux dans la mesure du possible et avec équité ; tout cela en bon style et d'une belle écriture.

Nous étions arrivés à Tind par un de ces lacs étroits et encaissés dont j'ai parlé. En débarquant, nous avions suivi jusqu'au presbytère, les bords d'une rivière charmante. La vallée contient et nourrit une population relativement assez nombreuse. On y cultive un peu d'avoine, quelques pommes de terre, et l'on y récolte le foin nécessaire, pendant l'hiver, à la nourriture des vaches. Le lait avec quelques poissons salés venus du littoral et des gâteaux d'avoine, composent à peu près toutes les ressources culinaires des habitants. En été, les vaches vont chercher leur nourriture dans des pâturages, nommés *Setters*, d'où elle ne descendent qu'à l'approche de la mauvaise saison.

Depuis le lac, et à mesure qu'on s'y enfonce davantage, la vallée va se rétrécissant toujours, les montagnes deviennent plus hautes, et, en hiver, pendant trois mois de l'année, le soleil ne s'y voit jamais. Ce n'est pas à dire qu'il fasse absolument nuit dans la vallée, mais les rayons du soleil n'y pénètrent pas. Le prieur, nous montra la montagne sur le sommet de laquelle les rayons du soleil, après cette triste et longue interruption, font chaque année leur nouvelle apparition, à la grande joie des habitants. Quel contraste que ces mois d'hiver avec le beau spectacle que cette vallée présente au mois de juillet où les nuits ne durent guère plus de deux heures ! M. Hegerdal l'habitait depuis plusieurs années déjà, devant probablement y passer toute sa vie et y mourir dans l'exercice de ses utiles mais humbles fonctions. Je fus profondément frappé de cette existence consacrée tout entière au devoir, sous l'œil de Dieu, sans distractions quelconques, loin des hommes ! existence étrangère au monde, privée même, un quart de l'année, de la douceur du soleil, et acceptée non-seulement sans murmures mais avec une satisfaction tranquille et un sentiment réel de reconnaissance envers la Providence ! Spectacle touchant et instructif ! J'avoue que depuis, et dans bien des circonstances, j'ai reporté ma pensée vers la vallée du Tind et son digne prieur. Il ne se plaignait que d'une chose : d'une extinction de voix dont il était affligé depuis deux ans, et qui le gênait beaucoup pour la prédication et pour son école. Il nous parut très-fier, à bon droit, de l'ancienneté de son église, bâtie en bois, et dont la construction remontait au xiie siècle, époque de l'établissement du christianisme en Norwége. Une inscription, récemment trouvée sur la porte de l'église, en faisait foi.

Après trente-six heures de séjour, nous quittons notre excellent hôte, à notre grand regret et au sien. Il nous pria de lui donner de nos nouvelles à notre retour à Copenhague, car la poste ne pénètre que de temps en temps dans la vallée du Tind. Pour reconnaître quelque peu l'hospitalité qu'il nous avait si généreusement accordée, je lui envoyai en présent, et comme souvenir de notre visite, une boîte contenant une douzaine de fourchettes en fer et de couteaux anglais à manches d'ivoire, son pauvre ménage étant même dépourvu de ces indispensables instruments. Six mois après, je reçus sa réponse que j'ai conservée, et dans laquelle il se montrait très-touché de notre présent qui le mettait à même, disait-il, d'exercer plus convenablement l'hospitalité, s'il avait encore le bonheur de recevoir des étrangers.

De Tind, nous nous dirigeâmes par la cascade de Rukenforst. Elle offre en effet un magnifique spectacle. La petite rivière, la Moën, d'un seul bond précipite sa chute de six cents pieds de haut dans un gouffre hérissé de rochers, et dont l'aspect vous saisit d'étonnement, vous fascine par sa grandeur imposante et sauvage. Deux heures avant d'arriver à la cascade, on en entend le bruit qui devient, en face de la chute, complétement assourdissant. Au bord du gouffre serpente un petit sentier, nommé Marien-Hest (chemin de Marie), sur lequel il est fort téméraire de se hasarder. Il a sa légende, comme beaucoup d'autres lieux de cette contrée. Cependant nous nous hasardâmes dans ce chemin un peu par curiosité, beaucoup aussi par bravade, et bien que le guide nous eût raconté qu'une partie du sentier, qu'il nous indiqua, s'était quelques années auparavant écroulée dans l'abîme trois heures seulement après qu'il y était passé avec un voyageur anglais qu'il conduisait. Ce voyageur n'a jamais su à quel danger il avait échappé.

De la cascade de Rukenforst, nous prenons le chemin de Gonstafield, la plus haute montagne, ai-je déjà dit, de cette contrée de la Norwége. Après avoir passé la nuit au pied de la montagne, nous en commençons l'ascension le lendemain, de grand matin. Les ascensions sont bien souvent couronnées de peu de succès, parce qu'elles demandent des circonstances atmosphériques particulièrement favorables. Longtemps la brume nous enveloppa, mais, arrivés au sommet du cône, une éclaircie eut lieu, et nous fûmes récompensés de notre fatigue par une très-belle vue, plus étendue cependant que belle, il faut bien le dire. De ce point élevé nous dominions, il est vrai, quantité de montagnes, mais leurs sommets entièrement dénudés, où l'œil cherche en vain une plante, offrent un aspect désolé profondément triste. De vertes vallées ou des lacs, on n'en aperçoit point. Le cône que nous avions gravi avec une grande fatigue se compose uniquement de pierres brisées, plus ou moins grosses, qui sont certainement le produit d'une explosion volcanique. Comme nous étions assis au sommet pour reprendre haleine, nous aperçûmes à l'horizon un point noir, une espèce de petit nuage, qui faisait tache sur l'azur du ciel, et qui s'avançait sur nous avec une prodigieuse rapidité. Il passa avec grand bruit au-dessus de nos têtes. C'étaient trois aigles de la plus grande espèce, voyageant de compagnie. Etonnés peut-être de voir des êtres humains dans leur domaine et à cette hauteur, ils planèrent majestueusement au-dessus de nos têtes en décrivant de grands cercles. Bien que ce spectacle nous parât imposant, nous coulâmes des balles dans nos fusils et nous tirâmes ensemble, quoique probablement ces magnifiques oiseaux fussent hors de portée de nos coups. A ces hauteurs, en effet, il est difficile de se rendre un compte exact des distances. Quoi qu'il en soit, ils ne parurent pas s'apercevoir de notre attaque, et quelques instants après, nous les vîmes se précipiter vers le pied de la montagne avec la rapidité d'une flèche. L'aigle est véritablement le roi des airs ! Cet oiseau majestueux se fait rare en Norwége, quoiqu'il soit fort difficile de le tuer. J'ai vu chez un paysan de la contrée une paire de flambeaux faite des deux pattes d'un aigle. La largeur, la force des deux serres qui formaient la base, témoignaient du puissant développement de ce bel animal.

Cependant notre voyage durait plus longtemps que nous n'avions calculé ; d'ailleurs notre congé était limité. Laissant donc Christiansand sur notre droite, nous gagnâmes le bord de la mer entre cette ville et Christiania. En nous rapprochant de la côte, nous rencontrâmes un lac beaucoup plus large qu'aucun de ceux que nous avions vus jusque-là, si large même que nous ne pouvions apercevoir à la fois les extrémités des deux rives. Nous le descendîmes dans un mauvais bateau, à peine suffisant pour nous contenir tous les quatre, plus nos deux rameurs et notre bagage. Le vent s'étant levé, comme nous étions déjà loin du bord, des vagues assez fortes se formèrent et menacèrent de faire chavirer notre misérable embarcation. Nous courûmes là un véritable danger, et nous en eûmes toute l'émotion. Comme j'étais assez bon nageur, j'espérais qu'en cas de naufrage il me serait peut-être aisé de gagner le bord ; mais, avec ma vue basse et une fois à l'eau, je craignais avec raison qu'il me fût difficile de me diriger vers le rivage. Il eût été triste cependant de finir sa destinée à 22 ans, dans un lac de Norwége. Notre soulagement à tous fut grand lorsque nous arrivâmes à terre.

Le jour même, nous parvînmes vers le soir à Holden, où se trouve une assez belle maison, appartenant à un danois, le baron de Luvenskiold qui voulut bien nous donner l'hospitalité. Sa famille était nombreuse, et nous passâmes quelques heures fort agréables. Nous avions tué au Gonstafield plusieurs perdrix qu'on appelle *rüppers*, en norwégien, et que l'on ne rencontre que sur les flancs de cette montagne. Elles deviennent blanches en hiver. C'est un excellent gibier, dont nous fîmes hommage à notre hôte. M. de Luvenskiold possède de belles forges à Holden, ou plutôt à Skeen, petite ville où nous couchâmes le jour suivant. Là, nous retrouvâmes enfin une grande route, et nous voyageâmes de nouveau en voiture. Le 7 août, nous entrons à Fredrisvœrne, petit port de mer, et nous prenons au passage le bateau à vapeur qui fait le service de Christiania à Copenhague. Notre excursion avait duré trois semaines ; elle m'a laissé les plus intéressants souvenirs. Ces montagnards norwégiens, en effet, sont une noble race d'hommes, fiers, libres, vigoureux et de haute taille, instruits, religieux, obligeants, un peu susceptibles. Ils sont pauvres, mais leurs besoins étant bornés, ils supportent courageusement les privations que leur impose leur rude climat. Cependant comme chaque vallée est étroite et le foin récolté peu abondant, elle ne saurait nourrir qu'un certain nombre de vaches, conséquemment un nombre assez limité d'habitants. Aussi, quand mariages et naissances ont accru les familles ; quand les bouches y sont en quantité disproportionnée avec les ressources locales, il faut bien en aller chercher ailleurs.

De là cette émigration partielle à laquelle souvent ces pauvres gens sont forcés à se résigner. Et alors, quelques-uns des plus jeunes, — les nouveaux venus au logis, — gagnent à regret d'autres vallées encore peu habitées, ou bien s'en vont dans les villes maritimes, pour être employés à bord des bâtiments de pêche ou de commerce. Les divers produits de la pêche et l'exploitation des forêts, voilà en quoi consistent, en Norwége, les sources d'exportation. Les céréales nécessaires à la consommation du pays sont fournies par le Danemark. C'est par le flottage sur les rivières et les lacs que les bois, exploités en hiver, sont conduits dans la belle saison sur le bord de la mer. Certaines années où les céréales atteignent un prix élevé, les paysans de l'intérieur du pays sont quelquefois réduits aux plus dures extrémités.

Le costume des Montagnards norwégiens est commode, pittoresque et même élégant. Ils portent la culotte courte en drap de couleur foncée, ornée sur les coutures et aux boutonnières d'un cordonnet rouge, de longs bas de laine de diverses nuances, des guêtres, les souliers découverts et une veste ronde. Point de cravate gênant le cou. La chemise de grosse toile est attachée par une grande épingle en argent travaillé. Leurs cheveux tombent avec grâce sur les épaules, et le sommet de la tête est couvert d'une calotte à la grecque, en laine. Durant l'hiver, ce costume est sans doute recouvert d'une peau de mouton ou de fourrures. Les femmes grandes, bien faites, très-blondes, ont une figure douce et agréable. Jusqu'à leur mariage, elles portent leurs cheveux en deux nattes tressées avec soin et tombant sur les épaules. La jupe en laine est courte, le casaquin ouvert par devant, et laissant voir la chemise; leurs bras, entièrement nus. Elles portent, quand elles sont mariées un petit bonnet plat sous lequel la chevelure est enfermée. La norwégienne est gaie ; aussi les jeunes filles chantent-elles sans cesse en vaquant à leurs travaux. Avec leurs beaux yeux bleus, calmes et limpides, elles ont une grande expression de douceur. Les mœurs des deux sexes sont très-pures dans l'intérieur du pays. Il n'en est pas de même dans les villes maritimes où les matelots rapportent malheureusement de leurs voyages en pays étranger des habitudes de débauche et d'ivrognerie déplorables. En résumé, c'est une nation très-digne de sympathie que la nation norwégienne, et le pays est un des plus curieux et des plus pittoresques que l'on puisse visiter. L'histoire de la Norwége, son histoire ancienne surtout, qu'il faut lire dans les *Sagas*, est très-intéressante. On y découvre, dans les temps les plus reculés, une civilisation bien supérieure à celle qui existait à la même époque en Germanie, dans la Grande-Bretagne, même dans la Gaule, civilisation qu'il est fort curieux d'étudier.

De retour à Copenhague, j'y passai fort doucement le reste de l'été de 1827. Mme de Saint-Simon partit en octobre, et j'eus alors mon ménage à moi, ce qui me permit de recevoir quelquefois mes collègues à ma table. Dans l'hiver, il y eut de fort beaux bals à la Cour. Les ministres étrangers soupaient à la table du Roi; les chargés d'affaires, les secrétaires et les attachés de légation, à de petites tables de dix ou de douze couverts, avec les charges de Cour, les chambellans, les généraux, etc., etc., leurs femmes et leurs filles. Dans cette catégorie, le sort décidait de la femme à laquelle on devait donner le bras pour aller souper. Les moins élevés en grade dans le corps diplomatique étaient les plus heureux, car les jeunes femmes et les jeunes filles leur tombaient en partage. Ma dignité de chargé d'affaires, en dépit de mes 22 ans, me valait au contraire la bonne fortune de conduire les femmes de généraux ou de chambellans d'un âge fort respectable. Le vieux et excellent Roi, me fit souvent des plaisanteries à ce sujet.

Pendant l'automne et dans le courant de l'hiver, j'eus aussi la distraction de la chasse. Le prince Christian, cousin du Roi et prince héréditaire, voulut bien m'inviter à celles qu'il donnait une fois par semaine. On chassait le lièvre, le renard et le chevreuil, soit aux chiens courants, soit en battues. Le gibier était abondant; mais en hiver, le froid rendait quelquefois très-pénibles nos expéditions. En automne, j'allais souvent aussi avec le ministre d'Angleterre et son secrétaire de légation, M. Brown, tirer le perdreau et le coq de bruyère, jusque dans la Scanie. Alors, nous traversions le Sund dans un bateau-pilote, et nous errions un peu au hasard sur les côtes de Suède, prenant gîte dans quelque village, et souvent pour deux ou trois jours, lorsque la chasse était abondante. Il me souvient d'être revenu quelquefois seul de ces courses lointaines, par une belle journée d'automne, au soleil couchant, la mer étant calme. Debout, près du petit mât et de la voile légèrement gonflée, j'aimais à me sentir isolé, sous un ciel pur et bleu, ce qui n'arrive guère en Danemark qu'à cette époque de l'année. Là, je jouissais de la vie à pleins poumons, songeant au passé qui me laissait déjà des souvenirs doux ou tristes, et surtout rêvant à l'avenir qui me semblait devoir être bien long ! l'âge de 30 ans me paraissait encore si éloigné, que je me demandais avec une certaine curiosité où je serais alors ? ce qui m'arriverait d'ici-là ? quels seraient mes sentiments, mes idées, à cette époque lointaine de mon existence ? Eh bien, à 30 ans, je devais me retrouver encore sur les rives du Bosphore. Une révolution fatale à la France avait déjà failli briser ma carrière commencée sous de si heureux auspices. J'avais appris par ma propre expérience que les années passent vite, et que la vie ne tient pas toutes les promesses qu'elle semble nous faire à son début.

Je crois l'avoir déjà dit : les affaires diplomatiques étaient nulles à Copenhague, et j'avais bien de la peine à trouver matière à une correspondance avec le ministère des affaires étrangères. Mais la guerre qu'au printemps de 1828 la Russie venait de déclarer à la Porte imprima un mouvement assez vif à la politique générale. Ce mouvement se fit aussi sentir en Danemark. De là un peu plus d'intérêt dans les conférences, qu'une fois par semaine, le corps diplomatique avait avec le ministre des affaires étrangères, M. le comte de Schimelmann, vieillard de plus de quatre-vingts ans.

C'était un grand seigneur, homme d'esprit, d'instruction, mais fort distrait, et timide comme une jeune fille de quinze ans. Déjà ministre d'Etat avant 1789, il avait voyagé en France dans sa jeunesse, sous le règne de Louis XV, et avait conservé de ce voyage et de cette époque si éloignée les plus charmants souvenirs sur lesquels il aimait à revenir, quand par hasard il pouvait mettre de côté pour quelques instants son incurable timidité. Un jour, il se sentit assez à l'aise avec moi, et tout en rougissant beaucoup me raconta avec un embarras extrême une anecdote de sa jeunesse : — « Je me trouvais, me dit-il, dans le salon de Mme de Tencin, où avait lieu une grande discussion à propos du style épistolaire. Plusieurs des beaux esprits de l'époque étaient présents ; et l'on agitait, depuis longtemps déjà, la question de savoir s'il fallait mettre ou non de l'esprit dans les lettres particulières ; quand tout à coup la maîtresse de la maison m'apostropha, voulant, disait-elle, avoir sur ce point l'avis du jeune seigneur danois. Vous jugez, ajouta-t-il, quel fut mon embarras, ma confusion ! Plus que jamais je me sentais défaillir par suite de ma timidité. Aussi, essayai-je d'abord, en ma qualité d'étranger, de sauvage habitant du Nord, de faire agréer mon incompétence en si délicate matière. Mais pressé de nouveau par Mme de Tencin et par toute la compagnie qui semblait jouir de mon trouble, je réunis enfin tout mon courage en ce périlleux danger, et finis par répondre qu'il me semblait qu'on pouvait avoir de l'esprit dans sa correspondance, mais qu'il ne fallait pas en mettre. » « Eh bien, M. le Comte, m'écriai-je, cette réponse était » charmante ; elle est d'un esprit tout à fait français. » Puis il sourit, me regarda en dessous, rougit beaucoup, et me dit à voix basse : « Elle eut, en effet, quelque » succès, surtout, ajouta-t-il, venant d'un Danois. » — Quant aux distractions du comte de Schimelmann, on en ferait un gros volume très-amusant. Au sujet de la guerre entre les Russes et les Turcs, il se faisait dans sa tête une confusion de noms propres et de villes, qui produisait les quiproquos les plus incroyables, et dont il était le premier à rire, surtout avec moi, qu'il traitait avec une bonté toute particulière, depuis le récit du bon mot chez Mme de Tencin. Lorsqu'en me donnant des nouvelles du théâtre de la guerre, il avait fait quelque terrible confusion de lieux ou de noms propres (ce dont je ne pouvais m'empêcher de rire), il me disait, en souriant lui-même : « Je vois bien que j'ai commis une grosse erreur ; que voulez-vous ? je ne puis me fourrer dans la tête tous ces affreux noms de Turcs et de Russes. »

Le roi Frédéric VI, qui gouvernait le Danemark depuis bien des années, d'abord en qualité de régent, plus tard (1809 ou 1810) comme Roi, avait eu un règne marqué par de cruels désastres. C'était un honnête homme dans la plus large acception du mot. Jouissant *constitutionnellement* du pouvoir le plus absolu, il n'en avait jamais abusé, et gouvernait son peuple aussi paternellement que sa propre famille. Il mettait lui-même des bornes à son omnipotence, et avait créé, près de chaque ministère, un conseil qui était consulté sur toutes les affaires, et dont il s'était fait une loi de respecter et de suivre les décisions. Malheureusement, il en était résulté une sorte d'oligarchie de fonctionnaires très-opposés à toute espèce d'innovation et de progrès, et dont l'esprit de routine ne trouvait nulle part de contre-poids efficace. L'alliance du Danemark avec la France conclue, il est vrai, presque fatalement à la suite du bombardement de Copenhague par l'Angleterre, en 1801, et à laquelle le Roi était resté fidèle jusqu'à la fin, avait en dernier lieu amené la perte de la Norwége, précédée de pesants sacrifices imposés au commerce du pays, par le blocus continental. Tant de malheurs n'avaient point affaibli l'amour des danois pour leur souverain. Ils rendaient justice à ses vertus, à ses excellentes intentions, et savaient bien que plus qu'aucun d'eux il avait lui même souffert des désastres du pays.

Frédéric VI était très-laid ; il offrait l'image d'un véritable albinos. La Reine, fort bonne, d'esprit court, était sans crédit aucun, et nullement femme à désirer en obtenir. Elle n'avait que deux filles, ce qui fesait que la couronne de Danemark devait passer au prince Christian, cousin du Roi. L'aînée de ces deux filles, la princesse royale, qui ressemblait beaucoup à son père, avait de l'esprit et se mêlait volontiers des affaires de Cour. Pendant mon séjour en Danemark, n'étant déjà plus jeune, elle épousa son cousin, le prince Ferdinand, frère cadet du prince Christian. La seconde fille du Roi, la princesse Wilhelmine, se maria au fils unique du prince Christian, et devait par conséquent devenir un jour reine de Danemark. Mais ce mariage tourna très-mal par la faute du Prince ; et un divorce eut lieu du vivant encore du roi Frédéric. Le prince Christian, héritier présomptif, était un prince instruit, de manières douces et distinguées, libéral et fort ami des sciences et des arts. Proclamé roi de Norwége en 1814, par les habitants de cette contrée, qui ne voulaient pas être réunis à la Suéde, il lui avait, en montant sur le trône, octroyé une constitution très-libérale, dont, après son règne si court, la Norwége a continué de jouir, malgré sa réunion forcée avec la Suède. Le prince Christian avait un frère, le prince Ferdinand, et deux sœurs : la princesse Julie, mariée à un prince de Hesse-Philippstahl ; et la princesse Charlotte, mariée au prince Guillaume de Hesse. Chacun de ces princes et chacune de ces princesses avait sa petite cour ; et toutes ces cours rivales donnaient naissance à beaucoup d'intrigues pour de bien petits sujets.

L'hiver de 1827 à 1828 ne fut pas très-brillant à Copenhague. Cependant on joua la comédie chez le ministre des Pays-Bas, le baron de Quabeck. J'eus assez de succès, comme acteur, bien que ce fussent mes débuts. Je me liai avec quelques familles du pays, particulièrement avec les Danneskiold qui me traitèrent avec beaucoup de bonté. La famille se composait de la comtesse Danneskiold, déjà âgée et veuve, puis de trois fils et de quatre filles. Deux des filles épousèrent les duc et prince d'Augustembourg, agnats de la maison royale de Danemark, sans que le Roi voulût leur reconnaître le rang de leurs époux. C'est un fils de Mlle Danneskiold qui, en sa qualité de duc d'Augustembourg, a revendiqué en 1865 et 1866, par droit de naissance, la souveraineté du duché de Holstein. La famille Danneskiold descendait d'un bâtard de je ne sais quel roi de Danemark, et tous ses membres, les femmes aussi bien que les hommes, jouissaient du titre et du rang d'Excellence. La comtesse possédait dans les environs de Copenhague un grand et beau château, Gissenfeld, où je reçus plusieurs fois l'hospitalité la plus cordiale pendant mon long séjour en Danemark.

Au mois d'octobre 1828, M. de Saint-Simon, qui n'avait pu obtenir un autre poste diplomatique, revint à Copenhague avec toute sa famille. Je demandai alors et j'obtins un congé auquel deux ans et demi d'absence me donnaient tous les droits possibles. Le ministère de M. de Villèle était tombé à la fin de 1827, et M. de Damas avait été remplacé au ministère des affaires étrangères par M. le comte de La Ferronnays. Avant son départ, M. de Damas m'avait définitivement nommé secrétaire de légation à Copenhague, et, si je perdais en lui un protecteur auquel je devais une si grande reconnaissance, ma bonne fortune voulait qu'il fût remplacé par un homme d'Etat sur la bienveillance duquel je savais que je pouvais compter. Entièrement satisfait de ma situation, je n'avais, d'ailleurs rien à demander. J'allais uniquement à Paris pour voir ma mère et me retremper dans l'air natal. Je ne pus quitter Copenhague qu'au milieu de novembre, la saison étant déjà mauvaise. Je fus obligé, comme à mon arrivée, de traverser les deux Belt et de passer par les Duchés, voyage long et fatigant. Je revis Hambourg, je traversai le Hanovre, les provinces Rhénanes de la Prusse et de la Belgique, ne restant qu'un jour à Bruxelles. Je descendis à Paris, rue de Sèze, dans un petit appartement garni, que ma mère m'avait arrêté tout près de chez elle.

M. de La Ferronnays me fit l'accueil le plus cordial. M. de Pontcarré qui l'avait suivi en France se trouvait alors chef du cabinet. Malheureusement la santé de M. de La Ferronnays laissait beaucoup à désirer; et, le 1er janvier 1829, dans le cabinet du Roi, il fut frappé d'une attaque qui le laissa paralysé de tout un côté. Les médecins l'envoyèrent passer l'hiver à Nice, où sa santé s'améliora sans lui permettre cependant de reprendre son portefeuille qui avait été confié, par intérim, au comte Portalis. Quant à M. de Damas il était devenu gouverneur de M. le duc de Bordeaux, et, en cette qualité, installé aux Tuileries, où j'eus souvent l'occasion de voir le jeune Prince. Il montrait une rare intelligence, de la gaîté, et son caractère était à la fois vif, doux et aimable. Quelles infortunes il a connues, au lieu des grandes et magnifiques destinées qui lui étaient promises! Je fus beaucoup dans le monde pendant cet hiver et retrouvai avec grand plaisir mes anciens amis, particulièrement la famille de Caraman. Quant à ma vieille, spirituelle et si aimable protectrice, la duchesse Charles de Damas, elle était à ma très-grande peine, morte en 1827. Je vis souvent son petit-fils, le marquis de Vogué, qui, à son retour de Russie, en 1826, s'était marié avec Mlle de Machault.

— A la fin de l'hiver, il y eut aux Tuileries, chez la duchesse de Gontaut, gouvernante de Mademoiselle, deux bals costumés, en l'honneur et pour l'amusement de Mme la duchesse de Berry. J'y fus invité grâce à la protection de M. de Damas. Bien que le local ne permît pas d'étendre les invitations, ces deux fêtes furent très-belles. Au premier bal, Mme la duchesse de Berry faisait partie d'un quadrille de Napolitains, et dansa une entrée de ballet, comme on aurait dit du temps de Louis XIV. Au second, elle représentait Marie Stuart, épouse de François II, entourée de sa Cour, tandis que l'ambassadrice d'Angleterre représentait la reine Elisabeth au milieu de la sienne. Le jeune duc de Chartres remplissait le rôle de François II. On critiqua assez vivement le choix du personnage de Marie Stuart. Tout est difficile pour les princes, même le choix d'un déguisement dans un bal costumé.

Après un congé de six mois, au printemps de 1829, je retournai en Danemark, non sans regretter la vie de Paris. Dans le courant de l'été, M. de Saint-Simon fit une absence de trois mois pour aller prendre les eaux en France, et je remplis de nouveau les fonctions de chargé d'affaires.

L'hiver de 1829 à 1830 fut extrêmement rigoureux dans toute l'Europe. En Danemark, il tomba beaucoup de neige, et le froid fut si intense et si prolongé que le Sund et les deux Belt gelèrent complétement. Les paysans suédois traversaient le Sund en traîneau et venaient vendre leurs denrées sur le marché de Copenhague. Quand le dégel commença, toutes les communications furent interrompues, et nous restâmes quinze jours entiers sans nouvelles du continent. Ce fut à travers des difficultés et des dangers que peuvent seuls braver les marins du Nord, que les premières dépêches nous arrivèrent en passant les deux détroits des Belt. Il n'avait pas fallu moins de trente-six heures pour traverser les glaces du grand Belt, lequel n'a cependant que huit lieues de large. Un froid si rigoureux est rare en Danemark, car les hivers y sont généralement doux relativement à sa latitude (56me degré). Ce bénéfice est dû au voisinage de la mer, auquel l'île de Seeland doit aussi ses brusques variations de température dans toutes les saisons, ce qui rend le climat réellement très-désagréable. Mais la végétation en Danemark est magnifique ; toutes nos céréales y viennent bien, ainsi que la plupart de nos légumes et de nos fruits.

Cet hiver si rigoureux ébranla ma santé ; et, vers le milieu de février, je fus atteint d'une violente attaque de rhumatisme, ou plutôt de névralgie à la tête, qui dura huit jours et me causa d'intolérables souffrances. Cet accès passé, la névralgie se porta, quelques semaines plus tard, sur le cœur, où j'éprouvai des douleurs tantôt aiguës, tantôt sourdes, accompagnées de cruelles insomnies. J'étais si pâle, si défait, si changé, que les médecins craignirent que je ne commençasse une maladie de cœur, ce dont j'étais moi-même persuadé. En proie donc à d'assez tristes pensées et voyant que ma santé ne se remettait pas, je demandai au printemps un congé pour venir consulter en France et essayer de l'air natal.

Je quittai Copenhague au mois de juin ; j'allai par mer jusqu'à Kiehl, et traversai, comme à mon premier voyage, le Hanovre, la Prusse et la Belgique. En arrivant à Paris, je consultai un ancien médecin qui m'avait soigné dans mon enfance et qui connaissait bien mon tempérament. Je lui fis le récit des souffrances que j'avais successivement éprouvées, et après quelques expériences auxquelles il me soumit, il resta persuadé que mes douleurs au cœur étaient uniquement rhumatismales. En conséquence on m'engagea à aller prendre les eaux de Greoulx et à chercher du soleil et de la chaleur en Provence. Un peu rassuré, je résolus de partir promptement pour Avignon, pour y faire une visite à ma grand'mère, et aller de là prendre ma saison d'eau.

Cependant, à mon arrivée à Paris, j'avais trouvé la France entière vivement agitée, et tous les esprits préoccupés, anxieux des événements politiques. Depuis l'avénement du ministère Polignac (août 1829), le pays profondément inquiet pour ses libertés politiques, redoutait un coup d'état et se préparait ouvertement à y résister. De son côté, la chambre des députés partageant les inquiétudes de la nation, avait par le fameux ordre du jour des 221, témoigné de sa défiance envers le ministère, et essayé, par son vote, d'éclairer le souverain. Mais bientôt elle avait été dissoute, et toute la France était en proie à la fièvre électorale. La lutte entre le gouvernement et le pays s'ouvrit avec une ardeur, une vivacité, un emportement, dont il n'y avait pas encore eu d'exemple. Et ce fut à tel point, que la France, ordinairement si sensible à la gloire de ses armes, n'accordait presqu'aucun intérêt à l'expédition contre Alger, qui se préparait dans nos ports sur une échelle tout à fait grandiose. Paris était triste, inquiet, agité, troublé, menaçant. On sentait qu'une crise approchait, appelée par quelques-uns, redoutée du plus grand nombre, et dans laquelle l'avenir du pays était en jeu. La politique absorbait tout. Les royalistes les plus dévoués redoutaient plus que les libéraux eux-mêmes un coup d'état qui pouvait perdre la dynastie. Le Roi ne s'ouvrait à personne de ses projets ; nul, à l'exception du prince de Polignac, ne semblait avoir de crédit sur son esprit. Le ministre lui-même s'isolait des serviteurs les plus dévoués à la couronne. A tel point qu'ayant, à cause de ma santé, prié M. le baron de Damas de solliciter de M. de Polignac un simple changement de résidence, il me déclara qu'il n'était pas en situation de lui demander cette mince faveur. Il y a un mois, me dit-il, que le prince de Polignac m'a adressé la parole. Aussi est-il avéré que les plus proches courtisans du Roi et le duc de Raguse lui-même ne connurent les Ordonnances de juillet que par le *Moniteur*, comme le reste de la France.

Dans le courant de juin, pendant mon séjour à Paris, le Roi et la Reine de Naples étant arrivés, M. le duc d'Orléans leur donna au palais royal une fête magnifique à laquelle je fus invité. Le roi Charles X l'honora de sa présence. Cette fête somptueuse fut triste, tant les préoccupations politiques étaient vives. Le bal commença de bonne heure, et il ne faisait pas encore tout-à-fait nuit, lorsque je rencontrai, sur une des terrasses du palais donnant sur le jardin, le Roi, qui y était venu prendre l'air un moment. Il s'appuya un instant sur la balustrade, parut jouir de la soirée qui, en effet, était belle, et se retournant vers le groupe de courtisans qui l'entourait, il dit à haute voix : « Voilà, messieurs, un bien beau temps pour ma flotte d'Alger. » Cette magnifique flotte qui transportait en Afrique une armée tout entière, avait, en effet, quelques jours auparavant mis à la voile à Toulon. Hélas ! ce monarque infortuné qui pouvait alors parler avec une juste fierté de son beau royaume, de ses flottes et de ses armées, devait, quelques semaines plus tard, s'acheminer lentement vers la terre d'exil, pour y finir tristement sa vie. Je le vois encore sur cette terrasse, la tête découverte, souriant, affable, portant légèrement sa verte viellesse. Sa physionomie était douce ; son visage charmant encore, malgré les ans ; sa taille droite et ferme ; sa tête cependant un peu inclinée sur la poitrine. Son geste était à la fois plein de dignité et de bonté. C'est à ce bal que M. de Salvandy, connu seulement alors par quelques ouvrages de littérature, dit à M. le duc d'Orléans qui lui demandait comment il trouvait sa fête, ce mot, dont les événements se chargèrent si promptement de montrer la justesse : « Monseigneur, c'est vraiment une fête Napolitaine ; nous dansons sur un volcan. » Le volcan, en effet, commençait déjà à g ronder, car le jardin du palais royal, ayant été laissé ouvert au public toute la nuit, l'ordre y fut assez sérieusement troublé pour qu'on fût obligé de le faire évacuer par la troupe, de garde au Palais.

Au commencement du mois du juillet, et quelques jours avant mon départ pour la Provence, j'allai un dimanche chez M. le baron de Damas, au château de Saint-Cloud, où la Cour était établie. Dans la semaine, Mgr le duc de Bordeaux mangeait seul, mais, le dimanche, il dînait, à sa grande joie, à la table de son gouverneur. J'eus donc l'honneur de dîner avec lui. Le comte Alfred de Damas, frère du baron, et M. de Suleau étaient avec moi les seuls convives étrangers. Le repas fut gai. On habituait le duc de Bordeaux à en faire les honneurs, en offrant lui-même des plats qui se trouvaient devant lui ; ce dont il s'acquittait avec bonne grâce. Après le dîner, toute la compagnie alla se promener dans une partie réservée du parc qu'on appelait le *Trocadéro*, où une gymnastique était établie à l'usage du duc de Bordeaux. Comme j'étais encore assez jeune pour me mêler aux jeux du Prince et des enfants de M. de Damas, ses compagnons, nous eûmes promptement organisé une belle partie de barres. Le Prince était leste, hardi, et jouait avec la plus vive animation. Au plus fort du jeu, le Roi, accompagné de M. le Dauphin, arriva. Je quittai la partie un peu décontenancé, mais le Roi me félicita sur mes bonnes jambes et se montra parfaitement aimable. M. le Dauphin lui ayant fait remarquer que nous avions tous, et tout naturellement, le chapeau à la main, il nous *ordonna* de nous couvrir. Puis, le Roi plaisanta Alfred de Damas, alors chef d'escadron dans les grenadiers à cheval de la garde, sur ce que son escadron ne s'était pas trouvé à temps, un des jours précédents, à la barrière de l'Etoile, pour lui servir d'escorte jusqu'aux Tuileries. Il causa ensuite avec M. de Suleau et se retira après une courte promenade avec nous. Ce fut la dernière fois que je revis Charles X. Après son départ, je pris congé moi-même de Mgr le duc de Bordeaux et de M. de Damas. Le lendemain je partais pour Avignon.

Avant la fin du mois, la monarchie était renversée ; le Roi, M. le Dauphin quittaient pour jamais la France ; et ce royal enfant à qui de si brillantes destinées étaient promises, celui dont la naissance inespérée avait été saluée de si vives et de si sincères acclamations, prenait le triste chemin de l'exil. Que de fois j'ai pensé depuis, avec une profonde tristesse, à cette visite au chateau de Saint-Cloud ! Tant de grandeurs si promptement tombées ! De si justes espérances si cruellement déçues ! Quelle leçon ! J'ai été témoin, depuis lors, d'autres naufrages dans lesquels j'étais plus particulièrement intéressé, au point de vue de ma fortune et de mon ambition ; mais cette catastrophe revient toujours dans mes souvenirs, comme la plus frappante ; celle qui a eu la plus triste influence sur les destinées de mon pays, ainsi rejeté dans les hasards et les dangers des révolutions.

Parti pour Avignon, tout au commencement de juillet, je fis une courte visite à ma grand'mère, et me rendis à Gréoulx. J'y trouvai, à mon grand étonnement, le prince de Hesse-Philipstahl, mari de la princesse Julie de Danemark ; ainsi que son frère le prince Ernest qui, au service de la

Russie, avait perdu une jambe à la bataille de la Moskova. Après avoir voyagé dans le Midi de la France, et assisté à Toulon au magnifique spectacle de l'embarquement de notre armée pour Alger, ils étaient venus prendre les eaux de Gréoulx. Ce fut une heureuse rencontre, car ces deux princes étaient excellents et se montrèrent d'une grande amabilité pour moi. Je fis aussi connaissance avec la duchesse de Montebello, la veuve de l'illustre maréchal, dont le fils Gustave était parti comme simple soldat pour Alger, et qu'elle avait accompagné jusqu'à Toulon. Elle était à Gréoulx avec son second fils le marquis de Montebello. — Les eaux me firent grand bien, ce qui prouva que mes douleurs au cœur étaient essentiellement rhumatismales. Je quittai Gréoulx pour Eyragues, après un séjour de trois semaines.

J'y étais à peine arrivé que l'on connut les fatales Ordonnances et l'insurrection qui avait éclaté à Paris. Je partis immédiatement pour Avignon, où j'appris qu'après trois jours de combat, l'insurrection avait triomphé, et qu'une révolution était imminente. Avignon était dans le plus grand trouble. Le Préfet, la plupart des autorités avaient fui; une extrême effervescence régnait parmi la population, et on sait à quels excès elle est capable de se livrer en temps de révolution. Le baron de Montfaucon, maire de la ville et jouissant heureusement de quelque popularité, était resté à son poste et faisait tête à l'orage, au moyen d'une garde nationale improvisée. Il parvint à peu près à maintenir l'ordre jusqu'à la proclamation du duc d'Orléans comme Roi, par les Chambres et par le peuple de Paris. Certes, dans la disposition où se trouvaient les esprits en France, il était facile de prévoir que, si la Charte n'était pas respectée, le gouvernement rencontrerait la plus sérieuse résistance. On croyait, en province surtout, plutôt à une résistance passive, légale, qu'à une insurrection. Mais à Paris, le mouvement fut si prompt, si foudroyant, qu'il vint surprendre ennemis et amis, et entraîna des conséquences bien plus radicales qu'on ne l'avait supposé d'abord, et peut-être désiré. Retrait des Ordonnances, abdication du Roi et du Dauphin, rien n'avait arrêté le torrent révolutionnaire; et le principe monarchique lui-même ne fut sauvé à grand peine que par l'élection du duc d'Orléans et l'abolition du principe de la légitimité. Je ne sais s'il eût été possible d'agir autrement, et si, après s'être insurgé en faveur de la constitution, on eût pu faire respecter cette même constitution, en acceptant l'abdication du Roi et du Dauphin, et en proclamant Roi Mg^r le duc de Bordeaux, sous la régence du duc d'Orléans. C'eût été là certes un grand et noble spectacle, et le peuple français en se montrant digne de la liberté qu'il revendiquait, en eût évidemment assuré le triomphe définitif. Tandis que la répudiation du principe de la légitimité et la proclamation du dogme de la souveraineté du peuple faisaient rentrer la France dans l'ère des Révolutions.

Quant à moi personnellement, la révolution de juillet, en amenant la chute de la branche aînée des Bourbons, froissa tous mes sentiments politiques. J'avais été élevé dans un respect égal et pour les droits de la royauté et pour les libertés constitutionnelles que nous devions au retour des Bourbons. Le divorce qui s'opérait entre ces deux principes, dont l'alliance pouvait seul préserver la France de l'esprit révolutionnaire, me causa donc la plus pénible impression ; et si j'avais été moins jeune, si ma carrière avait été plus avancée, je n'aurais point servi le pouvoir nouveau. Mais j'avais 25 ans, et il m'eût été trop pénible de renoncer à servir mon pays dans une carrière qui avait toutes mes sympathies, et qui s'ouvrait sous de si favorables auspices. Je revins donc à Paris, et je témoignai à M. le comte Molé, ministre des affaires étrangères, mon désir de continuer à servir. Malgré quelques intrigues ourdies contre moi dans les bureaux où l'on avait trouvé mon avancement trop rapide, M. Molé me conserva mon grade de secrétaire de légation et m'engagea à retourner à Copenhague, le roi Louis-Philippe ayant le projet de donner promptement une légation plus importante au marquis de Saint-

Simon qu'il connaissait particulièrement et qu'il affectionnait. Par différentes causes, M. de Saint-Simon rendit stériles les bonnes dispositions du Roi à son égard.

Je partis pour Copenhague dans le courant d'octobre, en passant par Londres, où je fus chargé de remettre des dépêches au prince de Talleyrand, ce qui me procura l'occasion de faire la connaissance de ce célèbre diplomate que la révolution de juillet rappelait aux affaires. Il me reçut avec sa courtoisie ordinaire et m'engagea à dîner pour le lendemain, invitation qu'à mon grand regret, je ne pus accepter, le paquebot qui devait me porter à Hambourg partant ce jour-là même. La traversée entre Londres et Hambourg ne dura guère que trente-six heures ; mais la mer était très-forte ; ce qui m'obligeait à rester presque constamment couché. De Hambourg, je fus à Kiehl, où je m'embarquai de nouveau pour Copenhague sur un petit paquebot à voiles, vraie coquille de noix. Le vent étant favorable, je fis la traversée qui ne dura que vingt-quatre heures, avec un compatriote, gouverneur du fils du comte Raczinsky qui, pendant mon absence de Copenhague, avait été nommé ministre de Prusse en Danemark. Il lui rapportait, en un lingot d'or, une somme de 200,000 francs, qu'il avait été chercher à Hambourg, et, qu'en prévision des révolutions dont l'Europe entière paraissait menacée, le comte Raczinsky était bien aise d'avoir à sa disposition pour s'enfuir en Amérique avec sa famille, si cela devenait nécessaire. Peu de jours après mon arrivée à Copenhague, M. de Saint-Simon partit pour Paris en vertu d'un congé que je lui avais apporté. Il avait adopté les opinions politiques les plus avancées ; et plus tard, le gouvernement danois fit les plus grands efforts pour l'éloigner de son poste lorsqu'il voulut y revenir.

L'hiver de 1830 à 1831 fut triste. L'insurrection de la Pologne, la révolution de Belgique, l'état d'agitation et de trouble qui régnait en Allemagne et en Italie, les émeutes de Paris, tout semblait devoir amener une conflagration en Europe, conflagration dont il était impossible de prévoir le résultat. Ce sera l'éternel honneur du roi Louis-Philippe, placé au milieu de si graves circonstances et de tant de difficultés, de n'avoir jamais désespéré de la paix, et d'en avoir poursuivi le maintien avec persévérance et volonté, malgré tant de passions déchaînées, malgré le mauvais vouloir des gouvernements étrangers à son égard, le découragement et quelquefois la complicité de ses propres conseillers. Lorsqu'on jette les yeux sur cette époque si troublée, si difficile, où tant et de si diverses passions pouvaient se donner carrière, on doit reconnaître qu'il fallut au Roi une modération et une habileté peu communes, non-seulement pour rétablir la tranquillité en France, mais pour éviter une guerre générale. Quant à moi, il me semblait qu'elle était inévitable, et j'avais presque regretté que le Roi ne l'eût pas faite dès le printemps de 1831, lorsque l'insurrection de Pologne, paralysant jusqu'à un certain point les forces des trois puissances continentales, nous permettait de l'accepter dans les conditions les plus favorables. Mais c'est à la lumière projetée par l'avenir qu'il est équitable de juger les malheurs dont la France a été plusieurs fois préservée par la sagesse et par la fermeté du Roi.

Nous ne vivions à Copenhague que par les nouvelles du continent; car, dieu merci! au milieu des troubles qui surgissaient chaque jour chez toutes les nations de l'Europe, le Danemark continuait de jouir de la plus grande tranquillité. Au printemps, le marquis de Dalmatie, fils du maréchal Soult, alors ministre de la guerre, passa par Copenhague pour se rendre à Stockolm, où il avait été nommé ministre. Il était accompagné d'un de ses amis, M. de Tinan, capitaine d'état-major. Ces messieurs s'arrêtèrent quelques temps à Copenhague. Ils mangèrent chaque jour chez moi, et je commençai avec le marquis de Dalmatie une liaison qui devint intime par la suite et qui eut quelques années plus tard une influence considérable sur mon avènir. En six mois de temps, son illustre père avait donné à la France une armée aussi redoutable par le nombre que par la discipline, discipline à laquelle la révolution de juillet avait porté un coup fatal. En frappant les puissances étrangères d'étonnement et d'une crainte salutaire, le maréchal Soult avait puissamment secondé les efforts du Roi pour maintenir la paix au dedans et au dehors. Certaine revue, passée à Paris, en présence des représentants de toute l'Europe, qui virent défiler devant eux une armée aussi belle, sinon aussi aguerrie, que celles que la France eût jamais possédées, inspira aux puissances étrangères les réflexions les plus sérieuses et appuya fort efficacement le langage de nos représentants près de toutes les cours de l'Europe.

Dans l'été de 1831, l'horizon, si chargé de menaces, s'éclaircit un peu. A Paris, le gouvernement fut moins attaqué ; l'Allemagne et l'Italie s'apaisèrent ; la révolution Belge triomphait ; la malheureuse Pologne était, il est vrai, vaincue, après une lutte héroïque, mais la Russie restait tellement épuisée qu'elle n'était plus menaçante, du moins pour le moment. On commençait donc à espérer qu'une guerre générale pourrait être évitée. Du point si tranquille où la Providence m'avait placé, je suivais le cours des événements avec le plus vif intérêt et la plus patriotique anxiété. Je fis, durant l'été, une excursion en Holstein, dans les environs de Kiehl, au château de Sierhagen, chez le comte de Plessen, un des gentilshommes les plus distingués et les plus riches de la province, et qui venait quelquefois passer les hivers à Copenhague. Le Holstein ressemble beaucoup à l'Angleterre par son climat et sa verdure. Sierhagen est un beau château, situé non loin de la mer, dans un pays pittoresque, planté d'arbres magnifiques et coupé d'étangs et de vertes prairies. Les céréales se vendant mal à cette époque, presque toute la propriété, fort étendue d'ailleurs, avait été convertie en pâturages, dans lesquelles paissait une armée de belles vaches qui produisaient, chaque semaine, un tonneau de beurre qu'on salait légèrement et que l'on exportait en Angleterre, particulièrement pour les besoins de la marine. La comtesse de Plessen fort aimable, très-hospitalière, un peu romanesque, quoiqu'elle ne fût plus jeune, donnait aux relations qu'on avait avec elle un certain tour idéal qui n'était pas sans charmes. Elle avait deux fils et une fille en âge d'être mariée. Je fis aussi à Sierhagen la connaissance d'une comtesse de Pappenheim, de Berlin, dont la fille avait une voix charmante, et je passai là quelques jours fort agréables. En automne, j'eus la visite de M. Billecoq, que j'avais connu à Berlin, et qui se rendait à Stockolm, où il venait d'être nommé secrétaire. Peu empressé de rejoindre son poste et un peu froissé d'avoir pour chef le marquis de Dalmatie, plus jeune que lui, il s'établit chez moi, où il passa quelques semaines, sous prétexte de santé. Nous parlâmes beaucoup de M. de Saint-Priest, dont la révolution avait brisé la carrière, et auprès duquel il se trouvait à Madrid, comme second secrétaire d'ambassade, au moment de la catastrophe de juillet.

Le choléra qui avait paru d'abord en 1831 à Saint-Pétersbourg, et qui avait pénétré en Pologne avec les armées russes, envahissait petit à petit toute l'Europe et éclatait à Paris avec fureur, au mois de mars 1832. Il ne pénétra pas dans l'île de Seeland, mais, au printemps, une épidémie de fièvre intermittente pernicieuse se déclara à Copenhague ainsi que dans les environs, et causa une grande mortalité. Un quart de la population de Copenhague fut plus où moins atteint. Pris moi-même d'une façon très-violente, je ne pus être tiré d'affaire que par le sulfate de quinine, administré à hautes doses. Mais il me fallut longtemps pour me remettre de cette cruelle maladie; et sentant que je ne retrouvrais des forces qu'en changeant d'air, je demandai et obtins un congé pour rentrer en France. On envoya pour me remplacer, comme chargé d'affaires, M. Lasalle, secrétaire de légation à Hambourg; et je quittai Copenhague, le 6 juillet 1832, souffrant, découragé, ne sachant pas comment j'obtiendrais un changement de résidence, et pourtant bien décidé à ne plus revenir en Danemark. J'arrivai à Bruxelles dans ces tristes pensées; mais, ayant été faire une visite à mon collègue, M. de Tallenay, secrétaire de notre légation, il m'annonça qu'on lui écrivait de Paris qu'à là demande du marquis de Dalmatie qui venait d'être envoyé comme ministre plénipotentiaire en Hollande, j'étais nommé premier secrétaire de légation à La Haye.

Cette nouvelle me combla de joie, en me dispensant de faire à Paris le triste et ingrat métier de solliciteur. D'ailleurs, dans les circonstances, La Haye était une légation tout à fait importante, et il me plaisait fort de servir avec le marquis de Dalmatie, dont j'avais pu apprécier la bienveillance, un an auparavant, lors de son passage par Copenhague. Ainsi, en quelques jours, les choses changeaient d'aspect pour moi, et parti de Copenhague, découragé, malheureux, j'arrivais en France satisfait de mon sort et voyant s'ouvrir devant moi un avenir des plus favorables. — J'allai droit à Saint-Germain où ma mère était établie depuis la Révolution de juillet, et après avoir passé quelques jours avec elle, je vins à Paris, et je fus présenté par mon ami M. de Bourquenay au général Sébastiani, alors ministre des affaires étrangères. Il me confirma ma nomination à La Haye, sans m'obliger à me rendre tout de suite à mon poste. Devenu, à mon insu, secrétaire de la légation dont le marquis de Dalmatie était le chef, et grâce à son aimable intervention, je saisis cette occasion d'offrir mes hommages au maréchal Soult. L'accueil que je reçus de lui fut véritablement cordial, et à partir de ce moment, il ne cessa de me donner des preuves de sa confiance et de son intérêt.

Le choléra qui avait presqu'entièrement cessé à Paris, recommença avec une certaine intensité ; on compta de nouveau jusqu'à deux cents morts par jour. Il y en avait eu quinze cents au mois d'avril. Sans avoir eu une véritable attaque de choléra, j'en subis l'influence ; et, un soir après le dîner le plus sobre, je fus, en me promenant sur le boulevard, subitement saisi d'étourdissements, de maux de cœur accompagnés d'une faiblesse générale d'un caractère tout particulier. Je rentrai chez moi à grand'peine, comme un homme qui serait en état d'ivresse ; je me couchai et restai jusqu'au lendemain sans trop avoir la conscience de moi-même. La maladie n'alla pas plus loin, mais je demeurai une semaine dans un état de langueur et de faiblesse tout à fait singulier.

Cependant, les affaires de Belgique s'embrouillaient chaque jour davantage. Malgré les pressantes sollicitations de la France et de l'Angleterre et les conseils unanimes des autres puissances, le Roi des Pays-Bas refusait absolument d'adhérer au protocole de Londres du 15 novembre 1831, et d'évacuer les portions du territoire belge que ses troupes occupaient encore. Il était question de l'y contraindre par une intervention armée de la France et de l'Angleterre. En conséquence, deux mois après mon arrivée à Paris, dans les derniers jours de septembre, je reçus l'ordre de partir immédiatement pour Lahaye, d'où l'on devait, comme première mesure comminatoire, rappeler M. le marquis de Dalmatie. Le 23 septembre, au soir, je quittai Paris, et, dans toute la région du Nord de la France, je rencontrai des corps de troupes qui se rapprochaient de la frontière belge. Arrivé à Dunkerque, je m'embarquai sur un paquebot pour Rotterdam, la route directe par Bruxelles et Anvers étant interrompue sur le territoire hollandais, même pour les courriers. Mon départ avait eu lieu le 25; et le 26, après une magnifique traversée, j'étais à Rotterdam. Le même jour, vers le soir, j'arrivais à La Haye. Dès le 28, le marquis de Dalmatie quittait la légation, après m'avoir présenté, comme chargé d'affaires, au ministre, M. le baron Werstolk de Zoëlen. Le corps diplomatique se composait alors de M. le comte de Maltzan, ministre de Prusse; du baron de Binder, que j'avais connu à Lisbonne, ministre d'Autriche; de M. Jerningham, chargé d'affaires d'Angleterre; du comte Dolgorouky, chargé d'affaires de Russie; du comte d'Ohsson, ministre de Suède, et du comte Luchesi-Palli, chargé d'affaires des Deux-Siciles. M. le comte d'Hennezel était auprès de moi comme second secrétaire de légation.

Le comte d'Ohsson, était instruit, aimable, et sa maison me

fut de quelque ressource, moins cependant que celle du comte
de Maltzan, homme spirituel, distingué, libéral en politique,
et dont la femme et la fille étaient charmantes. Envoyé ensuite
à Vienne, et nommé plus tard ministre des affaires étrangères,
il mourut prématurément dans ce poste important, pendant que
j'étais ministre à Carlsruhe. J'avais aussi pour collègue
à La Haye le comte Rossi, représentant de la Sardaigne. Il
avait, en 1829, épousé secrètement à Paris, où il était alors
secrétaire de légation, la célèbre Mademoiselle Sontag, et
venait d'avouer tout récemment son mariage, ayant obtenu
du Roi des Pays-Bas que sa femme fût reçue à la cour, quoiqu'elle n'eût pas été présentée à celle de Sardaigne. Cette
faveur lui avait été accordée à la recommandation toute
spéciale du roi de Prusse, admirateur passionné du grand talent
de Mademoiselle Sontag qui, l'année précédente, et avant que
le mariage ne fût déclaré, avait fait les délices du grand
théâtre de Berlin. Pauvre et peu avancé dans sa carrière, le
comte Rossi, bien convaincu que le Roi de Sardaigne lui
ôterait son emploi, s'il avait connaissance de son mariage,
s'était résigné à le tenir secret, et avait laissé sa femme continuer à chanter à Paris, à Saint-Pétersbourg et à Berlin. Mais
bientôt nommé chargé d'affaires à La Haye, et le roi de
Sardaigne si scrupuleux sur l'étiquette, étant mort, il put
déclarer son mariage. Il a été depuis, successivement accrédité comme ministre, à Francfort, à Saint-Pétersbourg et
à Berlin, où je le retrouvai en 1845, dans une visite que je fis
au marquis de Dalmatie, pendant que j'étais moi-même
à Dresde. Quelques années plus tard, la fortune que Mademoiselle Sontag avait gagnée par son admirable talent, ayant
été dissipée par la comtesse Rossi dans les différentes ambassades de son mari, la pauvre femme abandonna le monde
diplomatique et rentra au théâtre pour faire, disait-elle, une
dot à ses filles. En 1854, elle mourut tristement à Mexico.
Lorsque je la vis à La Haye, elle était encore charmante, quoiqu'avec un peu trop d'embonpoint, aimable, sans coquetterie,

douce, modeste. Ne reniant rien et n'ayant rien à renier de sa vie d'artiste, elle mettait la meilleure grâce du monde à chanter, quand on l'en priait, et semblait y trouver un véritable plaisir. Elle avait d'ailleurs peu d'instruction, peu d'esprit ; et heureusement pour elle, elle manquait tout à fait de cette ardente imagination qui est si souvent le charme et le fléau des grandes artistes. C'était tout simplement une honnête femme.

Je terminerai cette revue de mes collègues du corps diplomatique en citant le comte de Luchesi-Palli, chargé d'affaires de Naples, et qui devait devenir célèbre quelques mois plus tard. La conformité d'âge, un caractère aimable, ouvert, beaucoup d'esprit, et une grande gaîté éveillèrent en moi une véritable sympathie pour ce jeune collègue, qui, lui aussi, parut me prendre en amitié. Je le voyais tous les jours ; et chaque soir nous faisions ensemble d'interminables parties de whist. Comme il était très-ardent dans ses opinions politiques et fort opposé au gouvernement du roi Louis-Philippe, nous évitions, d'un commun accord, de traiter les questions qui auraient amené de fâcheuses discussions entre nous. Jeunes tous deux et du même monde, il nous restait assez de sujets pour alimenter nos longues causeries. A ses 26 ans, le comte Luchesi-Palli, fort bien d'ailleurs de sa personne, joignait encore beaucoup de vivacité dans l'esprit, et infiniment plus d'instruction que n'en ont généralement ses compatriotes. Ce dernier avantage, il le devait à ce que dans sa jeunesse il avait étudié pour être d'église. Je l'ai connu désintéressé, généreux, quoique fort mal payé par son gouvernement, et sans fortune personnelle, étant cadet de famille, mais de la plus haute noblesse. En toute circonstance, il montrait des sentiments chevaleresques et un vif désir de servir sa cause, aux dépens de sa vie même, s'il eût été besoin.

J'ai dit que, lorsque je quittai Paris, la France et l'Angleterre paraissaient résolues à employer la force pour obliger le Roi des Pays-Bas, sinon à accepter en entier le traité du 15 novembre 1831, du moins à se soumettre aux clauses relatives à l'évacuation des portions du territoire belge, que les troupes hollandaises occupaient encore, notamment la citadelle d'Anvers. Dans un protocole du 1ᵉʳ octobre, la France et l'Angleterre en firent officiellement la proposition à la conférence de Londres. Les plénipotentiaires d'Autriche, de Russie et de Prusse ayant répondu qu'ils devaient prendre les instructions de leurs gouvernements sur cette importante proposition, les deux puissances déclarèrent qu'elles se réservaient d'employer les moyens qu'elles jugeraient convenables pour arriver au but qu'elles voulaient atteindre. En conséquence, le 29 octobre, M. Jerningham et moi fûmes chargés de passer au gouvernement des Pays-Bas une note identique, pour le sommer d'avoir à évacuer le territoire belge, le 12 novembre. Une réponse était exigée pour le 2 novembre au plus tard. Si elle n'était pas favorable, un embargo serait mis sur tous les vaisseaux néerlandais dans tous les ports de France et d'Angleterre, comme nouvelle mesure comminatoire, et les ports des Pays-Bas seraient bloqués par les escadres des deux puissances. Enfin, le 15, une armée française viendrait faire le siége de la citadelle d'Anvers, si les premières mesures n'avaient pas obtenu la satisfaction demandée.

Dans l'intervalle, le 15 octobre, le ministère français, ébranlé depuis la mort de Casimir Périer, s'était reconstitué sous la présidence du maréchal Soult, et se composait des hommes les plus habiles et les plus éminents dans les deux Chambres : le duc de Broglie, aux affaires étrangères; M. Thiers, à l'intérieur; M. Guizot, à l'instruction publique. Confiant dans sa force, voulant à tout prix terminer dans un sens favorable à la politique de la France les affaires de Belgique, le nouveau ministère avait obtenu de l'Angleterre, le 22 octobre, une convention par laquelle les deux puissances prenaient l'engagement d'user de la force, si le Roi des Pays-Bas, comme il y avait tout lieu de le croire, continuait de refuser l'évacuation du territoire belge. A cet égard, je ne laissais aucun doute à mon gouvernement sur la ferme résolution prise par le Roi des Pays-Bas de résister aux sommations de la France et de l'Angleterre, malgré les conseils de son propre ministère et ceux des trois grandes puissances, notamment de la Prusse. Ces dernières, en effet, tout en blâmant l'emploi des mesures coercitives, étaient décidées au fond à ne point risquer une guerre générale pour s'y opposer, et voulaient éviter par la soumission volontaire du Roi des Pays-Bas ce cruel échec à leur politique : l'entrée d'une armée française en Belgique. Mais le roi Guillaume, exploitant les divergences d'opinions qui s'étaient fait jour à la conférence de Londres, convaincu que l'occupation de la Belgique par une armée française devait amener des complications d'où sortirait une guerre générale, et sachant qu'en tout cas son propre territoire serait respecté, était résolu à ne faire aucune concession. Je l'écrivais dans mes dépêches de chaque jour, soit à Paris, soit à Londres au prince de Talleyrand, avec lequel j'avais eu ordre de correspondre directement. En quelques jours mon rôle était devenu important. Quotidiennement je recevais ou j'expédiais des courriers ; et mes dépêches étaient attendues et lues avec anxiété.

Je m'entendais parfaitement avec mon collègue Jerningham, qui voulut bien prendre plusieurs fois mon avis sur l'usage qu'il devait faire de certaines lettres de lord Palmerston, lettres qu'il avait ordre de communiquer au baron de Werstolk, ministre des affaires étrangères, et qui contenaient des paroles si violentes contre la personne même du Roi des Pays-Bas, que je l'engageai à ne pas les montrer. Elles étaient écrites, en effet, du Parlement même et au milieu de la nuit, sous l'excitation des vifs reproches que l'opposition prodiguait alors au ministère qui, disait-elle, se faisait, d'une part, complice de la présence d'une armée française en Belgique, et, d'un autre côté, amènerait infailliblement l'annexion de cette province à la France. Aussi, ces dépêches renfermaient-elles, sur la conduite du roi Guillaume, des expressions tellement inconvenantes, que lord Palmerston, malgré les habitudes généralement hautaines de sa politique, a dû lui-même se féliciter qu'elles ne soient point arrivées à leur adresse.

Les délais épuisés et le roi Guillaume n'ayant point cédé, l'embargo fut mis sur les navires néerlandais. Puis eut lieu le blocus des ports; et une armée française, commandée par le général Gérard, vint mettre le siége devant la citadelle d'Anvers, défendue par le vieux général Chassé qui, sous l'Empire, avait fait la guerre avec distinction. En deçà de la frontière belge se tenait une armée hollandaise de soixante mille hommes, commandée par le prince d'Orange qui, la veille de la bataille de Waterloo, au combat des Quatre-Bras, avait tenu en échec le maréchal Ney avec des forces inférieures aux siennes.

Les choses en étant arrivées à ce point, je crus qu'on ne laisserait pas un chargé d'affaires à La Haye, d'où nous entendions, certains jours, le bruit du canon tonnant à Anvers. A Londres et à Paris, on avait, en effet, pensé à nous rappeler Jerningham et moi; mais les deux gouvernements se ravisèrent; et, considérant que les mesures prises contre la Hollande avaient un but déterminé, qui ne serait point dépassé, ils résolurent de ne pas se considérer comme étant réellement en guerre avec elle, et décidèrent, en conséquence, que leurs agents diplomatiques resteraient à leur poste. Étrange situation, cependant, pour ces agents, situation qui ne s'était jamais présentée et qui ne se présentera probablement jamais ! Du reste, le roi Guillaume s'y prêtant lui-même, très-volontiers, ne rappela point de Paris son chargé d'affaires; et M. de Werstolk continua à m'inviter à dîner une fois par semaine avec tout le corps diplo. matique. Il arriva naturellement que, chaque semaine aussi et jusqu'à la fin des hostilités, je me trouvai souffrant ce jour-là, et que je priai M. le Ministre des affaires étrangères d'agréer mes excuses.

Environ un mois avant l'entrée de nos troupes en Belgique, le prince d'Orange quitta son armée pour venir assister à la séance d'ouverture des États-Généraux, et prendre les instructions du Roi son père sur le rôle de l'armée hollandaise, dans le cas où Anvers serait attaqué. Je demandai, comme c'était mon devoir, à lui. faire ma cour, et il me reçut de la façon la plus ouverte et la plus courtoise. Il me parla le premier de la situation des affaires ; et, avec cet air chevaleresque qui le distinguait, il me dit : « Ma position à moi est bien simple ; si les hostilités éclatent entre nous, mon rôle de soldat est digne d'envie ; car, si je suis battu par une armée française, ma gloire n'en souffrira pas ; et, si par hasard je la battais.... »

Le prince d'Orange avait beaucoup de vivacité dans l'esprit, une tournure martiale et distinguée, des manières charmantes, un courage éprouvé. Mais il manquait de dignité, et, avant 1830, de hautes imprudences lui avaient sensiblement nui dans l'esprit public, aussi bien en Hollande qu'en Belgique. Cependant la vigueur qu'il avait montrée après la Révolution du 25 août, les succès qu'il avait obtenus contre les Belges avaient rétabli sa popularité dans son propre pays. Je fus reçu aussi par la princesse d'Orange qui était sœur de l'empereur Nicolas. Cette princesse était jolie, spirituelle, fort instruite. Elle parlait bien, et elle sut me montrer dans la conversation qu'elle était au courant de la littérature française.

Avant de revenir à la politique, je veux dire quelques mots d'un financier célèbre, M. Ouvrard, dont j'ai lu depuis les Mémoires avec beaucoup d'intérêt, et dont je fis la connaissance peu de jours après mon arrivée à La Haye. Il y était venu offrir ses services au Roi pour capitaliser la portion de la dette du royaume des Pays-Bas, qui devait être supportée par la Belgique, en vertu du traité du 15 novembre 1831. Mais comme le roi Guillaume n'avait point accepté ce traité, Ouvrard, en attendant, se livrait à des jeux de bourse effrénés, à Amsterdam, où il se rendait tous les jours ; et, en prévision de la guerre, il avait fait de vastes spéculations sur les denrées alimentaires, particulièrement sur le blé et l'avoine. Il s'occupait aussi d'intrigues politiques, mais au point de vue seulement de ses spéculations financières. C'est ainsi qu'un jour il me raconta qu'il était sûr d'amener le roi Guillaume à accepter le traité du 15 novembre; et que, pour prix de ce service, il demandait uniquement que le gouvernement français revînt sur la liquidation des comptes de l'armée d'Espagne, en 1823, liquidation dans laquelle ses intérêts, disait-il, avaient été sacrifiés, contre tout droit et toute justice, ce qui était vrai en partie. Ouvrard, dont je ne veux pas d'ailleurs faire l'histoire, avait été réellement dans son temps le Napoléon de la finance. Même coup d'œil dans les affaires, même audace, mêmes succès et mêmes revers. Au commencement du Directoire, il s'était lancé dans les grandes spéculations financières avec un capital de cinquante mille francs, et, à la fin de ce siècle, il possédait soixante millions. Ruiné en grande partie par l'Empereur qui ne voyait pas sans jalousie une fortune aussi considérable entre les mains d'un simple particulier, il mariait sa fille, au commencement de la Restauration, au comte de Rochechouart, neveu du duc de Richelieu, en lui donnant un million de dot, et aidait à fonder le crédit du gouvernement des Bourbons, en l'engageant à faire honneur à toutes les dettes de l'Empire. Quelques mois avant les Ordonnances de Juillet dont il avait eu, disait-il, connaissance avant qu'elles parussent, Ouvrard sort de prison où depuis cinq ans il était enfermé pour dettes, et en quelques jours il gagne sept millions aux bourses de Paris et de Londres. Après ce retour inespéré de fortune, le financier joua de nouveau et reperdit à peu près tous ses fonds. Ces alternatives de ruine et d'opulence le laissaient d'autant plus indifférent qu'il avait toujours en tête des projets qui devaient lui faire gagner des millions par centaines. Ouvrard, lorsque je l'ai connu, avait encore, bien qu'il ne fût plus jeune, une tournure et une physionomie fort agréables. Il était spirituel, distingué dans ses manières et contait à merveille. Follement audacieux dans les affaires, il ne pouvait se décider à payer une dette de 25 louis, quoiqu'il sût perdre un million dans un coup de bourse, sans émotion aucune.

Cependant, le siége d'Anvers se poursuivait en face de l'armée hollandaise immobile, et sans qu'aucune des trois puissances intervint, malgré les espérances du roi Guillaume. Je menais à La Haye une vie réellement fort pénible, assailli que j'étais chaque jour des bruits d'échecs essuyés par notre armée. La citadelle d'Anvers, attaquée dans une mauvaise saison et vigoureusement défendue, résista plus longtemps qu'on ne l'avait supposé.

Enfin, le 25 décembre, la nouvelle de la capitulation du général Chassé me parvint après avoir été retardée par un incident qu'il est convenable d'exposer ici : — M. de Tannelay, notre secrétaire de légation à Bruxelles, était constamment resté au quartier général pendant le siége; et, chaque jour, il m'écrivait pour me tenir au courant des opérations (j'ai conservé ses lettres). Au moment donc de la capitulation, le maréchal Gérard m'envoya ce diplomate chargé d'une dépêche qui m'autorisait à proposer au gouvernement néerlandais de lui rendre la garnison d'Anvers, en échange de deux petits forts occupés par les troupes du roi Guillaume, et dont la saison avancée ne permettait pas de faire le siége. Mais Tallenay, arrêté aux avant-postes hollandais, n'avait pu obtenir d'arriver jusqu'à moi. Aussi, pour ne pas perdre de temps, il s'était hâté de m'expédier par une estafette la teneur des propositions dont il était porteur. La dépêche, après ce contre-temps, m'arrive enfin à onze heures du soir, et, à minuit, j'étais reçu par M. de Werstolk qui venait de prendre les ordres du Roi sur une proposition dont il avait eu directement et en même temps que moi connaissance.

Le ministre me répondit que la Hollande n'était pas en guerre avec la France; qu'il ne pouvait donc y avoir à traiter de l'échange des prisonniers hollandais faits par les Français; — qu'il n'y avait pas lieu, par conséquent, à délibérer sur la proposition que j'étais chargé de lui faire, et que le maréchal Gérard disposerait, comme il l'entendrait, de la garnison de la citadelle d'Anvers. Je transmis dans la nuit même à M. de Tallenay, resté à la frontière, la réponse du gouvernement néerlandais, réponse qui, dans les circonstances données, ne manquait pas d'une certaine logique et rentrait bien dans le système invariablement suivi par le roi Guillaume. — La garnison de la citadelle d'Anvers, prisonnière de guerre de fait, sinon de droit, fut envoyée en France, et les deux forts restèrent en la possession des Hollandais. La France rappela ensuite son armée pour ne laisser place à aucune méfiance contre sa politique ; le blocus des ports continua et les négociations recommencèrent. Il s'agissait alors d'obtenir une convention provisoire par laquelle le roi Guillaume s'engagerait au moins à respecter l'état de choses en Belgique tel qu'il existait depuis la prise de la citadelle d'Anvers. Cette convention fut enfin signée à Londres, le 21 mai 1833, entre la France et l'Angleterre d'une part et la Hollande de l'autre. Comme conséquences, l'embargo sur les navires hollandais et le blocus des ports sont alors levés, et la garnison d'Anvers renvoyée en Hollande.

L'avantage accidentel que me donnait ma position de chargé d'affaires à La Haye s'amoindrit naturellement après la signature de la convention. Mais, dans les négociations qui l'amenèrent, j'obtins les éloges et l'approbation du gouvernement du Roi, de façon à être assuré qu'on était trèssatisfait de mes services; qu'ils avaient été distingués et que j'avais tout espoir d'en recueillir le fruit.

La Haye est une ville de soixante mille âmes environ, d'un aspect assez triste, quoiqu'elle soit propre, aérée, coupée de canaux et renfermant de belles places bien plantées. Son aspect est doux et tranquille. Elle contient peu de monuments publics, mais elle possède un musée très-riche en chefs-d'œuvre de l'école flamande. A sa porte, la promenade appelée le *Bois* est délicieuse par ses frais ombrages, sa luxuriante végétation et son beau lac qui, en hiver, sert de rendez-vous aux patineurs des deux sexes. Hollandais et Hollandaises excellent dans cet exercice charmant; les femmes surtout y déploient une grâce toute particulière. Dans les diverses classes de la population

chacun patine en Hollande, et cela dès la plus tendre enfance.
En hiver, je voyais, dès le matin, arriver à La Haye, par les
divers canaux qui y aboutissent, une foule de femmes se rendant au marché en patin et portant leurs provisions sur la tête.
C'était un spectacle curieux et gracieux à la fois de les voir ainsi
se suivre les unes les autres, dans des costumes pittoresques,
et glisser avec une rapidité extrême, quoique chargées souvent
de pesants fardeaux. Le patin permet d'aller si vite, que bien
qu'Amsterdam soit à 16 lieues de La Haye, un bon patineur va
déjeuner à Amsterdam, et est de retour à La Haye pour l'heure
du dîner. — Un but de promenade fort agréable, c'est Sche-
veningen, gros village de pêcheurs, à moins d'une lieue de
La Haye. Avec sa côte basse, plate, sablonneuse, il n'offre pas,
il est vrai, une mer très-belle ; mais on y a bâti un élégant établissement de bains, très-fréquenté durant la saison d'été.

J'ai déjà dit que, pendant mon séjour à La Haye, la société, à
cause des circonstances politiques, avait été absolument nulle.
En tout temps, elle est, du reste, peu agréable pour les étrangers. En Hollande, les habitudes, en effet, sont simples, casa-
nières même dans les classes riches et élevées. Joignez à cela
l'esprit flegmatique et positif des habitants. Hommes et femmes
sont d'ailleurs très-séparés : ceux-là, au club, où ils parlent d'affaires ; celles-ci, enfermées dans leur intérieur. On travaille, on
épargne, on cherche à augmenter sa fortune. En général, tout hollandais, qui dépense plus de la moitié de son revenu, passe pour
un prodigue. Les jeunes filles elles-mêmes, qui ont une pension
pour leur toilette, en mettent au moins la moitié de côté chaque
année. C'est cet esprit, si général de travail, d'ordre et d'économie, qui a permis à cette très-intéressante nation de traverser, sans que ses finances y succombassent, toutes les révolutions par lesquelles elle a passé depuis un si grand nombre
d'années. Il a donné, de plus, au Roi la possibilité de suivre
une politique absolument contraire aux sentiments de son pays.
La Hollande, en effet, qui avait de tout temps vécu et prospéré
par la navigation et le commerce libre, s'était vue lésée dans ses

véritables intérêts. Il lui avait fallu établir, en faveur de la Belgique, des droits de douane protecteurs. Le divorce, qui s'opéra en 1830 entre les deux pays, avait donc, sauf quelques froissements d'amour-propre, été accepté, sans regrets par la Hollande, redevenue ainsi maîtresse de rentrer dans sa politique commerciale naturelle.

Au printemps, je visitai Harlem, ses admirables champs de tulipes et de jacinthes; et pendant une heure je me donnai le plaisir de faire jouer l'orgue de la cathédrale, qui est, dit-on, sans égal. De là, je fus à Amsterdam, en réalité la véritable capitale de la Hollande, et par sa population et par son commerce. Mais c'est une ville triste, dont les nombreux canaux sont, à basse mer, encombrés d'immondices ; — où l'air manque, et surtout l'eau potable qu'on est obligé de faire venir d'Utrecht. A partir de La Haye et même de Rotterdam à Harlem, la route est plate, unie, un peu monotone sans doute, mais riante et semée de villages où règnent la propreté et l'aisance. A chaque instant l'œil aperçoit de jolies maisons de campagne, toutes à peu près sur le même modèle, avec de petits jardins soignés et alignés. Puis, à perte de vue, des plaines vertes, émaillées de belles vaches, plaines coupées de nombreux canaux, et souvent marécageuses. Quant à des arbres, il n'y en a nulle part. — Le ciel est généralement gris et bas; l'atmosphère froide et lourde. L'ensemble est triste dix mois de l'année. La population, partout bien vêtue, annonce partout aussi la santé et l'aisance. Les chaumières sont propres, bien bâties. On voit qu'on a affaire à un peuple heureux, sage et laborieux.

Tout l'été se passa en notes et contre-notes, en démarches inutiles, soit de la part des deux puissances, soit de la part des cours d'Autriche, de Prusse et de Russie. Au mois d'octobre, une entrevue, à ce sujet, eut lieu à Munchengrœtz entre les trois souverains. Le prince Félix de Schwartzemberg, mon ancien collègue à Saint-Pétersbourg, alors conseiller de la Légation d'Autriche à Berlin, fut envoyé à La Haye,

avec la mission d'engager le Roi des Pays-Bas, au nom
des trois Cours, à ne pas persister plus longtemps dans une résistance inutile et à se soumettre enfin au traité du 15 novembre, dont
il supportait toutes les charges, depuis la signature de la convention du 21 mai, sans profiter d'aucun de ses avantages. Le choix du
prince de Schwartzemberg pour remplir cette mission me fut
personnellement agréable, car nous étions fort liés ensemble, ce
qui devait rendre faciles les relations qu'elle amènerait nécessairement entre nous. Mais la mission du prince échoua devant
la volonté invincible du roi Guillaume, et la France et l'Angleterre résolurent enfin d'interrompre toute espèce de négociations.

Je compris alors que l'intérêt de ma situation à La Haye était
terminé, et qu'il me fallait aller à Paris pour recueillir le fruit
des succès que j'avais obtenus dans la délicate et difficile mission que je venais de remplir. Personnellement inconnu du
Roi et de M. le duc de Broglie, je risquais, en restant plus
longtemps comme chargé d'affaires en Hollande, de voir oublier
mes services récents, et, en tout cas, de perdre plusieurs
années avant d'obtenir l'avancement auquel, dès cette époque,
j'avais des droits. Je demandai donc un congé; et je proposai
d'accréditer en mon absence, comme chargé d'affaires, M. Drouyn
de Lhuys qui était auprès de moi comme attaché depuis quelques mois. Pour justifier cette situation d'un simple attaché
devenant chargé d'affaires, je me fondais sur l'exemple de
l'Angleterre représenté à La Haye, par M. Jerningham qui
n'avait que ce titre. Cet arrangement fut accepté, au grand
avantage de M. Drouyn de Lhuys qui, après avoir été chargé
d'affaires à La Haye, devait nécessairement m'y remplacer comme
secrétaire de légation, lorsque je serais moi-même appelé à un
autre poste. Beaucoup plus sérieux qu'on ne l'est à son âge, très-
appliqué, très-capable, très-instruit, M. Drouyn de Lhuys laissait voir, dès cette époque, une grande impatience de parvenir
et les plus hautes ambitions : le rôle si important qu'il a joué
depuis la Révolution de 1818, a prouvé que son ambition était

fondée sur un mérite et une capacité incontestables. M. Drouyn de Lhuys a débuté dans la carrière sous la direction de M. le comte de Rayneval, notre ambassadeur à Madrid, qui l'appréciait très-particulièrement et qui l'avait chaleureusement recommandé à M. le duc de Broglie.

Je quittai La Haye le 4 novembre, à une heure du matin, passant par Rotterdam, Bréda, et, traversant les avant-postes de l'armée hollandaise à Grotzundert, je fus dîner et coucher à Anvers. — Deux jours d'arrêt à Bruxelles où je vis M. Adair, ministre plénipotentiaire anglais, et M. Goblet, ministre des affaires étrangères de Belgique. Le chargé d'affaires de France, mon ami le comte Septime de Latour-Maubourg, était absent, et momentanément remplacé par M. Casimir Périer, fils de l'illustre président du conseil. Je fus fort questionné par l'ambassadeur d'Angleterre et M. Goblet, sur la situation des affaires à La Haye, et je m'efforçai de les convaincre qu'il n'y avait pour le moment aucun espoir d'amener le Roi de Hollande à reconnaître et à signer le traité du 15 novembre. Je ne vis pas le Roi des Belges, le prince Léopold de Saxe-Cobourg, qui était alors à Paris. Mais quelques semaines plus tard, il m'envoya la croix d'officier de l'Ordre de Léopold. Au mois de décembre 1832, j'avais été nommé chevalier de la Légion-d'Honneur, et avec ma croix de Portugal, cela me faisait déjà trois décorations pour orner mon uniforme de secrétaire d'ambassade.

J'arrivai à Paris le 8 novembre. M. le duc de Broglie me fit l'accueil le plus flatteur et me donna des louanges auxquelles je fus très-sensible, sur la *manière* dont je m'étais acquitté de ma mission à La Haye. M. Desages, chef de la direction politique, malgré sa froideur habituelle, m'adressa aussi de chaleureuses félicitations. M. de Broglie me parla tout de suite de mon avancement dans des termes qui dépassèrent mes espérances; car il me dit qu'après les services que je venais de rendre, à La Haye, il me considérait comme apte à devenir chef de mission; mais qu'il y avait deux personnes qui passeraient avant moi : M. de Varennes, premier secrétaire d'ambassade à Constantinople, et M. de Pontois qui avait été, plusieurs années et à différentes reprises, chargé d'affaires au Brésil. C'étaient deux collègues avec lesquels j'étais en très-bonnes relations. Le 15 novembre, je fus successivement reçu en audience particulière par le Roi et par M. le duc d'Orléans. Leur accueil fut très-bienveillant. Le Roi me garda près d'une heure, pendant laquelle, après m'avoir interrogé, il me parla de la question belge et de différents sujets, avec une grande abondance et une extrême affabilité.

Le 18, je fus invité à dîner aux Tuileries, en famille, je puis le dire, car il n'y avait d'étranger que M. Dupin, président de la Chambre. J'eus l'honneur d'être présenté à la Reine, à M{{me}} Adélaïde, sœur du Roi; et, à table, je me trouvai placé à côté du prince de Joinville, charmant enfant qu'on destinait dès lors à servir dans la marine. Le dîner fut simple, gai, agréable.

La grande union qui régnait dans la famille royale me frappa. Après le dîner, j'eus une longue conversation avec M. le duc d'Orléans qui savait, à la fois et également, bien interroger et écouter. Il se montra sensé, modéré et fort instruit des questions de politique étrangère. Quelques jours plus tard, il m'invita à dîner avec plusieurs de mes collègues en congé comme moi, et, par ses manières pleines de grâce et d'urbanité, le Prince fit notre conquête à tous.

La révolution de Juillet avait fort changé l'aspect des salons de Paris. Je retrouvai cependant chez tous les membres de la famille de Caraman le même accueil affectueux d'autrefois. Mes amies M{{me}} de Sourches et la vicomtesse de Vaudreuil me pardonnèrent facilement d'avoir continué à servir, et s'intéressèrent même à mes succès. Malheureusement le comte Maurice de Caraman était assez souffrant par suite d'une attaque de paralysie ; aussi allai-je faire souvent avec lui, en famille, une partie de loto qui semblait l'amuser. Le salon était égayé par la présence de Mlles de Panges, charmantes toutes trois ; l'aînée est devenue la comtesse de Marescalchi ; la cadette, la seconde femme de mon ami Latour-Maubourg ; et la troisième a épousé son oncle, le comte Adolphe de Caraman. Nécessairement, je fréquentai aussi les salons ministériels, particulièrement celui du président du conseil, le maréchal Soult, qui me témoignait une extrême bienveillance ; puis, celui du duc de Broglie. La duchesse de Broglie en faisait les honneurs d'une manière un peu sérieuse, mais avec cette supériorité d'esprit et cette élévation de sentiments qui ont fait d'elle une des femmes les plus distinguées de la société française. Le matin, je voyais fréquemment mon ami Bourquency. Resté jusqu'alors un des rédacteurs du *Journal des Débats* qui était devenu plus que jamais un journal important, il me tenait au fait de tout ce qui se passait d'intéressant dans les hautes sphères politiques.

Il y eut plusieurs bals à la Cour, auxquels je fus naturellement invité. M. le duc d'Orléans qui ouvrait pour la première fois sa maison donna aussi quelques jolies fêtes. Enfin, j'étais sans cesse sur la route de Saint-Germain où ma mère s'était formé une société peu nombreuse, mais tout à fait agréable.

Le 1er avril 1834, à la suite du rejet par la Chambre d'un traité fait avec les États-Unis d'Amérique, dit traité d'indemnité, M. le duc de Broglie, blessé de cette décision, donna sa démission, et fut remplacé aux affaires étrangères par l'amiral de Rigny, qui dans le cabinet avait le portefeuille de la marine, afin de modifier le moins possible la force et l'esprit du ministère auquel cependant la retraite du duc de Broglie portait un coup funeste. N'ayant plus le moyen de faire pour moi ce qu'il m'avait promis, M. de Broglie voulut bien cependant me recommander chaudement à son successeur ; mais je compris que son départ changeait ma situation, diminuait beaucoup mes chances d'obtenir un poste de chef de mission. Aussi acceptai-je l'offre que me fit M. de Rigny de me nommer premier secrétaire d'ambassade à Constantinople, dès que M. de Varennes aurait un autre poste.

Dans ce même mois d'avril, il y eut des troubles très-sérieux à Lyon et une émeute à Paris. Celle-ci fut facilement réprimée. Évidemment le parti républicain perdait du terrain et n'avait plus l'aspect formidable qu'il avait présenté en 1832. La vigueur déployée, tant à l'intérieur qu'à l'extérieur, par le ministère du 15 octobre, avait contribué beaucoup à ce résultat. Le grand parti de l'ordre paraissait donc définitivement fondé et triomphant. Malheureusement le ministère, déjà affaibli par la retraite du duc de Broglie, fut tout à fait disloqué, au mois de juillet, par celle du maréchal Soult qui, mal soutenu par ses collègues dans de vives discussions à la Chambre à propos du gouvernement de l'Algérie, donna à son tour sa démission. Ce fut à cette époque que j'appris que j'étais nommé *ad interim* premier secrétaire d'ambassade à Constantinople, en attendant que M. de Varennes eût le poste qu'on lui promettait depuis si longtemps. Un peu auparavant, j'avais manqué d'être nommé premier secrétaire d'ambassade à Saint-Pétersbourg où le maréchal Maison m'avait demandé, quoique je n'eusse point l'honneur de le connaître. Le Roi me préféra M. de Sercey.

Le 18 mai, j'eus mon audience de congé aux Tuileries. Le Roi me parla beaucoup des affaires d'Orient fort embrouillées en ce moment. Mais je ne pus démêler clairement la politique que la France avait adoptée et se proposait de poursuivre. « Puisque vous passez par Nauplie, me dit le Roi, restez-y donc quelques jours ; et écrivez-nous un peu ce que vous pensez de la triste situation de cette malheureuse Grèce, où l'administration bavaroise ne paraît pas réussir. »

Ce fut avec un grand déchirement de cœur que je me séparai de ma mère, car je devais probablement rester plusieurs années éloigné d'elle. Je quittai aussi pour ne plus les revoir des amis bien chers que, depuis mon enfance, j'avais été habitué à aimer et à honorer : le comte Maurice de Caraman, la vicomtesse de Vaudreuil, Mgr de Beaumont, an ien évêque de Plaisance. J'atteignais l'âge, en effet, où, peu à peu, on voit disparaître ceux qui nous ont précédés dans la vie, et dont les exemples et les conseils ont guidé nos premiers pas. — De Paris à Lyon, j'eus pour compagnons de voyage dans le coupé, les deux fils du célèbre Paul-Louis Courrier. L'aîné avait treize ans, et la bonne humeur de ces deux enfants égaya un peu mon voyage. Je lus en route (il fallait alors trois jours pour se rendre de Paris à Lyon), la *Correspondance* de Jacquemont qui m'intéressa beaucoup. Sa mort si courageuse, loin de son pays et de tous les siens, m'attendrit extrêmement dans la disposition d'esprit où je me trouvais moi-même. — Je restai trois jours à Avignon près de ma grand'mère que je n'avais pas vue depuis les événements de 1830. Je la trouvai un peu vieillie, un peu courbée, mais ayant le même esprit sain, ferme et judicieux, malgré ses quatre-vingt-quatre ans. Aimable, spirituelle, pleine d'imagination encore, la conversation avec elle ne languissait pas un instant, et sa mémoire même n'avait pas faibli. Je lui consacrai tout mon temps ; nos entretiens étaient sans fin. Nous parlions surtout du passé, car elle n'avait plus d'avenir, et nous faisions ensemble un cours d'histoire rétrospective des plus intéressants, des faits de la famille et des événements généraux. Hélas ! je ne devais plus revoir cette femme supérieure et distinguée, elle qui avait toujours été si affectueuse pour moi, et qui fut l'un des derniers représentants d'un âge qui n'est plus. Elle mourut en 1837, quelques mois avant mon retour en France.

D'Avignon à Toulon je passai par Nîmes pour y voir le marquis de Dalmatie qui, se trouvant dans le Midi, m'y avait donné rendez-vous. Je ne connaissais pas Nîmes, dont je visitai les antiquités avec un vif intérêt. Mais, pressé par le temps, je ne m'arrêtai point à Eyragues, quoique de Nîmes à Marseille je fusse obligé de passer par Saint-Rémy, qui n'en est qu'à une lieue. J'étais à Toulon le 30 août, croyant m'embarquer dès le

lendemain, puisque le brick le *Voltigeur* n'attendait que moi
pour mettre à la voile. Mais le préfet maritime, M. le vice-
amiral Jurien de la Gravière, ne le comprit pas ainsi; il demanda
des ordres à Paris par le télégraphe, et ce ne fut que le 3 septembre au soir que je m'embarquai. J'eus donc le temps de visiter
Toulon en détail, sous les auspices du contre-amiral de Marti-
neucq, major de la marine, un des amis de ma grand'mère, et
de M. d'Esmenard, frère de mon ami le colonel, commissaire
général du bagne. — Le trois septembre, dans l'après-midi, je
quittai Toulon par une brise si faible, que nous pûmes à peine
sortir de la rade avant la nuit. La destination du *Voltigeur*,
qui devait me débarquer à Nauplie, était Alexandrie. Il avait
pour commandant un capitaine de corvette, M. Lesaulnier de
Vohenlo, un breton, qui naviguait pour la première fois dans
la Méditerranée, et professait une sainte horreur du voisinage
de la terre, d'habitude si redoutable dans l'Océan. Sa prudence
allongea donc notre traversée, car tous les soirs il faisait diminuer la voilure. Bien qu'excellent homme d'ailleurs, il me fit
faire très-mauvaise chère, n'ayant embarqué presque aucune
provision, quoique le département des affaires étrangères lui
allouât, suivant l'usage, dix francs par jour pour ma nourriture.
Il y avait avec moi, comme passager sur le *Voltigeur*, mais
mangeant à la table de l'état-major, le jeune comte de Montholon, fils du général compagnon de l'Empereur à Sainte-Hélène,
qui se rendait en Grèce comme attaché à la légation. C'était
un tout jeune homme, doux, joli garçon, qui a fini par faire une
carrière sous le second empire.

La brise se maintint si faible que, le 7, nous n'étions encore
qu'à la hauteur de la Corse ; et la chaleur, si intense, que je ne
pouvais dormir la nuit, d'autant plus que je souffrais de
petits accès de fièvre intermittente auxquels j'étais resté sujet
depuis ma fièvre pernicieuse à Copenhague en 1832. — Nous
doublâmes le cap Corse et nous nous trouvâmes en face de
l'Ile-d'Elbe : La Corse ! l'Ile-d'Elbe ! comment ne pas évoquer
la grande figure de Bonaparte qui a porté si haut la gloire de

la France et qui pourtant lui a fait tant de mal ? Les montagnes de la Corse, dont on voit à vingt lieues de distance les pics les plus élevés, à travers l'atmosphère si lumineuse de la Méditerranée, ont un aspect sauvage et grandiose. Le 8 au matin, nous trouvant en face d'un grand rocher, qui s'élève du milieu de la mer, j'en demandai le nom, et l'on me répondit que c'était *Monte-Christo*, qu'Alexandre Dumas a rendu quelques années plus tard si célèbre dans le roman qui en porte le nom. Durant la nuit du 9, nous essuyâmes un orage qui dura peu, mais fut très-violent. Quels coups de tonnerre ! qu'elle pluie ! — Le 11, nous étions en vue des îles Lipari, et toute la nuit Stromboli nous donna le spectacle curieux de son volcan jetant flammes et fumée, à intervalles rapprochés et égaux. Il en était déjà ainsi du temps d'Homère qui signale ce phénomène dans l'Odyssée. Cette île est habitée par quelques pêcheurs qui vivent misérables mais tranquilles, au pied du volcan. Le 13 septembre à sept heures du matin, nous entrâmes dans le détroit de Messine, passant près de Charybde et de Scylla qui ne semblent pas mériter la réputation néfaste. que leur ont faite les anciens. Ces courants sont violents, il est vrai, dans ce passage très-resserré entre la Calabre et la Sicile, et ils pouvaient offrir des dangers à leur navigation, si imparfaite ; mais la nôtre en tient peu de compte.

Le détroit de Messine a cinq lieues de long environ. La côte de la Calabre formée de collines très-escarpées, ardues, stériles, est d'un aspect sombre et menaçant ; la côte de Sicile, au contraire, bien que plus élevée et dominée au second plan par l'Etna, est adoucie, ondulée vers le rivage et présente un aspect agréable, riche et riant. Les vallées aboutissant à la mer sont plus larges, et le rivage est semé de villages et de maisons éparses, pittoresquement situées. Le sol semble fertile et bien cultivé en vignes, oliviers, orangers et citronniers. Un peu plus haut, sur les montagnes, on voit des bois de pins et de chênes-verts dont le sombre feuillage se détache admirablement sur l'azur de ce ciel sans nuages. Messine, située aux deux tiers du détroit, et bâtie en amphithéâtre, offre ainsi un bien bel aspect, vue de la mer. — La brise étant bonne et les courants favorables, nous étions à midi en dehors du détroit, faisant voile pour doubler le cap de Spartivento. La soirée fut très-belle, et nous eûmes un magnifique coucher du soleil sur l'Etna, qui, embrumé toute la journée, s'illumina subitement des feux du soleil couchant et apparut dans toute sa splendeur. Les reflets pourprés du soleil sur ses cimes neigeuses offraient un spectacle d'une incomparable grandeur et dont le souvenir ne saurait s'effacer. Vraiment, il fait bon de voyager ! — Le 16, nous avons pour la première fois en vue les côtes de la Grèce : ce sont les montagnes de Navarin. Le 17, nous doublons péniblement le cap Matapan à quelques encâblures seulement du rivage. Les côtes de la Grèce sont tout à fait semblables à celles de la Provence : mêmes montagnes déchirées, heurtées, coupées à angles aigus, dépouillées de végétation, frappées de stérilité. Au-dessus, même ciel d'une pureté admirable, dont les tons chauds et azurés ravissent l'œil d'un homme fatigué du ciel ordinairement sans chaleur et sans couleur des contrées du Nord.

A neuf heures du matin, le 19, nous doublons la pointe Nord de l'île de Cérigo : c'est Cythère, île sans verdure, du moins dans cette saison, aux contours durs et heurtés, avec l'aspect d'une aridité désolante. Seulement, les tourterelles y abondent comme autrefois, lorsque l'île était consacrée à la déesse des amours. Après avoir franchi le cap Saint-Ange, nous entrons, le 20, dans le golfe de Nauplie et nous mouillons en rade le 21 à deux heures du matin. Le déjeuner terminé, je descends à terre par une chaleur étouffante. J'apprends que le baron Rouen, notre ministre en Grèce, est absent. Il est parti pour faire une excursion de quelques jours en mer, sur le vaisseau la *Ville-de-Paris,* commandé par M. de Lalande, et c'est le comte Eugène Ney, secrétaire de la légation, troisième fils du maréchal, qui me reçoit. Je me loge à l'Hôtel de Londres qui est plus confortable que je ne pouvais l'espérer.

Nauplie est bâtie au fond du golfe, un peu à droite, et en amphithéâtre. Elle est adossée à des rochers élevés et escarpés, au sommet desquels a été construite une citadelle qui domine et défend la ville, entourée elle-même de murs bâtis au moyen-âge par les Vénitiens. En sortant de la ville, au fond du golfe, on entre dans la plaine d'Argos. La ville d'Argos est située en face de Nauplie, de l'autre côté du golfe, à deux lieues seulement de distance en ligne directe. Nauplie, provisoirement alors capitale de la Grèce, avait une certaine animation qu'elle a probablement perdue depuis. On y remarquait quelques maisons assez jolies, ornées de balcons élégants. Elle était occupée par un corps auxiliaire de Bavarois, dont les uniformes étriqués, la démarche et le langage tudesques faisaient un étrange contraste avec la population du pays, aux vêtements amples, riches, pittoresques, aux allures rapides et à l'esprit vif. En politique, le désaccord n'était pas moins grand ; et les trois puissances protectrices, France, Angleterre et Russie, avaient certes eu une étrange idée, de donner ainsi pour Roi à la Grèce un Prince Allemand encore mineur, le prince Othon, et, en attendant sa majorité, de la faire gouverner par des hommes d'Etat bavarois, sous le titre de régents, enfin de la faire protéger par des troupes bavaroises. Il s'en suivait que les choses marchaient aussi mal que possible, ce qui ne me fut que trop facile à reconnaitre, et ce dont j'apportai mon témoignage en écrivant au Ministre, à la fin de mon séjour à Nauplie, comme le Roi m'en avait donné l'ordre.

M. Rouen, revenu à son poste, me présenta à ses collégues et au comte d'Armansperg, le chef de la régence, auquel son souverain avait confié la tâche plus qu'ingrate de gouverner la Grèce jusqu'à la majorité du roi Othon. Cet homme d'Etat dont l'habileté s'était montrée incontestable dans son pays, avait échoué et ne pouvait qu'échouer dans la mission impossible qu'il avait eu le tort d'accepter. Je le trouvai en proie au plus profond découragement et bien légitimement inquiet du sort de son jeune maître, lorsqu'il aurait à prendre lui-même les rênes du Gouvernement.

Je fis aussi la connaissance de M. de Lalande, le chef de notre station navale dans le Levant, et auquel j'eus le plaisir d'annoncer qu'il était nommé Contre-Amiral. Cet officier, si particulièrement distingué, eut la gloire d'organiser et de commander quelques années plus tard la première belle escadre que la France eût mise sur pied depuis les désastres de l'Empire. Le 26 septembre, accompagné du comte Eugène Ney, du jeune Montholon et de M. Falbe, consul de Danemark, que j'avais beaucoup connu à Copenhague, je me mis en route dès six heures du matin pour aller visiter Mycènes. Entrés dans la plaine d'Argos, plaine fertile, et qui ne demanderait qu'un peu de culture pour produire les plus riches récoltes, nous commençons par visiter les ruines de Tirynthe tout près de Nauplie. Argos, Mycènes, Tirynthe, quels noms ! et quels souvenirs ils éveillent ! Ce qui reste des ruines de Tirynthe est de style cyclopéen et remonte aux temps héroïques. Elles sont assez considérables et devaient faire partie d'une acropole autour de laquelle s'étendait la ville. Entre autres fragments de ses murailles antiques, il en existe un bien conservé encore, et qui a vingt-cinq pieds d'épaisseur. De Tirynthe à Mycènes, la distance est d'environ trois lieues. A notre gauche, nous laissons Argos, ville neuve, bâtie sur l'emplacement même de l'ancienne, au pied d'une montagne assez élevée, et couronnée par une acropole. Dans cette vieille cité d'Argos, que je n'ai pas eu le temps d'aller visiter, on remarque des ruines d'un théâtre antique dont les gradins ont été creusés dans le roc. A Mycènes, il n'y a que des ruines et point de ville moderne. Celles de l'acropole prouvent que cette forteresse était considérable aussi bien que la ville qu'elle était chargée de protéger. Il faut examiner entre autres, une porte très-bien conservée, dite la Porte des Lions, à cause de deux lions sculptés qui la surmontent et qui étaient les armes de Mycènes ; puis, à côté, une porte plus petite que nous appellerions une poterne, en style de places fortes modernes, et qui est curieuse par sa construction des plus primitives. Elle tournait sur elle-même dans un enfoncement pratiqué dans le roc vif où l'on avait aussi creusé deux trous pour y loger la barre destinée à la fermer. On remarque également trois rangées de murs superposés les uns au-dessus des autres, lesquels entouraient l'acropole et en défendaient les approches ; puis des restes d'aqueducs chargés de fournir l'eau à la ville et à la citadelle, et deux grandes citernes parfaitement conservées. Cependant de toutes les ruines de Mycènes, la plus curieuse est le monument en très-bon état de conservation, qu'on nomme indifféremment le trésor des Atrides ou le tombeau d'Agamemnon, et dont, en dernière analyse, on ignore la véritable destination ; mais on n'en peut méconnaître la haute antiquité. C'est une vaste chambre, en forme de cône, construite en pierres d'une énorme dimension, sans jours extérieurs, et dans laquelle on pénètre par une porte très-étroite. La pierre qui sert de linteau à cette porte est d'un seul morceau, bien qu'elle ait 25 pieds de long sur 16 de large. Comment les anciens, sans les ressources de la mécanique moderne, pouvaient-ils tailler, transporter et mettre en place des pierres d'une telle dimension ?

Nous déjeunâmes sur les ruines de Mycènes ; et à quatre heures nous étions de retour à Nauplie. On nous avait montré à Tirynthe la grotte d'Hercule, où le dieu, enfant, étouffa les deux serpents. Je le veux bien, mais la grotte est une espèce de trou de l'aspect le plus vulgaire. Enfin, de la route, on me signale le marais de Lerne, situé au fond du golfe. Il est tellement infesté de sangsues, qu'on a vainement essayé de les détruire, et que ni hommes, ni animaux ne peuvent s'y hasarder. Ce serait là l'hydre de Lerne grandie et poétisée par l'imagination grecque. L'explication me paraît très-probable. — J'avais parcouru ainsi en une journée les royaumes de Tirynthe, de Mycènes, et touché celui d'Argos. Quels royaumes ! On en ferait en France tout au plus un canton. Et cependant, dans ces lieux, sur ces ruines qui évoquent tant de glorieux et de lointains souvenirs, on ne peut s'empêcher d'être profondément intéressé et ému. Qu'importe l'étendue du cadre, quand la poésie a su faire les tableaux si grands? quand toutes les passions humaines s'y sont donné carrière, et qu'elles ont été immortalisées par de si nobles interprètes? Hercule, Thésée, Phèdre, Hippolyte, toutes ces grandes figures des temps héroïques de la Grèce resteront toujours, grâce au génie des anciens, une source inépuisable d'intérêt et d'émotion.

Ce même jour, 26 septembre au soir, je quittai Nauplie, et m'embarquai sur un brick de vingt canons, le *Ducouëdic*, commandé par M. Tavenet, capitaine de corvette. Il avait ordre de me conduire à Smyrne. M. Firmin Didot, le célèbre éditeur, qui attendait à Nauplie depuis longtemps avec sa femme une occasion pour se rendre à Smyrne où son gendre M. Challaye était consul général, obtint de l'amiral de Lalande la permission de faire la traversée avec moi; et cet excellent vieillard me fut une agréable compagnie. Gai, fort actif, quoique âgé de soixante-douze ans, très-instruit et d'une mémoire prodigieuse, il savait par cœur tous les classiques grecs, latins ou français, et ne manquait pas une occasion d'en citer des passages. Cette érudition, surtout ces citations si fréquentes auxquelles les parages où nous naviguions donnaient si facilement prétexte, nous causaient quelquefois un peu de fatigue. Aussi, sur mon conseil, le commandant Tavenet, pour nous soulager, donnait pour consigne à l'officier de quart d'écouter, lorsque le temps était beau, les tirades de l'inépuisable M. Didot. — Le 28, nous doublâmes le cap Sunium, mais trop tard et de trop loin pour voir les ruines si célèbres du temple de Minerve. — Le *Ducouëdic*, parfaitement commandé et ayant un état-major et un équipage d'élite, était un des bâtiments les mieux tenus et les mieux manœuvrés de notre escadre du Levant. C'était plaisir de le voir évoluer, comme un coursier généreux et docile. Sous ce rapport, j'avais beaucoup gagné au change, d'autant que M. Tavenet avait une table excellente.

Notre traversée fut douce et agréable; et, le 1er octobre, de grand matin, nous entrions par une bonne brise dans le golfe de Smyrne, précisément au moment où une belle escadre anglaise, composée de cinq vaisseaux, dont deux à trois ponts, quittait le mouillage des îles d'Ourlac et prenait la mer. Je montai immédiatement sur le pont pour voir ce magnifique spectacle. Couverte de voiles (car la brise était faible), l'escadre anglaise défila lentement devant nous, en ordre de bataille, le vaisseau-amiral étant au centre. Notre brick de vingt canons paraissait une coquille de noix, en présence de ces imposants navires dont les ponts si élevés et les trois rangées de canons offraient le plus terrible aspect. Lorsque nous fûmes par le travers du vaisseau-amiral (amiral Rowdney), nous mîmes en panne et nous saluâmes son pavillon de treize coups de canon qui nous furent rendus coup pour coup. Puis on envoya à bord un officier remettre à l'amiral des dépêches, apportées de Nauplie. — Depuis le fort de l'Empereur, que nous doublons à onze heures du matin, le golfe de Smyrne présente un coup d'œil charmant. Les rives sont cultivées, bien boisées; et c'est ce que nous avons vu de plus riant depuis notre départ de Toulon. Smyrne merveilleusement située tout au fond du golfe, avec ses mosquées et leurs minarets, ses maisons peintes de toute couleur, entremêlées d'arbres au vert et sombre feuillage, présente, en arrivant par mer, un tableau admirable. Nous jetons l'ancre tout près de la ville. A deux heures, je me rends à terre, et me loge rue des Roses, chez un Français, M. Ufner, qui tient une maison meublée. Smyrne, dans l'intérieur de la ville, est comme je m'y attendais, d'un aspect tout différent que vue de la mer. Les rues y sont sales, étroites, mal pavées; les maisons souvent délabrées. En un mot c'est une ville turque, quoiqu'on y rencontre presque autant d'Européens que de Musulmans. Les maisons consulaires et quelques maisons de négociants européens sont seules bâties en pierre, et en bon état.

A peine à terre, je reçois la visite de M. Amelin, attaché à notre ambassade et qui faisait alors un voyage d'agrément à Smyrne. Je vais ensuite voir M. Challaye chez qui je rencontre le ménage Didot venu de bien loin pour retrouver leur fille Mme Challaye. Cette bonne Mme Didot, type excellent et perdu de la bourgeoisie de Paris, je me la rappelle encore tricotant sur le pont du *Ducouëdic* et à moitié morte de frayeur, lorsque montée sur le banc de quart pour voir l'escadre anglaise, on tira presque dans ses jambes le premier coup de canon de notre salut à l'Amiral. Le 2 octobre je dînai chez M. Challaye qui voulut bien réunir le soir, en mon honneur, une partie de la société de Smyrne. Que de jolies personnes et quels beaux yeux noirs j'ai vus là! Ce type de la race grecque est resté admirable. Nobles fronts, yeux charmants et expressifs, nez fiers et aquilins, bouches vermeilles et riantes; il n'y a que le bas du visage qui soit lourd et un peu empâté. Les mœurs de ces belles grecques ne sont pas fort austères; et elles font aux jeunes étrangers une chasse ardente au mariage, et qui n'est pas toujours infructueuse.

Les environs de Smyrne sont charmants et méritent leur réputation. Je les ai parcourus plusieurs fois à cheval, admirant les maisons de campagne de Boudja, de Bournaba, du village des Sources; leurs jardins d'orangers, de grenadiers et de lauriers; le pont des Caravanes, si pittoresque. En rentrant en ville, je ne pouvais assez admirer toutes ces belles figures de jeunes grecque, qui, accroupies derrière les fenêtres, d'où elles surveillent paresseusement tout ce qui se passe dans la rue, saluent l'étranger de leurs plus doux sourires.

Smyrne avait autrefois comme toutes les villes grecques son acropole sur l'emplacement de laquelle, au moyen-âge, on a construit un château-fort dont il ne reste aujourd'hui que des ruines. L'ascension en est pénible, mais on est bien récompensé de la fatigue par le magnifique coup d'œil dont on jouit du haut de la montagne. D'abord, Smyrne, dont on embrasse toute l'étendue; un peu plus loin, la rade et les vaisseaux de toutes nations qui l'animent sans cesse; plus loin encore, le château de l'Empereur, et, enfin, à l'horizon, les hautes montagnes qui ferment l'entrée de la baie. Derrière, en se retournant, une plaine fertile parsemée de jolis villages et de maisons de campagnes appartenant aux riches négociants européens.

L'ancienne ville ne s'étendait pas jusqu'au rivage, et était bâtie en amphithéâtre sur les flancs de la montagne que son acropole dominait; elle était ainsi dans une position moins agréable, mais plus saine et plus forte. Il en reste peu de ruines; on m'a montré cependant celles d'un théâtre et d'un cirque.

Je visitai à Smyrne la collection d'un antiquaire bien connu de tous ceux qui ont voyagé en Orient, M. Fauvel, qui avait résidé cinquante années de sa vie à Athènes, où il avait rempli longtemps les fonctions de consul. Il avait fait lui-même, sur les lieux et avec la plus rigoureuse exactitude, les plans en relief de toutes les antiquités d'Athènes, telles du moins qu'elles étaient connues de son temps; et il en donnait l'explication avec une infatigable obligeance. La conversation de ce vieillard aimable et instruit était des plus attachantes. Dans sa nombreuse collection d'antiquités, je remarquai particulièrement une mâchoire athénienne bien conservée, avec le denier, pour Caron, fiché entre deux dents. A quel personnage avait appartenu cette mâchoire? Dans quel temps vivait-il? Qu'avait-il fait? Questions qui se pressèrent en foule dans mon esprit et qui me plongèrent dans de profondes méditations.

Je restai à Smyrne jusqu'au 17 octobre, plus longtemps que je ne me l'étais proposé, pour attendre un compatriote M. Pussin qui m'avait demandé à être mon compagnon de voyage jusqu'à Constantinople. Parisien pur sang, habitué du boulevard et de l'Opéra, grand viveur, très-bon garçon et assez spirituel, le hasard me donnait là, pour un voyage en Asie-Mineure, un compagnon plus gai et plus original que sérieux. Il m'amusa cependant; et le récit de maintes aventures parisiennes, fait à Magnésie ou à Pergame, leur donnait par contraste un intérêt assez piquant.

Le 17, à neuf heures du matin, je quittai donc Smyrne, la Capoue du Levant. Ma caravane se composait, outre M. Pussin et moi, de Tonnery, mon valet de chambre, garçon jeune et très-intelligent; d'un drogman et de deux *séradjis,* conduisant trois chevaux de bât destinés au transport de notre bagage et de notre cantine. En tout, six hommes et neuf chevaux. D'après l'arrangement fait avec le chef de la poste de Smyrne, je devais être rendu à Constantinople en dix jours, au prix de deux mille piastres, soit 550 francs. Le drogman me coûtait 6 francs par jour. — M. Amelin, trois officiers du brick le *Ducouëdic,* un peintre français, M. Glaize, nous accompagnaient jusqu'à moitié chemin de Magnésie qui était notre première étape. De telle sorte qu'en quittant Smyrne, notre caravane présentait un aspect imposant. Mon costume était pittoresque et M. Glaize en fit le croquis. J'avais sur la tête une casquette en cuir, qu'on m'avait jurée être imperméable; au tour du corps, une large ceinture, en laine rouge, qui faisait huit fois le tour de ma personne, et destinée à me préserver du froid et à diminuer la fatigue du cheval; par-dessus, une veste de chasse en drap vert, puis une ceinture en cuir jaune supportant une paire de pistolets et un élégant couteau de chasse anglais à manche d'argent; enfin, de grandes bottes turques, très-larges, recouvertes en partie par de longs bas en grosse laine du pays et chargés d'ornements de toutes couleurs.

En sortant de Smyrne, nous traversons le pont des Caravanes et la jolie plaine que nous connaissons déjà. A deux heures de chemin, nous rencontrons un camp de turcomans pittoresquement assis au pied d'une colonne antique, et composé de deux cents individus environ. Leurs chameaux, la seule richesse de ces nomades, paissaient tranquillement sur le penchant d'une jolie colline. Décidément j'étais en Asie. A trois heures de Smyrne, nous faisons halte pour le déjeuner, près d'un café isolé. Une partie de nos compagnons nous quittent, mais deux des officiers du brick et M. Glaise se décident à venir avec nous coucher à Magnésie. Après notre halte, nous entrons dans une chaîne de montagnes d'un aspect assez sauvage. La végétation y est rare et presque partout le roc se montre à nu. Les roches sont schisteuses, fréquemment entremêlées d'échantillons de marbres de diverses couleurs, qui ne paraissent pas exploités. Nous mettons à peu près quatre heures à franchir cette chaîne de montagnes, et nous descendons alors dans la plaine qui s'étend un peu à notre droite, et nous arrivons à six heures du soir à Magnésie.

De loin, la ville nous paraît d'abord charmante; de près, elle est aussi sale et aussi mal bâtie qu'aucune autre ville turque. Elle ne possède pas d'ailleurs d'antiquité méritant d'être visitée. Nous descendons au caravansérail, où nous soupons d'un pilaw préparé sur place, et des provisions de notre cantine, provisions que j'ai faites aussi abondantes que possible, sachant par l'expérience de mon premier voyage en Turquie, qu'en route, en fait de vivres, on ne trouve absolument rien. Après le souper qui est fort gai, je procède aux apprêts minutieux de ma toilette de nuit. Grosses bottes, — ceintures de laine et de cuir, — veste de chasse, — sont mises de côté. Une bonne couverture de coton, que j'ai achetée à Smyrne, me servira de matelas pendant le cours de mon excursion. Bien décidé, et pour cause, à ne point entièrement me déshabiller, je garde même mes grands bas. Puis je me couche, après m'être introduit dans un sac de toile, confectionné à cet effet, et dont l'extrémité attachée autour du cou, me protégera, autant que possible, contre les affreux insectes qui, même en cette saison, pullulent partout en Orient.

Le 18, dès cinq heures du matin, notre caravane, réduite à neuf chevaux, quitte Magnésie. Le temps est beau et nous cheminons à travers la plaine, qui, malgré sa fertilité, semble très-mal cultivée. C'est le triste spectacle que présente cette succession de plaines dans la belle et riche Ionie pour laquelle les

Grecs abandonnaient leur patrie et qu'ils ont si souvent chantée. Nous rencontrons parfois de nombreux troupeaux de buffles qui nous regardent passer d'un air à la fois stupide et menaçant. Je remarque que les margelles de presque tous les puits que nous voyons sur la route sont faites de fûts de colonnes antiques creusés par les Turcs.

Nous déjeunons à Michel-Thiflick, grande ferme (*thiflick* veut dire ferme), à six lieues de Magnésie. Tannery ayant pu se procurer des œufs, nous fait une excellente omelette au jambon. Nous trouvons ensuite une chaîne de collines peu élevées, et nous descendons de nouveau dans une belle plaine jusqu'à Ak-cheher, assez jolie petite ville où nous arrivons à cinq heures. Nous couchons dans un kan nouvellement construit, très-beau et très-propre. Les environs d'Ak-cheher sont boisés, et d'un aspect agréable. A peine installés, nous recevons la visite de deux Italiens dont un parle un peu français. Ils s'annoncent comme médecins.

L'un, se disant médecin du pacha, nous montra le plus sérieusement du monde, les deux pinces d'un cerf-volant, cet insecte si commun dans nos forêts de France. Il nous assure que ce sont les dents d'un serpent monstrueux qu'il a récemment tué. Voilà un pacha en bonnes mains, le jour où il sera malade. Nos docteurs nous affirment qu'il y a beaucoup d'antiquités dans les environs d'Ak-cheher, et ils nous montrent un sarcophage qu'ils nous avaient vanté, lequel est d'un travail assez médiocre, et date évidemment du Bas-Empire.

Le 19, nous repartons à huit heures du matin, par un temps très-menaçant; aussi la pluie ne tarde pas à tomber violemment et par intervalles. Nous cheminons en plaine, pendant cinq heures et nous déjeunons à Guélambé, mauvais village où nous entrons par une affreuse averse. Youssouf, notre premier *séradji,* cherche à nous persuader de coucher à Guélambé, à cause du mauvais temps, au lieu de pousser jusqu'à Guerdjick, à six heures de chemin plus loin. Nous refusons, et après une dispute assez vive nous nous remettons en route. Nous nous

engageons immédiatement dans une chaîne de montagnes d'un
aspect très-sauvage. Après six heures de pluie battante, nous
arrivons exténués de fatigue, mourants de froid, percés jusqu'aux os, et la nuit fermée, à Guerdjick, misérable hameau
au milieu des montagnes. Quelle journée ! Aussi, nous nous
repentons fort de n'avoir pas suivi le conseil de Youssouf.
M. Pussin, mon compagnon de voyage, est dans un bien plus
triste état que moi, ayant été pris d'un accès de goutte au pied,
qui lui cause les plus vives souffrances. La maison où nous
sommes descendus est tout ce qu'il y a de plus misérable au
monde, mais elle possède une grande cheminée où nous faisons
faire bon feu pour nous sécher et pour réchauffer nos membres
engourdis. Après avoir changé de vêtements et pris quelque
nourriture puisée à notre cantine (car le village n'offre aucune
ressource, pas même pour faire un pilaw), je m'étends devant
le feu et ne tarde pas à m'endormir plus heureux que mon
compagnon auquel ses douleurs arrachent de tristes gémisse-
ments.

Le lendemain, 20 octobre, le temps est encore si affreux,
M. Pussin si souffrant, que malgré l'horreur du taudis où nous
sommes et où le jour ne pénètre que par la cheminée et la porte
(il n'y a pas de fenêtre), nous nous décidons à y rester toute la
journée. Et quelle journée ! Mon compagnon gémit et a perdu
tout son entrain. On ne peut pas mettre le pied dehors, tant la
pluie fait rage, et nous n'avons rien à manger. Je cherche
dans ma tête quel parti j'aurai à prendre, si M. Pussin est hors
d'état, demain, de monter à cheval. Heureusement, le lendemain, le soleil a reparu, mon compagnon est un peu mieux ; et,
sentant d'ailleurs la nécessité de faire un effort pour continuer
le voyage, nous partons à la pointe du jour. Il nous faut
quatre heures encore pour descendre et sortir des montagnes
qui, différentes de celles d'avant-hier, offrent un aspect charmant. Elles sont boisées, leur coupe est arrondie et délicate-
ment dessinée. Tout-à-coup, au détour d'une dernière montagne, se découvre à nos regards une vue admirable ! Celle

d'une plaine immense qui se déroule à nos pieds et qui doit son nom à Béloukischer, la ville où nous devons coucher le soir. Le bassin qu'elle forme est plus vaste et plus beau que celui de Magnésie, et on en embrasse toute l'étendue d'un seul coup d'œil. Deux petites rivières qui serpentent dans la plaine sont d'un effet charmant ; et Béloukischer, situé à l'extrémité de la vallée, au pied d'une autre chaîne de montagnes que nous traverserons demain, se détache merveilleusement bien avec ses minarets élevés et ses maisons aux vives couleurs, entremêlées d'arbres verts.

A onze heures, nous déjeunons sur le bord d'un ruisseau à la sortie des montagnes, et nous entrons dans la plaine qui nous paraît assez bien cultivée, surtout en approchant de la ville, Çà et là nous apercevons des champs de coton et beaucoup de vignes. A notre rencontre se présente une caravane de turcomans, et bientôt après plusieurs autres caravanes de chameaux chargés de diverses marchandises. Pour cinq chameaux (rarement six), il y a toujours un conducteur monté sur un âne dont le pas règle la marche de la caravane, qui ne fait pas plus d'une lieue de France à l'heure. On ne sait qui a l'air le plus solennel, ou de l'âne, ou du conducteur fumant gravement sa pipe, ou des chameaux marchant à pas comptés, et, par un mouvement de tête cadencé, saluant constamment à droite et à gauche. Les caravanes se composent ordinairement de quarante à cinquante chameaux, et ne font pas plus de 7 à 8 lieues par jour.

A trois heures, nous arrivons à Béloukischer, ville commerçante où se tient chaque année, au mois d'août, une foire importante. Heureusement il nous fut aisé d'y renouveler notre provision de pain, et Tannery, qui à tous ses mérites de valet de chambre joignait un véritable talent de cuisinier, prépare pour notre dîner, un délicieux ragoût de mouton. De chaque lieu où nous couchions il avait pour consigne de rapporter, quand cela était possible, deux poules dont, le soir, il nous faisait avec du riz un plat très-mangeable. Le matin, avant le départ, il nous donnait à avaler un grand verre de lait, et au déjeuner nous puisions aux provisions de notre cantine. Quant au vin, la nécessité nous condamnait à nous en montrer fort avares.

Nous partons de Béloukischer le 22, à huit heures du matin. Je ne suis pas fatigué, mais M. Pussin est faible et souffrant, et a beaucoup de peine à se tenir à cheval, le pied très-enflé et entouré de flanelle. Affublé d'une longue robe de chambre grise, son grand chapeau noir rabattu sur les yeux, l'air pâle et défait, portant grande barbe et moustaches, il a l'aspect le plus étrange et le plus comique. Ce n'est plus le cavalier si brillant à notre départ de Smyrne, pistolets à la ceinture, grand sabre au côté et l'air vainqueur et conquérant.

Après deux heures de marche en plaine, nous entrons de nouveau dans des montagnes, semblables à celles d'hier, peut-être plus riantes encore. Les bois en taillis paraissent plus fournis, mieux aménagés ; la coupe des collines est plus douce. Nous mettons sept heures à traverser cette nouvelle chaîne, qui est la quatrième depuis notre départ de Smyrne. Nous déjeunons sous un grand platane, à l'issue d'un défilé charmant et sur les bords d'un joli ruisseau. Quel admirable pays ! L'eau qui abonde partout, la diversité infinie des arbres et des arbustes, donnent à ces montagnes une physionomie tout à fait particulière et un aspect vraiment ravissant. Cette Asie-Mineure est encore plus belle et plus pittoresque que je ne m'y attendais. Si elle était suffisamment habitée et cultivée, ce serait certainement le pays le plus beau et le plus riche du monde. — Au débouché des montagnes, nous avons, comme les jours précédents, la vue d'une vallée étendue, bornée à l'horizon par une nouvelle chaîne. Cette plaine est celle de Sousighirdjick, jolie ville, au pied des montagnes, un peu à notre droite. Une charmante rivière, très-ombragée, fait mille détours dans la plaine. Le caravansérail où nous descendons à Sousighirdjick est si petit et déjà si plein de monde, que nous nous décidons à dormir en plein air, sous une espèce d'auvent en dehors de la porte. A peine installés, nous faisons connaissance d'un jeune officier turc, comme nous en voyage, et se rendant à Magnésie. Magnifiquement costumé et d'une belle figure, il est causeur et curieux, contre l'habitude de ses compatriotes. Aussi faisons-nous avec lui une longue conversation par l'intermédiaire de notre drogman Stéphano.

Après avoir beaucoup mieux dormi que nous ne l'espérions, nous partons à six heures, le 23 ; nous cheminons deux heures dans la plaine, à travers des collines peu élevées et assez tristes, et nous déjeunons à Tcherlick, au pied de ces collines, parcourant ainsi une belle plaine d'un aspect fertile. Dans la journée, nous apercevons le mont Olympe, au pied duquel est située la ville de Brousse. Le sommet en est déjà couvert de neiges. Nous voyons aussi de loin, à notre gauche, Monalitch, jolie ville de dix mille habitants au moins, à ce qu'assure notre drogman. De distance en distance nous rencontrons dans la campagne des *soutiragis*, comme disent les Grecs, espèces de petites pyramides creuses, qui donnent de l'air à un aqueduc souterrain conduisant l'eau des montagnes, et maintenant son niveau jusqu'à Michaëli, autre ville située dans la plaine. Ces souterrains sont d'une construction relativement assez moderne.

Nous ne couchâmes ni à Monalitch, ni à Michaëli, ce qui nous aurait détournés de notre route, mais à Ullabat, misérable village grec, situé sur l'emplacement de l'ancienne Appolonius, ville assez considérable à l'époque du Bas-Empire et qui fut fortifiée au moyen-âge par les Latins. — Les ruines de ces fortifications qui se composent d'un mur crénelé, flanqué de tours, sont encore très-bien conservées. On voit, enchâssés dans les murs, quantité de marbres, de fûts de colonnes antiques dont nos rudes aïeux s'étaient servis sans scrupules pour élever leurs fortifications. La ville est entourée d'un côté par une jolie rivière qui sort du lac Appolonius, que nous côtoierons demain. Cette rivière, après avoir traversé Michaëli, se jette dans la mer de Marmara, au fond du golfe de Moudania. Nous étions descendus au presbytère grec, bâti sur l'emplacement d'une ancienne église dont le style devait être fort médiocre, à en juger par divers fragments de colonnes encore debout. Le *papas* nous donna l'hospitalité de son mieux et le soir, des Grecs, pour nous faire fête, vinrent danser dans la cour jusqu'à une heure assez avancée.

Le 24, à six heures du matin, nous quittons Ullabat. Magnifique lever de soleil, au milieu de nuages d'un aspect d'ailleurs assez menaçant. Nous côtoyons le lac Appolonius qui est beau et grand, et qui peut avoir dix lieues de long. Nous passons devant les ruines fort bien conservées d'une église grecque du Bas-Empire, bâtie en amphithéâtre sur les bords du lac et certainement sur l'emplacement d'un temple antique, comme le prouvent les beaux matériaux en marbre qui ont été employés à la construction de l'église. Les soubassements en sont en pierre ; les voûtes en briques. Des ruines sur des ruines, tel est le spectacle qu'on rencontre à chaque pas dans cette belle Asie-Mineure. — En cheminant sur les bords du lac, nous voyons deux petites villes dont je n'ai pu savoir le nom. Il pleut, tout autour de nous, sur les montagnes, mais heureusement pas dans la plaine que nous parcourons. — En approchant de Brousse, le pays devient admirable et très-bien cultivé.

Cette vallée de Brousse est un des plus magnifiques paysages du monde. Le terrain, d'une merveilleuse fertilité, est doucement ondulé, couvert d'arbres de toutes espèces, mais particulièrement de mûriers, et traversé par une infinité de petits ruisseaux qui s'échappent du mont Olympe et qui servent à l'arrosage. La ville bâtie un peu en amphithéâtre, au pied de la montagne, compte encore plus de cent mille habitants, et est une des plus riches de l'Asie par la culture du territoire et par son industrie en étoffes de soie et coton, qui servent d'habillements à toutes les femmes de l'Empire, turques, grecques et arméniennes. Nous n'entrons en ville qu'à la nuit fermée, et nos chevaux sont abîmés de fatigue, par suite de cette longue traite de plus de 12 lieues. Le silence le plus absolu règne dans la ville, comme dans toutes les villes d'Orient, après le coucher du soleil. Il est vrai qu'en revanche, à la pointe du jour, tout le monde est debout.

Nous descendons dans un kan où nous sommes très-mal établis, et nous devons, pour souper, nous contenter des provisions fort épuisées de notre cantine. — Le lendemain, 25 octobre, nous nous décidons à rester un jour à Brousse pour visiter cette ancienne capitale de l'Empire ottoman. Le kan où nous sommes descendus, hier soir, est un vaste bâtiment en pierres, construit au moyen-âge et de forme circulaire. Ce sont deux rangs de galeries superposées l'une sur l'autre en forme d'arcades.

La galerie du rez-de-chaussée qui donne de plein-pied sur la cour, sert d'écuries; dans celle du premier étage où l'on parvient par deux larges escaliers en pierres, il y a quantité de cellules servant d'appartements aux voyageurs. A l'extérieur, il n'y a aucun jour, aucune issue, de sorte que, la porte fermée, le kan devient une petite forteresse en état d'opposer une sérieuse résistance. La première galerie, destinée aux chevaux, est en forme de voûte cintrée; les assises en pierres de taille et les cintres en briques. La seconde galerie est aussi en forme de voûte, mais beaucoup moins cintrée.

Brousse ne possédant plus aucune antiquité digne d'être citée, M. Pussin et moi (M. Pussin à cheval, à cause de sa jambe encore enflée), nous parcourons simplement la ville qui est grande. En sortant du kan, nous entrons immédiatement dans le quartier des Juifs qui sont nombreux à Brousse. C'était le jour d'une de leurs grandes fêtes; et les femmes, extrêmement parées, se tenaient aux fenêtres, le visage découvert, ou assises sur le devant de leurs portes. — C'est en Orient qu'il faut voir les Juifs pour se faire une juste idée du peuple hébreu des temps bibliques. Leur race est restée sans mélange, dans un pays où les races ne se mêlent jamais; et le costume, la physionomie, les mœurs, les habitudes sont conservées presque intactes. — Les femmes sont généralement belles; leurs yeux noirs, grands, vifs; leur regard expressif et hardi. Les hommes n'ont pas cette mine basse et dégradée des Juifs d'Europe; beaucoup même sont beaux, mais leur physionomie est pleine d'astuce et inspire la défiance. Au sortir du quartier des Juifs, nous parcourons les bazars qui sont beaux et nombreux. Les femmes y tiennent des boutiques et sont marchandes ; ce qui ne se voit jamais à Constantinople. Elles vendaient plus particulièrement des mouchoirs brodés en or, des chemises de soie ; presque toutes étaient vieilles, bavardes et fort effrontées, surtout vis-à-vis de nous autres Européens. Après avoir parcouru les bazars et quantité de rues généralement plus larges qu'il n'est d'habitude dans les villes d'Orient, nous nous rendons à l'établissement des bains thermaux.

Il y a trois Bains, dont le premier est à environ une demi-heure de la ville au pied du mont Olympe. Ces établissements sont réellement magnifiques et ne laissent rien à désirer : toutes les salles, en rotondes ; toutes les piscines, — et il y en a de très-vastes, — en marbre blanc, de la forme la plus élégante. Les sources sont d'une abondance extraordinaire et très-chaudes. L'une d'elles est à soixante degrés. Ces eaux sont efficaces pour quantité de maladies, mais plus particulièrement pour les maladies de la peau et les rhumatismes. J'ai vu des Turcs se plonger dans une piscine dont la température s'élevait à 40 degrés Réaumur ; on en sort rouge comme une écrevisse.

De l'établissement des bains, nous montons jusqu'au château dominant la cité. Nous avions moins pour but d'en visiter les ruines qui datent seulement du moyen-âge, que de jouir de la vue de la ville et surtout de l'admirable plaine de Brousse, assurément l'un des plus beaux paysages du monde. Si la saison avait été moins avancée, nous aurions pu, en n'y consacrant qu'une journée, faire l'ascension non très-pénible du mont Olympe, d'où la vue est merveilleuse. Mais la montagne est déjà couverte de neige dans ses parties hautes. Au sommet, du côté du nord, les neiges sont perpétuelles, et c'est de là que chaque jour on apporte à Constantinople la glace nécessaire à la consommation. De retour au kan, pour dîner, nous mangeons une excellente soupe au bouillon et aux choux, préparée par Tannery, et un poulet rôti.

Après une détestable nuit passée à combattre les punaises qui sont en Orient un véritable fléau pour les voyageurs, nous quittons Brousse, le 26 octobre, à six heures du matin. Il fait chaud comme au mois de juin en France. Nous traversons d'abord une partie de la délicieuse vallée de Brousse ; nous passons par un village grec, et nous entrons ensuite dans les montagnes. En quatre heures de marche, nous arrivons à leur sommet d'où nous découvrons à notre gauche le golfe de Moudania. Les montagnes dans lesquelles nous nous trouvons, sont certainement ce que nous avons vu encore de plus remarquable et de plus pittoresque, depuis notre départ de Smyrne. Leurs contours sont si adoucis, si bien modelés, peut-on dire ; — les vallées que nous traversons, si vertes et si fraîches ; — les arbres, si beaux ; — les arbustes, si divers et si charmants : genêts d'Espagne, lauriers roses, etc., etc. ; — les eaux, si limpides et si murmurantes, que je ne crois pas qu'on puisse rêver un paysage plus délicieux. Du haut d'une des montagnes, nous avons, à gauche, la vue de la mer de Marmara, qui brille au soleil ; à droite, celle des ruines de la ville de Nicée, de son beau lac, et, à nos pieds, une plaine aussi riche et aussi riante que celle de Brousse. On ne peut vraiment contempler un plus magnifique spectacle.

A quatre heures, nous arrivons à Bazarquiénié, petite ville au pied des montagnes que nous venons de traverser. Dans les environs de cette bicoque, nous remarquons de nombreux débris de colonnes de marbre, dispersés dans les champs. On nous parle beaucoup ici de la peste dont il y aurait des cas dans presque tous les villages qu'il nous reste à traverser, pour arriver à Constantinople. Notre drogman se montre très-effrayé.

Le 27, avant le jour, nous quittons Bazarquiénié, par un brouillard épais qui nous mouille et nous empêche de rien distinguer à quelques pas de nous. Nous cheminons pendant quatre heures à travers des montagnes, et nous arrivons à dix heures à Yalova, petit port sur la mer de Marmara. La peste y fait de grands ravages, et nous campons sur le bord de la mer pour ne pas entrer dans le village. Ayant appris positivement que la peste sévit dans presque toute la région à parcourir jusqu'à Scutari, nous nous décidons à louer une barque qui nous conduira directement jusqu'à Constantinople. Le vent est à peu près favorable, la mer est belle, et on nous promet que nous arriverons demain matin au plus tard.

Nous partons donc de Yalova, à midi, et à quatre heures nous sommes par le travers de la première île des Princes, la plus éloignée de Constantinople. A minuit, nous jetons l'ancre à Emin-Capou, sous les Sept-Tours. Le reste de la nuit est assez dur à passer, car notre barque n'est pas pontée, et nous sommes couchés sur un lit de cailloux qui sert de lest. Au jour, c'est-à-dire à six heures du matin, le 28, je loue un caïque à trois paires de rames, ce qu'on appelle une *mahonne,* pour nous conduire jusqu'à Thérapia ; le temps est magnifique. Nous doublons la pointe du Sérail, et nous jouissons, au soleil levant, de l'incomparable spectacle que présente Constantinople, lorsqu'on y arrive par mer. Ce spectacle n'est pas précisément nouveau pour moi, et les neuf années qui se sont passées depuis mon premier voyage, n'en n'ont pas effacé la première impression. A sept heures, nous entrons dans le Bosphore, plus beau, plus pittoresque, plus merveilleux que jamais. Les termes manquent pour exprimer l'admiration qu'on éprouve. A moitié chemin, entre Constantinople et Thérapia, nous nous arrêtons pour laisser reposer nos *caïdjis ;* nous déjeunons dans un café au bord de la mer ; et enfin, à onze heures, j'arrive à Thérapia, heureusement parvenu ainsi au terme de ce long et intéressant voyage.

A l'Ambassade, je suis reçu en débarquant par M. de Franqueville, un des drogmans, et par M. de Cohorn, second secrétaire. Je fais tout de suite ma visite à l'ambassadeur, M. l'amiral Roussin. Le personnel de l'ambassade est peu nombreux et se compose, outre l'amiral, sa femme et ses deux petites filles, de

M. de Cohorn, second secrétaire; de M. Amelin, attaché; du capitaine d'état-major Foltz, aide-de-camp de l'amiral, et de M. de Franqueville, drogman du palais. Le docteur Maroncelli, le frère de Maroncelli dont il est tant question dans le livre si touchant de Silvio Pellico, *Mes prisons*, et qui s'était réfugié en France après l'arrestation de son frère, est attaché à l'ambassade en qualité de médecin. L'ambassade réside forcément à Thérapia toute l'année, depuis qu'en 1830, un incendie a consumé le palais de France de Péra. Celle d'Angleterre, mal établie dans une petite maison, est également obligée pour le même motif de passer toute l'année à Thérapia.

Lord Ponsonby est l'ambassadeur d'Angleterre. Ce diplomate, qui jouait à Constantinople un rôle fort important, avait alors soixante-cinq ans; il était encore très-beau de visage; avait le plus grand air du monde, et des manières aussi dignes que polies. Après avoir passé sa jeunesse dans tous les désordres à la mode en Angleterre, et les avoir prolongés jusqu'à quarante-cinq ans, il était entré dans la diplomatie dont sa naissance et sa qualité de pair lui avaient facilement ouvert la voie. Homme d'esprit, très-instruit, passionné dans les affaires, comme il l'avait été dans les plaisirs, lord Ponsonby déployait dans sa carrière une application, une intelligence et une vivacité tout à fait juvéniles. Ministre au Brésil, puis à Naples, son gouvernement venait de lui confier tout récemment le poste important d'ambassadeur à Constantinople. Il y avait immédiatement inauguré une politique agressive contre le vice-roi d'Égypte, et qui semblait lui être personnelle, car elle était contraire à ses instructions officielles. Flattant les passions du Sultan, il l'encourageait secrètement à saisir la première occasion d'ouvrir de nouveau la lutte avec son puissant vassal, et de revenir sur les concessions qu'il avait été obligé de lui faire, l'année précédente, par le traité de Kutaya, traité qui suivit la perte de la bataille de Koniah. Cette politique se montrait surtout agressive contre la Russie, dont l'influence était prépondérante à Constantinople, depuis son intervention armée de l'année précédente entre le Sultan et Méhémet-Ali. Lord Ponsonby, en cherchant à amener un renouvellement d'hostilité entre les deux adversaires, prétendait faire intervenir l'Angleterre et la France, obtenir quelques concessions du vice-roi d'Egypte en faveur du Sultan, et substuer l'influence des deux puissances à celle de la Russie. Il avait enfin pour but de prendre une revanche des événements de l'année précédente, au prix même, s'il le fallait, d'une guerre générale. Cette idée fixe poursuivie par lord Ponsonby avec une rare persévérance, en dépit des instructions de son gouvernement qui de bonne foi, je crois, ne se souciait pas de rouvrir la lutte entre le Sultan et Méhémet-Ali, devant amener vingt ans plus tard le résultat qu'il se proposait, la guerre entre l'Angleterre et la France d'un côté, et la Russie de l'autre. Mais, auparavant, elle fut, en 1840, au moment de donner naissance à une guerre générale, par le refus que fit la France à cette époque, de s'unir aux autres puissances pour intervenir contre Méhémet-Ali auquel le Sultan avait de nouveau et sans succès déclaré la guerre.

La vie à Thérapia était fort sérieuse, surtout en hiver, et privée de toutes distractions mondaines. Restait, il est vrai, le travail et l'intérêt des affaires politiques, commerciales et religieuses, qui donnaient lieu à une correspondance multiple, non seulement avec le département des Affaires étrangères, mais aussi avec nos nombreux consulats en Orient. L'amiral Roussin, marin très-distingué, écrivait avec une grande facilité; il en abusait, peut-être, pour multiplier ses dépêches, sous forme de journal quotidien : ce qui faisait que les dernières, au départ du courrier qui n'avait lieu que tous les quinze jours, démentaient parfois les nouvelles données par les premières. Renfermé dans son cabinet, il travaillait sans relâche, particulièrement à recevoir les rapports, verbaux ou écrits, de ses drogmans, et à en faire le sujet de sa correspondance. L'Amiral aimait tellement l'écriture et si peu la conversation, qu'il m'écrivait plutôt que de me mander auprès de lui, lorsqu'il avait des instructions à me donner ou des questions à me faire.

La Russie était représentée à Constantinople par M. de Boutenieff, diplomate habile, modéré, dont le caractère conciliant, les façons modestes, étaient employées à dissimuler autant que possible, et à adoucir à ses collègues l'omnipotence de son gouvernement sur le Divan. Le baron de Sturmer, marié à une française, était ministre d'Autriche. C'était un excellent homme, poli, d'une habileté assez contestable, mais qui avait l'expérience des affaires d'Orient. Je reçus de ces deux légations un accueil empressé. M. Titoff, qui est devenu depuis un diplomate très-distingué, était, à cette époque, second secrétaire de la légation de Russie, et M. de Boutenieff faisait très-grand cas de sa capacité.

Je menai tout cet hiver, de 1834 à 1835, une vie sérieuse, sur les bords du Bosphore, et dans un palais où on était très-mal défendu contre le froid. Je travaillais beaucoup ; je montais à cheval quand le temps le permettait, et je faisais de temps en temps de courtes excursions à Péra, où je fis quelques connaissances dans la société des *Pérottes*. A Thérapia, ma seule ressource était la maison de lord Ponsonby chez lequel je dînais et passais souvent la soirée. Il m'avait pris en amitié, et nous faisions de longues causeries qui se prolongeaient quelquefois fort avant dans la nuit. Lord Ponsonby se levait très-tard, et aimait à veiller. C'était toujours la nuit qu'il rédigeait ses dépêches. A l'ambassade je causais volontiers avec M. Foltz qui était instruit, gai et d'un caractère aimable. Je me liai aussi avec le bon docteur Maroncelli.

La destruction des janissaires, ce coup d'état si important qui avait eu lieu (1826) depuis mon premier voyage à Constantinople, en avait singulièrement modifié la physionomie. La ville avait conservé, il est vrai, ses magnifiques mosquées, avec leurs minarets élancés, ses charmantes fontaines, ses arbres verts semés partout, ses cimetières pittoresques, son admirable port, ses nombreux bazars, ses élégants caïques courant sur la mer, ses quartiers que l'incendie a ravagés, et qu'on ne reconstruit jamais, ses femmes voilées, ses pesants arabas, ses chiens errants et hargneux, ses portefaix courbés sous leurs lourds fardeaux, etc., etc., mais on ne rencontrait plus d'*ortas* de janissaires, au costume si pittoresque, à la démarche fière, portant majestueusement leur marmite, et se frayant leur route en renversant tout sur leur passage. Plus de topjis, de bibouschi, d'icoglans, plus de turbans dans les rues, excepté sur la tête de quelques ulémas. Cette noble coiffure était remplacée par le fez, qui donne un air stupide aux plus heureuses physionomies. Aux robes flottantes et aux larges pantalons d'autrefois ont succédé des redingotes étriquées et mal faites, et le pantalon européen ; aux babouches, des souliers éculés. Quel déplorable changement ! Il est vrai que, par compensation, les Francs circulent librement et sans craindre d'être molestés dans les rues. Mais la couleur orientale qu'est-elle devenue ?

Le 30 décembre commença le Ramadan. Le signal en fut donné à dix heures du soir par trois coups de canon tirés de Topana, et qui furent successivement répétés par toutes les batteries du Bosphore. Ces coups de canon, répercutés la nuit par l'écho des montagnes, étaient d'un bel effet. Le Ramadan est à la fois le carême et le carnaval des Ottomans, car ils jeûnent tout le jour, mais ils mangent et se réjouissent toute la nuit. Le jeûne est d'une grande rigueur, puisque, tant que le soleil est sur l'horizon, on ne peut ni manger, ni boire, ni fumer. Quand le Ramadan tombe en été, dans les longs jours, il est excessivement pénible, surtout pour les classes laborieuses, car il est scrupuleusement observé. L'obligation de faire de la nuit le jour est plus ennuyeuse que fatigante pour les gens des classes élevées. Cependant il en résulte, surtout vers la fin, que les affaires restent en souffrance. Le Ramadan est à la Porte un véritable temps de vacances.

Le 1ᵉʳ janvier 1835, j'accomplis mes trente ans. Ce jour fut triste pour moi, loin de mon pays et de tous ceux qui m'étaient chers. Je jetais un coup d'œil sur mon passé aussi loin que mes souvenirs le permettaient ; et, en considérant avec quelle rapidité s'étaient écoulés les jours, d'ailleurs si remplis de ma jeunesse, je comprenais que la vie est bien courte, même pour ceux à qui il est donné de vieillir. Je sentais plus vivement que jamais aussi, à quel point j'étais isolé, et quel vide profond régnait dans mon cœur, sevré que j'étais des joies de la famille qui m'apparurent plus enviables et plus douces, sur ces bords lointains où ma carrière m'avait conduit. Ce même mois de janvier, j'appris la mort de mon ancienne amie la vicomtesse de Vaudreuil que j'avais laissée bien souffrante, en quittant la France, et avec peu d'espoir de la revoir jamais. Je la regrettai sincèrement, car elle avait été toujours bien bonne pour moi et particulièrement compatissante, à la mort de mon père.

Le 25 janvier, toute l'ambassade se transporta à Constantinople, pour voir les fêtes du Ramadan chez un français au service de la Porte, M. Blaque, qui dirigeait un journal officiel nouvellement établi, mais ne paraissant pas quotidiennement.

Nous visitâmes d'abord les jardins du sérail, sous la conduite dn colonel Tahir-Bey, envoyé par le Séraskier pour nous en faire les honneurs. Ces jardins sont vastes, dans une admirable situation au bord de la mer, mais mal dessinés et mal entretenus. On ne nous fit point voir les appartements du palais qui sont, dit-on, fort beaux, parcequ'on attendait ce jour là le Sultan, lequel du reste ne l'habite plus jamais et y vient même très-rarement en visite. L'ensemble du sérail qui est presque une petite ville, tant il y a de bâtiments divers, de cours et de jardins, est imposant sans doute, mais on eût pu tirer un bien meilleur parti de son incomparable emplacement. Du sérail, en traversant une grande partie de Constantinople, on nous conduisit sur la place Bajazet où, pendant le Ramadan, il est de mode pour les dames turques de haut parage, de venir se promener en arabas. L'ambassadeur, sa femme et ses deux enfants étaient dans une voiture prêtée par le Séraskier. La place Bajazet présentait un aspect assez animé et nous entrâmes dans une boutique pour jouir plus commodément du spectacle. Malgré les *yachmacks* dont le visage des femmes est toujours couvert, nous aperçumes force beaux yeux, qui nous regardèrent avec assez de coquetterie et de bienveillance. Il y a parmi les grandes dames, une certaine façon de porter le *yachmack* qui permet de distinguer une partie de leur visage.

Nous dînons chez M. Blaque ; et, le soir, nous retournons au sérail, pour voir passer le Sultan qui se rend en grande pompe à Sainte-Sophie. On nous avait préparé dans la première cour un kiosque, d'où nous pouvions voir à l'aise défiler le cortége. Peu d'instants après notre arrivée, le Sultan déboucha, en effet, de la seconde cour du sérail. Il était entouré de ses officiers et précédé par deux cents *cawas* environ, portant d'énormes torches. En outre, sur son passage, dans l'intérieur des cours du sérail et sur tout les chemins jusqu'à la mosquée, il y avait de distance en distance, des pots à feu pour éclairer le cortége. Ces torches, ces pots à feu, en éclairant tout à la fois et parfaitement les cours et les murs élevés du palais, les jardins et la mer dans le lointain, donnaient à ce spectacle un caractère tout fantastique et fort imposant. Le Sultan seul était à cheval ; tous les officiers à pied. Quel cortége mesquin en comparaison de celui qui se pressait autrefois autour du Padischa, lorsqu'il paraissait en public : Jeoglans, Janissaires, Bostandjis, Topchis, Ulémas, Eunuques blancs et noirs, etc., etc., etc. Plus de chevaux de main, magnifiquement caparaçonnés et conduits par des esclaves richement habillés ! En un mot, plus de cette pompe et de cette couleur orientale qui saisissait les yeux et servait à dissimuler la vénalité, la férocité et la corruption de la cour de Constantinople. Le Sultan me parut vieilli, mais conservant un fort grand air, même sous son nouveau costume. Il montait un superbe cheval noir, qu'il maniait avec beaucoup de grâce.

A dix heures, nous étions de retour chez M. Blaque dont la

maison est vaste et commode. Elle lui est donnée par le gouvernement. Nous y reçûmes la plus cordiale hospitalité. L'hiver fut très-doux. En janvier, et au mois de mars nous eûmes de véritables journées de printemps. Je jouissais d'autant plus de cette agréable température, que je me rappelais en frissonnant les hivers de Copenhague, et même celui que j'avais passé à La Haye. Je faisais presque chaque jour, à pied ou à cheval, de longues promenades solitaires sur les bords du Bosphore, plongé dans d'interminables rêveries et dans un véritable ravissement, en présence de cette nature si grandiose et si belle. Fréquemment aussi je dirigeais mes excursions dans Stamboul, sous la conduite d'un excellent guide, M. Texier, qui voyageait depuis deux ans en Orient avec une mission scientifique, et qui connaissait parfaitement toutes les curiosités de cette ancienne Bysance. Lié avec plusieurs personnages importants, il avait, pour entrer partout, des facilités dont il me faisait profiter. C'est ainsi que, sous la protection d'un *softa,* je visitai avec lui une des plus belles et des plus grandes mosquées de Constantinople, la Solimanieh, à l'heure de la prière des femmes. Pittoresquement groupées dans la vaste enceinte de la mosquée, priant avec recueillement et dans le plus profond silence, ces femmes au long vêtement flottant et dont on ne voyait du visage que les yeux, formaient un spectacle étrange et curieux. A chaque mosquée, sont joints un kan pour les voyageurs, une école et quelquefois un hôpital pour les fous. Nous visitâmes l'hôpital des fous de la Solimanieh, lequel contenait seulement une trentaine de malades. Ces malheureux enchaînés deux ou trois dans la même cellule et à peu près nus, gisaient sur le sol et étaient donnés toute la journée en spectacle aux curieux. On leur distribua leur nourriture pendant que nous étions là ; elle nous parut assez bonne et abondante. Chacun eut une écuelle de riz et une grosse galette. Parmi ces infortunés, nous remarquâmes un jeune nègre, d'un noir de jais, dont l'aspect faisait frémir. Il était nu, couché dans un coin obscur et ramassé sur lui-même ; son œil blanc brillait d'un feu si sombre, si féroce, sur sa face noire, hideuse et déprimée, que nous en étions épouvantés et fascinés au point de ne pouvoir en détourner la vue. Quel affreux spectacle !....

Le printemps ne fut pas relativement aussi beau que l'hiver, surtout à Thérapia, souvent enveloppé, une partie des journées, par d'épais brouillards qui viennent de la mer Noire et qui, courant tout le long du Bosphore, se dissipent généralement avant d'arriver à Constantinople. — Au mois de mai, l'amiral ayant sollicité et obtenu un firman pour que M. Texier pût étudier, mesurer et dessiner Sainte-Sophie, je profitai de cette occasion pour visiter cette célèbre mosquée dans tous ses détails. Elle ne répondit pas entièrement à l'idée que je m'en étais faite d'après sa réputation qu'elle a due peut-être à la difficulté qu'on a eue si longtemps d'y pénétrer. Cependant, l'ensemble en est fort imposant, et sa coupole audacieusement jetée est admirable. Son plus bel ornement consiste en deux rangées de colonnes de vert et jaune antiques, dont la matière est du reste plus précieuse et plus remarquable que le travail qui est assez médiocre. Sainte-Sophie, église grecque, dans l'origine, a été plusieurs fois détruite en partie par des tremblements de terre ; et chaque fois qu'elle a été réparée, elle a perdu de son style et de ses ornements. C'est ainsi qu'actuellement encore, plusieurs de ses colonnes sont hors de leur axe, ce qui est d'un très-désagréable effet. On assure que plusieurs belles mosaïques anciennes ont été impitoyablement badigeonnées ; et, en général, les peintures et les ornements exécutés par les Turcs sont détestables. Sainte-Sophie, la plus importante et la plus vénérée des nombreuses mosquées de Constantinople, est desservie par plus de cinq cents *softa*. Les fidèles y sont très-nombreux aux heures de la prière, et M. Texier, qui a assisté un jour à la prière de midi, caché dans une tribune, nous a dit que le spectacle était des plus imposants. Les musulmans sont en général très-religieux et apportent, dans l'exercice de leur culte, un recueillement qu'on ne saurait trop admirer. — Notre firman nous autorisant à visiter toutes les mosquées, nous allâmes de Sainte-Sophie à la mosquée du Sultan-Achmet, sur la place de l'Hippodrome. Bien que bâtie sur le plan de Sainte-Sophie, elle lui est fort inférieure. Nous visitons l'Osmanich ensuite. C'est une jolie petite mosquée toute revêtue de marbre, tant à l'intérieur qu'à l'extérieur, et très-dorée, coquette et charmante à voir. Après l'Osmanich on nous conduit à la Sultan-Bajazet, qui n'a rien de remarquable qu'un vaste sarcophage en porphyre, placé dans la cour et qu'on dit être celui de l'empereur Constantin, ce qui est fort douteux. C'est un très-bel échantillon de porphyre, mais sans ornements et sans sculptures. Nous finissons notre tournée par la *Solimanich,* que je connaissais déjà, mais qui, par comparaison et en compagnie de M. Texier, me parut plus belle encore que je ne l'avais trouvée, lors de ma première visite.

Au retour des beaux jours, Thérapia et Buyukdéré se repeuplèrent, et notre vie devint un peu moins monotone. Je fis de nombreuses et charmantes excursions sur la côte d'Asie à l'embouchure de la mer Noire, et dans la forêt de Belgrade, lieux où quelques négociants ont leurs maisons de campagne. Il faut, dans cette forêt, visiter l'aqueduc du Justinien, qui conduit à Constantinople une partie de l'eau nécessaire à la consommation de cette grande ville, et les *bindes* ou vastes réservoirs où elle est recueillia en hiver. Ces réservoirs, au nombre de quatre, ont été établis en fermant certaines petites vallées qui contiennent des cours d'eau, par des barrages d'une solidité et d'un travail remarquables. L'eau est amenée ensuite à Constantinople par l'aqueduc de Justinien et de nombreux tuyaux souterrains. Dans les années de sécheresse, l'eau devient assez rare dans cette capitale, pour qu'on soit obligé de rationner chaque fontaine, au grand détriment des habitants. Pour obvier à cette disette, il y avait autrefois de vastes citernes d'une construction magnifique, et que l'impéritie musulmane a laissées tomber en ruines. L'aqueduc de Justinien, d'un aspect imposant, a deux rangs d'arcades dont les premières ont six mètres de large.

Au mois de juin, j'eus le plaisir de faire les honneurs de Constantinople au comte Albert de La Ferronnays, second fils de mon ancien ambassadeur à Saint-Pétersbourg pour lequel j'ai conservé toute ma vie un tendre et respectueux attachement. Profondément atteint de la maladie de poitrine dont il mourut quelques mois plus tard, le comte Albert venait de Naples et se rendait en Crimée chez sa belle-mère Mᵐᵉ d'Alopéus remariée au prince Lapoukin, avec sa charmante femme que j'avais connue en 1826 à Berlin où son père était ministre de Russie. Mᵐᵉ A. de La Ferronnays avait toutes les grâces, tout le charme, toute la beauté qu'il est possible d'imaginer. Je ne ferai pas son portrait qu'il faut chercher dans le *Récit d'une Sœur*, ce livre que le monde entier a lu et où Mᵐᵉ Craven a raconté la vie et la mort de cette incomparable femme et celle de son mari, qui était lui-même aussi intéressant que distingué. J'eus aussi, cette année, la visite du comte Prudent de Chasseloup-Laubat, chef d'escadron d'état-major, que j'avais connu autrefois à Paris, et qui est mort général de division. Après avoir fait avec lui plusieurs excursions dans les environs de Constantinople, je me décidai à l'accompagner à Nicomédie et à Nicée que je désirais visiter.

Nous partons de Péra, le 29 juin, emmenant aussi M. de Berthoud et M. Foltz qui savait assez de turc pour nous servir de drogman. Nous traversons le Bosphore, et, à Scutari, nous montons dans de petites voitures, c'est-à-dire, de petites charrettes ne pouvant contenir chacune qu'une personne, et tout-à-fait semblables à celles dont on se sert en Valachie pour courir la poste, peut-être plus dures et plus incommodes encore et attelées également de quatre chevaux. C'était un essai que venait de tenter Achmet-Pacha, sur la route de Scutari à Nicomédie, et qu'on avait, à cet effet, un peu réparée. Pour pouvoir courir dans ces affreux véhicules, il faut avoir le soin de se serrer le corps dans une ample ceinture, sans quoi au bout de deux heures on rendrait l'âme. Il y a dix-huit heures turques de Scutari à Nicomédie, ce qui fait environ 30 lieues. Nous franchissons cette distance en dix heures, ayant changé trois fois de voitures et de chevaux et déjeuné à Kartel, avec les provisions de notre cantine. A moitié chemin, la route est tracée sur la rive gauche du golfe, pour ne plus en quitter les bords; elle monte ou descend les collines qui l'entourent et qui présentent à chaque instant des paysages suisses, avec le ciel de l'Orient. Ce golfe de Nicomédie est dans tout son parcours véritablement admirable.

Arrivés tard à Nicomédie, nous sommes obligés de coucher à la poste, enveloppés dans nos manteaux et la tête appuyée sur nos selles, quoique nous fussions très-fatigués de notre course en charrette. Cependant nous sommes debout le lendemain à quatre heures du matin et nous parcourons pendant trois heures à cheval, les environs de la ville.

La Nicomédie actuelle est située sur l'emplacement même de l'ancienne ville, presque au fond du golfe, à gauche, et elle est bâtie en amphithéâtre sur une colline escarpée. Les maisons s'étendent dans la plaine et arrivent jusqu'au bord de la mer. Elle possède aussi un arsenal où on construit des bâtiments de guerre de petite dimension. Nicomédie qui vue de loin présente un aspect très-pittoresque, est aussi sale et délabrée qu'aucune autre ville turque; mais, contrairement à l'habitude, les environs en sont très-bien cultivés. Il existe une foule de jardins et de vergers qui fournissent Constantinople de fruits et de légumes et qui offrent un coup d'œil charmant et bien rare en Turquie.

A sept heures du matin, il fait déjà si chaud, que nous sommes obligés de revenir à notre misérable gîte; mais nous y trouvons un message de l'évêque grec pour lequel nous avions une lettre de recommandation. Ce message nous invite à venir à l'évêché où l'on nous donne une chambre fraîche et un déjeuner composé d'œufs et de laitage, que nous acceptons avec une grande reconnaissance. D'après les renseignements

donnés par l'évêque, Nicomédie renferme seize mille habitants
environ, dont dix-huit cents familles turques, quatre cents
familles arméniennes et quatre-vingts familles grecques seulement. Après avoir fait la sieste jusqu'à trois heures, nous
partons en caïque pour aller coucher à Karamousal, village
turc, sur la rive droite du golfe, à six heures de Nicomédie et
à douze heures de Nicée. Notre navigation ne dura que quatre
heures et fut délicieuse. La mer était calme, la brise douce et
favorable, le ciel sans nuages. On ne peut rien imaginer de
plus beau que les bords du golfe de Nicomédie; ils sont plus
riches, plus imposants et plus grandioses encore que ceux du
Bosphore. La rive droite est plus belle que la rive gauche.
Nous n'arrivons à Karamousal qu'à huit heures, et nous avons
bien de la peine à trouver un gîte, à une heure aussi indue en
Orient. Enfin l'*Aga* nous fait donner une maison turque dont
les maîtres sont absents et où nous sommes dévorés par les
puces et les punaises, quoique nous nous fussions bien gardés
de nous déshabiller.

Le 1er juillet, nous sommes à cheval à six heures du matin;
le temps s'est heureusement un peu rafrîchi. Nous suivons
pendant une lieue le bord de la mer; puis, nous tournons
brusquement au sud, en nous dirigeant directement vers Nicée
à travers les montagnes qui bordent la rive droite du golfe.
Nous entrons bientôt dans un défilé long, étroit, bien boisé et
pittoresque; et, à onze heures du matin, nous arrivons à Qiz-
Dervend, seul village qu'on rencontre entre Karamousal et
Nicée, et qui est juste à moitié chemin. Nous y déjeunons de
grand appétit sous un arbre, avec nos provisions et une
omelette faite par l'industrieux Tannery. Qiz-Dervend est
peuplé par une colonie de Bulgares qui se livrent particulièrement à l'éducation des vers à soie. Aussi les environs sont-
ils couverts de mûriers, et les maisons encore remplies de
cocons. Nous avons été frappés de la beauté des femmes, qui
en qualité de bulgares se montrent à visage découvert. En
sortant de Qiz-Dervend, nous poursuivons notre route à

travers l'étroit défilé qui va toujours montant pendant deux
heures. Arrivés au sommet et à l'issue du défilé, nous avons
subitement la vue du magnifique lac de Nicée qui est à nos
pieds et vers lequel nous commençons à descendre. Parvenus
au bord du lac, nous prenons à notre gauche, et, quatre heures,
plus tard, nous arrivons à Nicée, ayant constamment suivi les
bords du lac à travers une plaine fertile mais à peine cultivée,
et qui, faute de culture, s'est changée en marais, surtout aux
approches de la ville. L'aspect des ruines de Nicée, particulièrement de ses murailles si bien conservées est des plus
pittoresques, mais aussi des plus désolés. La ville est tout-
à-fait assise sur le bord du lac. Le *vaivode*, car la ville de
Nicée est si peu importante, qu'elle n'a pas même un *muth-
lesim*, nous fait donner un logement dans une assez grande
maison appartenant à un grec, et nous y soupons avec nos
provisions ; la nuit en effet est venue, et il n'est pas possible
de s'en procurer du dehors.

Le 2 juillet, de très-bonne heure, nous nous mettons en
marche pour visiter les ruines de Nicée. Nous commençons
par faire le tour des murs qui datent du moyen-âge, et qui
sont presque partout dans un état de conservation très- remarquable. Les fortifications consistent en un mur d'enceinte de
cinquante pieds de haut environ, sur huit pieds d'épaisseur,
et flanqué de fortes tours rondes ou carrées dont quelques-unes
ont été construites en pierres de taille, et quelques autres plus
nombreuses, en briques. La muraille et les tours sont crénelées.
Au pied des murs, règne un fossé large et profond qu'on devait
pouvoir inonder avec les eaux du lac, et qui est rempli aujour-
d'hui de grenadiers, de lauriers roses, d'oliviers, de figuiers, et
tapissé de fleurs et d'herbes odoriférantes. C'est un fouillis de
l'aspect le plus délicieux. Nous n'avons compté que trois
portes ; elles sont à plein cintre, très-fortes et ornées de
bas-reliefs d'un mauvais style. Nicée était donc au moyen-âge
une ville biens moins importante que la Nicée antique, mais

d'autant plus forte qu'un tiers de son enceinte était défendue par les eaux du lac.

Ce lac est magnifique, il a douze lieues environ sur trois de large, et est entouré de trois côtés par des montagnes assez élevées qui ne s'abaissent qu'à une de ses extrémités, du côté du golfe de Moudania, avec lequel les Romains avaient projeté de le mettre en communication directe au moyen d'un canal qui n'aurait eu que quatre ou cinq lieues de long. Les travaux de ce canal avaient été commencés, et on en voit encore des traces. Nicée, l'antique Nicée, autrefois si importante, si riche, si populeuse qu'on y a compté jusqu'à cent mille habitants, ne contient plus aujourd'hui que cent cinquante maisons, groupées à une des extrémités de sa vaste enceinte. Le reste de la ville n'est qu'un amas de ruines datant de toutes les époques : églises transformées en mosquées et mosquées tombées en ruines à leur tour. Une seule est en bon état, mélange assez curieux de l'architecture du Bas-Empire et de l'architecture arabe de la bonne époque. Ainsi, au corps principal de la mosquée, formant un dôme de style byzantin, on a ajouté un portique ou fronton avec l'arc ogival et des ornements arabesques. A une autre église, transformée en mosquée, on a joint un charmant minaret revêtu de briques en porcelaine, d'un effet très-original. Nous voulions faire une promenade sur le beau lac de Nicée, mais nous ne trouvâmes pas une seule barque pouvant servir, et nous ne vîmes d'êtres vivants sur le lac qu'une famille de pélicans qui nageaient tranquillement et majestueusement sur les eaux. — Dans la nuit du 2 au 3 juillet, nous essuyons un orage si violent que l'eau pénètre un peu partout dans la maison où on nous avait offert l'hospitalité. Aussi ne pouvons-nous quitter Nicée avant dix heures du matin et par un temps encore fort incertain. Foltz et moi, nous retournons à Constantinople ; M. de Chasseloup et M. de Berthoud se dirigent sur Brousse. Nous passons de nouveau par Qiz-Dervend où nous faisons un léger repas, et où quantité de femmes viennent nous consulter pour des maladies, sans qu'il nous soit possible de les convaincre de notre profonde ignorance dans l'art médical.

A sept heures, nous arrivons à Erseck sur le golfe de Nicomédie que nous traversons en une heure, et nous allons coucher sur l'autre bord dans un café sale et enfumé, nous enveloppant simplement dans nos manteaux, et la tête sur nos selles. — Le 4, à trois heures du matin, nous nous arrachons sans effort aux douceurs de notre gîte et nous montons à cheval sur les plus mauvais chevaux que jamais poste turque ait offerts à des chrétiens. En route, nous rencontrâmes une troupe de conscrits turcs. Ces malheureux sont liés ensemble par une longue corde, passée autour de leurs bras et de leur col, et sont dans un état effrayant de saleté et de misère. La conscription, nouvellement établie en Turquie, est tellement antipathique aux populations, que les pachas ne peuvent se procurer les hommes qui leur sont demandés, qu'en faisant de véritables razzias dans leurs gouvernements et qu'ils sont obligés de les conduire enchaînés à Constantinople pour éviter les désertions. Il va sans dire que ce recrutement se fait sans ordre ni justice, et qu'il ne frappe que les pauvres gens ne pouvant se racheter à prix d'argent. C'est une excellente occasion pour les pachas et leurs agents de battre monnaie aux dépens de la population aisée et au détriment de la population pauvre. Arrivés à Gébizé, nous y reprenons nos petites charrettes, nous repassons par Kartal; et, une heure avant d'arriver à Scutari, nous sommes assaillis par un affreux orage qui, en quelques minutes, nous mouille jusqu'aux os. A Scutari nous changeons tant bien que mal de vêtements; et, montés en caïque, nous arrivons à Thérapia à quatre heures, non sans avoir été encore mouillés par la mer qui était très-forte. Un peu fatigué de mon excursion d'ailleurs fort intéressante, je retrouvai avec plaisir le confort de la vie européenne.

Le reste de l'été s'écoula assez doucement. Mes soirées se passaient à Buyukdéré chez les uns ou chez les autres; presque toujours en promenades sur le quai, surtout pendant les nuits de clair de lune. On n'a pas d'idée, lorsqu'on n'en a pas joui, du spectacle enchanteur que présente le Bosphore par un de ces clairs de lune d'Orient, dont la splendeur est incomparable. Quel éclat ! quelle douce et ravissante lumière ! Comme l'atmosphère est transparente, lumineuse, calme ! Le flot argenté vient battre la rive mollement, en cadence ; et ce bruit doux et monotone vous plonge dans des rêveries sans fin, pleines de charmes. De temps en temps, on entend venir de loin un caïque attardé, dont les rames battent les flots, et qui passe devant vous rapidement et comme une ombre. Nuits d'Orient vous êtes si belles qu'on ne saurait jamais vous oublier !

A la fin de juillet, je fis avec Mme Roussin et l'ambassadeur le tour complet des murailles de Constantinople. C'est une des plus intéressantes excursions. Nous avions choisi à dessein un vendredi, de sorte qu'il y avait du monde partout, et notre promenade réussit à souhait. — La première cour du sérail à Stamboul contient une ancienne église grecque, Saint-Irénée, qui sert d'arsenal et où est déposé le *sandjack* ou étendard sacré, que l'on ne déploie que dans les guerres saintes contre les infidèles. A cause de ce précieux dépôt, l'entrée de ce monument a toujours été interdite aux Européens, et il n'y avait eu jusque-là qu'une seule exception en faveur du comte Orloff, en 1833, à l'époque de l'intervention des Russes contre le vice-roi d'Égypte. L'établissement de la Monnaie est tout près de Saint-Irénée, et un Arménien catholique, employé supérieur, ami du drogman Franqueville, m'obtint la permission de visiter secrètement l'arsenal sous la promesse d'un fort *backchis* donné à l'un des gardiens. J'emmenai M. Foltz avec moi et bien entendu M. de Franqueville. L'église est belle, d'un bon style et en bon état. A l'entrée et scellée dans une espèce de médaillon, il y a une tête antique de Gorgone, transportée là, je ne sais à quelle date. Elle a trois pieds de haut environ et elle est d'un beau travail et d'une bonne époque. Les cheveux sont entrelacés d'un serpent qui fait le tour du front ;

et sur le haut de la tête, il y a deux petites ailes ou ailerons. Ces deux ailes paraissent si peu en harmonie avec le style de cette belle tête, qu'on serait tenté de croire qu'elles ont été ajoutées par quelque sentiment plus pieux qu'artistique, pour faire de cette Gorgone une tête d'ange. D'anciennes armures, de vieilles armes sont entassées pêle-mêle dans les travées de l'église : intéressants trésors pour les amateurs de bric-à-brac. Dans une des travées, en face du chœur, se trouve le tombeau de saint Chrysostôme, dit-on, et qu'indique deux larges dalles de marbre sans inscription. L'armoire où est enfermé le *sandjack* fut seulement entr'ouverte un instant. On nous montra aussi quelques sabres richement ornés, ayant appartenu à divers califes. Toute cette visite faite à la hâte ne dura pas plus d'une demi-heure. Elle ne répondit pas à notre attente, et nous en gardâmes le secret pour ne pas compromettre l'Arménien qui nous avait facilité l'entrée de cette antique église.

Au mois d'août, toute l'ambassade assista à la noce d'une jeune grecque, fille d'un riche négociant. Cela nous donna l'occasion de voir de très-jolies femmes grecques et arméniennes, dans leurs plus beaux costumes. La bénédiction nuptiale fut donnée dans un salon ; et la cérémonie à laquelle personne n'apportait de recueillement, fut sans dignité. Le soir, il y eut bal et souper servi avec luxe et abondance. Je dansai une contredanse avec la mariée qui était agréable, sans être précisément jolie. Pour le bal, les femmes étaient généralement habillées à l'européenne, et certes elles n'y avaient pas gagné. Aucune arménienne n'assistait au bal. Leurs mœurs plus sévères que celles des grecques ne leur permettaient pas ces sortes de divertissements.

Au mois de septembre, lord Durham, nommé ambassadeur d'Angleterre à Saint-Pétersbourg, passa par Constantinople, en se rendant à son poste ; il venait d'Athènes. Lord Durham, neveu de lord Ponsonby, était un des personnages principaux du parti *Whig* et sa nomination à Pétersbourg avait fait une certaine sensation. A peine âgé de quarante ans, de haute taille, avec une physionomie belle et dédaigneuse, il était fort libéral en paroles, mais très-despote dans ses actions, et d'une vanité vraiment puérile. Envoyé avec une sorte d'éclat à Saint-Pétersbourg, afin de combattre les projets ambitieux de la Russie contre le gouvernement ottoman, il avait affecté de passer par Constantinople pour mieux se renseigner sur les projets du Sultan, et s'y montra prodigue de paroles offensantes à l'égard de l'empereur Nicolas. Mais plus tard, il fut si sensible aux prévenances de toutes sortes, aux honneurs extraordinaires dont on l'accabla dès son entrée sur le territoire de l'empire, qu'aucun ambassadeur anglais ne fut plus que lui dupe de l'habile politique du cabinet russe. A son passage à Athènes, il s'était fait décorer de l'Ordre du Sauveur, contrairement aux usages des diplomates anglais qui n'acceptent jamais d'ordres étrangers, et à Constantipople, dans un grand dîner donné en son honneur par lord Ponsonby, il s'empressa de se parer de son cordon, à la grande joie de M. de Boutenieff qûi immédiatement jugea du parti qu'on pouvait tirer de la vanité du nouvel ambassadeur.

En octobre, et à la demande du Capitan-Pacha, l'amiral Roussin visita l'arsenal et quelques-uns des vaisseaux de la flotte ottomane, à l'ancre devant Topana ; j'accompagnais l'amiral. Il fut satisfait de la tenue de l'arsenal et des travaux qui y étaient exécutés, sous la direction, il est vrai, de constructeurs étrangers. Il était évident que la Porte faisait quelques efforts, et non sans succès, pour mettre en bon état son matériel naval. Nous visitâmes ensuite plusieurs batteries de la flotte, et particulièrement le *Mahmoudié*, vaisseau de 130 canons, un des plus grands vaisseaux de guerre existant alors. Il était fort bien construit, assez bien tenu, et portait le pavillon du Capitan-Pacha qui nous en fit les honneurs, et nous donna un excellent déjeuner. Mais, si ce matériel de la flotte était satisfaisant, en revanche, le personnel, officiers et matelots, laissait tout à désirer, au point de vue des connaissances les plus élémentaires et de la discipline.

Au retour de la mauvaise saison, tous les habitants européens de Buyukdéré et de Thérapia partirent pour Péra, sauf l'ambassade de France et celle d'Angleterre, et nous restâmes dans une profonde et assez triste solitude. Le 1er janvier 1836, à midi, le temps ayant été beau et fort calme jusque-là, il s'éleva subitement, sur le Bosphore, un vent violent du Nord venant de la mer Noire. Il était accompagné d'une neige si épaisse qu'on en était aveuglé et qu'il y avait impossibilité de rien distinguer à cinq pas devant soi. En ce jour de fête et au moment de la tempête, le Bosphore se trouvait sillonné de caïques portant grecs et arméniens des deux sexes, qui faisaient des visites de nouvel an dans les divers villages échelonnés sur les deux rives. D'autre part, en face de Thérapia et de Buyukdéré, quantité de caïques étaient occupés à la pêche d'un petit poisson qui, à cette époque de l'année, passe par le Bosphore en troupes nombreuses, se rendant de la mer Noire dans la mer de Marmara. La tempête fut si subite et si violente, les ténèbres devinrent en quelques minutes si épaisses, que ces caïques, quelque peu éloignés qu'ils fussent du rivage, ne purent tous se réfugier à temps dans le petit port de Thérapia, et que plusieurs d'entre eux vinrent se briser sur le quai en face des ambassades de France et d'Angleterre.

La scène était affreuse. Sans qu'on pût les voir, sans qu'on pût leur porter secours, on entendait les marins désespérés poussant des cris auxquels répondaient ceux de leurs femmes qui couraient affolées, éperdues, sur le rivage. La cloche de l'ambassade sonnait à toute volée pour servir de signal et indiquer à peu près aux pêcheurs en détresse l'entrée du port de Thérapia ; mais les mugissements de la mer et du vent en étouffaient les sons. Beaucoup de caïques furent brisés, plusieurs pêcheurs furent noyés. Les mêmes terribles scènes se répétèrent tout le long du Bosphore, et grand nombre de personnes, sorties joyeusement de leurs demeures le matin, périrent misérablement dans les flots. On évalua à cent cinquante le nombre des victimes. Quelques caïques, surpris par la tempête entre Constantinople et Scutari, furent entraînés dans la mer de Marmara et y trouvèrent la mort. Un certain nombre de marins ou de promeneurs plus heureux s'échouèrent aux Iles-des-Princes, et furent ramenés deux ou trois jours plus tard à leurs familles, qui les considéraient comme perdus. Quelle affreuse journée, que ce 1er janvier 1836 !

L'hiver fut assez animé à Péra, où j'allais souvent. On dansa plusieurs fois aux ambassades d'Autriche et de Russie. A cette époque, le comte Octave de Chabannes, lieutenant de vaisseau, vint prendre le commandement de notre stationnaire à Thérapia ; il fut pour moi une grande ressource, car c'était tout-à-fait un galant homme avec lequel je me liai intimement. Il est devenu vice-amiral. — Le 12 mars, l'amiral Roussin eut une audience particulière du Sultan. Je l'accompagnai, pour remettre au Padischah une lettre du Roi, en réponse à une lettre de félicitations que sa Hautesse lui avait adressée à l'occasion d'un nouvel attentat contre sa personne. L'audience avait lieu au palais d'hiver à Béchiktas. Nous fûmes reçus d'abord par le Reïss-Effendi ; et, après une heure environ passée à prendre du café et à fumer dans de belles pipes ornées de pierreries, on nous introduisit en présence du Sultan. Il était assis à l'européenne dans une pièce assez ordinaire, et simplement habillé ayant sur les épaules un manteau de soie noire. Autour de lui se tenait un petit nombre d'officiers ou de secrétaires. Il ne se leva point à l'arrivée de l'ambassade. L'amiral lui adressa un discours qui avait été communiqué d'avance au Reïss-Effendi ; et le drogman de la Porte traduisit ce discours d'une voix si basse et si tremblante, que sa Hautesse n'en aurait certainement ni entendu ni compris un mot, s'il ne lui avait pas été préalablement communiqué. Je suppose que cette attitude pleine d'émotion et de frayeur de la part des fonctionnaires de l'Empire en présence du Sultan, fait partie de l'étiquette de la Cour ; car, lorsque le Sultan eut répondu à l'ambassadeur, en s'adressant selon l'usage au Reïss-Effendi, celui-ci, répétant les paroles de son maître, témoigna non moins de trouble que le drogman de la Porte lui-même. Le discours du Sultan, adressé au Reïss-Effendi et reproduit par ce dernier, avait été naturellement prononcé en turc. Lapierre, le premier drogman de l'ambassade, nous le traduisit en un français plus ou moins correct; et c'est ainsi que de cascade en cascade, les augustes paroles de sa Hautesse parvinrent à nos indignes oreilles.

Cela fait, chacun se remit peu à peu de son trouble, et une conversation assez suivie s'établit entre le Sultan et l'ambassadeur, mais toujours par l'intermédiaire de Lapierre et du Reïss-Effendi. Elle ne sortit pas, il est vrai, des lieux communs de politesse et de compliments; mais le Sultan se montra gracieux et plein de prévenances. Je portais la lettre du Roi enfermée dans un double sac d'étoffe de soie magnifique; et, après le discours de l'ambassadeur, le Reïss-Effendi l'avait prise de mes mains. L'audience terminée, nous visitâmes le palais qui est petit mais bien tenu et élégant.

Le 28 mars, j'assistai à Constantinople à la cérémonie du Courbon-Béïram. La veille, le Sultan s'était, à quatre heures du soir, rendu du palais de Dolma-Baché au sérail. Sur son passage, les vaisseaux pavoisés l'avaient salué de tous leurs canons, les matelots étant montés dans les vergues. Ce spectacle avait été magnifique. Le lendemain 29, au lever du soleil, le Sultan sort du sérail et se rend en grande pompe à la mosquée d'Achmet, sur la place de l'hippodrome, pour y offrir en sacrifice, un agneau noir qu'il doit, selon l'usage, égorger de sa propre main. C'est dans cette cérémonie que consiste la fête du Courbon-Béïram, qui est la plus importante des Musulmans, et tombe cinquante jours plus tard, comme notre fête de la Pentecôte après Pâques. Je ne vis le Sultan qu'au retour de la mosquée. Sa suite n'était ni très-nombreuse, ni très-brillante. Depuis que les Turcs ont abandonné leurs anciens costumes, si riches, si variés, les cérémonies publiques sont devenues très-mesquines, et manquent d'intérêt et de dignité.

Le cheval arabe que montait le Sultan, était vraiment admirable; quant aux troupes formant la haie, je les trouvai laides et mal tenues. Comme nous traversions le pont de bateaux' qui joint depuis quelques années les deux côtés de la Corne d'Or, sa Hautesse retournait dans son beau et grand caïque à Dolma-Baché et fut salué, comme la veille, par l'artillerie de tous les vaisseaux.

Je noterai ici, comme échantillon des mœurs du pays, qu'au mois d'avril, en revenant d'une promenade à cheval, à travers les rues de notre village de Thérapia, je me trouvai subitement en face d'un grand Bulgare pendu à la porte d'un boulanger et qui y resta trois jours. Il faisait partie d'une bande de voleurs qui avaient commis dans le pays quantité de vols et plusieurs meurtres. Ayant été saisis et condamnés, ils avaient été pendus, pour l'exemple, dans les divers villages du Bosphore. Cette coutume de pendre les criminels sur le théâtre de leurs exploits devient une occasion, saisie avec avidité, de singuliers profits pour les *cawas* chargés de l'exécution. Ils vont de boutique en boutique menaçant d'y accrocher le patient, et recevant de l'argent des propriétaires épouvantés. Puis, ils finissent par s'arrêter à la porte de celui qui ne veut ou ne peut pas payer une rançon. Le patient est là, assistant, si ce n'est avec intérêt, du moins fort stoïquement, à ces négociations qui prolongent sa vie de quelques instants.

A la fin d'avril, on apprit que le Sultan avait accordé la main de sa fille, la sultane Michima, à un de ses favoris, Pacha dont j'ai oublié le nom, et que les noces seraient célébrées avec la plus grande pompe. En effet, pendant plusieurs nuits tous les édifices publics et quantité de palais et de maisons particulières furent brillamment illuminés : spectacle vraiment enchanteur et digne d'un conte arabe des *Mille et une Nuits*. En même temps, de nombreuses tentes avaient été dressées dans la plaine de Dolma-Baché, derrière le palais du Sultan, pour recevoir les Pachas et autres dignitaires des provinces qu'il avait invités aux noces de sa fille.

Ce camp improvisé était d'autant plus animé et pittoresque, qu'il était chaque jour le rendez-vous des oisifs de la capitale, attirés sur ce point par des jeux de toutes sortes, bateleurs, danseurs de corde, marchands ambulants de café, etc. Le soir, on tirait un feu d'artifice, soit des bâtiments de guerre à l'ancre en face du palais et brillamment illuminés, soit des radeaux construits à cet effet. Le Corps diplomatique fut convié à voir ces fêtes et s'y rendit en uniforme et en caïques d'apparat. Celui de l'ambassade de France était à sept paires de rames, drapeau national hissé à la proue. A l'échelle, nous trouvons des chevaux de selle et des voitures à six chevaux, pour les ambassadeurs et les femmes du Corps diplomatique. On nous conduisit d'abord dans un kiosque où nous attendaient le Grand-Vizir, le Séraskier, le Capitan-Pacha, le Reïss-Effendi, et quantité d'autres personnages importants. Du kiosque la vue s'étendait sur une foule immense de peuple rassemblée pour assister aux jeux, et dans laquelle se trouvaient comme toujours une grande quantité de femmes. Ces groupes de femmes avec leurs longs vêtements flottants, aux couleurs diverses et éclatantes, sont d'un effet charmant. Il y avait d'ailleurs peu de femmes turques; presque toutes étaient grecques ou arméniennes. De même pour les hommes. La gravité musulmane ne se plaît ni à la démonstration, ni au tumulte des grandes foules.

A six heures, le Corps diplomatique se rendit sous la tente où un somptueux dîner avait été préparé. La table était de 80 couverts. Un surtout, en bronze doré de Thomine, et une magnifique argenterie, faite par Odiot, du prix de sept cent mille francs, disait-on, ornaient la table. La tente, décorée des pavillons de toutes les nations représentées au banquet, était d'un bel effet; et le dîner, servi à l'européenne et préparé par un cuisinier français du nom de Mahu, fut beaucoup meilleur que nous ne pouvions l'espérer. Après le dîner on retourna au kiosque d'où nous jouîmes du resplendissant spectacle de

l'illumination du Bosphore. Enfin, un feu d'artifice termina
la fête à dix heures du soir. Nous vînmes coucher à Péra.

Le lendemain, 4 mai, nous étions tous debout à huit heures
du matin pour voir défiler le cortége portant le trousseau de la
royale mariée. Après un court déjeuner, nous nous rendons à
cheval sur la route de Péra à Dolma-Baché. A l'endroit le plus
favorable, une tente avait été dressée pour le corps diplomatique. La cérémonie, annoncée pour neuf heures, n'eut lieu
qu'à une heure passée. Sur tout le parcours il y avait grande
foule comme la veille à Dolma-Baché, foule à pied, à cheval
ou en arabas. Le cortége se rendait à Arnaout-Keuï, au bord
du Bosphore, dans un palais que la Sultane devait habiter.
C'était d'abord quarante mulets richement caparaçonnés, chargés
de ballots d'étoffes et de coffres ciselés en argent ou en cuivre
et contenant une partie du trousseau de la mariée. Vingt
arabas ou fourgons attelés de chevaux venaient ensuite; ils
étaient remplis de meubles et de tentures destinés au harem, —
de couvertures, — de coussins, — de châles de cachemire et
d'étoffes de toutes couleurs. Enfin, cent cinquante esclaves
fermaient la marche, portant sur leurs têtes des vases précieux, des coffrets à bijoux, des pièces d'argenterie pour toutes
sortes d'usage : aiguières, plateaux, trépieds, cassolettes à
parfums, corbeilles à fleurs ou à fruits, candélabres, etc.
Puis, c'étaient de magnifiques parures en diamants et en
pierres précieuses. Tout cela d'une splendeur vraiment orientale.

Le lendemain 5 mai, je retournai seul à notre tente de la
veille, pour voir le cortége de la Sultane se rendant à son
palais d'Arnaout-Keuï. Quatre escadrons de lanciers ouvraient
la marche, puis venaient tous les Pachas, les dignitaires de la
Cour, y compris le Grand-Mufti ; enfin la Sultane elle-même,
hermétiquement enfermée dans une magnifique voiture à six
chevaux, donnée quelques années auparavant par l'Empereur
de Russie. De la Sultane, je ne vis que deux doigts blancs ou
roses, je ne sais, et qui jouaient à travers une des jalousies de

la voiture. Cette splendide voiture toute dorée était suivie de quantité d'autres, de formes plus ou moins bizarres, et remplies des femmes de la Sultane. Quelques heures plus tard, l'heureux époux devait voir pour la première fois son épouse, charmante, j'aime à le croire. Ces mariages avec les filles du Padischah ne sont, comme on pourrait le supposer, nullement recherchés par les grands de l'Empire, quoiqu'ils soient le témoignage d'une faveur momentanée. Avec une telle femme, en effet, le mari n'est pas maître dans son harem, et ne peut se permettre d'avoir des concubines. D'autre part, il doit se résigner, suivant l'ancien usage auquel le sultan Mahmoud se conformait scrupuleusement, à laisser étouffer tous ses enfants mâles, le jour même de leur naissance. C'est avec solennité, avec une véritable étiquette, que s'exécute cette cruelle cérémonie, destinée à prévenir, en dehors de la famille impériale, l'extension des rejetons de la race du Prophète. On assure que depuis la mort du sultan Mahmoud, cet affreux usage n'existe plus.

Pour terminer cette série de fêtes, je dirai que, le 7, nous sommes invités à un grand dîner turc, aux Eaux-Douces d'Europe. Les divers hauts fonctionnaires s'étaient partagé les membres du corps diplomatique, et c'est le Séraskier qui traita sous sa tente l'ambassade de France. Le dîner fut mauvais, mais le spectacle curieux, et la journée se termina par un asssez beau feu d'artifice. Tout n'est cependant pas mauvais dans la cuisine turque : et un mets, entre autres, un agneau à la palicare, est réellement très-bon. C'est un jeune agneau rôti tout entier devant un feu très-vif, farci de riz et d'herbes aromatiques et servi tout fumant. Chaque convive attaque l'animal avec son couteau et se sert les morceaux qui lui plaisent le mieux. Les gourmets ne se font pas scrupule de plonger leurs bras dans le corps de la bête pour en tirer certains morceaux plus particulièrement délicats et des portions de riz bien imprégnées de jus.

Le mois de juin fut assez animé à Buyukdéré. Mme de Boutenieff avait reçu la visite de sa sœur, Mlle de Creptowitch qui a épousé plus tard M. Titoff; celle de son frère, le comte de Creptowitch qui avait épousé la fille du comte de Nesselrode; et enfin, celle de la comtesse de Creptowitch, sa mère. La présence de ces grandes dames russes et de quelques autres venues d'Odessa fut l'occasion de plusieurs excursions dans les environs. On visita, entre autres, les Iles-des-Princes, dont la position à l'entrée de la mer de Marmara et du golfe de Nicomédie est admirable. Nous visitâmes, à Kalki, les deux monastères grecs, la Panagia, et la Trinité. A la Trinité, il y a un collége grec dont les enfants, ce qui me surprit, sont habillés à la franque. Nous étions venus aux îles sur un bateau autrichien loué par M. de Sturmer; ce dernier nous donna à bord un excellent dîner.

Au mois d'août, j'entrepris une nouvelle expédition dans le golfe de Nicomédie pour y chasser le faisan, avec de Chabannes, le comte de Creptowitch, le lieutenant de la frégate en station à Thérapia et deux gentlemen anglais. Cette excursion dura quatre jours et fut très-agréable, quoique le gibier fût rare et la chasse pénible à cause de la grande chaleur. Ce golfe de Nicomédie est vraiment admirable dans tout son parcours.

Le 13 septembre, le Sultan décora l'amiral Roussin, et moi de son Ordre du Nichan-Iftikhar, et nous en remit les insignes dans une audience particulière; il ne l'avait encore accordé parmi les Européens qu'à lord Ponsonby. Cette décoration consiste dans le chiffre du Sultan, ou *Tourah,* orné de plus ou moins de diamants et de diamants plus ou moins beaux et gros, selon la personne à laquelle elle est destinée. Le Nichan de l'amiral était magnifique, le mien fort beau aussi, car il avait été particulièrement soigné par Duz-Oğlan, arménien catholique et chef de la Monnaie. Il y avait pour cinq ou six mille francs de diamants au moins; cette décoration se porte au cou. J'avoue qu'elle me fit, lorsque je la reçus, un véritable plaisir. Mais elle fut tellement prodiguée après les événements de 1840, qu'elle perdit comme décoration tout son mérite à mes yeux.

L'amiral Roussin sollicitait un congé depuis plusieurs mois, et il lui fut enfin accordé.

Afin de montrer aux Turcs un beau specimen de notre marine militaire, le gouvernement lui envoya, pour le ramener en France, une magnifique frégate de soixante canons, l'*Herminie*, commandée par M. Bazoche. Cette frégate jeta l'ancre, le 20 septembre au matin, devant Thérapia. Le 29, je fus présenté par l'amiral comme chargé d'affaires au Séraskier, le célèbre Khosrew-Pacha. Nous trouvâmes chez lui Hatil-Pacha, gendre du Sultan; et ces deux hauts personnages me firent un accueil très-bienveillant. Khosrew-Pacha était alors le personnage le plus important de l'empire par sa charge, son âge, son expérience et le rôle principal qu'il avait joué depuis trente ans sans avoir perdu jamais la faveur de son maître. Il était petit, laid, boiteux, vénal, rusé, obséquieux, mais fort habile et consommé dans l'art des intrigues du sérail.

Le 30, je fus présenté également, comme chargé d'affaires, au Grand-Visir et au Ministre des affaires étrangères. Depuis 1826, la charge de Grand-Visir, restée nominalement la première charge de l'Empire, avait perdu toute son importance par la volonté du Sultan. Elle appartenait alors à un vieillard d'un caractère juste et doux, religieux et instruit, mais d'un esprit médiocre. Kouloussi-Pacha, le ministre des affaires étrangères, était aussi un homme ordinaire et sans influence aucune. Kosrew-Pacha se trouvait donc le seul personnage qui comptât dans l'empire après le Sultan. Péterff-Effendi, ministre de l'intérieur, jouissait cependant d'un certain crédit. Turc de la vieille roche, fanatique, imbu de la fierté et de tous les préjugés de sa race, il se montrait d'un esprit fertile et étendu, mais jugeant mal son temps et surtout la situation de son pays. Il avait été l'instigateur de presque toutes les mesures violentes ou désastreuses qui ont marqué le règne du

sultan Mahmoud, dont il flattait d'ailleurs toutes les passions.
Il était alors soutenu dans la faveur du souverain par Wassaff-
Effendi, son gendre, secrétaire et favori du Sultan. C'était un
tout jeune homme, charmant, instruit, qui, peu de temps après,
paya de sa vie l'éphémère faveur dont il avait joui et abusé. —
Dans une première entrevue avec Péterff-Effendi, je fus
singulièrement frappé par sa belle et intelligente figure, par la
profondeur de son regard, sa fière attitude, son front élevé et
pensif. C'était un dernier représentant de ces Pachas de la
grande époque de l'empire ottoman, tels du moins qu'on aime
à se les représenter, quand les Osmanlis faisaient trembler
les monarchies de l'Europe.

L'ambassadeur quitta Constantinople le 8 octobre. Il s'em-
barqua à Thérapia même, sur *l'Herminie*, qui arbora le
pavillon d'ambassadeur et fut aussitôt saluée de dix-neuf coups
de canon, d'abord par les stationnaires français, puis par les
stationnaires anglais et russes. La frégate rendit successivement et coup pour coup ses trois saluts, ce qui amena une
longue canonnade dont retentirent les échos du Bosphore.
J'accompagnai l'amiral avec tout le personnel de l'ambassade
jusqu'à Topana, où je pris congé de lui ; et la frégate se lança,
toutes voiles dehors, dans la mer de Marmara. Je devenais
ainsi le représentant de mon pays, dans un poste que la
gravité et la diversité des affaires, la lutte des influences,
l'éloignement, le caractère des hommes avec lesquels on était
appelé à traiter, et les passions du souverain, rendaient un des
plus importants et des plus difficiles. Je sentais que c'était,
pour moi et pour ma carrière, une épreuve décisive ; et ce ne
fut pas sans émotion que je me vis, par le départ de l'amiral,
à la tête de l'ambassade de France à Constantinople ; heureusement que j'avais eu le temps d'étudier le terrain sur lequel
j'étais appelé à agir.

Une première préoccupation fort désagréable me fut donnée
tout d'abord par l'extension que prit la peste aussitôt après le
départ de l'ambassadeur. On accusait déjà cent accidents par

jour à Constantinople; elle gagna tous les villages du Bosphore et bientôt elle fut signalée à Thérapia même. Les ambassades durent se mettre en quarantaine, mesure qui, à la longue, est une gêne dont on ne peut se faire idée, quand on n'y a pas été assujetti. Ajoutons que l'esprit de chacun devient fort troublé, les préoccupations incessantes, et que, dans ces temps d'épidémie, on ne peut s'empêcher, à la plus petite indisposition, de craindre d'être atteint par la cruelle maladie. Cette peste de 1836 dura plusieurs mois avec une intensité effrayante, et rappela toutes les calamités de celle de 1812. Dans les derniers jours d'octobre, on comptait mille accidents par jour. La colonie franque ne fut pas épargnée, malgré les précautions prises par chaque famille, et une des premières victimes fut le gendre du drogman de l'ambassade, M. Privilegio, négociant de Péra. La consternation devint générale; les affaires politiques et commerciales furent à peu près suspendues, l'anxiété, la méfiance envahirent les cœurs les plus fermes. On se fuyait, on restait isolé, en proie aux plus tristes et aux plus légitimes inquiétudes.

Plus tard, un cas de peste eut lieu au palais même de Russie à Buyukdéré. La propre femme de chambre de Mme de Boutenieff fut atteinte, et, sur l'heure même, tout le personnel de l'ambassade dut abandonner le palais, Mme de Boutenieff et ses enfants n'osant même pas emporter les vêtements les plus essentiels. Toujours à Buyukdéré, Mme de Hubsch, mère du ministre de Danemarck, et femme âgée de plus de quatre-vingts ans, mourut du fléau en deux jours. — Dès le milieu de septembre, les premiers cas de peste s'étaient manifestés dans le Kan des Persans et avaient été apportés de Trébizonde; ils furent foudroyants; on mourait en quelques heures. La peste gagna de proche en proche les quartiers voisins de ce Kan, favorisée qu'elle était par une grande sécheresse et un vent de Nord-Est persistant. Tous ces fâcheux symptômes ne purent triompher de l'apathie ordinaire de l'autorité turque; et nulle précaution ne fut prise pour essayer d'empêcher la contagion de s'étendre. Aussi, en moins d'un mois, tous les quartiers étaient attaqués, et les villages du Bosphore ravagés.

A l'automne, le Sultan avait, à la porte de Constantinople, sur les hauteurs de Rami-Chiflick, réuni un camp d'exercices composé de deux brigades d'infanterie, de deux brigades de cavalerie et d'un bataillon de milice venu d'Andrinople. La peste envahit le camp avec une telle violence, qu'en quelques jours un cinquième des hommes fut atteint; aussi fallut-il le dissoudre. Mais au lieu d'isoler les troupes et de continuer à les faire camper en plein air, on les renvoya en ville dans leurs casernes où elles devinrent de nouveaux foyers d'infection. En six mois, il périt douze mille hommes environ de la garnison de Constantinople : le tiers de l'effectif à peu près. — A côté de Thérapia, sur le Bosphore, dans un village nommé Sariéri, sur un bataillon de quatre cents hommes, cent soixante-quinze moururent de la peste.

A Constantinople, le spectacle était affreux. — Des familles entières détruites en quelques jours; les mourants pêle-mêle avec les morts qui restaient plusieurs jours sans sépulture, faute de bras pour les enlever, et la place manquant dans les cimetières presque tous situés dans l'intérieur de la ville ; les rues encombrées tout le jour par les hammals portant sur le dos des cadavres tout nus et attachés simplement sur une planche. Il existe à Constantinople certaines régions dont les quartiers les plus misérables de nos grandes villes européennes pourraient à peine donner une idée ; elles sont habitées plus particulièrement par des juifs et aussi par des musulmans des plus basses classes. Là, dans les caves souterraines de maisons tombant en ruines et où filtre incessamment l'eau des égouts voisins, vivent, au milieu d'une saleté indescriptible, un grand nombre de familles en proie en tout temps à la plus profonde misère. On peut s'imaginer quels ravages le fléau fit parmi elles. La statistique étant une chose inconnue en Turquie, il est à peu près impossible d'y obtenir des chiffres exacts. Cependant le nombre des victimes de la peste fut porté jusqu'à cent mille pour Constantinople, Scutari, et les villages du Bosphore. Je crois que ce chiffre était fort exagéré. En le réduisant à la moitié, c'eût été encore le huitième de la population, douze pour cent au moins ; car je ne crois pas que la population de Constantinople, y compris Scutari et les villages des bords du Bosphore, fût de plus de quatre cent mille âmes, en 1836. Trente ans auparavant, pendant l'ambassade du général Andréossi, on l'estimait à huit cent mille. Tous ces chiffres ne peuvent être qu'approximatifs. Du reste, lorsqu'on parcourt Constantinople et qu'on voit tant de quartiers que l'incendie a successivement dévorés, sans qu'on les ait rebâtis, et qui sont devenus entièrement déserts, on s'explique facilement que sa population ait pu diminuer de moitié depuis trente ans. Cette proportion est bien plus considérable encore dans le reste de l'empire, en Asie surtout.

La terrible peste de 1812 avait été précédée de l'apparition d'une comète dont on avait constaté la grandeur et l'éclat. Il en fut de même pour la peste de 1836 ; et j'ai lu dans un ouvrage américain, écrit à la fin du siècle dernier, que ces grandes et cruelles épidémies qui ont affligé le monde ont été précédées presque toujours par l'apparition de comètes. La peste de 1812, celle de 1836, viennent à l'appui de cette singulière remarque. A propos de ce fléau, les médecins ont agité de tout temps la question de savoir si cette maladie est contagieuse, ou seulement endémique. J'avoue qu'après ce que j'ai vu, je la tiens pour essentiellement contagieuse. Pas un médecin sur les lieux, qui n'en fût profondément convaincu. Aussi, dès que la peste éclata à Thérapia, de concert avec l'ambassade anglaise, et avec l'autorisation du gouvernement ottoman, je fis prendre dans le village certaines mesures qui, quelqu'insuffisantes qu'elles devaient être nécessairement, eurent cependant un véritable succès relatif. Chaque jour, les anciens du village visitaient toutes les maisons ; et, lorsqu'un individu était reconnu malade, on le fesait transporter sous des tentes dressées en dehors et au-dessus de Thérapia. Dans ce camp de cholériques, les membres de sa famille qui voulaient le suivre pour le soigner, étaient également reçus et nourris gratuitement aux frais des deux ambassades. Chaque jour, un de nous, montait à cheval et allait s'assurer que rien ne manquait ni aux malades ni à leurs familles. Grâce à ces mesures et malgré leur insuffisance, Thérapia fut un des villages du Bosphore les moins maltraités. Soit, en fesant de temps en temps moi-même l'inspection de tous les malades, soit dans mes promenades à cheval aux environs de Thérapia, je me suis trouvé fréquemment en présence de beaucoup de malheureux atteints de la peste. Pas de spectacle plus hideux et plus terrifiant que l'aspect d'un pestiféré. Son regard a quelque chose de si sombre et en même temps de si étincelant, que, lorsqu'il s'est arrêté sur vous, on ne saurait jamais l'oublier.

Lorsqu'au départ de l'amiral Roussin, je restai chargé des affaires de l'ambassade, l'empire ottoman jouissait d'une tranquillité qui lui était inconnue depuis bien des années, et toutes les puissances, afin d'en prolonger la durée, étaient d'accord et réunissaient leurs efforts pour engager le Sultan à observer fidèlement le traité de Kutaya, quelque pénibles qu'en eussent été pour lui les stipulations. Cependant la question d'Orient n'en restait pas moins, comme je l'écrivais dès ma seconde dépêche, pleine des plus graves et des plus menaçantes complications pour le repos de l'Europe. Elle devait appeler incessamment l'attention et la vigilance de tous les cabinets, afin qu'ils ne fussent pas surpris par les événements. En effet, si la France et l'Angleterre, acceptant les faits accomplis, se résignaient à supporter à Constantinople la prépondérance que le traité d'*Unkiar-Skelessi* avait assurée à la Russie; si cette puissance, apportant une certaine modération dans sa conduite, semblait ajourner ses projets contre la Turquie; si d'autre part le Sultan renonçait pour le moment à reprendre par la force à Méhémet-Ali les pachalicks d'Acre et de Syrie; si enfin Méhémet-Ali lui-même ajournait ses prétentions à l'hérédité des vastes provinces dont il était simplement gouverneur ; il était néanmoins évident, qu'il n'y avait là qu'une trève momentanée entre des passions et des intérêts irréconciliables, et dont le plus léger incident réveillerait l'antagonisme. Une nouvelle crise était donc certaine. On ne pouvait qu'en rapprocher ou en éloigner la date en agissant avec plus ou moins de modération et de sagesse. Déjà la Porte avait sollicité les bons offices de la France pour obtenir une transaction avec le Pacha d'Egypte, sans expliquer sur quelles bases elle entendait traiter. Une transaction amiable était réellement impossible entre deux parties dont l'une voulait reprendre tout ce qu'elle avait dû céder après la défaite, tandis que l'autre, victorieuse, non-seulement voulait tout garder, mais encore ajouter l'hérédité à la possession des provinces conquises. J'eus donc soin, après le départ de l'amiral, de faire que la Porte s'expliquât sur les conditions qu'elle entendait proposer au Vice-Roi ; et, après en avoir pris connaissance, je m'empressai de lui déclarer nettement que mon gouvernement ne pourrait entamer une négociation sur des bases qui ne laissaient aucune chance de succès. Il n'y aurait eu, en effet, qu'une intervention armée, comme cela eut lieu malgré la France en 1840, qui eût pu arracher à Méhémet-Ali les concessions que le Sultan prétendait en obtenir.

Pendant que les cabinets de France et d'Angleterre semblaient d'accord pour conseiller au Sultan le respect et l'exacte exécution du traité d'Unkiar-Skelessi, lord Ponsonby, au mépris de ses instructions officielles, encourageait le Sultan à prendre une attitude hostile envers Méhémet-Ali ; il lui assurait qu'une fois la lutte engagée, l'Angleterre et la France, s'il était battu, seraient bien forcées de le protéger efficacement contre son puissant vassal, pour prévenir une nouvelle intervention de la part de la Russie ; et qu'elles seraient ainsi amenées à lui donner la satisfaction qu'il réclamait. De tels conseils, qui flattaient si bien les passions du Sultan, donnaient un grand crédit à lord Ponsonby ; et il me restait le rôle ingrat de prêcher la sagesse et la modération. Cela rendait ma situation réellement fort difficile, surtout en ma qualité de simple chargé d'affaires ; et elle nécessitait dans ma conduite un mélange de de fermeté et de bon vouloir apparent que je devais déployer à chaque accident nouveau. Les succès que j'obtins, la faveur particulière dont je fus l'objet de la part du Sultan, au moment de mon départ, me permettent de dire que j'étais parvenu à résoudre le problème posé par les circonstances.

Avant son départ, l'amiral Roussin avait cru devoir promettre au Sultan l'intervention de la France en sa faveur près de Méhémet-Ali, pour l'arrangement des démêlés qui restaient à résoudre entre eux. Méhémet-Ali, en effet, ayant eu probablement connaissance de cette promesse de l'ambassadeur, fit insinuer au Sultan que s'il consentait à lui envoyer, à lui Méhémet, un agent sûr et muni de pouvoirs étendus pour traiter directement et sans intermédiaire, il était disposé à faire de larges concessions. Cette ouverture fut finalement agréée par le Sultan, après avoir été bien accueillie par Péterff-Pacha et par son gendre Vassaf-Effendi, ces derniers y trouvant d'ailleurs un moyen de faire disgracier leur rival Kosrew-Pacha. Le Vice-Roi, en effet, mettait, pour première condition des négociations, le renvoi du vieux séraskier. Kosrew fut donc destitué, et, au printemps de 1837, Sarim-Effendi envoyé sous un prétexte quelconque à Alexandrie pour prendre connaissance des propositions du Vice-Roi. Elles étaient si folles, si exagérées, qu'on ne savait comment en donner communication au Sultan ; et il devenait bien évident que par les ouvertures qu'il avait faites, Méhémet-Ali avait voulu seulement gagner du temps et éviter une intervention étrangère. Le Vice-Roi demandait, en effet, contre une simple augmentation de tribut, non seulement l'hérédité de l'Egypte, mais aussi l'hérédité de la Syrie et du Pachalick d'Acre. Le Sultan se montra, avec raison, outré de semblables prétentions ; et je démêlai clairement que dès lors il prenait la résolution de recourir à la guerre contre Méhémet-Ali, et qu'il allait s'y préparer.

Mais là était la difficulté. Elle résultait d'abord de l'état de faiblesse et d'épuisement où se trouvait l'Empire à la suite des désastres qui avaient marqué le règne du sultan Mahmoud; puis, du désordre général des diverses branches de l'administration, désordre qui en avait été la conséquence. Par ses réformes, en effet, le sultan Mahmoud avait détruit ce qui, malgré les abus, restait encore de vigueur aux anciennes institutions de l'Empire. Et le nouvel ordre des choses, violemment établi par lui, n'avait amené d'autre résultat qu'une déplorable confusion dans tous les services, et une résistance générale à des réformes qui choquaient les sentiments de la nation. Quel règne avait été, d'ailleurs, plus néfaste à la grandeur ottomane que celui de ce souverain qui, successivement, avait vu l'émancipation de la Grèce après une guerre longue et désastreuse; la bataille de Navarin, le traité d'Andrinople avec la Russie, celui d'Unkiar-Skelessi plus humiliant encore, et enfin la paix de Kutaya avec un vassal révolté? A l'intérieur, l'état des choses n'était pas moins fâcheux. Après avoir détruit toutes les lois, toutes les coutumes de l'empire pour régner seul et sans ombrage, le Sultan ne les avait remplacées que par des institutions empruntées à une civilisation étrangère et antipathique à son peuple; institutions d'une exécution impossible, et que d'ailleurs il violait impunément lui-même, suivant ses besoins ou son caprice. Aussi, jamais le peuple, Musulmans ou Rayas, n'avait-il été plus froissé, plus ruiné, plus malheureux. Les campagnes étaient incultes, désertes; les villes dépeuplées par les avanies, la conscription, les monopoles, les impôts de tout genre et la vénalité des fonctionnaires. Mahmoud, dont on avait voulu faire un réformateur, lorsqu'il détruisit les Janissaires, n'était qu'un despote uniquement occupé de son propre pouvoir. Emporté, cruel, ignorant, débauché, fanatique, et au fond manquant de décision et même de courage, il n'a laissé en mourant que des ruines.

Outre la grande question politique qui, pendant le temps où

je fus chargé d'affaires, consista particulièrement à maintenir le *statu quo* entre le Sultan et Méhémet-Ali, malgré les dispositions belliqueuses du Sultan et les conseils secrets de lord Ponsonby, je fus chargé d'ouvrir aussi des négociations avec la Porte pour le renouvellement de notre tarif de douanes, affaire qui intéressait essentiellement le commerce de la France. D'après nos anciennes capitulations avec la Porte, qui remontent au règne de François Ier, et dont les autres puissances obtinrent successivement le bénéfice, nous ne devions payer qu'un droit de 3 p. 0⁄0 *ad valorem,* à l'importation et à l'exportation de toutes les marchandises faisant l'objet du commerce entre les deux pays. Rien de plus simple, rien de plus libéral que ce traité qui assurait à la Turquie, (et cela, à bon marché), tous les objets manufacturés d'Europe, toutes les denrées dont elle avait besoin, et, de plus, le facile écoulement des produits de son sol. Mais depuis la décadence progressive de l'Empire et le déplorable état de ses finances qui en était la conséquence, la Turquie avait cherché de nouvelles sources de revenu ; et, ne pouvant, à cause des traités, augmenter les droits de douane, on avait voulu tourner la difficulté en établissant des monopoles sur presque toutes les denrées d'exportation, et en frappant les marchandises étrangères importées dans l'Empire ottoman, de droits d'octroi ou de circulation, qui les saisissaient dès qu'elles quittaient les ports d'importation. Il en résultait que les négociants étrangers, domiciliés à Constantinople, ne voulant pas se soumettre à ces nombreux droits, évidemment contraires au traité ancien, étaient obligés de céder leurs marchandises venues de contrées en dehors de l'Empire, à des négociants indigènes qui acquittaient les nouveaux droits, mais qui aussi profitaient des bénéfices qu'une vente directe, sur les marchés de l'intérieur, aurait assurés aux négociants de nation étrangère.

Il s'agissait donc, à l'occasion du renouvellement de notre tarif, de chercher et de trouver un moyen avantageux de concilier les intérêts de la Porte avec ceux de notre commerce, fort lésé par l'état de choses nouvellement établi. D'ailleurs, l'Angleterre et l'Autriche, dont les tarifs étaient également à renouveler et dont les intérêts étaient identiques aux nôtres, devaient seconder nos efforts. Le cabinet anglais avait même offert de renoncer aux avantages des anciennes capitulations et au chiffre de 3 p. 0/0, à condition que la Porte, de son côté, renoncerait par un traité formel aux monopoles et aux divers droits de circulation intérieure, établis par elle. Mais la Porte refusait d'entrer dans cette voie, ne voulant pas aliéner sa liberté par un traité qu'elle considérait comme attentatoire aux droits de sa souveraineté. Donc, en présence de cette résistance, après de longues, de fréquentes conférences avec nos négociants à Constantinople, et de l'avis tout à la fois de nos consuls et de nos négociants dans les diverses échelles, je finis par proposer à mon gouvernement le projet suivant : « Il » n'abandonnerait point l'ancien droit de 3 p. 0/0, depuis si » longtemps consacré ; il accepterait les monopoles et les droits » dits de circulation, puisque nous ne pouvions en espérer » l'abandon ; mais il obtiendrait formellement pour tous nos » négociants, la faculté d'acheter, sur les lieux de production » et sans intermédiaires, les produits de l'Empire, lorsque ces » mêmes négociants consentiraient à acquitter les droits » récemment établis, à la condition expresse que ces droits » seraient connus et définis, leur tarif formulé et officiellement » communiqué. Ces droits, quelque divers qu'ils fussent, » pourraient être acquittés en une seule fois et à l'administra- » tion même de la Douane. En outre, tout changement apporté » aux tarifs intérieurs, devait être notifié six mois à l'avance. » Enfin, les monopoles établis, ou ceux qui pourraient l'être, » devaient être réels, généraux, sans exception. On ajouterait » la condition qu'au moment où le gouvernement turc y renon- » cerait, le commerce des marchandises monopolisées devien- » drait libre pour pour tout le monde. »

De cette façon, sans rien changer aux capitulations, sans reconnaître officiellement que, malgré l'esprit (si ce n'est la

lettre) de ces capitulations, la Porte avait eu le droit de s'y
soustraire en grevant le commerce étranger d'impôts de circulation, nous obtenions pour nos négociants la faculté de trafi-
quer sans intermédiaires, sur les divers marchés de l'empire,
et nous assurions, autant que possible, la sécurité de leurs
transactions, en obtenant de la Porte qu'elle ne pût changer les
droits de douane intérieure, sans que le commerce en fût prévenu à l'avance. Non-seulement le gouvernement du Roi donna
son assentiment aux idées de l'ambassade, que je développai
dans un Mémoire daté du 25 avril 1837, mais l'Angleterre,
l'Autriche et la Russie les adoptèrent d'un commun accord, en
laissant à la France l'initiative et la conduite de la négociation.
Je n'eus pas le temps de terminer cette affaire importante,
avant le retour de l'amiral Roussin ; mais j'eus le mérite d'en
fixer les bases et d'en préparer la solution. Le corps du
commerce français m'en sut infiniment de gré, et, au moment
de mon départ, m'en témoigna sa reconnaissance.

J'eus aussi à m'occuper d'une des nombreuses difficultés que
la protection des *Lieux-Saints* suscitait fréquemment entre la
Porte et la France, et je fus assez heureux pour terminer à
notre satisfaction une longue et pénible négociation relative à
la possession de la chapelle de l'Ascension, dont les Grecs
étaient parvenus à déposséder les Latins.

Dans un autre ordre de choses, j'eus encore un succès dont
le Musée des Antiques, au Louvre, possède le trophée, en
obtenant du Sultan, pour le Roi, le don du célèbre vase de
Pergame. Ce vase antique dont il est fait mention dans les
ouvrages des savants qui ont voyagé en Orient, avant et depuis
le voyage du comte de Choiseul, se trouvait dans un des
Bains de la ville de Pergame. Bien des tentatives avaient été
faites vainement pour l'acquérir. Je fus plus heureux, et, pendant
un dernier séjour qu'il fit à Pergame, M. Texier crut comprendre qu'il serait possible d'en devenir acquéreur à prix
d'argent.

Autorisé à tenter l'aventure, je sollicitai, à cet effet, un firman de la Porte par l'intermédiaire de Vassaf-Effendi, secrétaire et favori du Sultan, dont j'ai parlé, et avec lequel j'avais noué d'amicales relations. Instruit de l'affaire, et apprenant qu'il me serait personnellement agréable, s'il me facilitait l'achat du vase de Pergame, Vassaf-Effendi usa de son crédit pour persuader au Sultan de l'offrir au Roi, en nous laissant le soin de le faire enlever, au lieu de se borner à en permettre simplement l'acquisition. Cette heureuse solution sauvait de beaucoup de difficultés. Cependant il en restait une très-considérable encore : c'était d'opérer l'enlèvement, sans occasionner une émeute à Pergame, et de transporter le vase intact jusqu'au bord de la mer, à travers un pays accidenté, sans routes, sans ponts sur les rivières. A cet effet, j'obtins l'envoi d'un cawas du Sultan, porteur d'un firman adressé au gouverneur de Pergame. Je le fis accompagner du premier drogman du Consulat de France à Smyrne, chargé de distribuer des gratifications à qui de droit, et de conduire l'affaire avec prudence. En même temps, ordre ayant été donné de partir au brick l'*Argus*, en station à Thérapia, il alla jeter l'ancre dans le golfe de Sanderli, sur le point le plus rapproché possible de Pergame. M. de Chabannes qui le commandait, débarqua avec une partie de son équipage, lorsque l'avis lui en fut donné par notre drogman, et vint à Pergame chercher le vase. C'était au mois de janvier ; la terre était couverte de neige ; et le transport d'une pièce aussi lourde fut extrêmement pénible. Pour mener à bonne fin cette entreprise, il fallut faire construire par nos marins une solide charrette, jeter des ponts sur les cours d'eau, bivouaquer en route, et déployer autant de zèle que d'intelligence. Tous les obstacles furent surmontés, et une fois le vase à bord de l'*Argus*, le brick fit voile pour Smyrne où stationnait notre escadre. Enfin l'on profita pour l'envoyer en France du premier bâtiment devant rallier Toulon. Je fus heureux, dans cette occasion, d'obtenir la croix pour M. de Chabannes ; et, à ma demande, le Roi voulut bien faire présent au Sultan d'un magnifique vase de Sèvres, en retour du vase de Pergame. Il y eut aussi un charmant *déjeuner*, destiné à Vassaf-Effendi ; mais hélas ! ce présent n'arriva qu'après la disgrâce du favori. Vassaf-Effendi, en effet, fut sans motif connu, brusquement disgracié, puis, exilé en Asie, et presqu'aussitôt étranglé par ordre du Sultan. C'était un charmant jeune homme, doux, intelligent et instruit. Il s'était pris d'une véritable amitié pour moi, et me rendit de réels services pendant le temps que je fus chargé d'affaires. Quel qu'ait pu être le motif de sa disgrâce, le Sultan s'est montré envers lui ce qu'il s'était montré envers tous ses favoris : ingrat et cruel. Péterff-Effendi, son beau-père, qui avait exploité la faveur de son gendre auprès du Sultan, n'osa rien tenter pour le sauver, et l'abandonna à son triste sort avec cette lâcheté dont les orientaux n'ont pas seuls le monopole. Pour moi, je fus très-touché de la chute de Vassaf et surtout de sa mort, et j'ai bien souvent pensé depuis à cet exemple frappant de l'inconstance de la fortune. Quant à Péterff-Effendi, devenu plus tard Péterff-Pacha et, pendant quelque temps, le Ministre tout puissant du Sultan Mahmoud, il fut à son tour, environ un an après mon départ de Constantinople, disgracié et envoyé en exil comme Pacha d'Andrinople. Il s'y croyait à l'abri de la haine de ses ennemis et de la perfidie du Sultan dont il fut au contraire la dernière illustre victime. Dans l'été de 1839, alors que j'étais chef du cabinet du maréchal Soult, président du conseil et ministre des affaires étrangères, Reschid-Pacha, ambassadeur de Turquie à Paris, qui avait dû son élévation à Péterff, me raconta un jour les détails de la mort de son protecteur et de son ami. Voici en quelle occasion :

Mahmoud venait de mourir presque subitement et juste au moment où il déclarait de nouveau la guerre à Méhémet-Ali. Reschid-Pacha me fit demander une entrevue pour causer avec moi des graves affaires d'Orient. Je le rencontrai chez M. Desgranges, ancien premier drogman à Constantinople, et alors secrétaire interprète du Roi pour les langues orientales. Son appartement était situé quai Voltaire, et avait une vue magnifique sur la Seine. Le jour touchait à sa fin ; les derniers rayons du soleil couchant tombaient sur la rivière et n'éclairaient la chambre où nous nous trouvions que d'une clarté douteuse, tout-à-fait mélancolique. La question politique épuisée, nous parlâmes de Constantinople, de Vassaf-Effendi, de Péterff-Pacha, et je demandai à Reschid si Péterff-Pacha n'était pas mort, comme son gendre, par les ordres du Sultan. Reschid se montra ému (ce qui est rare chez les Orientaux), et, après un moment d'hésitation, il me répondit : « Il est vrai qu'il a été » étranglé comme Vassaf par les ordres du Maître. » Puis il me donna ces détails : Péterff-Pacha avait accepté avec résignation sa disgrâce, et, en attendant des jours meilleurs, il se croyait hors de l'atteinte de ses ennemis, dans son Pachalick d'Andrinople. Mais comme ceux-ci redoutaient beaucoup sa capacité et le goût que le Sultan avait toujours témoigné pour lui, ils pensèrent que tant qu'il serait vivant on pouvait craindre son retour au pouvoir. Ils complotèrent donc de le faire périr, et, dans une de ces orgies auxquelles le Sultan se livrait fréquemment dans les derniers temps de sa vie, on lui arracha l'ordre de mettre à mort Péterff-Pacha. Cet ordre obtenu, un officier de la maison du Sultan partit sans délai pour le faire mettre à exécution. Cet officier se rendit à cheval, en quelques heures à Andrinople, de façon à y arriver avant que les fumées de l'ivresse fussent dissipées et que le Sultan pût revenir sur l'ordre qu'il avait donné. L'officier arrive vers le soir à Andrinople et descend directement chez Péterff-Pacha qu'il trouve à son divan, entouré selon l'usage oriental de ses familiers et d'une foule de solliciteurs. Il est reçu avec courtoisie ; on boit le café, on fume, on parle des nouvelles de Constantinople. Peu à peu les visiteurs s'éloignent les uns après les autres, et la nuit arrive. C'est alors que l'officier fait connaître l'ordre dont il est porteur et communique au Pacha le firman qui le condamne à mourir. Deux cawas l'ont accompagné ; ils sont là dans l'antichambre, prêts à exécuter la sentence. Péterff ne se trouble pas, ne cherche ni à résister ni à gagner du temps. Il porte le firman à ses lèvres, bénit le Sultan, et après avoir donné à voix basse quelques ordres à son secrétaire intime, seul témoin de cette terrible scène (ce dernier en fit plus tard le récit à Reschid), il se livre à ses bourreaux qui l'étranglent immédiatement. Une heure après, on annonça dans Andrinople que Péterff-Pacha était mort d'une attaque d'apoplexie. C'est en turc que Reschid me faisait ce récit d'une voix basse, lente, profondément émue ; et chaque phrase était immédiatement traduite par Desgranges. L'émotion passait du narrateur à Desgranges et de Desgranges à moi, à mesure que ce dramatique récit avançait. Et quand il fut achevé nous restâmes tous les trois plongés dans un morne silence. — J'avais connu Péterff au pouvoir. Sa mine fière et intelligente, son regard profond et inquisiteur m'avaient singulièrement frappé. C'est lui qui la veille de mon départ de Constantinople me conduisit en audience de congé chez le Sultan ; et je me le représentais offrant sa belle tête au lacet des cawas et misérablement étranglé sur son divan. Pendant le récit de Reschid, la nuit était venue, l'obscurité dans laquelle nous nous trouvions plongés ajoutait encore à notre émotion à tous trois. Reschid fut le premier qui rompit le silence en déplorant la triste fin de son ami ; il ne proféra cependant aucun blâme contre son ancien maître, ni récriminations contre l'état d'une société où de pareils crimes étaient possibles.

Ce fut aussi pendant que j'étais chargé d'affaires que s'établit l'important service de bateaux à vapeur entre Marseille et Constantinople, en faisant échelle sur les côtes d'Italie, à Malte, en Grèce, à Syra et à Smyrne. Le premier paquebot arriva à Constantinople, au mois de mai. L'organisation de ce service avait été mal préparée, sans études préliminaires, sans tenir compte des usages du pays. Aussi me donna-t-il beaucoup de soucis. Il me fallut lutter avec l'administration très-routinière des postes de France, et prendre sous ma responsabilité plus d'une mesure tout-à-fait étrangère à mes attributions.

Vers le milieu de décembre, la peste ayant considérablement diminué, je quittai Thérapia où la vie était fort triste, et je vins m'établir à Péra, dans l'ancienne maison des *Jeunes de langues* que l'incendie de 1832 avait épargnée. Sans offrir de grandes distractions, Péra était cependant plus agréable à habiter que Thérapia. Il y avait surtout la ressource de fréquentes et intéressantes promenades à Constantinople, dans lesquelles M. Texier me servait de guide. Un pont de bateaux qui reliait les deux côtés du port, près de l'arsenal, nouvellement construit sur le plan d'un ingénieur français, rendait plus faciles les excursions entre le quartier franc et Stamboul. De ce pont, la vue qui embrasse tout le port, est admirable.

Le 25 février 1837, j'eus audience du Grand-Vizir pour lui remettre deux lettres du Roi au Sultan, et une lettre pour lui-même du Président du conseil. Je me rendis au Divan en uniforme, à cheval, avec tout le personnel de la légation, en passant par les nouveaux ponts. Mon cortège, précédé de six cawas en brillant costume, et suivi de nos saïs, avait fort bon air. J'eus, chez le Grand-Vizir, les honneurs du sopha, du café, des sorbets, de la pipe et des parfums; et nous nous fîmes mutuellement, par voie d'interprète, les compliments les plus orientaux, sans aborder, d'ailleurs, aucune question politique. Cette entrevue était de pure courtoisie.

Au mois de mars, je vis arriver de Paris, en courrier, M. Feray, brillant lieutenant de chasseurs et beau-frère de M. de Salvandy qui avait sollicité pour lui cette mission. M. Molé me le recommandait particulièrement. Aussi lui offris-je l'hospitalité. Il resta assez longtemps chez moi. C'était un aimable garçon; et il se montra plus tard, ainsi que toute sa famille, fort reconnaissant de l'accueil que je lui fis. Devenu dans la suite gendre du maréchal Bugeaud, M. Feray a fait une brillante carrière militaire et est mort général de division. Son fils a été autorisé à prendre le titre de Duc d'Isly.

Au mois d'avril, j'appris avec un vif chagrin la nouvelle de la mort de ma grand'mère. Ayant le projet de retourner en

France, dès que l'amiral Roussin serait revenu à son poste, je m'étais flatté de la revoir encore, malgré son grand âge. Femme d'une haute distinction par son esprit et son caractère, ma grand'mère avait supporté, dans sa longue vie, les plus cruelles adversités avec un courage et une sérénité d'âme admirables. Sa mémoire vénérée me restera toujours chère et présente.

Dans ce même mois d'avril, je reçus la visite de plusieurs voyageurs français de distinction : le comte de Saint-Priest, pair de France; puis, le jeune duc de Maillé et le comte de Juigné, voyageant ensemble sous la tutelle de M. Poujoulat. Ce fut pour moi une agréable distraction. Au mois de mai, en compagnie de mes compatriotes voyageurs, j'entrepris, sur le brick l'*Argus*, notre stationnaire, une excursion aux Iles des Princes. Le brick jeta l'ancre entre Prinkipo et Chalcis, et nous visitâmes ces deux îles. D'abord Prinkipo et ses deux monastères grecs. L'île est aride, mais couverte, au printemps, de fleurs sauvages d'un aspect charmant ; et on y jouit d'une vue ravissante. Je devais retourner coucher à bord ; mais le vent s'étant levé et la mer ayant grossi, je demandai l'hospitalité à un attaché de la légation russe, M. Bogdanoff qui était établi dans l'île depuis quelques jours. Je dînai et couchai chez lui. Le lendemain, nous visitâmes Chalcis qui est plus petite que Prinkipo, mais plus jolie et plus pittoresque. Ce jour-là, je couchai à bord de l'*Argus* ; et, le troisième jour, nous retournâmes à Constantinople. Ces Iles des Princes, placées à l'entrée de la mer de Marmara, en face tout à la fois de Constantinople, du Bosphore, de Scutari et du golfe de Nicomédie, jouissent d'une vue incomparable. En rentrant à Thérapia, je trouvai la poste de France et la nouvelle que le Roi venait de me nommer Officier de la Légion-d'Honneur. Cette faveur, que personne n'avait sollicitée pour moi, me fut agréable, parce qu'elle prouvait qu'on était satisfait à Paris de la manière dont je conduisais les affaires de l'ambassade. Vers la fin de mai, je quittai Péra et vins m'établir dans notre grand palais à Thérapia. J'y reçus notre premier paquebot à vapeur.

Le 4 août, l'amiral Roussin revint prendre possession de son poste et m'apporta l'autorisation de retourner en France avec un congé de six mois. Il ne me restait donc que peu de temps à passer à Constantinople; mais je cherchai à en tirer profit le plus possible. Le Sultan faisait bâtir depuis quelques années, un palais d'été à Dolma-Baché, sous la direction de Daz-Oglou, le directeur de la Monnaie, et le chef des arméniens catholiques. Le palais était à peu près achevé, et j'eus la curiosité de le visiter, ce que me facilita la protection de Daz-Oglou. J'étais surtout curieux de voir la distribution intérieure du harem. Je fus très-satisfait de ma visite. Le palais de Dolma-Baché est en effet vraiment grandiose, quoique bâti presque entièrement en bois. Plusieurs salles sont décorées de belles peintures, mais assez simples d'ailleurs et sans dorure. Des colonnes en stuc blanc, fort élégantes et de bon style, supportent les riches plafonds de quelques-unes, entre autres : celui de la salle du Divan (qui a cent pieds de long environ) et celui d'une vaste salle située au centre du harem. L'extérieur du palais, à son entrée, est orné d'une colonnade en marbre et de bas-reliefs en bois d'un bel effet. Il est surmonté de magnifiques terrasses bâties l'une sur l'autre, dallées en marbre, et d'où la vue est étendue et magnifique. Au centre du harem, à droite et à gauche de la vaste galerie, les appartements des odalisques ont leur entrée sur la grande salle aux colonnes de stuc dont j'ai parlé. Chaque appartement se compose d'une seule chambre, assez grande, il est vrai. Les esclaves servant les odalisques habitent de petites cellules sous les chambres de leurs maîtresses. Il y a des appartements séparés pour les sultanes et leurs enfants, mais communiquant, aussi, exclusivement avec la grande salle.

A propos de cette visite, nous dirons que les sultanes seules ont une maison à elles, c'est-à-dire un service et un revenu particuliers. La mère du Sultan porte le nom de sultane

Validé et jouit d'un pouvoir, d'une considération qu'aucune sultane ne lui conteste.

Dans le harem du Grand-Seigneur, les sultanes et même les odalisques mangent séparément dans leurs appartements. Elles se font des visites, ou se réunissent dans la galerie pour causer, fumer, prendre du café et manger des confitures. On peut s'imaginer les intrigues, les querelles de tout genre qui s'élèvent plus ou moins ouvertement entre ces femmes que tant d'intérêts divisent et que rongent l'oisiveté et la jalousie. Les jardins entourés de murailles assez hautes pour que la vue n'y puisse pénétrer de nulle part, sont petits et décorés d'un joli bassin en marbre blanc. Il y a aussi dans l'intérieur du harem des bains charmants. En résumé, Dolma-Baché est un beau palais, sans que l'architecture et les proportions aient rien de très-remarquable ; mais sa situation sur le Bosphore est incomparable.

Ayant appris mon prochain départ pour la France, Péterff-Pacha, ministre des affaires étrangères, me fit dire par M. Lapierre qu'il avait l'ordre de me remettre une tabatière de la part du Sultan, en me priant de venir chez lui pour la recevoir. Cette distinction, sans précédent vis-à-vis d'un simple chargé d'affaires, eut lieu de m'étonner. Cependant, le 26 août, veille de mon départ, je me rendis, en frac, et accompagné de M. Lapierre, chez Péterff-Pacha. A peine arrivé, je fus bien autrement surpris, lorsque le ministre me déclara que le Sultan voulait me voir en audience de congé et me remettre lui-même le présent qu'il me destinait. En conséquence, j'allais être immédiatement conduit chez Sa Hautesse. Je fis observer à Péterff-Pacha, qu'ignorant absolument l'honneur inusité que le Sultan daignait me faire, je n'étais pas en uniforme, et que j'éprouvais un véritable embarras à me présenter à Sa Hautesse dans un costume aussi simple. Péterff répondit qu'il allait faire prévenir le Sultan de cette circonstance ; mais qu'avant tout, il ne fallait pas le faire attendre.

Nous nous rendîmes donc au palais d'été. Après deux grandes

heures d'attente, nous sommes enfin introduits. Sa Hautesse venait de donner une audience à Sarim-Effendi qui partait pour Londres en qualité d'ambassadeur. Le Sultan, contraire ment à l'étiquette, était sans manteau, assis sur une simple chaise, la pipe à la main, et n'ayant près de lui que Saïd-Bey, un de ses secrétaires, et trois ou quatre pages. Aussitôt que je fus entré, le Sultan me dit d'une voix forte et accentuée : « J'ai voulu vous remettre moi-même le présent que je vous » destine, afin d'avoir une occasion de vous exprimer ma » satisfaction de la manière dont vous vous êtes acquitté des » fonctions qui vous ont été confiées près de moi. » Ceci, bien entendu, dit en turc, et traduit immédiatement par M. Lapierre qui paraissait fort troublé de se trouver aussi inopinément en présence du Sultan. Je l'étais un peu moi-même, mais je me remis promptement et je répondis : « Que j'étais pénétré de recon- » naissance pour les bontés de Sa Hautesse et pour la faveur » exceptionnelle dont j'étais l'objet; que j'en sentais tout le » prix; et que j'espérais que la Providence, qui se servait » quelquefois des plus humbles instruments pour l'accom- » plissement de ses desseins, me donnerait un jour l'occasion » de lui prouver mon dévouement aux intérêts de son Empire. »

Mes paroles traduites, le Sultan s'écria : *Mach-Allah!* (Qu'il plaise à Dieu!); et la conversation devint familière. Mahmoud en fit naturellement tous les frais. Il parla de son armée, de ses vaisseaux de guerre; me demanda quels personnages la France et l'Angleterre avaient envoyés à la grande revue de Vosnesensk, en Russie; et se montra étonné et mécontent, lorsque je lui eus répondu que les deux puissances n'y avaient envoyé personne. Je m'expliquai ce sentiment de contrariété, quand il me demanda si les gouvernements de France et d'Angleterre trouveraient mauvais qu'un de ses Pachas reçût l'ordre de s'y rendre. Je m'empressai de le rassurer à cet égard, en lui disant qu'à Paris comme à Londres, il paraî- trait, au contraire, très-naturel que, l'empereur de Russie

venant passer une grande revue si près des frontières de la
Turquie, Sa Hautesse chargeât un de ses principaux officiers
de l'aller complimenter. Cette réponse parut lui être agréable.
Il ajouta cependant : « Je croyais que toutes les puissances
» s'étaient fait représenter à la revue de Vosnesensk. » Puis,
il me parla de la jeune Reine d'Angleterre, en me demandant
si je la connaissais. On peut croire qu'il devait fort s'étonner
que ce peuple anglais, si puissant et si fier, acceptât d'être gouverné par une jeune fille de 18 ans. En me congédiant, le Sultan
me chargea de dire au Roi qu'il comptait sur son amitié. Il
m'ordonna aussi de faire ses compliments aux généraux
Sébastiani et Guilleminot dont il conservait, dit-il, le meilleur
souvenir. « Je me souviendrai aussi de vous, ajouta-t-il, avec
» un aimable sourire. »

Je ne devais plus revoir le Sultan Mahmoud que tant
d'événements ont rendu si célèbre. Deux ans plus tard, en
effet, il mourait misérablement et inopinément, alors que désespéré des mauvais succès de sa politique, et ayant recommencé
une lutte inégale avec Méhémet-Ali, il était devenu presque
fou par suite de ses excès et de ses débauches. Il est vrai
que, grâce à l'intervention des Puissances, (à celle de l'Angleterre surtout qui finit par adopter la politique de lord Ponsonby), sa dernière rupture avec le Vice-Roi d'Egypte amena
la défaite et l'humiliation de ce puissant vassal. Mais il
n'en eut pas le délicieux spectacle ; car il mourut, au contraire, lorsque tout semblait désespéré pour lui.

Mon audience produisit, on le comprend, un grand étonnement et beaucoup d'effet dans le corps diplomatique de Constantinople. Je ne puis m'expliquer moi-même la faveur qui
m'avait été faite, qu'en supposant que le Sultan, me croyant
quelque crédit près de mon gouvernement, avait voulu, au
moment où je retournais en France et par une distinction toute
particulière, me rendre favorable à sa politique contre Méhémet-
Ali.

Je quittai Constantinople le 27 août 1837, dans l'après-midi, après un séjour de près de trois ans, et non sans une réelle émotion, en pensant que je ne reverrais probablement jamais ce pays véritablement enchanteur. Cet adieu, sans espoir de retour, à des lieux qui vous ont été longtemps familiers, surtout lorsqu'il s'agit d'une nature si splendide, est véritablement fort pénible. Ah ! la vie des diplomates a de grandes amertumes ; et cette obligation de briser, à un jour donné et plus ou moins volontairement, des relations qui vous sont quelquefois très-chères, est une épreuve sensible. A trois heures, embarqués sur le paquebot le *Dante*, qui n'est pas bon marcheur, nous passons, à toute vapeur, devant la pointe du Sérail, et bientôt Constantinople fuit derrière nous et disparaît peu à peu. La mer est calme et splendide ; le vent, favorable et doux. Le lendemain, à six heures du matin, je montai sur le pont, au moment où nous traversions les Dardanelles. Le canal, plus long que celui du Bosphore, offre un aspect beaucoup moins beau et beaucoup moins pittoresque.

Nous passons bientôt devant Gallipoli, où un grand nombre de bâtiments marchands attendent le vent du Sud pour achever de franchir les Dardanelles et entrer dans la mer de Marmara. A neuf heures du matin, nous étions en travers de la ville des Dardannelles, petite et mal bâtie, mais agréablement située. Un camp est établi à ses portes, sur le bord de la mer, et, vu de notre navire, il est d'un joli effet. En face du camp, nous apercevons à l'ancre une frégate turque. A deux heures, nous doublons le cap Baba et nous entrons dans le détroit de Métélin. L'île de ce nom est fertile, plus grande que je ne le croyais, et possède un excellent port. A l'entrée de la nuit, nous prenons connaissance du cap Carabournou, et, à deux heures du matin, le 29, nous jetons l'ancre devant Smyrne. A onze heures, je descends à terre pour faire une visite à notre Consul général, M. Challayꞓ, et j'accepte l'hospitalité chez lui, au lieu de retourner coucher à bord, où l'on dort mal à cause de la grande chaleur.

Dans la journée, je fais encore quelques visites, une entre

autres au docteur Boulard, qui, venu en Orient pour étudier la peste, s'était enfermé, pendant six semaines, à l'hôpital des pestiférés de Smyrne. Il y avait fait l'autopsie de plus de cinquante cadavres, malgré le danger de la contagion à laquelle, du reste, il avait fini par ne plus croire. Il avouait, après tant et de si dangereux travaux, ne pas connaître mieux cette terrible maladie que les médecins qui ne l'avaient pas étudiée de si près. Alors que j'étais chargé d'affaires à Constantinople, le docteur Boulard me tenait au courant de ses recherches et de tous ses efforts. Aussi avais-je sollicité pour lui la croix de la Légion-d'Honneur qu'il obtint en effet peu de temps après mon passage à Smyrne. Le 30 août, nous partons de Smyrne à cinq heures du soir; la mer continue à être belle et je ne suis pas malade. Nous passons pendant la nuit au travers du canal de Scio, et je ne vois rien de cette île la plus fertile de l'Archipel. A trois heures, nous arrivons à Syra. La ville, vue de la mer, est d'un aspect des plus pittoresques. Elle s'élève en amphithéâtre et en forme de pain de sucre sur les flancs de la montagne, et ses maisons sont d'une blancheur éblouissante.

Le *Tancrède*, venu de France, a jeté l'ancre dans la rade. Nous devons y rester jusqu'au lendemain pour attendre les paquebots d'Athènes et d'Alexandrie qui sont en retard. Nous ne pouvons pourtant descendre à terre, parce que, venant de Constantinople, nous sommes en quarantaine. Cette quarantaine, nous devions la faire à Malte; mais le choléra s'est déclaré dans cette île, qui, en conséquence, a été mise elle-même en quarantaine. Il nous faudra donc aller jusqu'à Marseille pour purger la nôtre. Le 1er septembre, le *Lycurgue* arrive d'Alexandrie, et ces trois paquebots français, venus de France, de Constantinople et d'Alexandrie, pour se rencontrer à jour fixe sur la rade de Syra, forment un très-intéressant spectacle. A sept heures du soir, les paquebots partent en même temps, chacun dans une direction différente. Le 2 septembre, nous doublons successivement le cap Saint-Ange et le cap Matapan.

Ce dernier franchi, nous nous trouvons en pleine mer. La brise fraîchit, les lames deviennent fortes et je suis quelque peu malade, moins cependant que je ne le craignais. Ce dont je souffre le plus, c'est de la chaleur qui, dans ces parages, est plus forte et plus pénible sur un bateau à vapeur, que sur un bâtiment à voiles.

Le 4 septembre, à onze heures du soir, nous jetons l'ancre en rade de Malte. Aux abords de l'île, nous rencontrons quantité de bateaux pêcheurs; ils portent chacun un fanal, dansent de tous côtés autour de nos vapeurs, et forment une illumination tout-à-fait fantastique. Nous restons toute la journée du 5 en rade, pour faire du charbon, mais sans aucune communication avec la terre, à mon très-vif regret. M. Miége, notre Consul, vient me voir à la Quarantaine, et m'annonce que l'escadre de l'amiral Gallois est arrivée à Tunis avant la flotte turque, ce qui me prouve que mes dépêches sont parvenues à temps à Paris; qu'elles ont été prises en considération, et qu'on s'est empressé d'envoyer à Tunis des forces suffisantes pour s'opposer aux desseins hostiles de la Porte contre l'autorité du Bey, desseins dont je n'avais jamais douté.

Nous quittons Malte, le 6 septembre à midi; le temps est orageux, la mer houleuse. A neuf heures du soir, éclate un violent orage. Je n'avais jamais vu des éclairs aussi éblouissants se succéder avec tant de rapidité. Le ciel était réellement en feu et le tonnerre éclatait à la fois sur tous les points de l'horizon et de la façon la plus formidable. L'air se trouvait tellement chargé d'électricité, que l'aiguille de la boussole *s'affolait,* comme disent les marins, et qu'il devenait très-difficile de diriger le navire. Le lendemain 7, nous sommes en vue de la Sicile, sous le Mont-Etna; et, à dix heures du matin, nous entrons dans le détroit de Messine. Le coup d'œil est magnifique, et me parait encore plus remarquable qu'il y a trois ans. Les villes et les villages sont véritablement semés sur les deux côtes, et Messine se présente sous le plus imposant aspect. A deux heures, nous sortons du détroit, et, à huit heures, nous sommes par le travers de Stromboli qui jette imperturbablement sa fumée et ses flammes à intervalles égaux. Nous sommes alors assaillis par un nouvel orage aussi violent que celui de la veille, et le tonnerre tombe deux fois à une distance assez rapprochée de notre bateau. Le lendemain, 8 septembre, au matin, nous nous trouvons en vue de Caprée, que nous doublons vers les dix heures, et nous entrons dans le golfe de Naples, en passant entre Caprée et la terre ferme. Caprée semble fort stérile, et nous ne voyons un peu de verdure que près d'un assez joli village. Le magnifique spectacle qu'offre le golfe de Naples, que nous embrassons tout entier d'un seul coup d'œil, dépasse mon attente et présente, je crois, le plus beau panorama qu'il soit possible de voir.

Naples, devant nous ; un peu à droite, Resina, puis, Portici, la Torre-Del-Greco, la Torre-Dell'-Annunziata ; derrière ces trois villes, le Vésuve qui jette de la fumée ; enfin, tout-à-fait à notre droite, le golfe de Castellamare, et une foule de villages dont j'ignore les noms, suspendus dans des nids de verdure sur les flancs de la colline. A notre gauche, Caprée, puis, Ischia et Procida. En face, l'admirable côte de Naples, avec ses ruines antiques, ses châteaux, ses charmantes villas, semées jusqu'aux portes de la ville. A mesure que nous avançons, Naples semble sortir du sein de la mer, et nous en distinguons peu à peu les principaux édifices. Au-dessus de la ville, le Pausilippe ; un peu à gauche, au-dessous, la belle promenade de la Chiaja ; à l'entrée du port, le château de l'Œuf, le fort de Saint-Elme, le château du Roi et une foule d'édifices, dont le nom nous est inconnu. Enfin, au moment où sans jeter l'ancre, nous cessons d'avancer vers la ville, nous voyons distinctement défiler sur un très-beau quai, planté d'arbres et bordé de belles maisons, avec quantité de personnes aux fenêtres, une nombreuse et magnifique procession. C'était la procession de la fête de la Notre-Dame de Septembre, que suivaient le Roi et sa Cour, et qui se rendait, suivant l'usage, à la grotte du Pausilipe. — Il était dur d'être en face de Naples et de ne point y descendre. Si j'avais pu faire ma quarantaine à Malte, suivant l'usage, mon projet était de m'arrêter dix jours à Naples et dix jours à Rome, en débarquant à Civita-Vecchia. La peste et le choléra en avaient décidé autrement ; et, après avoir jeté nos dépêches à un bateau venu de la Quarantaine, nous continuons notre voyage, en passant devant l'île de Nisida, puis, sur la terre ferme, devant Baja, Cumes et Pouzzoles. Enfin nous doublons Ischia et son château fort qui se pavoise pour nous faire honneur. A six heures nous sommes de nouveau en pleine mer. Le coucher du soleil est magnifique, et je reste émerveillé du spectacle splendide qui s'est offert à mes yeux pendant toute cette journée.

Le lendemain, 9 septembre, à six heures du matin, on vient m'éveiller pour voir l'embouchure du Tibre dont les eaux fangeuses ternissent les ondes azurées de la mer. On m'assure qu'on aperçoit, avec la longue-vue, la coupole de Saint-Pierre; mais, malgré ma bonne volonté, je ne puis la découvrir. A neuf heures, nous sommes à Civita-Vecchia. C'est une petite ville qui paraît assez bien bâtie. Nous repartons à midi sans avoir jeté l'ancre, et nous longeons de très-près les côtes d'Italie. A deux heures, nous apercevons l'Ile-d'Elbe, distante cependant de vingt lieues. Le 10, nous jetons l'ancre à six heures du matin, en rade de Livourne. Rade et port intérieur sont couverts de navires. Nous mouillons l'ancre trop loin pour voir distinctement la ville. Au mouvement considérable de la rade on voit que Livourne est un port de premier ordre. Le 11, à midi, nous sommes par le travers des îles d'Hyères, et, à trois heures, devant Toulon. Deux bateaux à vapeur, tout pavoisés et marchant de concert, sortent de la rade, nous croisent et se dirigent vers les côtes d'Afrique ; nous supposons, et cela était vrai, qu'un des deux bâtiments porte le duc de Nemours, allant en Algérie pour prendre part à la seconde expédition contre Constantine, qui vient d'être décidée par le gouvernement du Roi. Enfin, à sept heures du soir, nous arrivons à Marseille, et nous jetons l'ancre dans le port de

Frioul, où nous devons faire quarantaine. Cette triste perspective tempère bien la joie que j'éprouve à la pensée de me retrouver demain sur le sol de la patrie, après trois ans d'absence, et près de ma mère qui est venue attendre à Eyragues mon arrivée.

Le lendemain, 12 septembre, nous quittons le bord, à huit heures du matin, et nous entrons pour vingt jours en quarantaine. Les bâtiments sont vastes, bien aérés ; la vue y est belle, mais les chambres laissent beaucoup à désirer, sous le rapport du confort. J'obtiens cependant une chambre pour moi seul. Je retrouvai, dans l'établissement M. Fould, membre de la Chambre des députés, venu à Constantinople au mois de juillet, sur un de nos paquebots, le *Léonidas*, commandé par un de ses amis. Il n'y était resté que quarante-huit heures, et avait été condamné, en arrivant à Marseille, à soixante jours de quarantaine, trois cas de peste ayant eu lieu à bord de son navire pendant la traversée. Il était exaspéré. Mme Fabrequette, femme de notre consul à la Canée ; un anglais et sa fille que j'avais connus à Constantinople, étaient aussi sur ce malencontreux *Léonidas* et achèvent avec M. Fould leur longue captivité. Nous nous voyons à la promenade, dans les jardins de la Quarantaine, et nous pouvons même faire de loin un bout de conversation, sous la surveillance de nos gardiens respectifs. Je joue vraiment de malheur, car je quitte Constantinople ravagé pendant six mois par la peste, et j'arrive à Marseille où le choléra fait fureur. La désolation y est générale, et une grande partie de la population s'est enfuie de la ville. Le 16, les passagers du *Léonidas* entrent enfin en libre pratique. Leur départ est une perte pour moi. — Je reçois pourtant quelques visites au Lazaret. D'abord, le bonhomme Guys, agent du département des affaires étrangères à Marseille, qui me procure livres et journaux ; puis, M. Thoron, correspondant de M. Alléon ; M. Siveking, que j'ai connu à Copenhague, et qui est établi depuis six mois seulement à Marseille ; enfin, M. Ebling, que j'ai connu aussi à Copenhague, et qui est présentement consul de Russie à Marseille. J'eus par ces Messieurs des nouvelles qui m'intéressèrent beaucoup, de tous mes amis de Copenhague. Le 21 septembre, dix jours après notre entrée en quarantaine, arriva de Constantinople le *Tancrède,* avec quantité de personnes de connaissance : des anglais, les Rowley, M. Seymour, M. Hamilton; puis, M. de Theis, qui gérait le consulat de France à Bukarest ; puis, le marquis d'Agrain, arrivé à Constantinople par le *Dante,* et que je n'avais fait qu'entrevoir. Cette société, quelque gênés que nous fussions dans nos rapports, adoucit un peu pour moi les ennuis de ma prison.

***

Enfin, le 1ᵉʳ octobre, à huit heures du matin, on nous accorde la libre pratique. Je vais loger à l'hôtel des Princes à peu près désert; le maître de l'hôtel lui-même s'était enfui. Le 3, au soir, je quitte Marseille par la diligence, j'arrive à Saint-Rémi, le 4 au matin, et, prenant un bidet de poste, je suis une demi-heure après à Eyragues, où j'ai la joie d'embrasser ma mère, après une séparation de plus de trois ans. Ma vieille maison d'Eyragues me rajeunit de quinze ans ; je me reporte à l'année 1822, à mes dix-sept ans, à cette heureuse année passée en famille : temps d'insouciance, de joies pures et faciles, d'heureuse confiance dans l'avenir, et dont on ne sent qu'à distance le prix et la douceur ! Je demeurai à Eyragues jusqu'au 8 novembre, occupé à liquider les affaires de la succession de ma grand'mère. En payant des soultes, je gardai tout l'héritage : château, moulins et terre.

Je quittai alors la Provence avec ma mère; et nous arrivons à Paris, le 15, au soir. Ma mère se rend chez elle à Saint-Germain, et, en attendant que j'aie trouvé un logement pour nous deux à Paris, j'accepte l'hospitalité chez un de mes anciens amis. Je dois avouer qu'après trois ans passés sur les bords du Bosphore, je me retrouve avec plaisir au milieu du mouvement de Paris. Ma première visite fut pour M. le comte Molé, président du Conseil et ministre des affaires étrangères.

Son accueil est très-flatteur, et il me félicite, avec une certaine chaleur, sur la manière dont j'avais géré les affaires de l'ambassade. Son grand air, sa belle figure, ses manières polies, sa bienveillance à mon égard, me laissent la plus agréable impresssion. Le Roi veut bien m'accorder une audience particulière, ainsi que M. le duc d'Orléans qui s'entretient près d'une heure avec moi des affaires d'Orient. Le même jour, dans la soirée, je vais faire ma cour à la Reine qui me présente à Mme la duchesse d'Orléans, dont la grâce et la rare intelligence me frappent vivement. — En attendant mon audience du Roi, je retrouvai dans le salon d'attente, mon ancien ami de Copenhague, Cordova, qui depuis notre séparation est devenu général en chef de l'armée d'Isabelle, et a, pendant un certain temps, joué, en cette qualité, un rôle considérable dans les affaires de la malheureuse Espagne. Je ne l'avais jamais cru de taille à devenir ni un général d'armée, ni un homme d'État. La famille du lieutenant Feray, et particulièrement son beau-frère, M. de Salvandy, ministre de l'instruction publique, me firent un accueil très-aimable en souvenir de l'hospitalité donnée à Constantinople au jeune officier. Je retrouvai aussi Chabannes, alors en congé ; Maroncelli, et Texier de retour de ses voyages en Orient. Je fis des visites à tous les membres du corps diplomatique, plus particulièrement au comte d'Apponyi, au marquis de Brignoles, ambassadeur de Sardaigne, et au comte Lehon, ministre de Belgique, que tous je connaissais d'ancienne date. Je suis présenté au comte de Saint-Aulaire et à sa famille ; et je fréquente beaucoup l'hôtel du maréchal Soult, voyant presque chaque jour son fils qui s'était marié pendant mon absence.

Peu après mon arrivée, j'eus aussi avec M. Guizot un long

entretien. Je lui fis connaître que, dans mon opinion, la question d'Orient était grosse d'orages et devait nécessairement amener, dans un avenir prochain, les plus grandes complications entre les divers cabinets européens. Peut-être s'est-il souvenu de ma prédiction, lorsqu'en 1840, d'abord, comme ambassadeur à Londres, puis, comme ministre des affaires étrangères, il eut à traiter de cette question d'Orient devenue brûlante, au milieu de circonstances si difficiles pour la politique de notre pays. ·

Au commencement de décembre, je m'établis avec ma mère dans un appartement meublé, rue de la Ferme-des-Mathurins. Ainsi finit l'anné 1837 et commença l'année 1838 qui devait être la plus importante et la plus heureuse de ma vie. Le mois de janvier fut très-occupé pour moi et très-brillant. Les soirées, les dîners et les bals se succédaient, chaque jour, aux Tuileries, chez les Princes, dans le Corps diplomatique. J'étais presque à la mode dans les salons de Paris, où ma belle décoration turque, en diamants, (la première qu'on y voyait), fesait une certaine sensation.

C'est au milieu de cette vie active, que s'engagèrent, par l'intermédiaire de M. le maréchal Soult, toujours si bienveillant pour moi, des négociations sérieuses pour mon mariage avec Mlle de Morell, nièce de la marquise de Mornay, fille du Maréchal. Dans les premiers jours de mars, le mariage fut décidé. La Providence qui s'était montrée plusieurs fois déjà si secourable à mon égard, me donna, dans cette circonstance si importante et si grave, un nouvel et éclatant témoignage de bonté et de faveur. Ce mariage qui devait faire le bonheur de ma vie, fut célébré, le 29 mars, à la chapelle de la Chambre des Pairs, par Mgr Gallard, alors évêque de Meaux. M. le maréchal Soult et M. le duc de Caraman, ancien ambassadeur à Vienne, étaient mes témoins ; ceux de Mlle de Morell : le marquis de Mornay, son oncle, et le comte d'Aubigny, chef de la maison de Morell d'Aubigny. Le Roi, la Reine et tous les membres de la Famille Royale me firent l'honneur de signer mon contrat de mariage, et, quelques jours après, Mme d'Eyragues est présentée, par la marquise de Mornay, au Roi et à la Reine.

Au mois d'avril suivant, le maréchal Soult fut désigné par le Roi pour le représenter, comme Ambassadeur extraordinaire, au couronnement de la Reine d'Angleterre. Il voulut bien me demander comme son premier secrétaire d'ambassade. Nous commençâmes, dès lors, à nous occuper des préparatifs de cette mission à laquelle on voulait donner beaucoup d'éclat. J'avais assisté, douze ans auparavant et au début de ma carrière, au couronnement de l'empereur Nicolas ; c'était une nouvelle bonne fortune pour moi que d'assister à celui de la Reine d'Angleterre. Toutefois, cette faveur m'obligeait à me séparer, pour quelques semaines, de Mme d'Eyragues, le Maréchal s'étant décidé à ne point emmener à Londres la Maréchale. Pendant les divers préparatifs, et ayant du temps devant nous, nous nous rendîmes, Mme d'Eyragues et moi, à Falaise, pour y visiter une grand'tante, Mme de Pierrefitte, que ma femme aimait tendrement.

De Falaise, je pars pour l'Angleterre en passant par Honfleur ; et je m'embarque au Havre sur la *Clyde*. Après une dure traversée de vingt-quatre heures, j'arrive à Londres, le 22 juin 1838, à une heure de l'après-midi, et je descends, Old-Cavendish-Street, dans un logement retenu à l'avance de moitié avec le jeune duc de Vicence, attaché à l'ambassade et parent de Mme d'Eyragues. A peine débarqué, il faut revêtir l'uniforme, pour assister à l'audience que donne la Reine au Maréchal. Nous nous rendons dans trois magnifiques voitures dont la première contient l'ambassadeur, seul au fond ; son fils, le marquis de Dalmatie, et son gendre le marquis de Mornay occupent le devant. Les attachés et les aides-de-camp du Maréchal suivent dans les deux autres voitures. Notre Cortége a fort grand air. Les attachés sont le comte de la Ferté-Champlatreux, gendre du comte Molé, le duc de Bassano, le duc de Vicence, le comte Edgard de Praslin et le comte de Tournon. Le

Maréchal avait en outre pour aides-de-camp le colonel Naudet, et M. le Barbier de Tinan, chef d'escadron. On nous présente nominativement à la jeune Reine, qui nous fait à chacun une belle révérence, et s'enfuit ensuite plutôt qu'elle ne se retire.

La Reine est petite, agréable de visage, paraît timide et encore un peu embarassée dans son maintien, mais elle n'a que dix-huit ans. Le palais de Buckingham où nous sommes reçus est mesquin.

A partir de notre présentation, ce ne fut plus pour nous qu'audiences et fêtes. M. le duc de Nemours était venu aussi à Londres pour assister au couronnement. L'ambassade entière lui fait une visite de cérémonie. Le 24, le Maréchal lui donne un grand dîner, exclusivement composé de Français ; nous étions trente à table. La maison du Maréchal, organisée par M. de Mornay, était sur un pied tout à la fois élégant et magnifique. — Le Maréchal, venu à Londres pour la première fois de sa vie, résolut de visiter chaque matin, autant que possible, ce que cette grande capitale renferme de curieux et d'intéressant, et je lui demandai la permission de l'accompagner. Cela devait faire une utile diversion aux fêtes et aux cérémonies de chaque jour.

Le 27, nous visitons Saint-Paul. C'est un beau monument, mais dont on a gâté le style par des ornements de mauvais goût. Cependant la coupole produit un grand effet. Le même jour, nous allons voir les Docks. Rien ne donne une plus haute, une plus juste idée de la richesse et de la puissance de l'Angleterre que ces vastes et magnifiques établissements. Ce sont de larges bassins dans lesquels les bâtiments marchands, arrivant de tous les pays du monde, viennent se ranger pour débarquer leurs cargaisons dans d'immenses magasins, à plusieurs étages, bâtis sur la rive, et d'où les marchandises ne sortent que suivant les besoins et les demandes de la consommation. On voit là tous les produits du globe, dans une profusion et un ordre merveilleux. Des Docks, nous allons visiter le tunnel sous la Tamise, qui n'était pas encore achevé ;

et ce n'était pas sans un sentiment d'effroi qu'on avançait sous
cette voûte jusqu'à l'endroit des travaux en cours d'exécution,
et où l'eau suintait de toutes parts. On ne pouvait s'empêcher
de penser aux catastrophes dont l'éruption subite des eaux,
malgré toutes les précautions prises, avait été plusieurs fois
l'occasion. Du reste, cet ouvrage gigantesque, dont l'idée et
l'exécution appartiennent à un ingénieur français, a coûté des
sommes considérables, par suite des obstacles qu'on a ren-
contrés et qu'on aurait pu croire invincibles. Malheureusement
son utilité, très-contestable, n'est pas du tout en proportion
avec les dépenses qu'il a occasionnées.

Le 28, fut le jour du couronnement. Dès sept heures du
matin, nous sommes tous réunis chez le Maréchal, et, à huit
heures, nous nous mettons en marche. Le Maréchal est dans
une magnifique voiture de gala, (chef-d'œuvre de Dalringue,
carrossier français). Il se tient toujours seul au fond ; son fils
et son gendre sont sur le devant. Cette voiture, à huit glaces,
et surmontée d'une galerie d'argent, a été fort admirée par les
Anglais et tous les étrangers. Nous suivions dans deux
magnifiques berlines dont une faite à Londres, chez Parker.
Notre cortége était à la fois le plus élégant et le plus somptueux de tout le Corps diplomatique. Nous nous rendons
presque au pas à Saint-Jame's-Park, devant Buckingham-
Palace, où le cortége général se forme et d'où il doit partir.
En effet, à dix heures, on se met en marche dans l'ordre
suivant : Un escadron des gardes ; — les voitures des
ministres étrangers résidant à Londres, au nombre de seize ;
— les voitures des ambassadeurs extraordinaires, au nombre
de treize ; — celles des ambassadeurs ordinaires, au nombre
de quatre ; — un escadron des gardes du corps ; — les voitures
des membres de la famille Royale, chacune avec une escorte
et attelée de six chevaux ; — douze voitures de la Reine,
également attelées de six chevaux, et contenant les grands
officiers de la Cour, les personnes attachées à la maison de Sa
Majesté, escortées d'écuyers, de pages et d'officiers à cheval ;

— un nouvel escadron de gardes du corps ; — la maison
militaire de la Reine, à cheval, défilant sur trois de front ; —
enfin, la voiture de la Reine, attelée de huit chevaux, et dans
laquelle se trouvaient, avec Sa Majesté, la duchesse de Sutherland, Grande-Maîtresse, et le comte d'Albermel, Grand-Écuyer.
Un dernier escadron de gardes du corps fermait la marche. Des
troupes, mais en petit nombre, formaient la haie sur tout le
parcours du cortége. Un temps splendide, et comme on en a
bien peu à Londres, favorisait la cérémonie.

On met une heure pour se rendre de Saint-Jame's-Park à
Westminster, et le coup d'œil sur le parcours est admirable.
Les maisons sont couvertes de monde, jusque sur les toits.
Partout où celà a été possible, on a élevé des amphithéâtres
à plusieurs gradins qui sont chargés de femmes élégamment
parées, et de gentlemen ; tandis que dans les rues, derrière les
soldats, se presse une foule innombrable de peuple qui se meut
comme les flots d'une mer agitée. L'événement de la journée,
fort inattendu, est la réception enthousiaste faite au Maréchal
par toute la population anglaise. Sa marche est un véritable et
continuel triomphe, et on ne voit que lui dans ce long cortége
d'ambassadeurs, représentant tous les pays. A peine sa voiture
était-elle reconnue et signalée, que les acclamations éclataient
de toutes parts avec un ensemble formidable : *Vivat* Soult !
Soult *hurrah !..* Le peuple battait des mains en criant ; les
hommes agitaient leurs chapeaux ; les femmes, leurs mouchoirs. La Reine elle-même semblait être oubliée, et jamais
souverain étranger n'avait reçu une pareille ovation en Angleterre. Enfin, lorsque nous entrons à Westminster par la porte
du fond, et que le Maréchal traverse l'église pour gagner la
tribune du Corps diplomatique, à droite de l'autel, toutes les
personnes dont l'église est remplie, Pairs et Pairesses, Membres
de la Chambre des communes et l'élite de la société anglaise
se lèvent spontanément, saluant le Maréchal d'une triple
salve d'applaudissements. Le vieux soldat dont la belle et
mâle figure était remarquable, pâlit légèrement à cette

magnifique ovation, s'arrête un moment interdit, ne sachant comment il devait reconnaître un tel honneur. On s'aperçoit de son trouble et de son embarras. On lui en sait gré, et les acclamations redoublent. En passant devant les Pairesses, toutes debout, le Maréchal s'incline profondément et gagne sa place le plus vite possible.

Ce peuple anglais qui paraît froid, est plus qu'un autre susceptible d'entraînement, lorsque son imagination est ébranlée. Dans cette circonstance, le maréchal Soult lui représentait la grande épopée de l'empire; c'était un des derniers et le plus illustre compagnon du plus grand capitaine des temps modernes dont la légende est restée presqu'aussi vivante en Angleterre qu'en France; c'était encore, dans la guerre d'Espagne, le principal antagoniste de Wellington, leur grand capitaine à eux, et, en dernier lieu, son rude adversaire, à la célèbre bataille de Toulouse. A tous ces titres, le maréchal Soult, venu pour la première fois en Angleterre pour représenter pacifiquement son pays près d'une jeune Reine de dix-huit ans, avait spontanément conquis la faveur du peuple anglais; l'enthousiasme s'était emparé de toutes les classes de la société et avait universellement éclaté, au milieu de cette grande solennité.

Le coup d'œil que présente Westminster est admirable. En face, au-dessus de l'autel, sont réunis les Membres de la Chambre des Communes; — à droite, dans la nef, les Pairesses; à gauche, les Pairs; — dans le reste de l'église, où on a élevé des tribunes et des gradins, tout ce que la société anglaise compte de plus distingué et de plus élevé, hommes ou femmes. Les Pairesses, en grand costume de Cour, couronnes au front, et étincelantes de diamants, offrent le plus éblouissant coup d'œil qu'il soit possible d'imaginer. Il y a là telle Duchesse qui porte en diamants sur sa tête, la rançon d'un roi. Le Corps diplomatique est à la meilleure place pour bien voir, c'est-à-dire, dans le chœur, à droite de l'autel. Avant midi, la Reine fait son entrée dans l'église et la cérémonie commence. La

Reine, magnifiquement vêtue, porte un manteau de velours rouge et un diadème en diamants, sous le poids duquel sa tête semble fléchir. Elle est accompagnée, ou plutôt assistée, par huit Demoiselles d'honneur, habillées uniformément en blanc, et dont plusieurs sont fort jolies. La Reine, que j'eus le loisir d'examiner pendant la cérémonie qui dura cinq heures, est petite, trop petite, un peu forte; mais sa tournure est gracieuse. Sans être jolie, sa figure est agréable et son maintien naturel, simple et digne.

La cérémonie, à vrai dire, n'eut rien de bien imposant; l'onction et les pompes réellement religieuses y firent complétement défaut. Il y eut cependant un moment touchant, ce fut, lorsque cette jeune Reine de dix-huit ans reçut l'hommage des Pairs, dont la plupart étaient des vieillards et qui vinrent successivement et individuellement, suivant leurs rangs, lui prêter foi et hommage, se mettant à genoux devant elle et lui baisant la main, après avoir touché sa couronne. Beau et grand spectacle que l'Angleterre seule peut offrir : les plus puissants, les plus dignes du royaume, empressés et heureux de présenter à genoux, à cette enfant, leur souveraine, les témoignages de leur respect et de leur dévouement, sans rien perdre ni de leurs droits, ni de leur indépendance. — Autre épisode signifi atif : La Reine, ointe et sacrée, mit elle-même la couronne sur sa tête. Au même instant, Pairs et Pairesses se couvrirent de la leur, pour prouver que leurs droits marchaient de pair avec le sien. L'église retentit alors de longues acclamations. La Reine était couronnée.

La cérémonie fut terminée à cinq heures. La Reine retourna avec son cortége à Buckingham-Palace, mais sans être accompagnée par le Corps diplomatique. Le couronnement de la Reine d'Angleterre fut un spectacle certainement intéressant ; mais quelle différence avec la pompe et les scènes si dramatiques dont j'avais été témoin, douze ans auparavant, au sacre de l'empereur Nicolas, à Moscou.

Le soir, il y eut illumination ; mais elle fut très-médiocre.
L'architecture des maisons bordant les rues de Londres, ne
se prête pas du tout à ce genre de réjouissance. — Dès le lendemain du couronnement, nous reprenons le cours de nos
excursions du matin. Nous visitons la brasserie de MM, Perkins,
qui fournit la plus grande partie de la consommation de
bière dans la ville de Londres. On y fait jusqu'à deux mille
tonneaux de bière par jour. Nous avons vu des cuves de
trente-six pieds de diamètre, sur vingt-deux de profondeur,
et coûtant cinquante mille francs de façon. Elles contiennent
trois cent-soixante mille tonnes de bière, d'une valeur de
dix-neuf millions de francs. Quel chiffre ! Quelle échelle !
— Guidhall, l'Hôtel-de-Ville, ne nous offrit rien de réellement
intéressant, sauf la réception enthousiaste qui y fut faite
quelques jours plus tard au Maréchal.

Le 5 juillet, à Woolwich (douze milles de Londres), le corps
d'artillerie donne au Maréchal une grande fête militaire,
à laquelle tout le Corps diplomatique fut invité. On y exécuta
diverses manœuvres. Elles se terminèrent, à quatre heures
d'après-midi, par un grand déjeuner, préparé dans une des
vastes salles de l'arsenal et servi sous plusieurs tentes. On
avait dressé, dans la prairie, de longues tables pour les
artilleurs ; le coup d'œil en était magnifique. Le même jour,
au soir, il y eut grand bal chez la duchesse de Glocester, et
la Reine y assista.

Le lendemain 6, nous avons un déjeuner dansant chez la
duchesse de Beuceleugh dont le jardin donne sur la Tamise,
avec une vue charmante. Le soir, grande fête chez le Maréchal;
tous les attachés doivent en faire les honneurs le mieux
possible. Onze cents invitations avaient été envoyées. La fête
fut belle, malgré le grand encombrement qui eut lieu, pendant
plusieurs heures. On y avait prodigué les fleurs, et chaque
femme, en entrant, recevait un bouquet. On soupait, au rez-
de-chaussée, dans deux salles. L'une d'elles contenait une table
de vingt-cinq couverts, et était réservée aux princesses de la

maison d'Angleterre, aux ambassadrices et aux duchesses. Les tables furent constamment renouvelées, de deux heures du matin à 4 heures, et on y but trois cents trente bouteilles de vin de Champagne.

Le 8 juillet, nous visitons le parc de Richemond. Le 9, il y eut revue à Hyde-Park : quatre mille hommes seulement. Les chevaux de la cavalerie étaient admirables. Le même jour, j'assistai à une séance de la Chambre des Communes et je fus frappé de l'étrange sans-façon de MM. les Députés qui tous, le chapeau sur la tête, à moitié couchés sur leurs bancs, offraient un spectacle tout-à-fait extraordinaire aux yeux d'un français. La Chambre des Lords est d'un aspect très-différent ; l'ordre et la dignité y règnent. — Nous visitons le Musée, dont la bibliothèque contient trois cent mille volumes et plusieurs manuscrits très-précieux. On nous montre, entre autres, l'original de la Grande-Charte, ainsi que le projet de la Convention entre le roi Jean II et les Barons, avant que les articles n'en fussent définitivement arrêtés. Nous admirons aussi, au Musée, les bas-reliefs du Parthenon, que lord Elgin avait, dans le temps, obtenu la permission de faire enlever. On s'est beaucoup récrié alors contre l'enlèvement de ces marbres, qu'on a déclaré être un acte de vandalisme. Il est certain, cependant, que s'ils étaient demeurés à leur place à Athènes, il n'en resterait plus aujourd'hui que de simples débris par suite de la guerre entre les Turcs et les Grecs. — Après le Musée, nous visitons un pénitentiaire où on a essayé depuis quatre ans le système cellulaire avec l'isolement absolu, à l'exemple de l'Amérique. — On avait choisi pour cet essai les plus jeunes parmi les condamnés ; il y avait même quelques enfants. Le travail dans les cellules est obligatoire. Il y a deux heures de promenades par jour, en deux fois ; et le silence le plus absolu est ordonné pendant la promenade. Les cellules sont propres, bien aérées et suffisamment spacieuses. Les prisonniers nous parurent bien portants, d'un maintien décent et respectueux.

Quelques jours après, le Maréchal donna un dîner au duc de Wellington. Il était devenu sourd, et paraissait bien plus âgé que le Maréchal, quoiqu'il fût, comme lui, de la fameuse année 1769. Au dîner, assistaient Sir Robert Peel, Lord Grey, Lord Holland, Lord William Bentinck et plusieurs autres personnages politiques de l'Angleterre. — Le soir, il y eut grande fête chez le marquis de Westminster qui possède une magnifique galerie de tableaux. C'est probablement le plus riche seigneur de l'Angleterre, et son hôtel est le plus beau de Londres, où, du reste, il y en a très-peu de réellement remarquables. C'est dans leurs châteaux que les grands seigneurs anglais déploient leur luxe et leur magnificence. Le buffet où on allait se rafraîchir, chargé de vaisselles d'argent et d'or, de fleurs et des fruits les plus beaux et les plus rares, offrait un aspect magnifique. Une fête superbe fut également donnée à Syon chez le duc de Northumberland, le 11 juillet : c'était un *déjeuner*, et le rendez-vous était à cinq heures du soir. Syon est un château près de Londres, sur les bords de la Tamise, et dans lequel le duc de Northumberland passe seulement chaque année quelques semaines, pendant la session. Il est de style gothique, sans être d'un aspect sévère. Un des salons de réception, fort simple d'ailleurs, est orné de huit colonnes de vert-antique, achetées en Italie, et qui ont coûté vingt-cinq mille francs chacune. Le parc n'est pas grand, mais merveilleusement dessiné ; les serres admirables. Elles ont la forme d'un fer-à-cheval, avec une coupole au centre, et sont tellement élevées qu'elles contiennent des arbres exotiques de haute futaie, et des lianes, comme dans les forêts de l'Inde.

A sept heures, nous *déjeunons*, au nombre de six cents personnes, sous une vaste tente, dressée sur la pelouse ; tandis que les ambassadeurs et les personnages importants sont établis, dans la grande salle à manger du château, à une table magnifiquement servie. Syon est pour le duc de Northumberland, une simple maison de campagne, une sorte de pied à terre, à la porte de Londres, pour s'y reposer quelques jours, pendant ce qu'en Angleterre on appelle la *Saison*. Son grand établissement, son véritable château est dans le Northumberland. C'est là seulement qu'il tient ses Etats. Quelle splendeur ! quelles fortunes ! Quelle puissance, dans cette aristocratie anglaise, la seule qui existe en Europe et qui soit vraiment digne de ce nom, parce qu'elle possède, à la fois, la richesse, l'intelligence et le pouvoir ; parce qu'elle sait ouvrir ses rangs à toutes les supériorités du pays qui viennent incessamment augmenter et renouveler ses forces ; parce qu'enfin elle sait, suivant les temps et dans une juste mesure, faire à l'opinion publique les concessions qu'elle exige et qui sont devenues nécessaires !

La Compagnie des Indes, voulant aussi fêter le Maréchal, lui offrit à son tour, le 12 juillet, un déjeuner aux Docks de la Compagnie, qui sont plus vastes encore que ceux que nous avions visités. Tous les navires, et ils étaient en fort grand nombre, étaient pavoisés, comme si la Reine eût été présente. La table était de soixante couverts et le premier toast fut pour le Maréchal. Il y eut, à la mode anglaise, quantité de toasts et de speechs. L'enthousiasme était au comble.

Le 13 juillet, eut lieu, à Guidhall, le grand dîner donné aux Ambassadeurs par le Lord-Maire. Les Ministres anglais et tous les personnages éminents étaient aussi invités. A son entrée dans la cité, la voiture du Maréchal, assaillie par une foule passionnée, ne pouvait plus avancer. J'étais avec lui et j'ai cru que nous serions mis en pièces. Des femmes même montaient sur les marchepieds, au risque de se faire écraser, pour obtenir du vieux guerrier une poignée de main. C'était du délire, de la folie ! A sept heures précises, huit cents convives trouvent place à neuf tables. Une dixième, en fer à cheval, est réservée aux principaux personnages. Le coup-d'œil est réellement magnifique et le dîner assez bon, mais servi un peu en désordre. En général, l'ordre manque aux fêtes anglaises, sous prétexte de liberté ; c'est le contraire en France, où il n'y a pas de bonnes fêtes sans les bons gendarmes.

Les huit tables étaient déjà remplies, lorsque le Lord-Maire, précédé des Aldermen et suivi des Ambassadeurs, des Ministres, du Chancelier, du *Speaker* de la Chambre des communes, etc., etc., etc., fit son entrée dans la salle, pour se rendre à la table réservée. Cette curieuse procession était ouverte par plusieurs hérauts qui sonnaient de la trompette; et elle fit le tour de la salle, avant de gagner sa place. Le mélange des grandes robes flottantes du Lord-Maire et des Aldermen, des costumes si caractéristiques des hauts dignitaires anglais, avec les uniformes de la diplomatie et de l'armée, faisait, dans son ensemble, le contraste le plus curieux et le plus réjouissant·

A neuf heures, les toasts et les speechs commencent. C'est le duc de Sussex, oncle de la Reine, qui ouvre le feu par un speech qui paraît satisfaire l'assemblée et qui se termine par un toast en l'honneur de la Reine, accueilli avec enthousiasme et accompagné de fanfares. A ce moment, la salle, médiocrement éclairée jusque-là, est subitement illuminée par quatorze mille becs de gaz qui l'inondent de lumière. L'effet, bien ménagé et fort inattendu pour nous autres étrangers, est réussi et saisissant. Les toasts qui se succédaient sans interruption étaient entremêlés de musique et de chants détestables. Chacun d'eux s'annonçait par les fanfares de ces longues et terribles trompettes dont les hérauts du cortége étaient armés. C'était un vacarme effroyable.

L'attention commençait à se fatiguer ; et quelques convives, le duc de Nemours, entre autres, avaient déjà quitté la salle pour se rendre à un bal que donnait le duc de Cambridge, lorsque, le duc de Wellington prenant la parole, il se fit un profond silence et la curiosité se réveilla. Son discours se termina par une allusion directe à la présence du Maréchal et à la satisfaction que lui, duc de Wellington, éprouvait à se trouver à table, dans de si heureuses circonstances, avec un ancien et glorieux antagoniste. Il fallait répondre à cette flatteuse avance, sans l'avoir prévue et sans y être préparé. Comme je savais que le Maréchal avait peu l'habitude de parler

en public, je devins fort inquiet, et j'attendais avec anxiété
sa réponse qui fut écoutée dans le plus profond silence. Il la fit,
d'ailleurs, dans des termes heureux, et termina son discours
par un toast à l'armée anglaise et à son illustre chef. Le tout
eut un grand succès. Pendant qu'il parlait, sa noble figure,
pâle d'émotion, ajoutait singulièrement à l'effet de ses paroles.
Ce fut encore une belle journée, qui se termina fort tard par
un bal brillant, chez la duchesse de Cambridge.

Le lendemain, 14 juillet, je vais visiter le château de
Windsor avec le duc de Vicence. Il est à vingt-trois milles de
Londres; mais on arrive jusqu'à deux milles du château
seulement, par le chemin de fer du Great-Western. Nous avons
un ordre du Grand-Chambellan, pour que nous puissions voir
toutes les curiosités du château. Du style gothique le plus pur,
il est vaste et dans un état de parfaite conservation. L'intérieur
est en harmonie avec l'extérieur, et nous admirons quantité de
meubles anciens, plus particulièrement placés dans une grande
galerie, sur laquelle ouvrent les *private appartments*. Les
appartements royaux n'ont rien de très-remarquable, au point
de vue de la somptuosité; mais ils renferment beaucoup de
meubles curieux, et, s'ils ne sont pas de grande dimension, ils
ont une vue charmante sur le parc et le jardin de fleurs. On
nous montre la vaisselle royale, en or massif et en vermeil; elle
remplit deux chambres et vaut, dit-on, cinquante millions de
francs. Il y a quelques pièces d'un goût exquis, de Benvenuto.
On nous montre aussi un paon en or, et orné de pierres précieuses, pris dans le trésor de Tippo-Saïb, au sac de Seringa-
patam.

Après les appartements particuliers, nous visitons les
grands appartements, vastes et beaux; ils n'étaient pas entièrement meublés. Nous remarquons la galerie des Chevaliers de
Saint-Georges, de style gothique. Dans la salle des gardes se
trouve le buste de Nelson, dont le piédestal est formé d'un
tronçon du grand mât de son vaisseau *The Victory*, percé de
part en part par un boulet français, à la bataille de Trafalgar.

Cette salle contient aussi le buste du duc de Wellington, ombragé d'un drapeau tricolore. Dans un des salons figurent les portraits de tous les souverains qui ont pris part à lu dernière coalition contre nous, et ceux de leurs premiers ministres. Le Pape Pie VII, son ministre Gonsalvi, Louis XVIII et le duc de Richelieu s'y trouvent aussi. Après la visite des grands appartements, on nous fait monter sur une tour, d'où la vue embrasse un horizon de sept à huit lieues. On aperçoit même Londres, ou du moins le nuage de fumée de charbon de terre, qui plane au-dessus. Le parc de Windsor est merveilleusement dessiné. Une large allée d'une lieue, partant du château, le traverse et conduit à un beau lac, *Virginia-Water*, d'un aspect saisissant. Nous terminons notre visite par la chapelle. On y remarque le tombeau de la princesse Charlotte, morte dans tout l'éclat de la jeunesse, et qui devait être Reine d'Angleterre. Elle est représentée, couchée sur son lit de mort, enveloppée dans un linceul. Le visage est caché, les cheveux sont épars; un des bras pend jusqu'à terre; ce bras est beau. Quatre femmes, agenouillées aux quatre coins du lit, se cachent le visage dans leurs mains. La princesse, soutenue par la Religion, s'envole aux cieux, sous la forme d'un ange. Le caractère religieux manque à cette composition, aussi bien que l'unité.

Nous revenons à Londres, en *Stage-coach out-side,* malgré un temps assez pluvieux, pour voir les charmants environs de la capitale. Le 16, je vais visiter, avec M. de Bourqueney, l'hôtel du duc de Sutherland, uniquement remarquable par un magnifique escalier à double rampe, au haut duquel on donne de grands dîners, des concerts, et où, les jours de *raouts,* on se tient le plus volontiers.

Le soir, il y a fête chez le comte Strogonoff, ambassadeur extraordinaire de Russie. Ce fut la dernière fête à laquelle j'assistai, impatient que j'étais de rejoindre Mme d'Eyragues. Pour le faire quelques jours plus tôt, je me privai d'accompagner le Maréchal dans une excursion à Manchester,

Birmingham et Liverpool, qu'il entreprit à la sollicitation des Aldermen de ces villes manufacturières et commerciales, envoyés en députation par leur population qui avait sollicité l'honneur d'une visite. En vérité, l'enthousiasme des Anglais pour le Maréchal Soult est un des traits les plus singuliers de notre époque. Pendant la durée de son séjour à Londres, les portes de l'ambassade furent sans cesse assiégées par une foule de gens avides de le voir, lorsqu'il sortait ou rentrait. On dut y envoyer des policemen, pour maintenir un peu d'ordre. Dans les salons, l'attention était concentrée sur lui seul ; c'était à qui pourrait s'approcher de lui, lui être présenté. Les femmes n'y mettaient aucune discrétion, et il lui fallait donner une poignée de main à toutes. Les plus grandes Dames lui écrivaient pour avoir un autographe ou pour obtenir une visite. Le Maréchal ne savait à qui entendre, ni où donner de la tête. Les autres ambassadeurs furent entièrement éclipsés, oubliés. Le Roi avait donc eu une excellente inspiration, lorsqu'il fit choix du duc de Dalmatie pour le représenter au couronnement de la Reine d'Angleterre.

Le 18 juillet, je m'embarque pour le Havre sur le paquebot à vapeur français le *Phénix*. C'était un excellent marcheur, et nous arrivâmes le lendemain, à cinq heures du matin. Je rencontrai mon ami M. de Chabannes, commandant le yacht royal, pour le moment en station au Havre. Je passai la journée avec lui, et visitai son yacht qui est somptueusement emménagé. Puis, nous allons nous promener sur les hauteurs d'Ingouville, parsemées de charmantes villas et d'où la vue est admirable. J'arrive à Honfleur pour dîner, et je monte à la chapelle de Notre-Dame-de-Grâce, d'où la vue est plus belle encore que d'Ingouville. Enfin, le 20 juillet, je me retrouve à Falaise auprès de Mme d'Eyragues. Nous y restons jusqu'au 28, et nous fesons quelques jolies excursions dans les environs. Ce pays est charmant et pittoresque. Qui aurait pu prévoir alors que cette ville de Falaise deviendrait, dix ans plus tard, notre refuge, l'asile de mon âge mûr, et, si Dieu le permet, celui de mon heureuse vieillesse !

En nous rendant de Falaise à Paris, nous visitons le haras du Pin ; puis, nous allons nous établir dans la jolie habitation de Lizy auprès de ma belle-mère. Dans le courant de l'été, nous passons quelques semaines chez M. de Montesquiou, au château de Longpont, qui, grâce aux soins et au bon goût si remarquable du propriétaire, est devenu un des plus beaux et des plus curieux châteaux de France. A la fin de l'année, nous nous installons à Paris. Des inquiétudes très-vives pour la santé de ma mère viennent péniblement troubler ma vie qui, sans cela, aurait été singulièrement heureuse.

La session des Chambres avait été très-orageuse. M. Molé, attaqué par une coalition, restée tristement célèbre, avait dissous la Chambre des députés ; mais les élections ne lui ayant pas été favorables, il donna sa démission. Le Roi pendant longtemps ne put arriver à le remplacer, et il fallut l'émeute du 12 mai 1839 pour dénouer la situation, en amenant la formation d'un cabinet à la tête duquel était le Maréchal Soult, comme président du Conseil et ministre des affaires étrangères. — Depuis six mois, je n'étais plus titulaire du poste de premier secrétaire d'ambassade à Constantinople. M. le comte Molé, en effet, m'avait demandé l'autorisation d'en disposer, en me promettant une légation aussitôt qu'il y en aurait de vacantes. Je me trouvais ainsi en disponibilité, lorsque le Maréchal me pria d'accepter les fonctions de chef de son cabinet. Le Roi, de son côté, m'ayant fait dire qu'il me verrait avec satisfaction dans ce poste ; j'acceptai sans hésitation.

Après dix-huit mois de loisir, je fus donc brusquement jeté de nouveau en pleine politique intérieure et extérieure. En effet, le ministère était à peine formé, que nous apprîmes coup sur coup les nouvelles de la reprise des hostilités entre le Sultan et Méhémet-Ali, de la défaite des troupes impériales, de la défection de la flotte du Sultan, enfin de sa mort presque subite qui eut lieu le 30 juin. La politique que lord Ponsonby avait poursuivie depuis quelques années avec tant de persistance, avait donc prévalu. Le Sultan était vaincu encore une fois ; et les grandes Puissances se trouvaient de nouveau, bon gré mal gré, en présence de cette redoutable question d'Orient où des passions et des intérêts si divers menaçaient l'Europe d'une conflagration générale. La première résolution du ministère fut de demander aux Chambres le crédit suffisant pour mettre notre flotte en état de faire respecter notre pavillon, et d'exécuter les mesures que les circonstances pourraient rendre nécessaires. Les Chambres votèrent des subsides. Je fus chargé d'écrire un mémoire d'ensemble sur la question d'Orient, mémoire qui devait être lu au Conseil, plusieurs membres du cabinet, si ce n'est tous, ne connaissant la question que fort imparfaitement. Dès le commencement de la rupture, et avant la nouvelle de la mort du Sultan, (qui amena forcément un temps d'arrêt dans les affaires), le Maréchal avait envoyé à Constantinople et en Syrie près d'Ibrahim-Pacha, deux de ses aides de camp, MM. Foltz et Caillé qui connaissaient le pays. Leur mission avait pour but d'obtenir avant tout, s'il était possible, la suspension des hostilités.

La politique adoptée par le Ministère et qui eut l'assentiment des Chambres, était de chercher d'abord à arrêter la guerre si malencontreusement commencée par le Sultan, la veille de sa mort ; puis, dans les négociations qui s'ouvriraient nécessairement entre la Porte et le Vice-Roi, sous la médiation des grandes puissances, d'obtenir pour Méhémet-Ali une situation qui pût satisfaire ses intérêts et son ambition, sans trop affaiblir cependant l'empire ottoman. Or, les nouveaux succès du Vice-Roi le rendaient plus exigeant; et concilier ses prétentions avec le maintien si nécessaire de la puissance du Sultan, offrait un problème d'autant plus difficile à résoudre que chaque puissance apportait dans cette question des intérêts fort opposés. C'est ainsi que l'Angleterre (ou pour mieux dire lord Palmerston), ayant fini par adopter la politique de lord Ponsonby en faveur du Sultan et contre les prétentions de Méhémet-Ali, se sépara avec éclat, l'année suivante, de la politique de la France. Le gouvernement anglais avec l'appui et le concours des trois autres puissances qui étaient heureuses, la Russie surtout, d'acheter à tout prix la rupture de l'alliance entre la France et l'Angleterre, termina sans nous et contre nous, par une intervention armée, le différend entre la Porte et Méhémet-Ali.

D'un autre côté, en France, par un engouement irréfléchi et peu justifié, le gouvernement et l'opinion publique avaient montré de tout temps une grande partialité en faveur des visées ambitieuses du Vice-Roi d'Egypte. Aussi, j'avoue qu'en voyant la résistance opposée par l'Angleterre à souscrire aux prétentions de Méhémet-Ali, je fis des efforts malheureusement infructueux, pour qu'on ne risquât pas de rompre l'alliance anglaise, en persistant, au-delà d'une certaine limite, à défendre les intérêts du Vice-Roi. J'eus plusieurs conversations dans ce sens avec le Roi qui, malgré sa sagacité et sa prudence ordinaires, était lui-même fort engoué de l'Egypte et croyait plus que de raison à la puissance de Méhémet-Ali. Il m'accusait d'être partial pour les intérêts de la Porte, comme tous ceux qui avaient résidé à Constantinople; et cette prévention affaiblissait la force des arguments que je faisais valoir. D'ailleurs, le Roi et le Ministère restèrent convaincus jusqu'au dernier moment, que le gouvernement anglais ne consentirait jamais à rompre avec la France, ou du moins, à en courir la chance, pour donner satisfaction à la politique altière et haineuse de lord Palmerston.

Les négociations durèrent un an sur ce terrain, et la confiance du Gouvernement français continuait d'être profonde, lorsqu'on apprit le traité du 6 juillet 1840, entre l'Angleterre, la Russie, l'Autriche et la Prusse, traité qui porta un coup réel à notre influence en Europe, et nous tira enfin de notre erreur. Une escadre anglaise et quelques troupes de débarquement suffirent pour avoir raison de Méhémet-Ali, de cette puissance égyptienne, dont nous avions fait à tort un si grand état, qu'en cas de conflit avec l'Angleterre, nous la comptions comme une alliée utile et assurée.

Dans mes fonctions de chef de cabinet du Président du conseil, je ne tardai pas à être surchargé de besogne, et, ma sphère d'action s'agrandissant chaque jour, je me trouvai mêlé à toutes les affaires du pays. Le Maréchal n'aimait pas à donner d'audience et à perdre son temps à écouter les sollicitations dont il était accablé. Il me renvoyait donc presque tous les solliciteurs. Les ministres étrangers, également, s'adressaient volontiers à moi, pour une foule d'affaires, plus ou moins importantes, et les collègues du Maréchal, eux-mêmes, MM. Duchâtel, Villemain, Dufaure, employaient quelquefois mon intermédiaire et mon crédit, pour lui faire goûter leurs idées sur certaines questions politiques.

Formé à la suite d'une émeute et après une coalition composée d'éléments hétérogènes, le Ministère du 12 mai, dont ne faisait partie aucun des chefs reconnus de cette déplorable coalition, — pas plus M. Thiers que M. Guizot, — était, il faut bien le reconnaître, un Ministère d'autant plus faible que le Maréchal, mis à la tête des Affaires étrangères, n'était pas à sa place. Ce ministère manquait de direction et d'orateurs éminents pour soutenir les discussions devant les Chambres. Aussi dura-t-il peu et devait-il peu durer.

Le 27 septembre, je pars avec le Maréchal pour le château de Fontainebleau, où le Roi est établi. Grand nombre de personnes invitées s'y succédèrent : les ministres, les membres du Corps diplomatique, des pairs, des députés, les hauts fonctionnaires, etc., etc. Un camp, commandé par M. le duc de

Nemours, en l'absence de M. le duc d'Orléans, alors en Algérie, était réuni dans les environs. — A mon arrivée à Fontaine-bleau, le Roi me fit un très-bon accueil, et, comme on connais-sait la confiance dont m'honorait M. le maréchal Soult, chacun me combla d'attentions et de prévenances. Dès le lendemain de notre arrivée, avant le déjeuner, le Roi vint chez le Maréchal pendant que je travaillais avec lui et m'obligea à rester. Puis, sa visite terminée, le Roi m'emmena pour me montrer, disait-il, le chemin de la salle à manger.

Après le déjeuner, M. de Laborde, un des aides-de-camp du Roi, me fait voir en détail ce prodigieux château de Fon-tainebleau. J'admire surtout la galerie de Henri II, nou-vellement restaurée. On me fait remarquer une inscription, où se trouvent les mots : *Rex Francorum*, qui prouvent que ce n'est que depuis Henri IV que nos Rois ont porté le titre de rois de France. A sept heures, dîner de soixante couverts ; — le soir, dans le petit salon de la Reine, je fais une partie de whist avec la duchesse de la Trémoille. Le 29, on déjeune en uniforme, et nous allons ensuite avec le Roi passer une revue au camp. Nous faisons la course dans six voitures, attelées de quatre chevaux. Arrivé au camp, le Roi monte à cheval, et nous suivons en voiture. On passe d'abord devant le front des troupes rangées sur trois lignes : infanterie, cavalerie, artillerie. Le défilé a lieu ensuite. On visite le quartier général ; et le duc de Nemours nous offre une collation sous sa tente. Le soir, grand dîner de cent couverts au château, où sont invités les officiers généraux et les colonels faisant partie du camp. Après le dîner, le Roi montre avec satisfaction à ses convives la galerie de Henri II, brillamment illuminée. Un des aides-de-camp du Roi, avec lequel je suis lié, le général Dumas, me fait voir la chambre où Napoléon a signé son abdication, le *fac-simile* de cette abdi-cation, dont M. Fain a gardé la minute, et la table où elle a été rédigée. Le 1er octobre, il y a chasse à courre dans la forêt, et nous avons la bonne fortune de voir le cerf au lancer. Le 2, grandes manœuvres au camp; nous y assistons de trop loin pour en bien suivre les détails. Après ces manœuvres, visite au camp. Toutes les tentes sont ornées de feuillages et entourées de jardins fort bien cultivés.

Ce fut pendant ce séjour à Fontainebleau, que don Carlos, battu par Espartero, se réfugia en France, où il fut interné à Bourges. M. de Tinan, aide-de-camp du Maréchal, l'y avait conduit, et revint rendre compte de sa mission. Je dois dire que le Roi voulait qu'on remît l'Infant en liberté, et que ce fut le ministère, sur les instances du Gouvernement espagnol et de l'Angleterre, qui décida qu'il serait provisoirement gardé à Bourges. Cet épisode me donna un redoublement de travail, et amena des divergences d'opinion assez accentuées dans le Ministère.

Nous retournâmes à Paris le 6 octobre, après un séjour des plus agréables et pendant lequel je fus comblé de marques de bienveillance par tous les membres de la Famille Royale. On ne pouvait s'approcher de la Reine, sans être pénétré d'admiration pour ses éminentes vertus, pour toutes les qualités qui brillaient en elle et que rehaussait encore la plus douce et la plus aimable bonté.

Je reprends, au Ministère, mes travaux qui vont sans cesse se multipliant. Pour en donner une idée, je copie une page de mon *Journal*, prise au hasard. — A huit heures du matin, je suis dans le cabinet du Maréchal encore plus matinal que moi. Je discute longuement avec lui les termes d'une réponse à faire à un *Memorandum* du cabinet anglais, sur la question d'Orient. — Je lis ensuite toutes les dépêches arrivées par le courrier du jour. — Après le déjeuner, visite au Ministre de l'Intérieur pour lui annoncer que M. de Bérenger acceptait la Pairie, et pour l'engager, par les raisons que je suis chargé de lui exposer, à soutenir au Conseil le projet de réponse, élaboré le matin avec le Maréchal, au *Memorandum* anglais. — Longuement causé de diverses questions politiques avec M. Desages, chef de la direction politique. — Conférence avec M. le duc

Decazes et deux délégués du commerce de Bordeaux, sur un projet de colonisation de la Nouvelle-Zélande, et sur un autre projet de Compagnie commerciale avec l'Abyssinie, en occupant le port de Zeilah dans la Mer Rouge. — Conversation avec le comte Bresson, notre Ambassadeur à Berlin et avec M. Desaugiers, chef de la direction commerciale, au Ministère, relativement à un projet de traité de commerce avec le *Zollverein*. — Donné des audiences à MM. de Bourqueney, Sauveur-la-Chapelle, Delpas, Barachin, colonel Galand, qui tous m'entretiennent d'affaires différentes. « *Ab uno disce omnes.* »

Le 27 novembre, le Roi signa ma nomination de Ministre, près le Grand-Duc de Bade, en remplacement de M. de Bacourt, envoyé aux Etats-Unis d'Amérique. Le Roi y mettait comme condition, qu'avant de me rendre à ce nouveau poste, je continuerais à remplir les fonctions de chef de cabinet du Président du Conseil, ce que j'acceptai sans difficulté.

L'année 1840 s'ouvrit pour moi sous de bien tristes auspices. La maladie de ma mère allait s'aggravant ; ses forces faiblissaient, et les médecins ne me cachaient pas que sa fin était prochaine. Ma mère était pleine de résignation et semblait se complaire à s'entretenir avec moi de notre douloureuse séparation. Elle me laissait, disait-elle, heureux époux, et tout nouvellement père. Confiante dans mon avenir, elle ajoutait qu'elle avait assez vécu. Le 20 janvier, à dix heures du soir, ma mère rendit le dernier soupir entre mes bras. Cruelle épreuve ! dont on ne peut mesurer l'étendue qu'après y avoir été soumis !

Il me fallut du temps pour pouvoir reprendre mes occupations au Ministère ; mais le travail, en absorbant mon esprit, me fut salutaire. Le Maréchal, dont la bonté, la sensibilité même étaient fort grandes, fut très-compatissant pour moi. A notre première entrevue, après la mort de ma mère, il s'attendrit véritablement ; j'en fus profondément touché. Du reste, mes travaux au Ministère ne furent plus de longue durée, car, le 20 février, la Chambre ayant rejeté sans discussion un projet de dotation en faveur du duc de Nemours dont le mariage venait d'être conclu avec la princesse de Cobourg-Cohary, le Ministère tout entier donna sa démisssion que le Roi acccepta sans trop de difficultés, sentant bien que le cabinet était insuffisant, surtout, vis-à-vis des Chambres. Le 1er mars un nouveau Ministère fut constitué sous la présidence de M. Thiers, et je recouvrai ma liberté.

Je fis en conséquence les préparatifs de mon établissement à Carlsruhe ; mais, avant de rejoindre mon poste, j'obtins la permission de faire une course à Falaise pour prendre congé de l'excellente Mme de Pierrefitte. Le 2 mai, à l'église Sainte-Trinité, ma fille Suzanne est baptisée. En écrivant ces lignes à la distance de nombreuses années, je ne puis m'empêcher de consigner ici un rapprochement qui me vient à l'esprit : Quinze ans plus tard, cette enfant, dans cette même église Sainte-Trinité, tenait avec son oncle, le comte de Mornay, sur les fonds baptismaux, son frère Charles, la Providence ayant voulu accorder à mon âge mûr et à ma vieillesse le don précieux de ce second fils.

Le 18 mai, je partis pour l'Allemagne, emmenant avec moi ma femme et ma petite fille. Nous passons par Nancy, et nous nous arrêtons à Strasbourg pour voir la ville et particulièrement la cathédrale. Je montai par quatre cent cinquante-trois marches, jusqu'à la seconde balustrade de la grande tour, sans avoir le courage d'aller plus haut. Mais à cette hauteur, la vue est déjà admirable. — Le 28 mai, nous faisons notre entrée à Carlsruhe, par un temps magnifique, et nous descendons à l'Hôtel du Prince héréditaire, où un logement a été préparé pour l'envoyé de France. Le 31, j'ai mon audience du Grand-Duc pour lui remettre mes lettres de créance ; ensuite, audience de la Grande-Duchesse.

Le Grand-Duc est un prince affable, excellent, un peu timide ; Mme la grande-duchesse Sophie, née princesse de Suède, est fort distinguée, instruite, spirituelle ; elle cause de tout très-volontiers et fort bien. J'ai aussi des audiences du margrave Guillaume et du margrave Maximilien, frères du Grand-Duc. Puis, je fais mes visites officielles aux membres du Corps diplomatique, aux ministres, aux Charges de Cour et aux personnages importants du pays; à une princesse Auguste de Nasseau, mariée morganatiquement au lieutenant-général comte de Bismark, envoyé de Wurtemberg à Carlsruhe. Un peu plus tard, je vais à Manheim pour faire ma cour à la grande-duchesse douarière de Bade, Stéphanie de Beauharnais, fille adoptive de l'empereur Napoléon. Elle me reçoit avec beaucoup d'affabilité et me traite en compatriote. Sa fille, la princesse Marie, depuis duchesse d'Hamilton me fait aussi un gracieux accueil ; c'est une très-agréable et très-aimable princesse.

Après avoir trouvé et arrêté un logement à Carlsruhe, et pendant qu'on le prépare, nous allons nous établir à Bade. A cette époque, Bade n'était pas envahi par la foule comme il l'a été depuis, grâce surtout aux chemins de fer ; et la vie y était facile et intime. Nous y trouvons Mme la grande-duchesse Stéphanie dont le salon est notre meilleure ressource.

Le 1er août, nous nous installons définitivement à Carlsruhe et ce fut à la fin de ce mois que naquit ma seconde fille. Dans le courant de septembre, un camp avait été réuni, aux environs de Carlsruhe, pour le 8me corps d'armée de la confédération, composé des contingents de Bade, de Wurtemberg, de Hesse-Darmstadt. C'était la première fois que pareille réunion avait lieu. Elle excitait de l'intérêt, et le gouvernement du Roi avait décidé d'envoyer quelques officiers pour assister aux manœuvres. Le choix se porta sur le général Négrier, tué depuis aux journées de juin 1848, — le duc d'Elchingen, officier d'ordonnance du duc d'Orléans, mort du choléra à Gallipoli, en 1854, pendant la campagne de Crimée, — et M. Beuret, officier d'artillerie. Ces officiers eurent au camp beaucoup de succès. Ils étaient tous les trois remarquablement distingués. Je devais assister, le dernier jour des manœuvres, à une grande revue à Schwetzingen; mais le temps ayant été le matin fort mauvais, je m'en dispensai, trouvant d'ailleurs que mon uniforme diplomatique ne ferait qu'un médiocre effet au milieu de tant d'épaulettes.

Les affaires d'Orient s'étaient fort embrouillées depuis la chute du Ministère du 12 mai. Le traité du 6 juillet, inopinément conclu entre les quatres puissances, sous l'inspiration de lord Palmerston et conclu *sans nous et contre nous,* semblait menacer l'Europe de cette guerre générale qu'on était parvenu avec tant de peines à éviter depuis 1830. La France arma dans de grandes proportions; les discussions les plus orageuses eurent lieu dans nos chambres; et l'Allemagne, se prétendant alarmée de nos préparatifs et du langage belliqueux de la presse française, commença à armer de son côté. En même temps et en conséquence du traité du 6 juillet, l'Angleterre ouvrait les hostilités en Syrie contre Méhémet-Ali, pour l'obliger à évacuer cette province et à abandonner toutes les prétentions qu'il avait cru pouvoir manifester après ses victoires de l'année précédente. Cette crise si grave donna une grande activité à notre diplomatie; et je recevais de M. Thiers de fréquentes dépêches empreintes d'une vive irritation. De mon côté, dans mes dépêches de chaque jour, je m'efforçais d'établir qu'en cas de guerre générale les sentiments du gouvernement Badois ne nous seraient nullement favorables, et que nous devions nous attendre à le voir suivre aveuglément la direction des cabinets de Vienne et de Berlin. M. de Blittersdoff, ministre des affaires étrangères, esprit habile et distingué, et qui n'avait ni les idées étroites ni le pédantisme des hommes d'Etat des petits pays, me le laissait clairement entendre.

En 1840, le baron de Blittersdoff passait pour être, après le prince de Metternich, l'homme d'Etat le plus capable de l'Allemagne. Il était en effet habile et calculateur, en même temps que passionné; et, dans l'occasion, il aurait déployé une audace indomptable. Il me disait : « En cas de rupture, nous sommes Allemands, avant tout. Comme Badois, nous ne sommes rien et nous ne pouvons rien, tandis qu'en notre qualité d'Allemands nous faisons partie d'une nation aussi nombreuse et aussi puissante qu'aucune autre, et qui a les moyens de se faire respecter. Pour nous, en dehors de cette conduite, il n'y a que ruines et que désastres. » Ce sentiment de patriotisme germanique était général dans le Grand-Duché et l'emportait sur toute autre considération. La pensée de l'unité allemande, qui depuis vingt-cinq ans avait fait de grands progrès, trouvait par là une occasion de se produire avec l'assentiment des gouvernements dont la plupart s'étaient jusqu'ici appliqués à la combattre.

J'avais aussi la conviction que, en cas de divergence dans la politique des deux grandes puissances de la confédération, les Etats secondaires se rangeraient derrière la Prusse et la suivraient aveuglément. D'autre part, les journaux allemands, à cette époque, commençaient déjà à exciter violemment l'orgueil national. Ils ne parlaient de rien moins, en cas de guerre heureuse, que d'enlever à la France l'Alsace et la Lorraine. Aussi l'opinion publique accueillait-elle avec joie la possibilité d'un conflit devant précipiter la réalisation de semblables convoitises. De cet état général des esprits en Allemagne, il résultait d'abord que l'origine de la querelle était oubliée, aussi bien que l'injustice qui nous avait été faite, et qu'ensuite on voyait ou qu'on prétendait voir, dans nos armements, le désir de rompre la paix de l'Europe.

Ce fut pendant le mois d'octobre surtout que la crise sembla menaçante et imminente. Mais le Roi, fort en cette occasion de l'assentiment général, était opposé à la guerre; et, le 29 octobre, un changement de ministère vint détendre la situation. Au fond, M. Thiers lui-même ne voulait pas sérieusement entrer en lutte contre les quatre grandes puissances de l'Europe; et, en résiliant son portefeuille, il fut heureux, je pense, de sortir des embarras dans lesquels on se trouvait jeté.

A la tête de son nouveau ministère, le roi avait placé,

comme président du Conseil et ministre de la guerre, le maréchal Soult ; mais le véritable premier ministre était en en réalité M. Guizot, rappelé de Londres, et fait ministre des affaires étrangères. Ce Ministère dura plus de 7 ans, grâce à l'éminent talent de son chef et à la faveur constante que le Roi lui accorda. Sa chute, en 1848, entraîna celle de la monarchie elle-même, au moment où on la croyait définitivement fondée et hors d'atteinte.

Mais revenons à la date de 1840 : — Ayant au mois de juin de cette année quelques affaires à régler, je demandai un congé et je quittai Carlsruhe laissant, comme chargé d'affaires en mon absence, M. de Meneval qui avait succédé à M. Bresson. J'avais connu M. de Meneval au ministère des affaires étrangères où j'étais en situation d'apprécier son caractère et son esprit. Avec le temps, ce sentiment n'a pu que grandir, et fortifier l'attachement dévoué et sincère qui, dès cette époque, commença entre nous. La destinée de M. de Meneval mériterait un récit tout particulier. En 1838, il était ministre plénipotentiaire à Munich. La mort de sa femme lui porta un coup terrible. Il quitta une carrière où, justifiant toutes mes espérances, il se trouvait au premier rang parmi les diplomates de cette époque. Il se fit prêtre à Rome ; et ma sympathie pour son malheur et pour sa nouvelle vocation, n'a fait que cimenter encore notre tendre et mutuelle amitié. (1)

Pendant mon séjour en France, dans une de mes courses à Paris, j'obtiens de M. Guizot que mon jeune beau-frère, Robert de Morell, qui avait commencé son droit, soit attaché au Ministère des affaires étrangères.

Notre hiver à Carlsruhe se passa, comme le précédent, de la manière la plus heureuse, mais dans le calme le plus complet,

(1) Monseigneur de Meneval est aujourd'hui Prélat de la Maison du Saint-Père. Il a publié, en 1871, un *Essai sur l'Allemagne*, à propos de la guerre de 1870, essai on ne peut plus juste, plus remarquable et plus vrai.

au point de vue des affaires diplomatiques. Au printemps, le comte Ugarte, ministre d'Autriche, ayant épousé à Paris une fille du Comte de Stakelberg, nous amena une très-agréable et très-élégante parisienne et ne tarda pas à ouvrir sa maison. Le 3 mai, la princesse Alexandrine, fille aînée du Grand-Duc, épousa le Prince héréditaire de Saxe-Cobourg, ce qui fut l'occasion de plusieurs belles fêtes à la Cour. En juin, nous fesons une course à Heidelberg dont nous sommes ravis. Le vieux château est situé juste au-dessus de la ville. On y arrive par un très-joli chemin, qui monte assez insensiblement, et d'où la vue, plongeant sur la vallée du Necker, donne à chaque instant le spectacle le plus riant et le plus pittoresque. Nous avons visité les ruines, en détail, et nous sommes restés plus d'une heure à nous promener sur les terrasses, en extase et à bout d'admiration. Le ciel était magnifique ; le soleil couchant inondait la plaine de ses feux. C'était un spectacle enchanteur. En revenant, nous visitons Schwetzingen, château appartenant au Grand-Duc, et dont les jardins sont vastes, parfaitement dessinés.

On me conseilla, pour des douleurs névralgiques dont j'étais souvent incommodé, d'aller prendre les eaux de Schwalbach, dans le Duché de Nasseau. Vers la fin de juin, nous allons nous y établir. Nous descendons le Rhin en bateau à vapeur jusqu'à Coblentz. De là nous allons faire une visite au marquis de Mornay, installé à Laubach, où il suivait un traitement d'eau froide ; ce traitement, dans ses détails, me paraît être un véritable supplice. En face de Coblentz, s'élève la célèbre forteresse d'Ehrenbreitstein que je visite avec intérêt, et du haut de laquelle on a une vue admirable. De Coblentz, pour se rendre à Schwalbach, nous sommes obligés de remonter le Rhin, jusqu'à Biberich, château splendide du duc de Nasseau, dont nous parcourons les jardins. Nous arrivons à Schwalbach, en passant par Schlangenbad dont le site est joli, mais un peu triste. A Schwalbach qui est situé sur une hauteur et dont l'aspect n'a rien de bien remarquable, nous nous établissons dans une maison particulière. Je commence mes bains et je bois l'eau d'une source très-fortement ferrugineuse. L'eau de Schwalbach est froide; et, pour l'usage des bains, il faut la faire chauffer.

Je me trouvais assez médiocrement de ma cure, lorsqu'elle fut brusquement interrompue par la nouvelle funeste de la mort de M. le duc d'Orléans, misérablement tué, le 13 juillet, d'une chute de voiture. Je fus navré, terrifié par ce cruel événement, dont je compris tout d'abord les suites probables et les conséquences terribles pour l'avenir de la France.

Ce prince était jeune, beau, spirituel, brave, instruit, aimé des siens, populaire. Marié suivant ses goûts, il avait deux fils; il pouvait, il devait espérer faire de grandes choses et marquer sa place dans l'histoire. Le jour de l'événement, il partait pour présider à Strasbourg des manœuvres militaires. Plein de vie, de verve, d'ardeur, le Prince allait prendre congé de son père, quand ses chevaux s'emportent. Il s'élance imprudemment de la voiture, il tombe; et, quelques minutes après, il expire sans avoir repris connaissance, laissant une nation dans l'épouvante, une veuve inconsolable, une famille éplorée. Quel spectacle! Quelle leçon! — Je quittai Schwalbach immédiatement pour retourner à Carlsruhe; et, partout où je passais, je trouvais tout le monde, grands et petits, vivement émotionné de cette mort fatale. Cette catastrophe avait fait taire, pour un moment, l'esprit de parti et les rivalités étrangères. L'opinion publique semblait avoir le pressentiment des dangers que, dans un avenir plus ou moins prochain, la mort du Prince Royal de France devait faire courir à la tranquillité de l'Europe.

Le 1er août, je vais m'établir à Bade, et, le 3, je fais célébrer un service solennel dans l'église catholique, pour le repos de l'âme de M. le duc d'Orléans. Les Français, de passage à Bade, y assistèrent en très-grand nombre. J'ai dit qu'au moment de sa mort, le Prince partait pour aller à Strasbourg commander de grandes manœuvres militaires. Le Roi ne voulant pas que les troupes rassemblées sur ce point fussent renvoyées dans leurs garnisons sans que le but pour lequel on les avait réunies eut été rempli, en partie du moins, envoya M. le duc de Nemours au lieu et place de son frère. Je fus à Strasbourg, le 21 août, présenter mes hommages à son Altesse Royale. Le Prince me retint à dîner et m'accorda une longue audience qui me permit d'apprécier la distinction de son esprit, l'élévation de ses sentiments, la sûreté de son jugement, et surtout la droiture si généreuse et si désintéressée qui a toujours été le trait principal de son caractère.

Le voyage du duc de Nemours, difficile et pénible dans la triste circonstance où il se trouvait, réussit parfaitement; la population se montra empressée, pleine de respect et de sympathie; il y avait sur les visages de l'attendrissement, et la foule, grave et réfléchie, témoignait de son intérêt pour la douleur du Prince. De son côté il se montra digne, simple, attentif pour chacun; il eut des paroles heureuses, en parlant de son frère, et il en parla beaucoup. Le duc de Nemours fut particulièrement plein de bontés et de prévenances pour le général Lassolaye que le Grand-Duc de Bade avait envoyé pour le complimenter. Le général m'en témoigna sa reconnaissance. J'obtins qu'en retour de la courtoisie faite au duc de Nemours, le général marquis de Laplace irait à Carlsruhe complimenter le Grand-Duc. A cette occasion, il y eut échange de décorations pour les deux généraux.

Je retournai à Bade. Et dans une de nos excursions, nous visitons à Salzbach le monument élevé à la mémoire de Turenne. Le terrain a été cédé à la France en toute souveraineté; et le monument est gardé par un sous-officier invalide français; il nous montra le boulet qui avait frappé le grand capitaine, et le noyer desséché sous lequel son corps fut d'abord placé. Un peu plus tard je fis une course à Francfort, et visitai avec beaucoup d'intérêt cette ville qui est belle et très-animée. Le quartier des Juifs est fort curieux; on y voit la maison habitée par la mère des Rothschild, maison qu'elle

n'a jamais quittée. A cette époque Mme Rothschild était âgée
de quatre-vingt-quinze ans. Je visite aussi l'Hôtel-de-Ville, la
salle du couronnement des Empereurs, et, chez le banquier
Bethmann, une très-belle statue d'Ariane, par Deneker. Elle
a de la vie et du charme; mais ce n'est ni la beauté antique
ni la beauté idéale. En revenant à Carlsruhe, je passe par
Darmstadt pour voir le comte Hippolyte de la Rochefoucauld,
mon collègue. Darmstadt me paraît encore moins animé que
Carlsruhe.

Notre Corps diplomatique avait fait cette année-là une acquisition précieuse dans la personne du colonel de Radowitz,
nommé ministre de Prusse, à Carlsruhe. C'était un homme
éminemment doué, d'une instruction et d'une mémoire prodigieuse, d'un grand esprit avec les sentiments les plus chevaleresques, les plus catholiques, et une imagination d'une
rare vivacité. Il y avait tout à gagner dans son commerce, et
je le voyais le plus souvent possible. Appelé plus tard par les
événements sur un vaste théâtre, il a prouvé qu'il n'avait pas
les aptitudes de l'homme d'Etat ; mais il s'est toujours montré
un homme de cœur, rempli de droiture, de courage, de dévouement aux nobles causes, et apportant à leur service toute la
chaleur et toute la passion de sa grande intelligence. Sa femme,
née comtesse de Woss, était douce, aimable, agréable, d'une
grande sensibilité ; et sa fille aînée, la charmante Marie de
Radowitz, était douée des qualités les plus rares de l'esprit et
du cœur. Sa vie n'a duré que l'espace d'un matin; elle est
morte à dix-sept ans.

Pendant l'hiver, on joua la comédie à la Légation avec grand
succès, et succès mérité. La comtesse Ugarte et M. de Meneval
étaient nos principaux acteurs. Cette agréable distraction qui
devait se renouveler, fut tristement interrompue par la mort
presque subite de la comtesse Ugarte. Elle mourut d'un épan-
chement au cerveau, qu'on avait pris d'abord pour de simples
douleurs névralgiques. Ce douloureux événement mit fin à tous
les plaisirs de l'hiver. En février, la princesse Marie de Bade

épousa, à Manheim, le marquis de Douglas, fils aîné du duc de Hamilton. Pour des motifs d'étiquette, le marquis de Douglas n'étant point de Maison souveraine, le Corps diplomatique n'assista pas au mariage qui se célébra en famille.

Dans un séjour que le prince Louis-Napoléon fit à Manheim, un peu avant l'affaire de Strasbourg, séduit par la bonne grâce de sa cousine, la princesse Marie, il l'avait demandée en mariage, et elle lui avait été refusée, non sans regrets du côté de la grande-duchesse Stéphanie, qui affectionnait beaucoup son neveu, regrets qu'elle m'a exprimés bien des fois.

Au mois de mars 1844, mon fils Henri vint au monde à ma grande joie; et sa naissance, en complétant mon bonheur paternel, mit le comble à toutes les faveurs que la Providence, depuis mon mariage, n'avait cessé de me prodiguer.

Au mois de mai, arriva à Carlsruhe Mme Craven (Mlle Pauline de la Ferronnays), dont le mari, attaché à la légation anglaise, à Stuttgard, avait eu ordre de résider à Carlsruhe, où l'Angleterre n'avait eu, jusque-là, aucun agent directement accrédité. Cette aimable femme, si remarquable par l'agrément et la vivacité de son esprit, par le charme de son caractère, je l'avais connue à Pétersbourg, dans l'intérieur si distingué de son père, le comte de la Ferronnays. C'était une véritable bonne fortune de la retrouver en Allemagne.

Je ne veux pas terminer le récit de mon séjour à Carlsruhe, sans consigner ici le souvenir d'une course en Suisse que nous fîmes avec Mme de Morell et mon beau-frère. Nous partons le 1er septembre, et nous allons d'abord à Bâle par le chemin de fer, et de là en voiture à Berne, en passant par la belle vallée des Moutiers. A Berne, nous descendons à l'hôtel du *Faucon*, et nous allons dîner chez notre ambassadeur, le comte de Pontois, mon ami depuis vingt ans. Il demeure en dehors de la ville. De sa maison, admirablement située, on a la vue des glaciers de l'Oberland, quand le ciel est serein. Le lendemain, 8 septembre, après avoir entendu la messe dans une très-pauvre et fort laide église, M. de Pontois nous conduit sur les remparts de Berne, d'où nous avons la bonne fortune de bien voir tous les glaciers, le Jungfrau, entre autres, et cela, par un soleil splendide. Ce spectacle est féerique. A midi, nous partons pour Thun; le pays est charmant et les glaciers forment constamment le fond du tableau. A Thun, où nous arrivons à trois heures, nous descendons sur le bord du lac, à l'hôtel de *Bellevue*, qui justifie bien son nom. Avant le dîner, nous faisons à pied une longue promenade, et nous visitons une délicieuse maison de campagne, nommée la Chartreuse, appartenant à M. de Rougemont qui vient de mourir à Naples. Le 9, départ de Thun et arivée à Neuhaus, à dix heures. Ce lac de Thun est ravissant. On met une demi-heure pour aller de Neuhaus à Interlaken, en passant par Unterseen, petite ville très-pittoresque que l'Aar traverse. Interlaken est également située sur les bords de l'Aar, entre les lacs de Thun et de Brientz. Ce village ne se compose que d'hôtels, ou de maisons de plaisance louées en été aux étrangers. Après nous être assurés d'un gîte, et sans perdre une minute, nous partons pour le Grünenwald, afin d'en visiter les glaciers dont l'aspect vu de près est, il faut bien le dire, beaucoup moins intéressant qu'à distance. Nous dînons au village de Grünenwald et nous ne sommes de retour à Interlaken qu'à la nuit close, étant un peu fatigués d'une journée d'ailleurs si bien remplie.

Le lendemain, dès sept heures du matin, nous nous dirigeons en bateau à vapeur sur le lac de Brientz, vers la cascade du Giesbach. L'aspect du lac de Brientz est beaucoup moins riant que celui du lac de Thun. Il m'a rappelé la vue des lacs de Norwége. Il faut une heure pour arriver au Giesbach, situé en face de Brientz. Du rivage jusqu'à l'endroit où l'aspect de la cascade est le plus remarquable, on monte difficilement pendant vingt minutes. Cette cascade est vraiment fort belle, digne de sa réputation, et, comme on peut la voir de face et de bas en haut, le coup d'œil ne laisse rien à désirer. Après y être restés une heure, nous remontons sur notre bateau qui nous ramène à Interlaken, d'où nous partons immédiatement en voiture pour Lauterbrünnen. La vallée de Lauterbrünnen est d'un aspect beaucoup plus grandiose et plus pittoresque que celle de Grünenwald. A peu de distance de la ville, cependant, la cascade de Staubach qui du haut d'un rocher tombe en *poussière* (de là son nom), est d'un effet fort médiocre. Au-delà de Lauterbrünnen, la vallée s'ouvre, et l'on découvre devant soi une haute montagne couverte de neige, d'un aspect saisissant. A cinq heures nous sommes de retour à Interlaken ; et, avec une activité sans égale, nous prenons le bateau à vapeur pour aller dîner et coucher à Thun. La soirée est magnifique, et des bords du lac nous jouissons de la vue splendide des glaciers qui, de toutes parts, dressent devant nous leurs cimes orgueilleuses.

Le lendemain, 11, nous sommes, à dix heures du matin, à Berne ; puis, nous dirigeant sur Soleure, nous y arrivons le soir. Nous visitons la maison qu'habitaient les ambassadeurs de France en Suisse, avant la Révolution, et qui aujourd'hui sert de caserne. Le 12 septembre, nous reprenons la route de Bâle où nous n'arrivons qu'à huit heures. La pluie tomba toute la journée, ce qui rendit le voyage désagréable. Le 13 enfin, nous sommes de retour à Carlsruhe, très-satisfaits de notre rapide, mais fort intéressante excursion.

Vers le mois de mars 1845, j'appris qu'il était question de changements dans notre Corps diplomatique, et, qu'entre autres le poste de Dresde pourrait devenir vacant. Désirant ce poste, je me décidai à aller à Paris pour tâcher de l'obtenir, en me faisant appuyer près du Ministre des affaires étrangères par le président du Conseil. Nous partons, en conséquence, pour Paris, le 29 mars ; et à peine suis-je arrivé, que le maréchal Soult me donne la bonne nouvelle qu'à sa demande, M. Guizot lui a promis de m'envoyer à Dresde, à la place de M. de Bussières qui ne veut plus y retourner. M. Guizot me confirme toute sa bienveillance, en m'avertissant cependant que le Roi désire qu'on nomme, à Dresde, M. de Sercey, gendre du marquis de Rumigny, et qu'il est urgent que le

Maréchal intervienne chaudement en ma faveur. Le Roi fit une assez vive résistance, et, pour en triompher, il fallut à la fois toute l'insistance du Maréchal, l'appui de M. Guizot, et, je puis le dire, l'ancienneté et la supériorité de mes services. Cette lutte d'influences occupa quelques jours le Corps diplomatique à Paris. J'avoue que ma nomination à Dresde me fit un vif plaisir ; j'en fus très-reconnaissant au Maréchal et à M. Guizot.

Le 3 juin, nous allons nous établir à Lizy ; et, le 14, j'en pars seul pour Dresde, ne pouvant tarder plus longtemps à me rendre à mon nouveau poste. Je passai par Carlsruhe pour prendre congé du Grand-Duc qui me donna son grand cordon de Zachringen. Trois ans auparavant, j'avais été nommé commandeur de la Légion-d'Honneur.

Ce ne fut pas sans un véritable attendrissement, je dois le dire, que je quittai Carlsruhe, où deux de mes enfants sont nés, où j'ai été si heureux, pendant cinq ans passés trop vite et irrévocablement passés. Je me rappelai ces beaux vers de Lamartine :

> Ne pourrons-nous jamais sur l'océan des âges.
> Jeter l'ancre un seul jour ?

J'arrivai à Dresde, le 23 juin, en passant par Francfort, Eisenach, Gotha, Weymar et Leipzig. Dans ma solitude, je fus pris de tristesse, et Dresde, au premier abord, trompa mon attente. Tous ces visages inconnus, ces nouvelles relations à créer, me portaient au découragement. C'est un des fâcheux côtés de la carrière diplomatique, surtout lorsqu'on avance en âge, que ces fréquents changements de théâtre et d'habitudes. Pour mon compte j'en ai toujours souffert.

A seconde vue, Dresde me parut ce qu'elle est, une très-belle ville, parfaitement située sur les deux rives de l'Elbe. Je fis promptement mes visites officielles, et je fus reçu par le Roi, la Reine, et la famille Royale, au château de Pilnitz. Le Roi était un prince excellent, aimé et respecté de son peuple; d'un abord froid et un peu contraint. La Reine avait un fort grand air, de la grâce, de l'esprit, beaucoup de bonté et de charité; on la disait très-passionnée en politique.

Une fois mes devoirs officiels accomplis, je m'occupai de mon futur établissement, et me décidai à louer la maison de mon prédécesseur, située à une des extrémités de la ville et nouvellement bâtie, à la mode anglaise. Le jardin donnait sur la campagne; et, en face des fenêtres, à un kilomètre environ, se trouvait le monument élevé à la place où le général Moreau fut frappé d'un boulet de canon, à côté de l'empereur Alexandre, à la bataille de Dresde.

Au commencement d'août, le maréchal duc de Raguse, passa par Dresde. Je ne l'avais pas vu depuis le couronnement de l'empereur Nicolas, en 1826. Que de changements depuis lors, surtout pour lui! Je le trouvai bien portant, pas trop changé, ni vieilli; toujours brillant causeur et très-spirituel. Comme je n'avais pas encore de maison, ce fut lui qui me donna à dîner à son hôtel. Le Maréchal, épris de l'amour des voyages, depuis qu'il s'était exilé, venait visiter les champs de bataille de Dresde et de Leipzig, où il avait si vaillamment combattu.

Le 12 août, je quittai Dresde pour Cobourg où j'étais également ment accrédité, afin de présenter mes lettres de créance au Duc, avant l'arrivée de la Reine d'Angleterre qui devait venir visiter la patrie et le lieu de naissance du prince Albert. J'allai coucher, le premier jour, à Géra; je dînai le lendemain à Saalfeld, qu'un grand combat a rendu célèbre, et de là, à travers les montagnes de la Thuringe, j'arrivai à Cobourg, à neuf heures du soir. Le 15, j'eus une audience du Duc que je connaissais depuis l'époque de son mariage avec la princesse Alexandrine de Bade. Je me rendis à cette audience dans une voiture à six chevaux, avec force laquais, suivant le cérémonial de la Cour. Cobourg et ses environs sont très-pittoresques. Je visitai la forteresse qui possède une très-belle collection d'armures anciennes, et où l'on montre une chambre que Luther a occupée. — Je quittai Cobourg, le 18, pour Meiningen où j'étais aussi accrédité. Le Duc était à son château d'Alterstein, à huit lieues plus loin. J'y fus reçu, le lendemain, et j'y dînai. J'étais logé à Liebenstein, petit Bain charmant, à une lieue du château d'Alterstein. Le Duc m'envoya chercher ; et je fus reçu en frac et sans cérémonie. On me fit l'accueil le plus amical ; on ne pouvait être plus simple, ni meilleur que le Duc et la Duchesse. Je trouvai là aussi le Prince héréditaire qui avait fait un voyage à Paris au printemps. Après le dîner, le Duc me fit faire une promenade dans un phaéton, qu'il conduisait lui-même. Tout ce pays est ravissant. Le lendemain, on me donna le plaisir de visiter une célèbre grotte, située dans la montagne au sommet de laquelle est bâti le château d'Alterstein. Elle a environ neuf cents pieds de profondeur, et est fort élevée à certains endroits ; elle contient un petit lac. Toute la grotte, qu'on avait éclairée d'un grand nombre de lumières habilement disposées, était d'un effet magique. Pendant mon séjour à Liebenstein, je fus à Baarfeld faire une visite au prince Ernest de Hesse-Philippsthal que j'avais connu à Copenhague et qui s'y était retiré ; il me donna un dîner de garçon et je fus charmé de le revoir.

Je prolongeai, jusqu'au 25 août, mon séjour dans ce petit Bain où je me trouvais à merveille ; je n'étais pas, en effet, pressé d'arriver à Gotha, longtemps avant la reine d'Angleterre. Je m'y rendis par Wilmenstadt, charmant château de plaisance, appartenant au duc de Saxe-Weimar, et par Eisenach où je fus visiter la Wartburg. Ce château est petit, laid, sans style ; mais on y jouit d'une vue admirable, et il est célèbre par le long séjour qu'y a fait Luther. On y montre, avec une apparente vénération, la chambre qu'il a habitée et où il a traduit la Bible. La Wartburg est également célèbre pour avoir été plus anciennement la demeure de Sainte Elisabeth de Hongrie, née princesse de Thuringe, et dont M. de Montalembert s'est montré le pieux admirateur et le merveilleux historien.

Le 28 août, la reine d'Angleterre fit son entrée solennelle à Gotha, et les fêtes commencèrent le lendemain par un *Vogelschiessen* (tir à l'oiseau). Quantité de paysans et de paysannes, à cheval ou dans de grandes charrettes ornées de fleurs et de feuillage, défilèrent devant la Reine, dans leur costume national. Ce spectacle était fort curieux. Le soir, il y eut grande réception au château, de la part de la reine d'Angleterre et de la reine des Belges qui l'accompagnait dans son voyage. La reine des Belges, à laquelle je fus présenté pour la première fois, était une princesse accomplie, et bien digne de sa royale mère. Le 30 août, il y eut, le matin, grande chasse au cerf à Reinhards-Brunn. On en tua cinquante ; ce fut moins une chasse qu'un massacre. Grand dîner ensuite au château ; feu d'artifice le soir, et petit bal chez la Reine des Belges. La reine Victoria y dansa beaucoup ; elle paraissait heureuse de venir pour la première fois sur le continent, et de visiter la patrie de son époux où on faisait tout au monde pour lui plaire. Malgré cela, elle montrait peu d'affabilité pour ceux qui avaient l'honneur de l'approcher ; ses manières étaient froides et presque dédaigneuses. Comme souveraine, comme épouse et comme mère, la Reine d'Angleterre n'a jamais mérité que des louanges et des respects. Quant au prince Albert, il avait une figure et une tournure charmantes, de la dignité dans le maintien, beaucoup de retenue, et il soutenait fort bien le rôle difficile de *mari de la Reine.*

Le 1er septembre, eut lieu une fête tout-à-fait curieuse, parce qu'elle était nationale. Quatorze cents chanteurs des sociétés chorales de Thuringe donnèrent un concert en plein air. Ils chantaient des hymnes, en parties, sans accompagnement et avec cette justesse d'intonation particulière aux allemands. Le chant patriotique « *Wo ist das deutsch land?* » (Où se trouve la patrie allemande?) produisit un effet immense. Après le concert, grand dîner et bal. Les fêtes se terminèrent le 2 septembre par un grand gala au théâtre. La Reine partit le lendemain pour l'Angleterre.

Je partis moi-même pour Carlsruhe où je retrouvai Mme d'Eyragues et mes enfants. Nous prîmes définitivement congé de la famille Grand-Ducale, et je continuai cette fois avec tous les miens mon voyage vers Dresde. Peu après notre arrivée, Mme d'Eyragues eut ses audiences à Pilnitz, où elle fut présentée, suivant l'usage de la Cour de Dresde, par la comtesse de Kuefstein, femme de l'envoyé d'Autriche et doyenne du Corps diplomatique. La Reine la reçut avec une grande amabilité et nous dînâmes au château.

Le Corps diplomatique se composait à cette époque, pour l'Autriche, du comte de Kuefstein; pour la Prusse, de M. Jordan; pour la Russie, de M. Schrœder; pour l'Angleterre, de M. Forbes. Diverses puissances n'étaient représentées que par des chargés d'affaires.

A la fin de novembre, nous eûmes la visite du comte Charles de Mornay, oncle de ma femme, qui, en se rendant de Stockholm à Paris, en congé, eut la bonne grâce d'allonger sa route pour venir nous voir. Nous visitâmes avec lui les curiosités de Dresde, qui sont si nombreuses; d'abord, le Grün-Gewëlbe, où il semble qu'on ait réuni tous les trésors de la terre, tant il y a d'objets d'art de toutes sortes : meubles, orfèvrerie, diamants, pierres précieuses, pièces de vermeil et d'argenterie; — puis, la galerie des Antiques avec toutes ses vieilles armures; — le palais du Japon, où on a réuni une admirable collection de porcelaines de Chine, de Saxe, et composée de soixante mille pièces ; — enfin, le Musée de tableaux, le plus beau fleuron de la couronne de Saxe. Mes fréquentes visites à la galerie des tableaux furent ma plus agréable distraction, pendant mon séjour de près de trois ans, à Dresde. J'y allais constamment et toujours avec un nouvel intérêt, tant il y a de chefs-d'œuvre de toutes les Ecoles. Après avoir admiré, d'abord, les plus belles toiles, je finis par les connaître et les admirer presque toutes.

La Cour recevait fréquemment. Et, pendant le carnaval, il y avait bal chaque semaine chez la Reine. Le Roi y dansait, comme un jeune homme, malgré ses cinquante ans, et ne voyait dans la danse, disait-il, qu'un excellent exercice. En carême, les concerts remplaçaient les bals, et j'eus plusieurs fois le plaisir exquis d'entendre le célèbre Mendelssohn jouer ses merveilleuses symphonies sur le piano.

M. de Barante, le fils de notre ambassadeur à Saint-Pétersbourg, était secrétaire de légation à Dresde. Comme il se trouvait en congé, il fut au mois de mars remplacé, *ad interim*, par M. Mercier. J'avais à cette époque, sollicité cette faveur pour M. de Meneval que je désirais extrêmement voir revenir auprès de moi. On ne m'accorda que plus tard cette satisfaction. Cependant, à l'occasion de cette demande, je reçus une lettre si aimable de M. Guizot, que je veux la consigner ici :

« Je regrette vivement, Monsieur le Marquis, de n'avoir pu vous donner M. de Méneval. Je saisirai avec plaisir la première occasion de faire pour vous et pour lui, ce que vous désirez. M. Mercier est arrivé de Madrid et partira sous peu pour Dresde. J'espère trouver bientôt un moyen de faire faire un pas à M. de Morell. Je sais qu'il travaille et qu'il a de l'esprit. Il aurait tort de se décourager. Dans une société comme la nôtre, et dans une carrière comme la sienne, les concurrents sont nombreux et pressés. La patience dans la persévérance devient une vertu obligée et une condition de succès.

» Continuez, Monsieur le Marquis, à me tenir au courant de ce que vous voyez, et des réflexions que ce que vous voyez vous suggère. Je vais entrer dans la session, et je n'aurai guère le temps de vous écrire; mais j'aurai toujours celui de vous lire et d'en profiter.

» Mille compliments affectueux.

» GUIZOT. »

Les Saxons sont protestants, mais la Famille Royale de Saxe est catholique, et les cérémonies du culte se font avec très-grande pompe à l'unique église catholique de Dresde, qui est fort belle. Nous avions tous les dimanches une grand'messe en musique, admirablement exécutée par la Chapelle du Roi, qui, de tous temps, a été célèbre. J'ai entendu là des messes dont la musique, composée aux xvi⁰ et xvii⁰ siècles, est admirable et d'un caractère tout-à-fait religieux. Les cérémonies de la Semaine-Sainte se faisaient surtout avec une grande solennité. Le Vendredi-Saint, le Roi, en uniforme, la Reine et les Princesses, en deuil et en toilette de cour, entourés des personnes de leur suite, accompagnaient la procession et allaient prier pendant une heure au tombeau. Les membres du Corps diplomatique, catholiques, — tous en uniforme et les femmes en grande toilette, — s'y rendaient successivement, pour y faire également une station. C'était une fort imposante cérémonie.

Le printemps de 1846 fut beau et nous permit de faire des promenades et des excursions dans les environs de Dresde qui sont charmants. On ne peut rien voir de plus joli que la grande vallée de l'Elbe et les délicieuses vallées qui s'y rattachent. Nous fûmes visiter le château de Moritzbourg où autrefois les électeurs de Saxe passaient l'été. Ce vieux château est fort curieux. On y montre un tableau représentant une chasse d'hiver à la porte de Dresde, dans le xvi⁰ siècle. L'artiste y a groupé des ours, des loups, mis à mort sur l'Elbe couvert de glaces, au milieu de cerfs, de daims et autre menu gibier! Ainsi, des ours et des loups, à Dresde! Les temps sont bien changés, depuis trois cents ans.

Le cercle des affaires diplomatiques, à la cour de Saxe, était fort restreint. Toutefois, une question passionnait vivement l'Allemagne : c'était la révolte du duché de Posen contre la Prusse, suivie bientôt de mouvements insurrectionnels en Galicie et dans la Pologne russe. Dresde servait alors de refuge à un grand nombre de familles polonaises qui y formaient une véritable colonie. J'eus ainsi l'occasion d'être renseigné, jour par jour, sur les événements qui s'accomplissaient en Pologne. La conjuration dans le duché de Posen avait été aussi follement conçue que niaisement exécutée. C'est lorsque depuis un mois déjà les autorités prussiennes avaient l'éveil, et alors que Posen était encombré de troupes, que de malheureux jeunes gens vinrent, en plein jour, sous les yeux de la police, acheter, en ville, des armes et de la monnaie d'or, à tout prix, et qu'ils se firent prendre comme des enfants. On trouva sur les premiers prisonniers non-seulement tout le plan de la conspation, mais encore les listes des conjurés qui furent arrêtés les uns après les autres. Du reste, il ne faut pas se dissimuler que c'est le parti radical ou communiste de l'émigration polonaise qui avait le plus particulièrement préparé l'insurrection, en s'adressant aux intérêts et aux passions des masses.

Si la noblesse y prit part, c'est qu'elle ne savait résister à aucun appel, à aucun appât, quelque dangereux qu'ils fussent ; il suffisait qu'on lui montrât, en perspective, le rétablissement de la nationalité polonaise. D'ailleurs, chacun travaillant constamment dans l'ombre à la délivrance du pays ; chacun ne pensant qu'à cela, et ne vivant que de cette espérance, en prison, dans l'exil, comme sur le sol natal, on était toujours disposé à s'insurger, de quelque côté que vinssent l'excitation et le signal de la révolte. Puis, à ce moment, la jeune génération de la noblesse polonaise, comprenant qu'elle ne pouvait rien pour la délivrance de la patrie, sans le secours du peuple, avait généralement embrassé avec chaleur les idées libérales, et était prête à sacrifier non-seulement une partie de ses priviléges, mais encore une partie de son revenu, pour sceller son union avec lui. Ces idées libérales, socialistes même, étaient empreintes d'un caractère de mysticisme très-prononcé et d'aspiration au martyre. La *régénération*, comme moyen d'arriver à la liberté, tel était le but de la noblesse polonaise ; et cette régénération, elle la cherchait dans l'étude, dans les idées religieuses, qui tout à la fois consolent et fortifient. D'autre part, se rappelant que la Pologne avait succombé par la corruption des grands et leurs farouches dissentiments, les jeunes Polonais s'efforçaient de vivre en frères et de donner l'exemple d'une conduite sage et austère.

La dure privation dans la vie ordinaire, un fol héroïsme pendant la lutte, le courage et le dévouement du martyre au moment de la défaite, tels étaient alors les traits dominants, caractéristiques de la nation polonaise. Aussi, malgré ses nombreuses blessures, malgré ses malheurs et la main de fer qui l'opprimait, il était évident pour moi que l'infortunée Pologne se trouvait aussi vivante que jamais, et que la tâche de ceux qui s'étaient chargés de l'anéantir, était loin d'être achevée. Attendons-nous, répétais-je dans mes dépêches, à voir la Pologne secouer souvent ses chaines et s'agiter dans de terribles convulsions. Triste et douloureux spectacle ! Grande leçon que les passions d'un autre temps ont léguée au nôtre, pour lui montrer qu'on ne viole pas impunément les droits les plus sacrés des peuples et de l'humanité, et que presque toujours une grande injustice porte avec elle son châtiment.

Il y eut en France, dans le courant de juillet de cette même année 1846, des élections générales. M. Guizot m'engagea à venir voter, et, à cet effet, m'adressa un congé. A la fin de septembre, je fus à Paris voir le Ministre. La question des mariages espagnols qui venait de se terminer par le mariage du duc de Montpensier avec l'Infante Louise, sœur de la Reine d'Espagne, avait tout-à-coup assombri l'horizon politique, et menaçait d'amener une rupture entre la France et l'Angleterre. Elle achevait, en tout cas, de ruiner l'entente cordiale entre les deux pays, entente à laquelle, du reste, le traité du 6 juillet 1840, avait déjà porté une si rude atteinte. De là une polémique

ardente qui s'établit entre les deux ministres des affaires
étrangères, M. Guizot et lord Palmerston. Pendant mon séjour
à Paris, M. Guizot voulut bien me donner connaissance des
notes qui, échangées d'abord entre les cabinets, furent plus
tard communiquées aux deux parlements, et enfin livrées à la
publicité. Dans cette polémique, M. Guizot avait une incontestable supériorité sur son adversaire et pour le fond et pour la
forme. Il fallut toute la mauvaise foi de l'esprit de parti pour
que l'opposition, qui se fesait ordinairement le champion de la
dignité de la France, osât blâmer, dans cette occasion, la politique du ministère et la résolution avec laquelle il agit, à un
moment donné. Que n'eût-on pas dit, et cette fois avec raison,
si le gouvernement du Roi avait laissé se conclure le mariage
de l'Infante avec le prince de Cobourg? C'est un des mauvais
côtés des gouvernements parlementaires, que l'esprit de parti,
en faisant taire tout patriotisme, puisse ainsi donner le change
à l'opinion et jeter le blâme sur les mesures politiques les plus
évidemment dictées par le soin de sauvegarder à la fois
l'honneur du pays et ses intérêts les plus véritables. Grâce
aux difficultés que, de plusieurs côtés, on suscita au gouvernement dans cette question des mariages espagnols, l'ébran-
lement qu'elles déterminèrent fut une des causes principales
de la Révolution de février. On avait souvent reproché au
gouvernement du roi Louis-Philippe, et presque toujours à
tort, de suivre, à l'étranger, une politique faible et pusillanime.
Celle qu'il avait suivie dans les affaires d'Italie et en Belgique
prouve bien le contraire. Et cependant, l'opinion publique
sembla l'abandonner, lorsqu'au risque d'une rupture avec
l'Angleterre, il tint haut et ferme le drapeau de la France.
Tant il est facile, dans notre pays, d'égarer l'esprit public !

De Paris j'entrepris une course à Eyragues, où je n'avais
pas été depuis plusieurs années. On m'y fit une brillante réception, avec harangue, aubade et étourdissantes farandoles.
J'ordonnai diverses réparations au château. Le curé me fit
visiter l'église avec plus de soin que je ne l'avais fait jusque-

là. Elle est véritablement intéressante. La portion la plus ancienne a été bâtie par les Templiers, dont Eyragues était une commanderie, et, dans la chapelle du Christ, où mes ancêtres sont enterrés, et qui porte nos armes, tous les attributs des Templiers sont sculptés à la voûte : l'œil, la tête de bélier, le triangle. Le haut de l'église forme une plate-forme crénelée. L'église servait de citadelle à Eyragues qui est encore entouré de murs fort épais, en grosses pierres de taille. Après la destruction des Templiers, la seigneurie d'Eyragues appartint aux évêques d'Avignon, puis, aux seigneurs de Villeneuve-Trans. L'un de ces derniers la vendit à un sieur de Bionneau, gentilhomme du Poitou, venu en Provence, à la suite du capitaine-général des galères, au commencement du xvie siècle.

En quittant la Provence, je me dirigeai sur Soult-Berg, pour aller faire une visite au maréchal Soult. Je passai par Beaucaire, Nimes, Montpellier et Béziers. J'arrivai à Soult-Berg, le 9 octobre. Le château, bâti nouvellement, est situé à mi-côte, dans une vallée étroite, pittoresque, encadrée de hautes montagnes, à la porte même de la petite ville de Saint-Amans qui est le berceau de la famille, et où le père du Maréchal était notaire. C'est de là, qu'entraîné par la vocation militaire, il partit à l'âge de seize ans, en 1785, pour se faire soldat d'infanterie, et devenir, à trente-quatre ans, maréchal de France, bien qu'il fût resté plusieurs années simple soldat ou sous officier.

Le Maréchal me reçut avec une véritable affection, et la Maréchale avec une grande bonté. Je fis chez eux la connaissance de Mlle Soult, sœur du duc de Dalmatie. Elle n'avait jamais voulu quitter la maison paternelle de Saint-Amans, où elle avait soigné sa mère, morte à quatre vingt-dix ans. Cette vie si simple, si modeste, si retirée, comparée à l'éclat de celle de son frère, avait quelque chose de digne et de touchant. Mlle Soult ressemblait au Maréchal et avait beaucoup de fermeté dans le caractère et beaucoup d'intelligence. Elle y joignait une grande piété et de grandes vertus. Je restai trois jours à Soult-Berg, où le ministre des finances, M. Lacave-Laplagne, vint aussi faire une visite.

Je repassai par Montpellier, et fus voir, à Castries, M. le duc de Castries avec lequel j'étais lié. Le château, construit sur une échelle immense, est fort triste. Il y a des eaux magnifiques dans le parc, ce qui est encore plus rare en Languedoc qu'en Provence. Après deux jours passés chez M. de Castries, je me dirigeai sur Avignon, où je revis avec plaisir quelques anciens amis. La diligence d'Avignon me conduisit à Lyon, et j'y pris la malle-poste pour me rendre à Mulhouse ; de là, le chemin de fer me transporta à Strasbourg où je trouvai Mme d'Eyragues et mes enfants. De Strasbourg nous fîmes à Carlsruhe. Nous nous y arrêtâmes principalement pour voir M. et Mme de Radowitz qui au printemps avaient eu le malheur de perdre leur charmante fille, enlevée par une fièvre typhoïde. Nous fîmes aussi notre cour à la famille Grand'Ducale. — En passant par Francfort, je dînai chez les Blittersdorff. M. de Blittersdorff, avec lequel j'étais resté lié, était alors ministre près de la Diète. Sa femme, née Brentano, de cette famille qui a donné au monde littéraire Bettina d'Arnim, ne démentait pas son origine par son esprit, par la vivacité de son imagination, mais aussi par son manque de bon sens et sa grande originalité. Nous étions de retour à Dresde, à la fin d'octobre.

En reprenant ma correspondance diplomatique, j'eus à rendre compte à Paris des lamentables luttes dont la Galicie venait d'être le théâtre. Depuis six mois, ce malheureux pays était en proie à toutes les horreurs d'une guerre vraiment sauvage. Les paysans massacraient leurs seigneurs, pillaient les châteaux, et l'Autriche se montrait impuissante à réprimer ces horribles désordres. Les principales causes de cette situation étaient la méfiance du gouvernement autrichien contre la noblesse, la profonde antipathie de celle-ci pour les employés allemands, la haine des paysans contre les propriétaires, et leur ferme détermination de ne plus se soumettre aux corvées et aux autres redevances. Au point où les choses en étaient venues, on ne saurait dire à quelles mesures, un gouvernement, mieux disposé que celui de l'Autriche à entrer dans la voie des améliorations, aurait pu avoir recours. Il s'agissait là, en effet, de passions si vives ; on avait affaire à des masses si peu éclairées, si féroces même, qu'on pouvait craindre qu'il fût impossible de leur faire comprendre le langage de la raison. Ainsi, le gouvernement autrichien avait voulu, en présence de l'état d'hostilité qui existait entre les paysans et la noblesse, retirer à celle-ci la juridiction civile et correctionnelle dont elle avait joui jusque-là. Cette mesure, au premier abord, semblait être d'une politique habile; mais, à l'application, il s'est trouvé qu'il était impossible d'improviser la quantité de tribunaux nécessaires pour remplacer les juridictions seigneuriales. De même, on aurait voulu forcer les paysans à racheter les corvées, en les remplaçant par un impôt proportionnel, en argent. Mais les paysans s'y refusèrent, et il fallut employer la force pour triompher de leur résistance. Etat de chose déplorable, bien que prévu depuis longtemps et amené en grande partie par la négligence, jusque-là incurable, du gouvernement autrichien.

A peine les troubles de Galicie étaient-ils apaisés, que surgit une nouvelle complication : l'incorporation de la République de Cracovie à l'empire d'Autriche. L'événement était grave, et émut vivement le Cabinet français. M. Guizot me recommanda d'observer avec soin l'état de l'opinion en Allemagne sur cette affaire. Au point de vue où j'étais placé, je ne pouvais que transmettre le jugement le plus sévère sur l'acte inique des trois puissances. Achever le partage de la Pologne en plein xixe siècle, après avoir confessé si souvent l'injustice de ce partage et les dangers qu'il avait fait courir à l'Europe, me paraissait de la part de l'Autriche une méconnaissance inouïe des sentiments les plus respectables et les plus respectés. Certes, la République de Cracovie, telle que l'avaient faite les traités, et, surtout, telle qu'on l'avait faite, malgré les traités, ne représentait pas même l'ombre de la Pologne. Mais enfin, en proclamant l'indépendance de ce petit coin de terre si plein de glorieux souvenirs ; en consentant à ce que les dépouilles de tant de rois et de grands hommes reposassent à l'ombre des couleurs de leur ancienne patrie, il semblait du moins qu'on avait voulu, par un reste de prudence, rendre hommage à ces illustres morts. Aussi, j'avoue que la destruction de l'indépendance de Cracovie me parut une véritable violation de sépulture. C'était s'attaquer aux morts plus encore qu'aux vivants.

En Allemagne, la question Cracovienne divisait profondément les esprits. Tandis que l'opinion des masses, dirigée par la presse allemande qui y trouvait l'occasion d'un échec pour la politique française, se laissait dominer par les passions et par les préjugés dus à l'ancienne rivalité de l'esprit germanique et de l'esprit polonais ; tandis qu'elle approuvait, presque sans restriction, la conduite des trois puissances, toute autre était l'impression produite sur la majorité des hommes politiques d'outre-Rhin. Aussi, lorsque je communiquai à M. de Zeschau, ministre des affaires étrangères de Saxe, le *Memorandum* de M. Guizot, relatif à l'annexion de Cracovie, et où était exprimée de la manière la plus sincère la pensée du gouvernement français sur cette mesure, ce Ministre donna à cette pièce importante une entière approbation. A Dresde, l'assentiment fut général dans les régions du pouvoir ; et le Roi lui-même m'accorda une audience particulière dans laquelle il loua de la manière la plus explicite la politique correcte qu'avait suivie dans cette affaire le gouvernement français.

J'ai déjà dit que, lorsque j'eus l'honneur de voir M. Guizot à Paris, il s'était entretenu avec moi de la question des mariages espagnols et avait même bien voulu me communiquer les notes échangées entre les Cabinets français et anglais. Dès mon retour en Allemagne, je fus à même de m'apercevoir que l'impression produite par cette importante affaire nous était favorable. Notre succès y était vu sans méfiance, même avec sympathie. C'était surtout parmi les hommes d'Etat qu'on trouvait ce succès légitime ; et les violences de la presse anglaise, la mauvaise foi d'une partie de la nôtre, n'avaient fait que lui donner plus de relief, sans lui ôter le caractère de loyauté que nous avions le droit de revendiquer. On était également heureux que ce succès fût obtenu par un ministère conservateur ; et on trouvait que c'était là une juste récompense des soins que depuis 1840 il avait apportés à maintenir la tranquillité et la paix de l'Europe. Ce qui prouve, soit dit en passant, qu'on recueille toujours les fruits d'une politique sage et conservatrice.

Sur cette double question de l'incorporation de Cracovie et des mariages espagnols, je reçus, au mois de novembre 1846, une lettre particulière de M. Guizot que je m'empresse de reproduire ici, comme étant l'expression la plus vraie du caractère et de la politique de cet homme d'Etat :

« Je vous envoie, Monsieur le Marquis, toutes les dépêches échangées entre Londres et nous, sur les mariages espagnols. Donnez-en connaissance à M. de Zeschau, et, par lui, au Roi de Saxe, s'il vous en témoigne le désir. Il nous convient, il nous importe que notre conduite, nos procédés, nos raisonnements dans toute cette affaire soient connus, bien et très-connus. Le jour de la grande publicité viendra bientôt, avec les débats des deux parlements. Mais, en attendant, je tiens à ce que les chefs de la politique européenne, souverains et ministres, soient parfaitement au courant. C'est une marque de confiance, en eux et dans notre bon droit, que nous avons à cœur de leur donner.

« Informez-moi exactement de tout ce qui vous sera dit au sujet de cette communication.

« Observez aussi avec soin et faites moi bien connaître l'état de l'opinion autour de vous, sur la déplorable affaire de Cracovie ; soit de l'opinion commune, soit du jugement particulier des hommes politiques importants. J'adresserai, sous peu de jours, aux grandes Cours, l'expression sincère et complète de la pensée du gouvernement du Roi sur cette mesure, qui ébranle si profondément la base de l'ordre européen, et crée, à la politique conservatrice, de si graves difficultés, en donnant à la politique révolutionnaire tant d'excitations et de prétextes. Il nous importe de bien connaître et de bien constater le sentiment qui se manifeste en Europe, et spécialement en Allemagne, à cette occasion.

« Adieu, Monsieur le Marquis, mille compliments affectueux.

Guizot.

« Vous pouvez faire usage des pièces que je vous envoie, pour éclairer, avec convenance, le Corps diplomatique de Dresde. »

Par diverses circonstances, je n'avais pu encore présenter mes lettres de créance au duc d'Altenbourg, auprès duquel, cependant, j'étais accrédité aussi bien qu'auprès des ducs de Saxe-Cobourg-Gotha et de Saxe-Meiningen. Je fus donc à Altenbourg, le 7 avril, et j'eus, le 8, mes audiences. La Famille Ducale se composait du Duc régnant, de la Duchesse, de ses trois filles, du Prince et de la Princesse Georges d'Altenbourg, (la Princesse était demi-sœur de Mme la Duchesse d'Orléans), et enfin du Prince et de la Princesse Gustave. Cette dernière était née Reuss-Greis et fille d'une Princesse de Rohan. Elle était jolie, aimable et gracieuse. La plus jeune des filles du Duc, la Princesse Alexandra, charmante enfant de seize ans, remarquablement belle, naïve, spirituelle, d'une taille svelte et élancée, était fiancée au grand duc Constantin, second fils de l'empereur Nicolas. Une des autres filles du Duc est devenue Reine de Hanovre.

Au commencement de mai, je partis pour Cobourg avec Mme d'Eyragues. Nous voulions faire notre cour à la Duchesse et aussi à Mme la princesse Clémentine, fille du roi Louis-Philippe, mariée au prince Auguste de Saxe-Cobourg, cousin du Duc. Elle était établie depuis plusieurs mois à Cobourg. Nous arrivâmes dans cette résidence, le 4 mai ; on nous y fit un accueil à la fois magnifique et amical. Dîners, bals, représentations gala au théâtre, excursions dans les environs, rien n'y manqua. Pendant notre séjour, nous eûmes l'honneur de vivre dans l'intimité de Mme la princesse Clémentine que nous trouvâmes aussi aimable, aussi distinguée d'esprit qu'il était possible de l'imaginer. Après une semaine passée à Cobourg, nous nous rendîmes à Meiningen où on nous fit aussi grande fête. Le Duc nous reçut à dîner, au château de Lansberg, à une heure de Meiningen. Cette habitation est, quoique moderne, d'un beau style gothique et admirablement située sur une hauteur. Au pied du château, il y a une jolie maison suisse qui sert de ferme et où nous fûmes prendre le café. — Le 15 mai, nous étions de retour à Dresde, et, le lendemain, le prince Ernest, second fils du prince Jean de Saxe, frère du Roi, fut, à peine âgé de seize ans, enlevé presque subitement par une maladie qu'on appela *morbus maculosus*. Ce triste événement plongea la Famille Royale dans la douleur.

Décidés à ne pas quitter Dresde de tout l'été, nous entreprîmes de visiter ses charmants environs. Nous commençâmes par Meissen, sur le bord de l'Elbe, pour voir la célèbre manufacture de porcelaine dont les produits, quoiqu'inférieurs à ceux du dernier siècle, sont encore très-remarquables. La manufacture emploie quatre cents ouvriers. Tout près de Meissen, toujours sur les bords de l'Elbe, nous visitâmes un château situé dans une position ravissante et appartenant au vieux général de Miltitz. Nous fîmes cette excursion avec la très-aimable et spirituelle comtesse de Weissembach. Elle est née d'Esclignac et par conséquent notre compatriote. Nous avions aussi avec nous la comtesse O'Donnell. Ces deux femmes qui n'étaient plus jeunes, furent par leur esprit et la distinction de leur personne une grande ressource pour nous. Je fus aussi visiter, en compagnie de M. de Zeschau, ministre des affaires étrangères, qui voulut bien me servir de guide, la célèbre forteresse de Kœnigstein. Elle est dans la position la plus pittoresque, bâtie sur un rocher isolé, au bord de l'Elbe, au commencement de ce qu'on appelle la Suisse saxonne. On ne peut y monter en voiture. Au sommet de la forteresse, sur une petite esplanade, il y a quelques beaux arbres et des jardins dont la terre a été apportée à dos d'hommes. On a percé, dans le roc vif, un puits qui a six cents pieds de profondeur ; et on a mis quarante-quatre ans à l'achever. Il faut dix minutes pour en retirer un tonneau d'eau. La forteresse, en temps de guerre, peut avoir dix-huit cents hommes de garnison ; et elle est armée de deux cents bouches à feu. De cette forteresse, bâtie à pic sur l'Elbe, on jouit de tous côtés d'une vue admirable. Ces excursions étaient sans préjudice de nos promenades journalières à Tharand, à Pilnitz et dans une foule de maisons de campagne situées sur les bords de l'Elbe, et qu'on appelle des *vignes*, qu'il y en ait ou qu'il n'y en ait pas. Il est curieux cependant qu'à la porte de Dresde, dont le climat est si dur en hiver, on cultive sur les côteaux, avec assez de succès, la vigne et qu'elle y donne un vin très-passable et surtout très-fort, certaines années. Souvent le soir, lorsque la journée avait été chaude, (et, en été, la chaleur, à Dresde, est quelquefois très-intense), nous revenions de Pilnitz en bateau. De ce côté l'arrivée en ville par l'Elbe est charmante ; et, de loin, la terrasse de Brühl, avec ses cafés illuminés, offre un aspect tout-à-fait fantastique. Nous avions projeté une excursion jusqu'à Tœplitz, en traversant ce qu'on appelle improprement la Suisse saxonne ; mais diverses circonstances nous forcèrent à remettre ce projet à l'année prochaine, et la Providence en ordonna autrement.

Je veux résumer ici, en quelques pages, les informations que, pendant mon séjour à Dresde, je transmis au gouvernement français sur deux questions qui, en Allemagne, offraient alors le plus vif intérêt, à savoir : la question religieuse en Saxe, et la question politique en Prusse.

C'est surtout en 1846 qu'éclatèrent, dans le sein de la Diète saxonne, les luttes et les discussions religieuses. D'abord, à propos d'un projet de réglement relatif aux dissidents catholiques dont la croyance était d'origine récente; ensuite et surtout, à propos d'un projet de décret tendant à réformer l'Eglise évangélique elle-même. Ce décret reconnaissait la nécessité et l'urgence de la réforme et proposait la nomination d'une commission pour préparer de concert avec le gouvernement le projet de loi définitif. Le gouvernement ajoutait sans s'expliquer très-catégoriquement, qu'en thèse générale, le projet de loi devait tendre à établir une constitution synodale et presbytérienne. La commission, nommée par les chambres, fit son rapport; et, franchissant le cercle tracé à la discussion par le projet ministériel, proposa de proclamer la réforme urgente ; de rester neutre sur le point de savoir si la nouvelle Eglise reposerait sur une constitution synodale et presbytérienne; enfin, de déclarer en principe la séparation de l'Eglise et de l'Etat, en créant pour l'administration de l'Eglise un Conseil supérieur ecclésiastique.

Une discussion des plus animées et des plus vives s'établit sur ces conclusions, et on ne saurait se faire une idée de la diversité et de la confusion des opinions qui se firent jour. Elles étaient le miroir fidèle de l'anarchie qui régnait dans les esprits en matière religieuse. Les uns demandèrent la séparation absolue de l'Etat et de l'Eglise, en laissant à celle-ci le soin de s'administrer et de se gouverner comme elle l'entendrait; les autres réclamèrent l'abolition du serment prêté par les ecclésiastiques, la révision et la simplification des dogmes. Ceux-ci ne voulaient aucune hiérarchie; ceux-là aucun symbole, afin que, pour faire partie de l'église luthérienne, il suffît de se déclarer chrétien. En résumé, les conclusions de la commission furent adoptées. Heureusement pour lui, le peuple allemand

n'est pas aussi logique que le peuple français et n'a pas le
besoin impérieux de mettre en pratique toutes les théories qui
ont d'ailleurs tant d'empire sur son esprit. C'est ce qui explique
sa patience à supporter l'absolutisme, avec des idées de liberté
poussées souvent jusqu'au radicalisme, et c'est ce qui faisait
espérer, non sans raison, à cette époque, qu'il ne chercherait
pas à renverser toute autorité ecclésiastique et tout dogme
religieux, malgré son penchant prononcé vers le rationa-
lisme.

Durant le cours des années 1846 et 1847, la Prusse eut
aussi le privilége d'attirer sur elle l'attention publique, grâce
à la lutte qui s'était établie entre les partisans du régime cons-
titutionnel et les conservateurs à tout prix du gouvernement
absolu. La question était d'autant plus importante que de la
solution de la crise dépendait également le repos et la tranquillité de l'Allemagne entière. Le roi de Prusse, après force
hésitations, après maintes concessions retirées presque immédiatement, se décida à promulguer une nouvelle constitution,
dont la principale innovation était la convocation d'Etats
généraux, et qui tenait à peu près une balance égale entre la
politique libérale et la politique absolutiste. Mais, comme dans
l'état des esprits en Prusse, il n'y avait alors place que pour
deux partis : le parti de ceux qui voulaient une constitution
large et sérieuse, et le parti de ceux qui n'en voulaient à aucun
prix, il se trouva que les ordonnances du roi Frédéric-
Guillaume ne donnèrent satisfaction à personne. Du reste, les
difficultés de l'œuvre étaient immenses et telles qu'on n'oserait
pas dire qu'il fût possible d'en triompher. Le Roi augmenta
encore le péril de la situation, par le malencontreux discours
qu'il fit à l'ouverture des Etats-Généraux. L'effet de ce discours
fut aussi grand que déplorable, et les paroles du Roi rencon-
trèrent, ce qui est rare, une désapprobation générale. Tout en
était blâmé, critiqué, sans ménagement, même de la part des
personnes qui, par leur rang dans l'Etat, ont l'habitude de
mesurer leur langage. Non-seulement l'opinion était irritée

contre le refus du monarque prussien de faire aux Etats des concessions plus larges, et contre le blâme jeté du haut du trône sur tous les gouvernements constitutionnels ; mais elle relevait encore avec amertume ce que disait la royale harangue sur la fortune de la Prusse « agrandie par le glaive, » et l'on faisait remarquer que c'était aux dépens des peuples allemands et sur leur ruine, que cette fortune s'était élevée. La lutte entre la nation prussienne et son souverain, loin de s'apaiser en 1847, par l'ouverture des Etats-Généraux, n'avait donc fait que s'envenimer et s'aigrir de part et d'autre. On sait de quelle façon brutale elle se termina, en 1848, après une violente insurrection qui faillit renverser le trône.

Dans le courant de l'été, le marquis de Dalmatie vint de Berlin me rendre la visite que je lui avais faite. J'eus aussi la satisfaction de voir arriver M. de Meneval qu'à ma pressante sollicitation, M. Guizot voulut bien nommer secrétaire de légation à Dresde, à la place de M. de Barante, envoyé à Constantinople, comme premier secrétaire d'ambassade.

Au mois d'octobre, Mᵐᵉ la princesse Clémentine et le duc Auguste de Saxe-Cobourg vinrent à Dresde pour faire à la Famille Royale une visite qui n'avait pas encore eu lieu. La réception faite à la Princesse fut très-aimable, très-empressée, et ne laissa rien à désirer. Je dînai avec elle à Pilnitz, et je proposai de lui faire voir toutes les curiosités de Dresde. Nous passâmes de longues heures au Musée ; et, le 18 octobre, je lui offris un dîner auquel furent invités les grandes Charges de Cour et les membres du Corps diplomatique. Son Altesse Royale fut en tous points parfaitement bonne et aimable. Elle quitta Dresde, le 20, y laissant le souvenir des ses éminentes qualités.

Nous quittâmes nous-mêmes la Saxe, le mois suivant, avec le projet d'aller passer l'hiver en France. Je désirais me retremper dans le monde de Paris d'où j'étais réellement absent depuis sept ans, puisque je n'y avais fait, depuis 1840, que de courtes apparitions. Ce qui surtout m'engageait à prendre cette détermination, c'est le conseil que m'avait fait donner M. Guizot. Il avait, disait-il, le projet de m'appeler bientôt à un poste d'affaires, et il trouvait que je ferais bien, pour lui en faciliter les moyens, de me montrer davantage dans le monde politique de Paris. Quoique le poste de Dresde ne fût point, surtout dans les circonstances du moment, un poste important, j'étais parvenu cependant à donner de l'intérêt à ma correspondance par les informations que je transmettais sur l'état des esprits en Allemagne et particulièrement en Prusse. Les tristes scènes qui s'étaient passées en Galicie et qui avaient eu tant de retentissement dans toute l'Europe, m'avaient aussi fourni une occasion de rendre mes dépêches intéressantes par les renseignements que je fus à même de transmettre sur l'état réel des choses en Autriche. . Mes prévisions sur la fâcheuse situation à laquelle ce grand empire avait été peu à peu amené, sans qu'on y prît garde, ne furent que trop justifiées l'année suivante. M. Guizot avait donc remarqué ma correspondance, qu'il avait louée, et il paraissait disposé à me remettre dans les grandes affaires dont j'avais déjà goûté à La Haye, à Constantinople, et pendant le ministère du 12 mai. En attendant l'effet de ses bonnes dispositions à mon égard, il m'avait envoyé la croix de Grand-Officier de la Légion-d'Honneur et me promettait de demander pour moi la pairie, dès que le Roi ferait de nouveaux Pairs. Je partais donc pour Paris, sous les auspices les plus favorables. Et quelques mois plus tard, la monarchie sombrait sous voiles; ma carrière était à jamais brisée; je devenais habitant de Falaise.

Nous avions quitté Dresde, au milieu de novembre, et nous pûmes aller en chemin de fer jusqu'à destination, en passant par Magdebourg, Hanovre, Cologne et Bruxelles. Aussitôt établi à Paris, je me lançai dans une vie au fond très-vide, tout en paraissant très-occupée. Le Roi me reçut parfaitement, et voulut bien me savoir gré, ainsi que la Reine, de la réception faite à Dresde, à Mme la princesse Clémentine, réception dont la Reine connaissait tous les détails. Il existait dans la Famille Royale une union si intime, que lorsqu'ils étaient éloignés d'elle, les enfants de la Reine lui écrivaient chaque jour et lui envoyaient le *journal* de toutes leurs actions.

Je retrouvai à Paris, le général de Radowitz qui y avait été envoyé en mission avec le comte Colloredo, autre ancienne connaissance à moi, pour proposer à la France, de la part de la Prusse et de l'Autriche, une entente commune dans les affaires de Suisse, qui prenaient depuis quelque temps une allure tout-à-fait révolutionnaire, sous l'influence et le patronage de l'Angleterre ou du moins de lord Palmerston, l'éternel et grand agitateur. M. Guizot, me sachant lié avec ces deux diplomates, me chargea de différentes communications pour eux, et je fus mis ainsi au fait du but de leur mission. Ils offraient au gouvernement du Roi une revanche du traité de juillet 1840, en lui proposant de s'entendre avec lui pour intervenir, sans l'Angleterre et malgré l'Angleterre, dans les affaires de Suisse, et d'y empêcher le triomphe de l'esprit révolutionnaire qui, une fois maître du terrain en Suisse, ne manquerait pas de menacer toutes les puissances voisines. C'est à propos de cette question, que M. de Montalembert, en demandant aide et secours pour le Sonderbund, prononça à la Chambre des Pairs, quelques jours avant la Révolution de février, le magnifique discours qui le plaça au rang des grands orateurs, et que les événements rendirent prophétique. M. Guizot était assez disposé à prêter la main à la politique que l'Autriche et la Prusse lui faisaient proposer. Mais diverses causes lui commandaient la circonspection, après l'effort que l'on avait fait dans la question des mariages espagnols, et surtout en présence des embarras que lui suscitait dans les Chambres, à ce sujet et à celui de la question des banquets, une opposition, dont la violence ne connaissait plus de bornes. Craignant d'autre part qu'en se liant intimement avec l'Autriche dans les affaires de Suisse, le gouvernement français n'eût plus, dans la question italienne, une liberté d'action complète, le chef du cabinet français refusa de s'expliquer nettement, et malheureusement le Sonderbund, livré à ses propres forces, fut bientôt écrasé. Certes, M. Guizot réunissait en lui les plus éminentes qualités de l'homme d'Etat : grand talent de tribune, immense savoir, esprit remarquablement distingué. Cependant, il manqua, peut-être, de ces fières résolutions qui font quelquefois perdre le pouvoir, mais qui, le plus souvent, vous le conservent, en vous permettant de maintenir intactes et les doctrines et la politique dont vous êtes le soutien, comme sir Robert Peel, en Angleterre, Casimir Périer, en France. Le pouvoir, à mon sens, n'est enviable qu'à ce prix. — Le 31 décembre, Mme Adélaïde, sœur du Roi, mourut. Ce fut une perte pour la Famille Royale. Le Roi la consultait sur toutes choses : et elle avait, à la fois, beaucoup de prudence et de fermeté.

L'année 1848 qui recélait dans son sein bien des tempêtes, s'ouvrit, à Paris, comme les précédentes, au milieu du mouvement et des plaisirs que cettte époque amène toujours. Cependant, on pouvait démêler un malaise, une inquiétude vague mais générale, et une attitude menaçante dans le peuple de Paris, attitude qui aurait dû donner à réfléchir. Les événements qui s'accomplissaient en Suisse, les scènes affreuses de la Galicie, l'état fiévreux de l'Italie et celui des esprits dans toute l'Allemagne, étaient de nature à indiquer l'approche d'une crise menaçante pour tous. Quelques-uns la prévirent, peut-être ; elle surprit le plus grand nombre. En trois jours, une monarchie qui avait duré dix-huit ans, au milieu de beaucoup de difficultés et de dangers, s'écroula un gouvernement essentiellement libéral et honnête dans lequel toutes les capacités, toutes les ambitions trouvaient facilement leur place ; qui s'appuyait du concours des deux chambres, de tous les corps de l'Etat, de celui de l'armée et de la grande majorité des citoyens, disparaissait fatalement, sans griefs légitimes, sans combat, par l'impéritie des uns, l'infatuation des autres, l'indifférence des masses, et au plus grand étonnement des vainqueurs eux-mêmes qui, n'ayant pas prévu leur victoire, ne surent d'abord comment en profiter.

Le récit des événements est partout ; je ne le ferai pas ici, bien que je les aie vus se dérouler sous mes yeux. Quel spectacle ! Conçoit-on qu'une société, la veille, pleine de sève et de vie, puisse en quelques heures être détruite à ce point que toute sécurité disparaisse et qu'on en arrive à trembler pour les intérêts les plus chers et les plus sacrés ? Il m'était certes pénible de perdre, en un jour, les fruits d'une carrière que j'avais mis vingt-quatre ans à parcourir ; carrière que j'aimais, dans laquelle je pouvais encore me promettre des succès, et qui m'offrait de si grands avantages pour l'avenir de mes enfants. Toutefois, en présence des dangers qui menaçaient la Société, je passai facilement condamnation sur la grandeur de mes pertes. L'ambition ne m'avait jamais mordu le cœur, et je sentais bien que les joies de la vie privée pourraient suffire à mon bonheur. Mais la patrie, qu'allait-elle devenir, au milieu des passions sauvages, surexcitées par des événements aussi inattendus ! Il semblait que cette révolution était encore plus sociale que politique, et qu'elle devait nécessairement aboutir aux plus affreux abîmes, si la résistance ne s'organisait promptement.

On sait le noble rôle que joua le marquis de Mornay, en protégeant la fuite de Mme la duchesse d'Orléans, de la Chambre des députés à l'Hôtel des Invalides, d'abord, puis, à l'hôtel de Montesquiou, rue de Monsieur, et enfin au château de Bligny, près d'Arpajon, château appartenant au comte Léon de Montesquiou, fils de la comtesse Anatole, Dame d'honneur de la Duchesse. A la Chambre des députés, le duc de Chartres fut séparé de sa mère et conduit chez la marquise de Mornay qui, ne le croyant pas assez en sûreté chez elle, le fit cacher dans son voisinage chez une marchande, nommée Mme Sauvageot. Sa fille, Berthe de Mornay, le soigna, toute la nuit ; car le pauvre enfant était extrêmement souffrant d'une angine et d'une violente inflammation d'entrailles. On vint chez nous, dans la soirée du 24, emprunter des vêtements pour le déguiser en petite fille. Il resta caché dans cet asile jusqu'au samedi 26, jour où l'on put, grâce à son déguisement, le ramener à sa mère, à Bligny. (1).

Ce même samedi, le marquis de Mornay, qui était rentré dans Paris pour y chercher un peu d'argent et quelques-uns des diamants de la Princesse, revint à Bligny, à travers mille difficultés et mille dangers, afin d'y prendre la Duchesse et ses fils, et d'essayer de les conduire hors de France. Il arriva exténué de fatigue et si souffrant, qu'il n'y eut pas moyen de partir immédiatement. Il fut obligé de se coucher, et ce fut seulement la nuit suivante, qu'on se mit en route. La Duchesse, ses deux fils, une femme de chambre allemande, très-dévouée à sa maîtresse, M. de Mornay et M. Régnier, précepteur de M. le comte de Paris, s'entassèrent dans une seule calèche. Il s'agissait de gagner la frontière de Belgique, comme la plus proche, en prenant d'abord, sur un point quelconque, le chemin de fer du Nord qui était déjà interrompu aux gares les plus voisines de Paris. On passa par Méru, Beauvais, où M. de Mornay fut reconnu mais point trahi. Constamment retardés par le manque de chevaux, les fugitifs arrivèrent à Amiens, le dimanche 27, à onze heures du soir ; là, ils apprirent qu'à minuit, un train, conduit par l'ingénieur en chef, devait

---

(1) En souvenir de cette circonstance, la duchesse d'Orléans a envoyé de son exil à ma fille aînée, au nom du duc de Chartres, un bracelet, dans l'écrin duquel sont écrits ces mots : SOUVENIR D'UN DÉGUISEMENT PROTECTEUR. — Robert D'ORLÉANS.

partir pour s'assurer si le chemin du côté du Nord était encore libre ; mais l'ingénieur refusa formellement à M. de Mornay de prendre sa voiture, et il fallait attendre jusqu'à cinq heures du matin ! Réduite à cette extrémité, la duchesse d'Orléans fut conduite dans un cabaret près de la gare. Quelles angoisses ! et que les heures parurent longues !

Le lundi 28, on partit enfin pour Lille, et, dans la journée, on put franchir la frontière. C'est ainsi que cette Princesse quitta la France où elle avait été acclamée quelques années auparavant, lorsqu'elle venait y chercher un époux, jeune, brave, loyal, et qui devait partager un trône avec elle. Oh France ingrate et profondément révolutionnaire ! Le prince de Metternich avait bien raison, lorsque, répondant à M. le comte de Saint-Aulaire, notre ambassadeur à Vienne, qui lui faisait quelques ouvertures sur un projet de mariage entre le duc d'Orléans et une Archiduchesse, fille du célèbre archiduc Charles, il lui disait : « C'est une belle couronne que la » couronne de France ; mais, voyez : hier, j'ai dîné chez » l'Empereur entre l'archiduchesse Marie-Louise et la duchesse » de Berry ! » Que pouvait répondre à cela l'ambassadeur de France ?

Il s'agissait pour moi, le lendemain de la Révolution, de prendre un parti. Pour rien au monde je n'aurais voulu retourner à Dresde, même pour y chercher un asile momentané ; car je me réjouissais de ne pas m'être trouvé à mon poste, lorsque le gouvernement que j'y représentais, avait si tristement succombé. Je ne pouvais non plus songer à prolonger mon séjour à Paris, livré à une anarchie qui m'inspirait le plus profond dégoût, et où mon établissement était ruineux. Je pensai, alors, à Falaise où nous possédions une maison qui pouvait à la rigueur nous contenir tous. Elle était louée toute meublée à M. Paulmier, député, qui s'en servait comme de pied-à-terre, et qui voulut bien me la rendre immédiatement.

Je quittai Paris, le 16 mars. Lorsque la diligence en eut

franchi les barrières et qu'elle s'avança dans la campagne où
régnaient le calme et la paix, j'eus un moment de bien-être,
comme un sentiment de délivrance. Mme de Mornay, obligée
de rester à Paris près de son père et de son mari, me confia
sa fille qui était accompagnée de sa gouvernante. Je conduisais
ainsi huit femmes, y compris mes deux petites filles et leur
gouvernante allemande.

A Paris, les événements avaient suivi leur cours. Le suffrage
universel, la République étaient proclamés. A mon arrivée à
Falaise, on s'occupait déjà des élections de l'Assemblée nationale.
La Normandie est un pays d'ordre, de sentiments honnêtes.
C'était, en général, avec autant de regret que de stupéfaction
qu'on avait vu tomber un gouvernement auquel on rendait
justice. Personne, pour ainsi dire, n'était républicain ; et, au
milieu du désarroi général, et tout en faisant aux circonstances
les concessions qu'on croyait inévitables, on cherchait à s'entendre pour faire les choix les moins mauvais possible. On y
réussit. Les députations normandes, aux deux Assemblées
républicaines, furent comparativement très-bonnes.

Sur les instances pressantes de Mme de Morell, je me décidai,
au commencement de juin, à aller la rejoindre à Lizy où elle
venait de s'établir et où les esprits étaient généralement bien
disposés. Lizy, en effet, avait spontanément fourni son contin-
gent de défenseurs, lors de l'insurrection du 15 mai contre
l'Assemblée nationale que les révolutionnaires de Paris ne
trouvaient pas assez radicale. En traversant Paris, il fut
évident, pour moi, que nous touchions à une crise suprême,
à une grande bataille où devait se décider le sort de la France.
Entre les deux partis qui allaient en venir aux mains, il ne
s'agissait plus de politique, puisqu'avec la République et le
suffrage universel nous avions, certes, plus de liberté que
nous n'en pouvions porter ; il s'agissait tout simplement de
savoir si nous conserverions encore une forme quelconque de
gouvernement, ou si nous tomberions dans une anarchie
complète, au milieu de laquelle les premiers éléments de toute

société resteraient sans aucune garantie. Certes, l'immense majorité du pays était du côté du bon droit ; mais on sait comment se font les Révolutions, et avec quelle facilité la France les accepte.

Il devait en être autrement, cette fois. La grandeur, l'imminence du danger, rappelèrent l'énergie dans les cœurs ; et chacun fit son devoir dans les journées de juin. L'armée, la garde nationale, tous les vrais Citoyens se montrèrent à la hauteur de leur tâche, et, dans cette circonstance suprême, la France se lava de la honte de la Révolution de février. On sait avec quel dévouement et quelle ardeur les gardes nationaux de province se portèrent spontanément, de toutes parts, sur Paris, pour venir au secours de la Société. Si ce concours ne fut pas très-efficace pour le combat proprement dit, il fut une grande et noble manifestation des sentiments qui animaient le pays presque tout entier.

Dès le premier jour, une partie de la garde nationale du canton de Lizy se mit bravement en marche pour Paris. Pensant qu'en dehors de toute opinion, il fallait, dans les circonstances où nous nous trouvions, que chacun payât de sa personne, je rejoignis, à Bondy, notre bataillon, le lendemain de son départ, et au moment où, déjà réuni à une grande quantité de gardes nationaux venus des départements voisins, il s'apprêtait à pénétrer dans Paris par La Villette. Nous étions à Bondy environ quatre mille gardes nationaux plus ou moins armés et équipés, qui eussent fait de bien médiocres soldats, sans doute, mais pleins d'ardeur. Ce spectacle était à la fois consolant et imposant. C'était le troisième jour de la lutte, au moment où les insurgés étaient à peu près vaincus partout. La canonnade et la fusillade ne se faisaient plus entendre que faiblement. Un aide-de-camp du général Cavaignac vint prendre la direction de notre colonne. Alors, nous mettant en rang tant bien que mal par compagnies, nous franchîmes une grande barricade de pavés, construite, en dedans des murs de fortification, en travers de la grande route. Nous entrâmes dans Paris, à la nuit tombante, par La Villette et le faubourg Saint-Denis. De là, par les boulevards, on nous conduisit jusqu'au Carrousel et au jardin des Tuileries où nous devions bivouaquer. Paris offrait un spectacle sinistre, affreux. A chaque pas, des barricades à moitié détruites et ensanglantées ; point d'éclairage, excepté aux fenêtres des maisons particulières ; pas une voiture dans les rues, dont les ruisseaux arrêtés par les barricades, formaient de distance en distance des flaques d'une eau noire et fétide. Une masse de peuple circulait dans les rues, acclamant les gardes nationaux étrangers. Vivent les gardes nationaux de province ! Vive la banlieue ! nous criait-on. Et, l'enthousiasme nous gagnant, nous criions de notre côté : Vive la garde nationale de Paris ! Vive la garde mobile ! La garde mobile, en effet, composée, pour la plus grande partie, des émeutiers de la veille, a été héroïque, aux journées de juin, pour la défense de l'ordre et de la société. Voilà ce que peuvent produire un uniforme et un drapeau.

En arrivant sur la place du Carrousel, voyant que le combat était bien définitivement fini et que la patrie ne gagnerait rien à ce que je passasse toute une nuit en plein air, dans le jardin des Tuileries, mourant d'ailleurs de fatigue et de faim, je m'acheminai vers l'hôtel de Mᵐᵉ de Morell, rue Belle-Chasse, pour y trouver un lit, et avec la ferme volonté de retourner le lendemain joindre mes compagnons, dès cinq heures du matin. Je m'arrêtai d'abord au café Desmares, rue du Bac, où je trouvai un morceau de pain et un peu de veau froid. A minuit, comme je frappais rue Belle-Chasse, j'entendis le bruit d'une fusillade épouvantable, paraissant venir de la place du Carrousel. Je ne pouvais bien m'en rendre compte ; car quelques heures auparavant, étant passé de ce côté, je savais qu'il n'y avait plus trace d'insurgés. Or, c'était la scène affreuse que présenta une colonne d'insurgés prisonniers qui, conduits par des gardes nationaux de province, avaient cherché à s'enfuir ; ce qui avait déterminé une fusillade générale de la part des gardes nationaux campés sur la place du Carrousel, fusillade dirigée au hasard et qui fit de nombreuses victimes.

A cinq heures du matin, je rejoignis le bataillon de Lizy, dans le jardin des Tuileries. On me raconta la panique de la veille; comment, chacun se croyant attaqué, avait fait feu au hasard, et les affreux accidents qui en étaient résultés. Vers midi, on nous donna l'ordre de nous rendre à la gare du chemin de fer de Versailles, rive gauche, pour l'occuper. Nous y restâmes toute la journée et toute la nuit suivante. J'avais fait venir une couverture, et je passais ainsi ma première nuit de bivouac, faisant de tristes réflexions sur la fragilité des choses humaines. Qui m'eût prédit, six mois auparavant, que j'étais destiné à revêtir l'uniforme de simple garde national et à veiller toute une nuit à la sûreté de la gare d'un chemin de fer? Rien ne vint heureusement troubler notre tranquillité; car de la façon dont nous étions organisés, si on nous avait attaqués, nous aurions opposé une bien molle résistance. Entre une heure et deux heures du matin, je fus de faction sur l'esplanade du chemin de fer. De ce point élevé, on domine la plus grande partie de Paris. Le ciel était pur, la nuit douce et belle. La ville reposait enfin, après trois jours et trois nuits d'angoisses, et le silence de cette belle nuit n'était troublé que par le cri, se répétant de proche en proche, de « Sentinelle, garde à vous! » ou par celui de « Qui vive! » adressé aux nombreuses patrouilles qui circulaient à pas cadencés. C'était un spectacle triste et étrange, dont je garderai le souvenir toute ma vie.

Nos pauvres gardes nationaux, partis de Lizy et des environs depuis trois jours, sans linge, sans vêtements, et ayant dormi quatre nuits à la belle étoile, étaient harassés de fatigue. Reconnaissant d'ailleurs que leur présence n'était plus utile à Paris, ils désiraient beaucoup, et avec raison, retourner chez eux. J'accompagnai aux Tuileries, où se tenait le quartier-général du général Cavaignac, M. Bataille, notre chef de bataillon, dans le but d'obtenir la permission de nous retirer chez nous. Elle fut accordée; et, laissant le bataillon regagner Lizy, en deux étapes, j'y revins le même jour, accompagné de M. de Laur qui, en sa qualité d'ancien officier, et par son entrain et sa bonne volonté, nous avait rendu les plus grands services. Nous prîmes, sur le canal de l'Ourcq, le bateau-poste qui était encombré de gardes nationaux regagnant aussi leur domicile. Le lendemain, le maire de Lizy, M. Benoist, mon excellent ami, alla, en nombreuse compagnie, recevoir à quelque distance de la ville le bataillon, et lui adressa le discours le plus patriotique, discours qui se termina par le cri chaudement répété de « Vive la France! »

La grande insurrection domptée, le pays rentra dans une tranquillité relative. On bâcla une nouvelle Constitution au milieu des débats les plus orageux, et en remettant encore une fois en question tous les principes constitutifs des sociétés. La Constitution une fois votée, (or, pas un de ceux qui y avaient travaillé, ne croyait à sa durée), la France fut appelée à élire un Président de la République. On sait avec quelle ardeur et quel mouvement irrésistible le pays, presque tout entier, entrainé par le prestige de ce grand nom de Napoléon, redevenu tout-à-coup populaire, porta le prince Louis au pouvoir. Il fallait que tout fût étrange; que tout fût en dehors des prévisions humaines, dans cette Révolution de février et dans ses consé-quences, pour que ce Prince que le pays, quelques années auparavant, avait vu, sans aucun intérêt, justement empri-sonné au fort de Ham, devînt ainsi tout-à-coup l'homme de la situation, et apparût à la France comme un sauveur.

Au moment de l'élection, nous étions de retour à Falaise pour y passer l'hiver. Il me souvient que dans le premier ministère composé par le Président, M. Drouyn de Lhuys fut nommé ministre des affaires étrangères et qu'il me fit écrire par le chef de son cabinet, M. d'André, pour me prier d'aller le voir, réclamant mon concours et m'offrant un poste diploma-tique. Je refusai sans hésitation. Certes, il m'en avait coûté de voir briser, tout-à-coup et alors que j'étais dans la force de l'âge, une carrière jusque là brillante; mais au milieu des ruines dont nous étions entourés, avec une forme de gouvernement aussi précaire, et pour laquelle j'avais autant de défiance que de répulsion, il aurait fallu, pour me décider à reprendre ma carrière, qu'une nécessité absolue me l'imposât. Heureusement il en était autrement; et, bien décidé à vivre en province plutôt qu'à Paris, dont la vie agitée ne convenait ni à mes goûts ni à mes sentiments, je pris la ferme résolution de n'accepter aucun emploi, jusqu'à ce qu'un gouvernement, selon mes idées et mes principes (s'il devait jamais être rétabli en France), me permît de servir encore, suivant mes convictions.

J'avais toujours déploré la Révolution de juillet, qui avait séparé violemment les deux grands principes de la légitimité et de la liberté, principes dont la charte de 1814 avait consacré l'union. Fidèle de nouveau, à cette même politique, après la catastrophe de février, dont n'avaient pu nous préserver ni l'habileté, ni la modération, ni la prudence du roi Louis-Philippe, je pensais qu'il fallait y revenir par la fusion de tous les membres de la maison de Bourbon, sans me faire d'ailleurs, l'ombre d'illusion sur les difficultés de toutes sortes qu'une semblable combinaison devait rencontrer. M. le duc de Bordeaux aurait, d'une part, apporté avec lui son principe, en dehors duquel (l'expérience nous le prouvait depuis tant d'années), nous ne marchions que de révolution en révolution, et, d'autre part, le concours des Princes de la maison d'Orléans aurait été, pour le pays, une garantie des principes constitutionnels, sur lesquels on eût fondé le gouvernement de la France. Cet espoir ne se réalisa pas, à cette époque, et ne se réalisera peut-être jamais, quoique *tout arrive en France*. Mais j'ai continué à me tenir à l'écart et à refuser tout emploi et toute dignité, même lorsque le rétablissement de l'Empire pouvait promettre un gouvernement d'ordre, à défaut d'un gouvernement libre.

Les occasions cependant ne m'ont pas manqué; car le Président, en 1849, et peu de temps avant le coup d'État du

2 décembre 1851, me fit proposer deux postes importants. Enfin, sous l'Empire, j'aurais pu encore reprendre ma carrière d'une manière brillante. Mais il aurait fallu pour cela faire violence à tous mes sentiments ; car, malgré mon amour de l'ordre, mon horreur de l'anarchie et de l'esprit révolutionnaire, je n'ai pas moins d'éloignement pour le gouvernement absolu, où il faut, pour parvenir à se maintenir, faire abnégation complète de toute indépendance. Cette pensée qu'on n'est rien par soi-même ; qu'on dépend absolument de la volonté et du caprice d'un seul ; qu'on n'est qu'un simple rouage, facilement remplacé, d'une vaste machine, sans initiative comme sans responsabilité, m'est insupportable et me révolte.

En outre, bien que je n'eusse reçu du roi Louis-Philippe aucune faveur particulière, je ne pouvais oublier que je l'avais servi, que j'avais eu l'honneur de le représenter à l'étranger ; et il m'eût été difficile d'y représenter l'empereur Napoléon, dont le premier acte d'autorité, lorsqu'il devint maître de la France, avait été de spolier, contre les lois et les principes de justice et d'équité, les enfants du Roi. C'est ainsi que j'ai été appelé à renoncer à ma carrière. J'en ai souffert quelquefois, jamais je ne l'ai regretté, et mes fils ne devront pas le regretter davantage. Car, lorsqu'ils entreront dans la vie active, si je ne suis pas à même de leur ouvrir le chemin qui conduit aux emplois brillants, je serai du moins le premier à les presser et à les encourager à servir leur pays dans des carrières honorables, particulièrement dans l'armée. En tous cas, je leur aurai donné l'exemple de la constance dans les opinions politiques ; de la fidélité à des principes que j'ai crus et que je crois encore bons ; enfin, du mépris pour les honneurs qu'on n'achète qu'aux dépens de son indépendance et de sa dignité. J'espère pour eux qu'ils comprendront, approuveront ma conduite, et, à l'occasion, n'hésiteront pas à l'imiter. A ce sujet, je me rappelle une note écrite sous la tente par mon grand-père, note dans laquelle après avoir raconté les misères et les douleurs de l'émigration, il termine par ces mots que je n'ai jamais lus sans une vive émotion : « Laisser à mon fils, » dans les archives françaises, des traces d'une conduite qui » mérite le regard de Dieu et la bienveillance des hommes, est » le seul motif qui m'ait engagé à parler de moi. »

Toute l'année 1849 se passa à suivre avec anxiété les discussions de l'Assemblée, et à tâcher de deviner quel serait l'avenir de la France. Nul ne pensait que la République pût durer ; mais comment en sortirait-on ?

Au mois de mai 1850, apprenant que le roi Louis-Philippe était fort malade, et que ses jours paraissaient menacés, je crus de mon devoir d'aller lui offrir mes hommages. Je partis pour l'Angleterre. Le Roi avait quitté Claremont et s'était établi avec sa famille sur le bord de la mer, à Saint-Léonard, près d'Hastings. J'y arrivai, le 1er juin, m'étant rendu de Douvres à Saint-Léonard, sans passer par Londres. La famille Royale habitait l'hôtel Victoria ; je descendis à l'hôtel de Saxe qui en est proche. Saint-Léonard, qui touche la vieille ville d'Hastings, se compose d'une suite de maisons plus ou moins grandes, faisant face à la mer, alignées sur un seul rang, en plein midi, et abritées du vent du nord par une haute falaise. A marée haute, la mer vient baigner un quai, bâti devant les maisons et qui sert de promenade. Dès que j'eus fait ma toilette, je me présentai à l'hôtel Victoria, où je fus reçu par les généraux Dumas, d'Houdetot et de Chabannes. Ils me dirent que le Roi avait été très-malade, mais qu'il allait un peu mieux. Prévenu de mon arrivée, le Roi me fait savoir qu'il me recevra, le soir même ; et la Reine me fait engager à dîner. En attendant, je suis reçu par M. le duc de Nemours qui veut bien me dire qu'il est très-touché de ma visite et de mon souvenir. En sortant de chez M. le duc de Nemours, je me présente chez Mme la duchesse d'Orléans, qui demeurait avec ses enfants dans une maison particulière, tout près de l'hôtel Victoria. Je la rencontrai dans l'escalier qu'elle descendait pour assister à une leçon de M. le comte de Paris. Mais elle remonte avec moi, et,

pendant plus d'une heure, nous causons en tête à tête. Elle
voulut bien me rappeler que, pendant les Journées de février,
nous avions aidé au déguisement de duc de Chartres ; qu'à son
arrivée à Eisenach, j'avais mis à sa disposition l'argent que
j'avais à Dresde et qui était le produit de la vente de mon
mobilier (cette offre ne fut point acceptée). En me rappelant ces souvenirs, la Princesse me témoigna sa reconnaissance dans les termes les plus chaleureux et qui me
touchèrent vivement. Après avoir quitté la duchesse d'Orléans,
je rencontre sur le quai le duc et la duchesse d'Aumale.

Un peu avant six heures, je retourne à l'hôtel Victoria, et
je trouve réunis au salon : la Reine, le duc et la duchesse de
Nemours, le prince et la princesse de Joinville, le duc et la
duchesse d'Aumale et tous les enfants. Bientôt après, l'on passe
dans la salle à manger. Le Roi n'a pas de maison ; il est nourri
et servi par les gens de l'hôtel. Je suis à table près de Mme la
duchesse d'Aumale, qui cause avec beaucoup d'entrain et de
facilité. Tous les enfants dînent avec nous, et leur gaieté anime
un peu ce triste repas. La Reine me reçoit avec sa bonté
ordinaire dont ses malheurs doublent le prix.

Après le dîner, les princes vont faire une promenade ; et je
suis reçu par le Roi. Il est si vieilli, si changé, et tellement
maigri, que je ne le reconnais qu'au son de sa voix. Il me
parla tout d'abord, avec beaucoup d'amitié, du maréchal
Soult. Et, après m'avoir remercié avec effusion de ma visite,
il aborde toutes les questions politiques du moment avec une
liberté d'esprit, une modération de langage et une netteté
d'idées très-remarquables. Le Roi voyait les choses telles
qu'elles étaient ; sans illusion, quant à la situation de la France
et à celle de sa famille. Il parla avec douleur, (mais sans amertume pour les personnes), des événements des deux dernières
années et me montra de grandes inquiétudes pour l'avenir.
« J'ai sondé tant de plaies, me dit-il, pendant mes dix-huit
» années de règne ; vu tant de misères et de petitesse dans
» les esprits, tant d'indiscipline, de si mesquines ambitions,

» tant d'imprévoyance et de légèreté de la part de la nation,
» qu'il m'est impossible de ne pas croire mon pays bien
» malade. »

Le Roi me parla, ce soir là et le lendemain, de la fusion des deux branches de la Maison de Bourbon, mentionnant le fait, sans entrer dans les détails. Mais j'ai su par ses entours qu'il s'en explique très-fréquemment et toujours dans ce sens : « J'ai accepté la couronne, en 1830, avec une profonde
» répugnance, pour épargner à la France une nouvelle tenta-
» tive de République. J'ai pensé qu'un Roi, élu par le pays,
» et une Charte qui n'était plus octroyée, pouvaient, comme
» transaction, sauver en France et consolider à jamais le prin-
» cipe monarchique. Pendant dix-huit ans, j'ai lutté avec
» fermeté contre l'esprit révolutionnaire qui domine en France
» depuis tant d'années, et auquel la Révolution de juillet avait
» donné une puissance qui semblait irrésistible. Une fraction
» très-importante du parti de l'ordre, le parti légitimiste,
» m'ayant fait défaut et parfois même ayant fait alliance avec
» l'opposition, j'ai succombé dans ma tâche ; et l'anarchie
» règne de nouveau en France sous la forme de la République.
» Dans la situation actuelle, ni moi, ni les miens, n'avons aucun
» droit à faire valoir. La France a détruit ou laissé détruire
» son œuvre de 1830. Elle m'avait donné le pouvoir, elle me
» l'a ôté ; je n'ai rien à dire. Mais, si la France, convaincue
» encore une fois que la forme républicaine est opposée à ses
» mœurs et à la grandeur de son passé, revient un jour, par
» suite de la conciliation des partis, à la forme monarchique
» avec le principe de la légitimité, non seulement nous n'y
» apporterons aucun obstacle, mais mes fils se montreront les
» plus fermes soutiens du pouvoir. Nous n'avons aucun droit
» à revendiquer, nous n'en réclamons pas. » — En quittant le Roi, je descendis dans le salon de la Reine où je passai la soirée. A dix heures, on servit le thé, et chacun se retira.

Le lendemain, je fis de bonne heure un longue promenade

avec le général Dumas. Il me montra le lieu où débarqua Guillaume-le-Conquérant, et celui où était assis son camp, pendant qu'il assiégeait le château d'Hastings, dont il reste encore des ruines. Nous visitâmes l'endroit où s'est livrée la bataille qui décida du sort de l'Angleterre. A onze heures, nous avons entendu la messe, dans un des salons de la Reine, où l'on avait dressé un autel. Le Roi y assistait. Il était assis entre sa femme et sa fille, la Reine des Belges. Quel spectacle que celui de ce vieillard, naguères souverain de la France, aujourd'hui mourant et entendant la messe dans une chambre d'auberge, entouré des siens, jetés comme lui en exil ! Je me rappelai Fontainebleau, en 1839 : le camp, les revues, les équipages somptueux, les banquets de cent cinquante couverts, les courtisans, le Corps diplomatique empressé; enfin, toutes les splendeurs d'une royauté qui semblait alors au-dessus des orages.

Après la messe, le Roi se retira dans son appartement, ainsi que la Reine des Belges, déjà atteinte de la maladie dont elle mourut peu de temps après. Nous déjeunâmes avec la Famille Royale, y compris la duchesse d'Orléans et ses fils. Le comte de Paris était fort grand pour son âge ; il paraissait vif, assez turbulent même, mais d'un caractère très-aimable, et on était, me dit-on, très-satisfait de sa docilité et de son intelligence. Le duc de Chartres montrait, paraît-il, un caractère moins facile; mais on louait beaucoup la vivacité et la promptitude de son esprit et son heureuse nature. — Je me promenai, après le déjeuner, sur le bord de la mer avec les aides-de-camp du Roi. M. le duc d'Aumale vint nous rejoindre : c'est un Prince fort distingué, de goûts et d'allures militaires. On dîna à six heures et demie comme la veille ; je fus assis à table près de la duchesse de Nemours, toujours la même, aussi bonne que belle. Le comte d'Eu, son fils aîné, est aussi charmant que sa mère.

Après le dîner, le Roi me fit venir près de lui. Il avait fait une promenade en voiture et avait dîné de bon appétit ; il n'en paraissait pas moins bien malade. Nous causâmes plus d'une

heure de la situation présente ; puis, le Roi en vint aux souvenirs de sa jeunesse, pendant la Révolution et durant son
émigration. Au moment de prendre congé du Roi, il se montra
attendri. Je le fus beaucoup moi-même, sentant bien que je le
voyais pour la dernière fois. Il me serra la main très-affec-
tueusement, et je portai la sienne à mes lèvres, ce que je
n'aurais jamais fait s'il avait été aux Tuileries. Je redescendis
au salon, où je pris congé de la Reine, devant repartir pour
la France, le lendemain matin.

Le général de Chabannes me reconduisit jusque chez moi.
La mer était calme et admirablement éclairée par un splendide
clair de lune. Nous devisâmes tristement sur la fragilité des
choses d'ici bas. Certes, le spectacle que je venais d'avoir
sous les yeux, y prêtait. Ce Roi mourant, ces Princes si
vaillants, si populaires, réduits à l'oisiveté dans toute l'ardeur
de leur jeunesse et de leur patriotisme; ces Princesses chassées
de leur Patrie d'adoption, après avoir renoncé à leur Patrie
natale; ces enfants devant être élevés dans l'exil! Quel sombre
tableau, quel enseignement !

Je quittai Saint-Léonard, le 3 juin, à onze heures du matin ;
je m'embarquai à Folkstone, et j'arrivai le soir à Boulogne.
J'en repartis immédiatement, pour Paris, où j'étais à cinq
heures du matin. Il n'y a vraiment plus de distance.

Nous passâmes l'été à Lizy et nous revînmes nous établir à
Falaise, au mois de novembre.

SOMMAIRE

———